电动汽车负荷聚合商参与市场机制与策略

刘敦楠　王文　主编

中国电力出版社
CHINA ELECTRIC POWER PRESS

内容提要

本书主要探讨电动汽车以负荷聚合的方式参与电力市场的机制与策略，在对电动汽车充电负荷聚合的主要概念、机理进行分析的基础上，设计了电动汽车负荷聚合商参与市场的主要模式和规则；研究了电动汽车聚合可调节容量评估技术、充电负荷聚合调控技术；对电动汽车负荷聚合商对外参与市场、对内管理用户进行了策略研究，包括电动汽车负荷聚合商多市场主体购电策略、电动汽车参与辅助市场策略、电动汽车负荷聚合商内部用户激励定价策略；最后对电动汽车参与市场可持续发展进行了评价，并对电动汽车绿色低碳发展进行了展望。

本书可供电动汽车分析人员、电力市场发展分析人员及国家相关政策制定者参考使用。

图书在版编目（CIP）数据

电动汽车负荷聚合商参与市场：机制与策略 / 刘敦楠，王文主编．—北京：中国电力出版社，2023.4

ISBN 978-7-5198-7333-2

Ⅰ．①电…　Ⅱ．①刘…②王…　Ⅲ．①电动汽车－服务业－服务市场－研究－中国
Ⅳ．①F426.471

中国版本图书馆 CIP 数据核字（2022）第 242137 号

出版发行：中国电力出版社
地　　址：北京市东城区北京站西街 19 号（邮政编码 100005）
网　　址：http://www.cepp.sgcc.com.cn
责任编辑：石　雪　高　畅
责任校对：黄　蓓　常燕昆
装帧设计：赵丽媛
责任印制：钱兴根

印　　刷：廊坊市文峰档案印务有限公司
版　　次：2023 年 4 月第一版
印　　次：2023 年 4 月北京第一次印刷
开　　本：710 毫米 ×1000 毫米　16 开本
印　　张：17.25
字　　数：290 千字
定　　价：90.00 元

《电动汽车负荷聚合商参与市场：机制与策略》编写组

主　　编　刘敦楠　王　文

参编人员　加鹤萍　刘明光　秦　俭　杨　烨

苏　舒　金春华　杨　素　郑含博

李帅华　王明才　李培军　许　畅

王　峻　郭伟嘉　奚　悦　韩莹竹

马振宇　张晓晴　闫雪鹰　李凯旋

前　言

发展电动汽车是落实能源安全战略、大气污染防治和节能减排政策，实现交通能源全面转型的重要举措。随着电动汽车逐步规模化推广应用，其大规模充放电势必会增加电力系统负荷水平，特别是大规模电动汽车的随机和无序充放电，将大大影响特殊时段电力系统的负荷水平，对电力系统的安全与稳定运行产生极大的危害，还会加重局部电网存在的电压降落、导致支路容量不匹配等。同时，电动汽车具有可控负荷和储能单元的双重属性，充分发挥其移动储能特性，将有力推动能源供给与交换智能化、互动化发展，在供给侧推动实现清洁替代，在用户侧推动实现电能替代，加快实现能源服务创新发展。由于大规模电动汽车具有可观的储能容量，因此未来电动汽车将成为电力市场的重要组成部分。目前，电动汽车、充电网络、电网之间仅存在能量传递的简单联系，亟须深入挖掘电动汽车充电负荷和电池资源的调度潜力，促进电动汽车融入电力市场，实现交通低碳化发展。

因为单个电动汽车没有独立参与电力批发市场的能力，因此，为实现其灵活性潜力，零散的电动汽车需要有效地聚合为整体以参与电力市场。实现这种市场整合机制最有发展潜力的是电动汽车负荷聚合商。本书主要探讨电动汽车负荷聚合商参与电力市场的机制、模式、策略以及未来发展前景和展望。全书内容共分为10章。第1章讨论“双碳”目标下电动汽车参与电力市场的重要意义；第2章分析电动汽车充电负荷聚合的主要概念、机理、发展现状等；第3章研究电动汽车参与电力交易的市场模式，设计了电动汽车负荷聚合商参与市场的主要模式和规则；第4章研究电动汽车聚合可调节容量评估技术；第5章研究充电负荷聚合调控技术；第6章对电动汽车负荷聚合商多市场主体购电策略进行研究；第7章研究电动汽车参与辅助市场策略；第8章研究电动汽车负荷聚合商内部用户激励定价策略；第9章对电动汽车参与市场可持续发展进行了评价；第10章对电动汽车绿色低碳发展进行了展望。

本书的编写与出版得到国家自然科学基金项目（项目号：72171082）资助，同时得到了国家电网有限公司总部相关部门及一些行业知名专家的指导和帮助，在此表示衷心感谢！

由于作者水平有限，虽然对书稿进行了反复研究推敲，但疏漏与不足之处在所难免，恳请广大读者批评指正。

编　者

2023年2月

目　录

第1章

概　　述

“碳达峰、碳中和”目标的提出要求加快新能源替代进程，从交通、生产、服务等多方面实现新能源对化石能源的替代，减少碳排放。而事实上，作为年度碳排放最大的国家，我国2020年碳排放占全球碳排放量的31.73%，达102.43亿吨；其中，燃煤电厂碳排放占我国碳排放总量的34.11%，达35.39亿吨，燃油汽车碳排放占比约为7.30%，达7.56亿吨，节能减排形势严峻。

因此，为维护生态平衡，推进绿色发展，我国出台了一系列政策支持新能源发展，减少碳排放，支持电动汽车的发展则是其中的重要一环。电动汽车不仅能实现燃油汽车的电能替代，还具备分布式储能负荷的调节功能，能够为新能源并网产生的供需不匹配、调峰调频等问题提供调节服务，有效促进发电侧的可再生能源消纳，保障需求侧的电力供应，同时减轻电网的调度压力，节约输配电成本。

因此，聚合电动汽车参与电网调度，是目前我国促进新能源消纳、支持电动汽车发展的政策指向，也是在电动汽车迅速发展背景下，深入挖掘其市场价值、缓解电力供需不平衡、维护电力供应稳定的重要策略。深入分析当前电力系统调度和交易环境下聚合充电负荷发展的基本情况和方向，并结合相应电动汽车用户信息和市场需求设计优化调控方案则是聚合充电负荷调控优化过程的关键技术问题。

1.1　我国电动汽车及充放电网络发展现状

1.1.1　电动汽车发展现状

1. 我国电动汽车发展现状

近年来，我国电动汽车的发展十分迅速，从电动汽车的市场基本情况来看，

2021 年我国电动汽车保有量达到了 784 万辆、产量达到了 354.5 万辆、销量达到了 352.1 万辆，车辆类型主要包括新能源乘用车和新能源商用车，主要动力类型包括纯电动式新能源车和插电式混合动力新能源车，2021 年电动汽车的具体生产情况见表 1-1。

表 1-1　　2021 年我国电动汽车生产情况

类别	12 月（万辆）	1—12 月累计（万辆）	环比增长（%）	同比增长（%）	同比累计增长（%）
电动汽车生产总量	51.80	354.50	6.70	120.00	159.50
新能源乘用车	48.80	335.90	6.60	127.70	169.50
纯电动乘用车	40.50	276.10	9.30	121.70	178.80
插电式混合动力乘用车	8.30	59.80	−4.70	162.40	133.50
新能源商用车	3.00	18.60	8.50	42.10	55.40
纯电动商用车	2.90	18.10	7.40	41.00	58.30
插电式混合动力商用车	0.05	0.30	−12.40	38.60	−20.20

注　本节（1.1 节）数据信息主要来自国家信息中心、中国汽车协会、中国充电联盟等相关信息统计渠道。

由表 1-1 可知，目前我国电动汽车的主要使用类型为纯电动汽车，2021 年产量达到了 294.2 万辆，占比高达 83.0%；新能源乘用车市场远高于新能源商用车，其市场占比高达 94.8%。同时电动汽车正处于高速发展的阶段，2021 年产量同比累计增长 159.5%。

从电动汽车的发展情况来看，我国电动汽车销量自 2020 年起开始持续上升，呈二次式迅猛发展，2019—2021 年我国电动汽车月度销量变化情况见表 1-2。

分析电动汽车迅速发展的原因，其中不乏国家支持性和补贴性政策的鼓励作用，除此之外，电动汽车相关技术的发展、居民绿色出行意识的提升、电动汽车车型的日渐丰富等社会发展情况也为电动汽车规模的不断扩大发挥了重要作用。

在政策支持上，主要支持方式包括：提供电动汽车采购购买和行驶补贴；为电动汽车关键技术提供政策和资金支持；推进电动汽车配套基础设施的建设、优化充电基础设施布局；支持多元主体融合发展，鼓励车网互动、建设充电网络服务平台、建设智能化充电设施等，借以进一步扩大电动汽车规模，提升电动汽车渗透率，同时提升用户体验，深入挖掘电动汽车价值。我国在 2019—2020 年实现电动汽车推广应用补助资金达 183.1 亿元，其中上海预拨资金达 28.7 亿元、广东预拨资金达 17.8 亿元（不含深圳 11.8 亿元）、河南预拨资金达 14.3 亿元；除此之外的路权、牌照对电动汽车相对宽松的购买政策和出行政策，以及对于出租车等社会服务、公共服务方面的强制性或者推荐性政策有力地推动了电动汽车的发展。

表 1-2　2019—2021 年我国电动汽车月度销量数据

时间	销量（万台）	增速（%）	时间	销量（万台）	增速（%）	时间	销量（万台）	增速（%）
2019 年 1 月	10.30	167.30	2020 年 1 月	4.60	(55.30)	2021 年 1 月	17.30	374.70
2019 年 2 月	5.20	67.90	2020 年 2 月	1.50	(73.00)	2021 年 2 月	10.30	572.10
2019 年 3 月	13.60	101.80	2020 年 3 月	5.80	(57.10)	2021 年 3 月	21.50	269.20
2019 年 4 月	10.00	23.10	2020 年 4 月	6.60	(33.60)	2021 年 4 月	18.30	176.60
2019 年 5 月	11.30	(0.90)	2020 年 5 月	7.90	(30.50)	2021 年 5 月	19.80	150.90
2019 年 6 月	15.10	78.30	2020 年 6 月	9.70	(35.30)	2021 年 6 月	24.20	148.20
2019 年 7 月	8.10	(1.00)	2020 年 7 月	8.90	10.10	2021 年 7 月	23.50	164.70
2019 年 8 月	7.90	(19.10)	2020 年 8 月	10.90	37.70	2021 年 8 月	28.40	160.60
2019 年 9 月	7.50	(34.70)	2020 年 9 月	13.80	82.30	2021 年 9 月	35.00	154.30
2019 年 10 月	7.20	(47.60)	2020 年 10 月	15.30	111.10	2021 年 10 月	33.00	116.00
2019 年 11 月	10.40	(37.60)	2020 年 11 月	19.20	84.00	2021 年 11 月	42.00	120.70
2019 年 12 月	17.70	(20.40)	2020 年 12 月	23.40	32.00	2021 年 12 月	52.90	126.10

注　括号内数据为反向增速百分比。

在技术进步上，电动汽车续航里程从 2017 年的 350.3km（B 级电动汽车，均值）到 2021 年的 546.9km，续航里程增加了 56.1%；在耗能降低方面，以比亚迪为例，2017 年比亚迪 E6 每 400km 耗能约为 82kWh，2021 年比亚迪秦 Plus 每 400km 耗能约为 47.5kWh，节能 42.1%。电动汽车在续航里程和能耗方面的大幅进步有力地提高了电动汽车的市场竞争力，为用户选择电动汽车提供了更为充分的理由。

在用户选择上，2018 年电动汽车的市场渗透率约为 3.3%，至 2021 年其市场渗透率已超过 11%（年度平均水平，12 月达 22.6%），且在有限购政策的城市，其市场渗透率超过 23%（年度平均水平）。不少地区的出租车、公交车以及公务车已全部更换为电动汽车；而对于私人乘用车来说，电动汽车低成本且便捷的续航方式（充电），以及完备的智能化设施使得用户愿意接受将电动汽车作为出行工具。总而言之，用户对电动汽车出行的接受度越来越高，随着市场的逐步推进，电动汽车的市场规模有望迈入大众水平。

基于电动汽车的发展现状，不难看出，推动电动汽车发展仍然是我国的政策指向和市场发展方向。2021 年 12 月 28 日国务院印发的《“十四五”节能减排综合工作方案》强调要提高新能源汽车的使用比例，提出至 2025 年新能源汽车的销售总量占汽车总销售总量的 20%左右。尽管在 2022 年 12 月 31 后将取消相应的购车补贴政策，但仍然有不少出于“双碳”需求的国家政策以及地方性政策对电动汽车的发展有着巨大的扶持力度。与此同时，国家、社会组织以及电动汽车公司都成立有针对电动汽车结构、部件、储能技术、智能车联网技术、车网互动技术等的多类型科研项目，为电动汽车的发展提供了重要技术支撑。随着相关政策支持、媒体宣传和社会资本投入的不断增加，消费者对电动汽车的认识度与接受度也在迅速提高。由此可见，电动汽车的未来发展仍然具有强大的推动力和市场潜力。

2. 电动汽车动力电池

电动汽车的迅速发展直接导致了我国动力电池的需求量大幅提升，不少新能源汽车企业也加大了对动力电池的投资和生产。例如，2021 年宁德时代发起 582 亿元定向投资，规划高达 137GWh 的新增产能；比亚迪公司注册了 4 家电池公司，总新增产能达 75GWh；其他电池生产企业也纷纷加大投资，提升电动汽车动力电池的产能。2021 年 1—12 月国内动力电池企业装车量前十的企业及其市场占比情况见表 1-3。

表 1-3　　2021 年 1—12 月国内主要动力电池企业的电池装车情况

序号	企业名称	装车量（GWh）	占比（%）
1	宁德时代	80.51	52.10
2	比亚迪	25.06	16.20
3	中创新航（中航锂电）	9.05	5.90
4	国轩高科	8.02	5.20
5	LG 新能源	6.25	4.00
6	蜂巢能源	3.22	2.10
7	塔菲尔新能源	3.00	1.90
8	亿纬锂能	2.92	1.90
9	孚能科技	2.45	1.60
10	欣旺达	2.06	1.30

由表 1-3 可见，宁德时代是动力电池生产装车最多的企业，其市场产比达到了 52.1%；比亚迪次之，市场占比达到了 16.2%；其他诸如中创新航（中航锂电）、国轩高科、LG 新能源等企业也实现了大规模动力电池的装车，但是其动力电池生产力差距相比宁德时代或比亚迪都还有较大差距。

从整体动力电池产业发展规模分析，我国电池产业产能仍在迅速发展，预计到 2025 年将提升 10 倍产能，达到 10 亿 kWh。同时，我国是全球动力电池产业链最完整、技术最先进的国家，能够为全球车企提供电池配套供应。可见，我国动力电池生产系统日益完善并且正在进一步扩大影响，为电动汽车产业链的迅速发展提供了保障。

从动力电池产业主要类型分析，动力电池主要包括磷酸铁锂电池、三元锂电池、镍氢电池、电容电池、燃料电池等，但是目前的主要电动乘用车所用的储能系统均为锂电池。由于锂电池具有较高的能量密度、寿命、充放电倍率等优点，因此一小部分使用镍氢电池、铅酸电池等动力电池系统的也在逐步向锂电池过渡。

从储能实际应用的角度分析，磷酸铁锂电池和三元锂电池为电动汽车使用的主要动力电池，其中磷酸铁锂电池的装车量达到了 79.8GWh，同比增长 227.4%，占总装车量的 51.7%；三元锂电池的装车量为 74.3GWh，同比增长 91.3%，占总装车量的 48.1%；锂电池总占比达到 99.8%。三元锂电池是正极采用镍钴锰酸锂（国内主要）或者镍钴铝酸锂的锂离子电池，具有更高的正极比容量、能量密度和较好的耐低温性能，主要通过拆解利用的方式进行回收。磷酸铁锂具有更低的造价、更长的循环寿命、更好的安全性和更好的耐高温性能，主要通过梯次利用的方式进行回收。而针对锂电池使用寿命的研究成果中，根据国内外文献对锂电池老化的研究和实验，通常认为其内部锂离子沉积、SEI 膜增厚、活性物质损失等是电池老化和容量衰减的主要原因，导致这些情况发生的主要外部环境因素则包括高倍率充放（一般认为连续充放电超过 3C 为高倍率）、过充和过放、温度等。由此可见，设置合理的电池使用策略能够在满足能源供应的同时保障电池的使用寿命。

总而言之，锂电池是我国电动汽车的主要动力电池类型，并且处于迅速推广应用的阶段，其较快的发展速度为充电负荷聚合调控提供了有力支撑。考虑到电动汽车充电负荷聚合调控过程中可能产生的放电控制过程，可以通过控制电动汽车储能成本和放电进程的方法，从而减少电池损耗。

3. 电动汽车充电基础设施

电动汽车的规模化发展必须配套充电设施的建设。截至2021年12月，我国充电基础设施达261.7万台，总充电量约为111.5亿kWh，同比增长58%，其中，12月总充电电量约为11.7亿kWh，同比增长42%。以电动汽车基础设施数量对比电动汽车784.0万的电动汽车保有量，我国的电动汽车车桩比约为3∶1，该车桩比相对于全球电动汽车车桩比具有明显的优势，但是相较我国车桩比1∶1的建设目标，还需要进一步推进充换电基础设施建设工作。

从电动汽车充电基础设施的地域分布来说，截至2021年12月，公共充电基础设施保有量前三的省市分别是广东、上海和江苏，其公共充电桩保有量分别为18.2万、10.3万、9.7万台；从运营商的角度来看，公共充电设施运营商的前三名分别是星星充电、特来电和国家电网，充电桩保有量分别为25.7万、25.2万、19.6万台。另外，目前已统计的共享私人充电桩约为7.2万台，其中共享私人充电桩前三的省市分别是北京、广东和江苏，其共享私桩数目分别为10161、7190、7133台。

在充电基础设施的分类上，充电基础设施主要包括充电桩和换电站。其中，充电桩又分为直流充电桩、交流充电桩和交直流一体化充电桩。根据充电产业联盟的统计数据，截至2021年12月，我国直流充电桩、交流充电桩和交直流一体化充电桩的保有量数目分别为67.7万、47万、589台。可见交流充电桩和直流充电桩是充电基础设施的主要构成部分，交直流一体化充电设施正处于实验阶段。目前，交流充电桩保有量大于直流充电桩，但是新增的充电桩大多以直流充电桩为主。由于成本较低，交流充电桩往往作为家庭私人充电桩使用，而直流充电桩快速的充电能力和优秀的调节能力是电动汽车规模扩大和推广应用不可或缺的支撑力量。交流充电桩和直流充电桩的性能分析对比情况见表1-4。

表1-4　交流充电桩和直流充电桩的性能对比

对比指标	直流充电桩	交流充电桩
分类	一体式、分布式	落地式、挂壁式、移动式
主要使用场景	运营车充电站、快速充电站	停车场、停车位
充电方式	直充	车载充电机充电
输入	三相四线380V±15%	交流电网220V
输出	750V，250A，可调	220V，16～22A
充电功率	30～180kW	7～40kW
充电时间	20～170min	2～12h
价格	7万～15万元/台	0.5万～2万元/台

换电站具有相对于电动汽车充电站更快捷续航服务，不少换电站已达到约3min/辆的换电速度。但是目前换电站规模较小，而且仅在部分城市的出租车等车辆中实现了推广应用。2003—2008 年，全球已有不少换电站的建设工程，但是由于换电站运维成本过高、电动汽车电池标准不一等原因，部分换电设备转为公交专用，或者由于成本过高而放弃投资建设；以至于相关的研究成果主要是基于奥运会及世博会期间的示范工程，研究通过换电站的管理设备操控电池进行有序充放电，从而实现负荷转移并降低充电成本。自 2020 年起，由于国家政策鼓励、电动汽车电池标准逐渐统一、电动汽车规模不断扩大等原因，各大投资商重新评估换电站的投资回报率，认为换电站具备一定的投资价值，已经开展了大量的研究和试点工作。截至 2021 年 10 月，我国换电站保有量为 1086 座，其中北京地区共 221 座。

为实现电动汽车产业链的稳步发展、构建源网荷储互动的新型电力系统并助力“双碳”目标的实现，针对电动汽车充电基础设施的建设问题，2022 年 1 月 21 日国家发展改革委发布了《关于进一步提升电动汽车充电基础设施保障能力的实施意见》，强调到“十四五”末形成适度超前、布局均衡、智能高效的充电技术设置体系，能够保障超过 2000 万辆的电动汽车充电需求。为此，国家与地方政府从财政金融等多个方面支持充换电基础设施服务保障，国家、社会组织及相关企业也投入充分的人力、物力与财力为充电基础设施建设和服务保障工作提供支撑，包括充电基础设施的建设安装研究、充换电技术创新与标准制定研究、城乡充换电网络的规划与建设研究、基于车联网和充电网络平台的数字化与智能化服务技术、车网互动及有序充电的试点工作等。由此可见，基于绿色出行和“双碳”建设需求，电动汽车充电基础设施伴随着电动汽车规模的变化将具有更迅猛的增长速度。

1.1.2 全球电动汽车发展趋势

当前，全球新一轮科技革命和产业变革蓬勃发展，汽车与能源、交通、信息通信等领域有关技术加速融合，电动化、网联化、智能化成为汽车产业的发展潮流和趋势。电动汽车融汇新能源、新材料和互联网、大数据、人工智能等多种变革性技术，推动汽车从单纯交通工具向移动智能终端、储能单元和数字空间转变，带动能源、交通、信息通信基础设施改造升级，促进能源消费结构优化、交通体系和城市运行智能化水平提升，对建设清洁美丽世界、构建人类命运共同体具有重要意义。近年来，世界主要汽车大国纷纷加强战略谋划、强化政策支持，跨国汽车企业加大研发投入、完善产业布局，电动汽车已成为全球汽车产业转型发展的主要方向和促进世界经济持续增长的重要引擎。

汽车产品形态、交通出行模式、能源消费结构和社会运行方式正在发生深刻变革，为电动汽车产业提供了前所未有的发展机遇。经过多年持续努力，我国电动汽车产业技术水平显著提升，产业体系日趋完善，企业竞争力大幅增强，2015 年以来产销量、保有量连续五年居世界首位，产业进入叠加交汇、融合发展的新阶段。因此，必须抢抓战略机遇，巩固良好势头，充分发挥基础设施、信息通信等领域优势，不断提升产业核心竞争力，推动电动汽车产业高质量可持续发展。

随着汽车动力来源、生产运行方式、消费使用模式的全面变革，电动汽车产业生态正由零部件、整车研发生产及营销服务企业之间的“链式关系”，逐步演变成汽车、能源、交通、信息通信等多领域多主体参与的“网状生态”。相互赋能、协同发展成为各类市场主体发展壮大的内在需求，跨行业、跨领域融合创新和更加开放包容的国际合作成为电动汽车产业发展的时代特征，极大地增强了产业发展动力，激发了市场活力，推动形成了互融共生、合作共赢的产业发展新格局。

1.1.3 “双碳”目标下我国电动汽车的发展方向

在我国“双碳”目标下，未来的电动汽车发展要从以下几个层面入手。

（1）适应由政府主导向市场主导的转变过程，打造核心关键技术。我国电动汽车在初期导入过程中，主要依赖于国家产业政策的引导以及公共领域的推广与应用示范，政府主导与政策支持成为我国电动汽车快速发展的有力推手。2020 年以后，随着补贴政策的退坡，国家产业政策将逐渐向非补贴政策倾斜，电动汽车产业将正式迈入市场驱动的发展阶段。新的补贴政策坚持“扶优扶强”的基本原则，将继续支持电动汽车产业的技术创新，保留对优质产品的补贴支持，取消对落后产品的补贴，这将推动企业积极开展技术创新，提升产品的核心竞争力。对于车企而言，应当快速适应这一转变过程，着力于产品关键核心技术的提升。目前，我国已形成多家骨干企业，并打造出多个具有国际竞争力的知名品牌，随着国家对外资股比限制的放宽，车企将面临更为严峻的考验，打造核心技术将成为车企发展的关键。

（2）进一步深化“纯电驱动”发展战略，加大动力电池技术的研发力度。自2015年以来，我国电动汽车市场超越美国，位居全球首位，纯电动汽车一直以来都占据着市场主导地位。根据市场规模预测分析，2030年我国纯电动汽车销量将超过1500万辆，占电动汽车总销量的90.00%以上。受产业与燃油法规政策的影响，混合动力汽车将逐步退出市场，电力与氢燃料互补将成为我国电动汽车发展的共同支撑，因此，动力电池技术将直接决定电动汽车未来的发展。目前，我国动力电池供应已逐步向优秀企业集聚，这将有利于电池品质的进一步提升与生产成本的继续下降。从技术路线来看，近期磷酸铁锂电池与三元锂电池仍将是主流产品，但是，随着对电动汽车续驶里程要求的提高，新型动力电池的开发与研究也刻不容缓，特别是在能源短缺与环保压力的推动下，氢燃料电池已成为电动汽车产业可持续发展的终极方案。因此，提升现有电池的能量密度，超前部署新型动力电池的研发，是实现电动汽车纯电驱动化发展的前提。

（3）优化电动汽车补贴政策，推动电动汽车产业良性发展。从2009年开始，我国实施了电动汽车补贴政策，推动了电动汽车的产业化进程，使我国成为世界第一的电动汽车产销大国，并培育了一批骨干企业，形成了较为完备的电动汽车产业链布局和产业化基础。随着我国电动汽车产业发展期的到来，单一的购买补贴政策已经不能适用于现阶段电动汽车技术推动的发展需求，之前出现的企业“骗补现象”已充分表明了补贴政策相对于产业发展的滞后性。因此，应从顶层设计出发，优化电动汽车发展的相关激励政策，使补贴政策向多元化发展，从而更好地促进电动汽车产业的发展。在推行双积分、用户使用补贴、税费减免等正向鼓励政策的同时，也应鼓励征收拥堵费、排污费等惩罚政策相结合的多元化政策，实现由事前补贴向事后补贴方式的转变。

（4）建立健全电动汽车残值评估与回收规范，保证产业可持续发展。随着电动汽车产业的蓬勃发展，到2025年我国退役的动力电池将达到30t以上。退役电池的梯次利用和回收问题成为后电动汽车市场必须面对的难题。二手电动汽车目前尚且没有评估标准，其二次销售和回收利用的技术标准和管理规范相对缺失。目前，动力电池回收和梯次利用的技术路线和标准尚不明晰，给电动汽车产业化的可持续发展带来了巨大挑战。因此，从国家层面来讲，应尽快出台和制定动力电池和电动汽车残值评估、梯次利用及回收等相关标准和规范，并建立电动汽车产业、可再生能源发展等多领域协调机制和国家、地方联动的管理体系，明确管理归口部门，切实落实电动汽车回收方面的产业布局。

（5）积极引导电动汽车产业与新兴技术的融合，推动模式创新。随着智慧城市、智能交通等技术的兴起，电动化、智能化、网联化、共享化将成为汽车产业未来的发展方向。根据《节能与新能源汽车技术路线图》要求，在未来10年内，我国自动驾驶车辆要实现两个重要目标：第一，到2025年实现高度自动驾驶车辆市场占有率超过10.00%的目标；第二，到2030年实现完全自动驾驶车辆市场占有率接近10.00%的目标。目前，由于我国电动汽车产业的发展具有一定的国际竞争力，因此，以电动汽车为切入点，融合共享理念，发展智能网联汽车是我国汽车工业迈向中高端水平的新引擎，也是制造业升级和弯道超车的新抓手。国家应加强政策引导，鼓励电动汽车多元化融合发展，进一步挖掘和探索新型商业模式。此外，可建立电动汽车推广与交通体系建设、能源体系升级以及出行结构优化等多领域融合互动的协同发展机制，共同推进汽车工业与交通运输行业的协调发展。

1.2 电动汽车与电网互动基本概念与必要性

在电动汽车的发展热潮下，大量电动汽车的接入对电网的安全稳定运行带来巨大的挑战，与此同时，规模化电动汽车的车载电池将成为智能电网重要的储能元件。据调查，作为通勤使用的私人电动汽车，通常一天内只有10%的时间处于行驶状态，这表明了电动汽车拥有充足的与电网良性互动的时间。与此同时，电动汽车接入电网的时刻与总时长具有较大的不确定性，若任由电动汽车无序地接入电网充电，会导致电网的负荷曲线在高峰时期更高，这将会影响电力系统运行的稳定性，若使用某些技术手段或者价格政策对电动汽车充电行为进行合理的引导，使电动汽车在用电低谷时段充电，在用电高峰时放电，可以有效地实现电网的削峰填谷，保障电网的安全稳定运行，这种技术称为车网互动。电动汽车电池所储备的电能还可以与风能、太阳能配合提高消纳新能源的能力，改善电能质量；同样，电动汽车也可以为电力系统提供调频和旋转备用服务，改善系统运行的安全性和经济性。

1.2.1 车网互动的概念

V2G其实就是Vehicle-to-grid（车辆到电网）的缩写，即电动汽车并网技术，涉及电池管理、通信、调度和需求侧管理等一系列技术，实现电动汽车充电和放电的可控化。其概念示意图如图 1-1 所示。V2G 技术可应用到任何可网络化的车辆，即纯电动汽车或插电式混合动力汽车。V2G 技术是近年来迅速发展的一个研究方向，在 V2G 架构下，电动汽车同时具备源、荷二重属性，克服了传统电源与电网“双向通信，单向输能”的局限，同时凭借“双向通信，双向输能”的特性惠及电网侧与用户侧，具有平抑电网负荷、提升可再生能源消纳、改善用户经济效益、减少网损等综合优点。

图 1-1 V2G 概念的本质示意图

电动汽车充电可以与电网进行互动，如填谷，其将电动车电池看作负荷。电动汽车的充电需求体现在接入时间、接入地点和充电量上，接入地点可以通过充电设施规划对充电负荷在空间上进行分布和引导，充电量则与汽车的行驶里程和电池特性密切相关，接入电网的时间与车主的用车习惯和行使特性有关，用户的行为模式决定了充电负荷的时间分布。考虑到人们在用车习惯和使用时间上的随机性和相似性，充电时间、充电地点和充电容量的无序叠加，导致电网容量不足或者影响电网负荷，造成“峰上加峰”的情况。因此，通过对电动汽车充电的有序控制，在不影响车主用车计划的前提下，采用适当的控制策略使充电负荷有序接入。例如，将电动汽车这类负荷作为一种电网的夜间强迫功率消耗单元，可起到填谷作用。结果是使得电网的用电负荷曲线趋于平缓，并且可以将夜间的风能这类新能源电力消纳。

电动汽车放电也可以与电网进行互动，如消峰。一般来讲，可以将电动汽车看作一个个分布式的蓄电池，这些蓄电池可以在电网需要调峰的时候放出电能。虽然单台电动汽车电池容量有限，但是如果将大量的电动汽车以集群的方式并入电网，当车的数量足够时，其容量储备是相当可观的。这时候如果将电动汽车用于电网，参与并网调峰，可以将电动汽车在夜间负荷波谷时期存储的廉价谷电释放到电网，赚取价格较高的调峰电价，这样相当于是对购买电动汽车的一种变相补偿。

基于 V2G 技术下的电动汽车，既可以作为电网的可控负荷，又可以作为电网的分布式储能元件，提供备用容量。其核心思想就是利用大量电动汽车的储能源作为电网和可再生能源的缓冲，在控制器的作用下，当电网负荷过高时，电动汽车作为分布式储能元件向电网放电；当电网负荷过低时，电动汽车作为可控负荷来存储电网中过剩的发电量，实现削峰填谷的功能，从而实现与电网的友好互动。

通过 V2G 技术，可以深入挖掘动力电池储能价值，将电动汽车、智能充放电桩打造成友好互动、共享互利的泛在电力物联网端口，营造活跃、便捷、共享的电动汽车服务新生态。

V2G 技术的合理利用，要求电动汽车与电网之间的能量传送是双向、实时、可控的。能量传输的双向性意味着传统充电机不再适用于 V2G 系统。充放电的可控性则需要电动汽车与电网调度之间进行实时信息交换。这种控制技术的实现需要跨学科的多种技术相互合作才能实现。如图 1-2 为 V2G 系统的基本构成示意图。

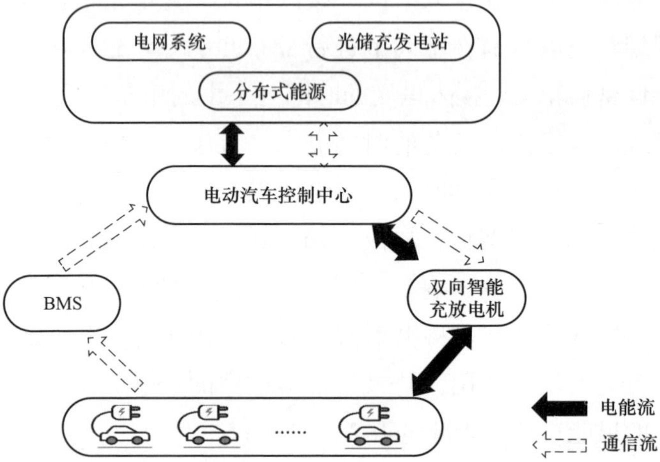

图 1-2　V2G 系统的基本构成示意图

通俗地说，如果真正实现了 V2G，大家就可以把每一部电动汽车都看成一个小型的充电宝，当电网负荷低的时候，插上充电枪，就可以自动储能，当电网负荷高的时候，就可以把动力电池的电能释放到电网中，这样就可以有效地缓解电网压力。

对于电动汽车使用者而言，可以在低电价的时候给车辆充电，在高电价的时候将车辆存储的能量出售给电力公司，从中获取差价，从而降低电动汽车的使用成本。

对于电力公司而言，不仅可以减少因电动汽车大量发展、数量增多带来的用电压力，而且还可以将电动汽车作为储能装置用于调控负荷，提高电网的效率和可靠性，减少电网在储能建设上的投资。

对于汽车企业而言，V2G 技术使用户有效降低使用电动汽车的成本，并且在发生自然灾害等情况下，还可以利用 V2G 技术将具有电力输出功能的电动汽车当作紧急电源使用，增加了电动汽车的使用场景，从而推动电动汽车的生产与销售，促进电动汽车的良性发展。

1.2.2 V2G 入网模式

电动汽车的不确定性、波动性使其用途具有多样化，电动汽车停车地点、停车时间、供电方式的不同决定了 V2G 有各种不同的实现方式。目前电动汽车入网模式有三种：分散式 V2G、集群式 V2G、基于换电站的 B2G。

1. **分散式 V2G**

分散式 V2G 是指将私家电动车和公用商务电动车以单一车辆的形式接入低压配电网中，无须统一控制，即可自动实现分散式 V2G 技术，如图 1-3 所示。在分散式 V2G 模式中，电动汽车的负荷比较分散。基于电池充放电模式，充放电时电池与电动汽车是一体的，因此何时何地入网都由车主决定。此类负荷比较分散，一般散布在楼宇、停车场、家庭等场所。分散接入的电动汽车的充电电流比较低，充电功率小。分散接入的典型应用场合为智能化用电小区。其优点在于，在与电网双向互动的情况下，可根据车辆和电网的实时状态，向电网提供辅助服务或者作为家庭的不间断电源。分散入网模式不受时间和地点的限制，方便且简单。

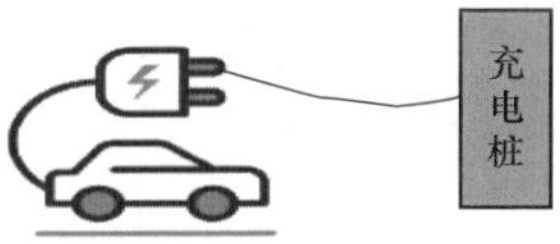

图 1-3 分散式 V2G 入网模式

随着电动汽车规模的扩大，私家电动车和公用商务电动车的数量也将与日俱增，此类负荷分布也将越来越广。由于电动汽车用户的出行习惯、出行时间及使用情况不同，故电动汽车的充电时间和运行方式有很大的随机性和难以预测性。如果大量电动汽车无序入网，则会对电网产生不利影响。因此电网需制定相应的激励措施和策略，对用户的充电行为进行有利引导。

2. **集群式 V2G**

随着电动汽车规模的扩大，集群式 V2G 是未来的发展趋势。集群式 V2G 是指将大量电动汽车集群接入中低压配电网，由第三方或者电网调度机构根据电网的需求对所辖范围内的电动汽车进行集中控制和统一调度，向电网提供调峰、调频、调压、旋转备用等辅助服务，从而实现集群式 V2G 技术，如图 1-4 所示。此类负荷比较集中，一般在公交车起始站、快充电站、换电站等场所。集中接入的电动汽车充电电流相对较大，充电功率也比较大。随着电动汽车技术的迅速发展，集中接入的电动汽车负荷也将越来越多，合理地对其加以利用，将有利于提高电网的运行效率。

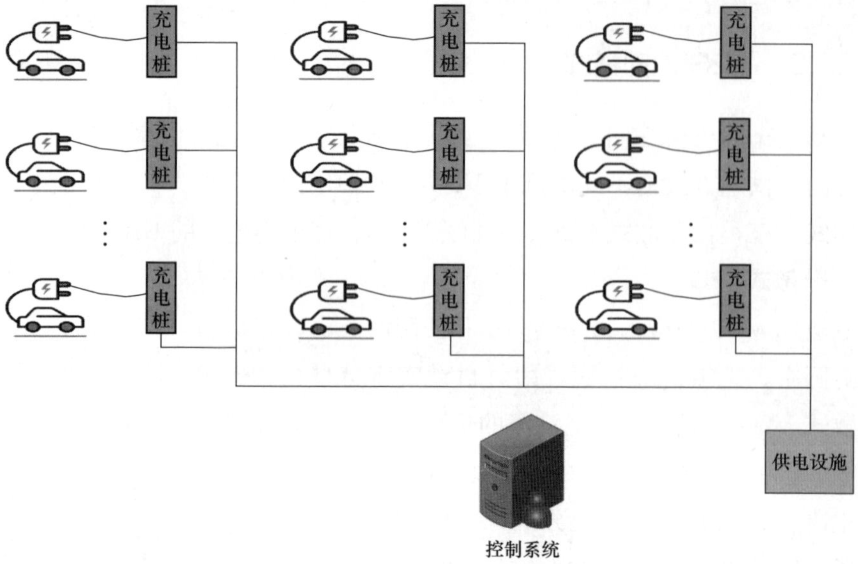

图 1-4　集群式 V2G 入网模式

集群式 V2G 的典型应用场所为公共区域，如停车场、集中充换电站。其优点在于：由第三方或者电网调度机构根据电网的需求优化对电动汽车的调度和管理，有利于未来电动汽车与电网实现友好互动的发展。该模式下的电动汽车是统一管理，故能实现电网的全局最优。其缺点是：负荷过于集中将会对配电网系统热载荷、电压调整、变压器寿命、配电网不平衡、损耗和谐波失真水平产生影响。

3. 基于换电站的 B2G

如图 1-5 所示，基于换电站的 B2G（Battery to grid）实现方式的特点是采用更换电池组的方式。在电量不足的情况下需要尽快切换电动汽车电池组，基于换电站的 B2G 方式将提供服务，建设相应的换电站为电网提供所需的服务。

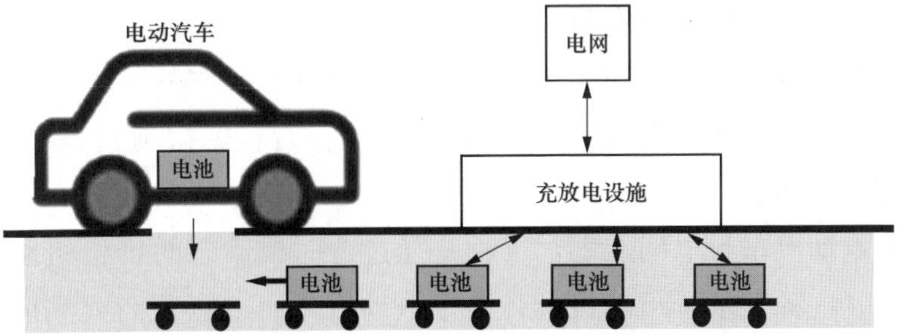

图 1-5 基于换电站 B2G 入网模式

与集群式 V2G 相比，基于换电站的 B2G 入网模式具有不一样的实现方法。由于在电量不足的情况下需要切换新的电池组，所以换电站内需要提供相应的电量足够的电池组。此类方式将常规充电与快速充电相融合，给别的实现方式下所具有的续航不足的情况提供了解决方案。但此种方式的最大缺点就是相应的接口需要进行统一，而目前的情况是各家厂商没有统一的接口标准。

1.2.3 电动汽车、充电设施与电网的多层次互动关系

通过电动汽车与电网互动，可以减小大量电动汽车充电对电网运行的影响，降低电动汽车用户的充电成本，提高电网新能源消纳能力等。大规模电动汽车与电网互动的层次可由两方面体现。

如图 1-6 所示，从电网的层面来看，电动汽车与电网互动可以分为本地互动（家庭、楼宇）、与微电网、与配电网以及与大电网互动。

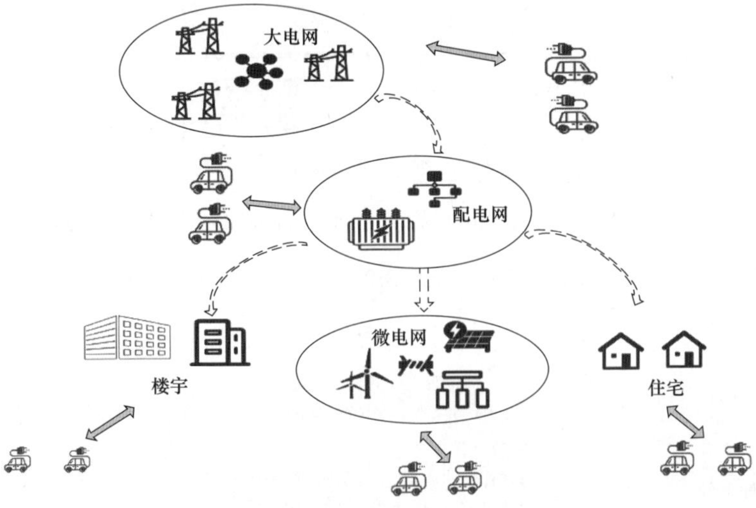

图 1-6 从电网层面对车网互动的分类

从电动汽车与电网互动的目标来看，电动汽车与电网互动主要包括削峰填谷、提供辅助服务和消纳可再生能源发电；从互动方式来看，电动汽车与电网互动主要包括价格引导（间接互动）、激励机制（有奖惩措施）、参与市场并接受电网的调度控制。

大规模电动汽车与电网互动，一种是通过分时或动态的价格机制来实现对充电的引导；一种是基于市场设计，引导电动汽车通过运营商或集成商参与电力市场，从而实现削峰填谷、向电网提供辅助服务和消纳新能源等目标。

总体而言，电动汽车、充电设施与电网互动的层次包括充电桩、充电站、运营商和电网（具体包括输电网和配电网两类）几个层次，基本构架如图 1-7 所示。各层次间互动的内容、目标，以及涉及的时间尺度见表 1-5。

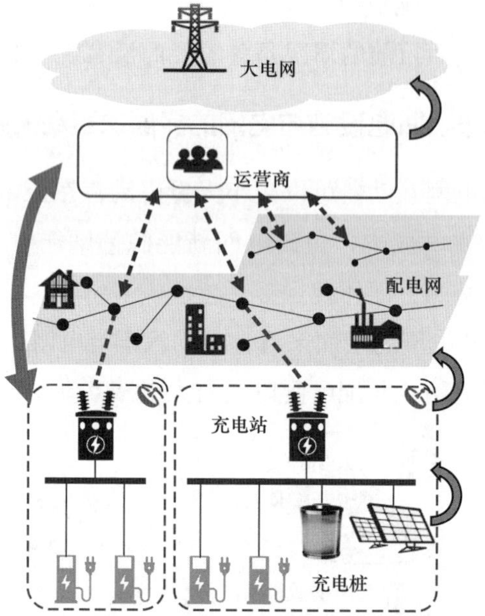

图 1-7　电动汽车、充电设施与电网运行协同的多层次互动构架

表 1-5　　电动汽车、充电设施与电网运行协同的多层次互动构架

互动对象	互动内容与目标	时间尺度
输电网与运营商	辅助服务，电力交易 电网友好，经济性最优	日前 实时 月度/季度/年度
运营商与配电网、充电站	多充电站协同运行与充电调度 高质量服务，经济性最优、电网友好	日前 实时 多日/周

续表

互动对象	互动内容与目标	时间尺度
配电网与充电站	配网内协同调度 电网友好，安全运行 经济性最优	日前 实时 多日/周
充电站与充电桩	站内有序充电调控 安全运行，经济性最优 可再生能源就地消纳	日前 实时 多日

电动汽车、充电设施与电网运行协同的多层次互动构架主要包含以下四个互动层级。

（1）充电站与充电桩的站内互动。充电桩是为电动汽车提供电池动力支持的专用电力设备，类似于加油站中的加油机，是实现电动汽车与电网互动最底层和最基本的设备。对于分散的充电桩，能进行充电时间、充电价格和充电量的设定，也可以实现和电网的互动，甚至能够为电网提供辅助服务（如参与一次调频、需求响应等）。作为分层分布的电动汽车与电网互动的重要层级，站级控制对于提高电动汽车充电站运营经济效益、延长充电站变压器等充电设备的使用寿命具有重要意义。

站内互动通常涉及日前、实时与多日三种时间尺度，一般站内互动以充电站运行经济效益最大化、本地分布式可再生能源消纳最大化等为目标，以变压器运行不过载等安全运行约束以及最大限度满足电动汽车用户充电需求为约束条件，建立电动汽车充电站内互动控制的优化模型，从而实现充电站内电动汽车的协调充电控制。

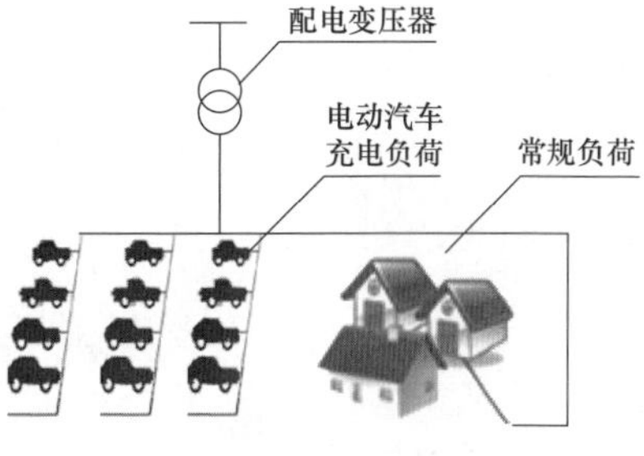

图 1-8 电动汽车充电站示意图

一般电动汽车充电站的结构如图 1-8 所示。配电变压器下接有常规负荷和电动汽车充电负荷。对于配有专供配电变压器的电动汽车充电站，可以认为该台配电变压器下接入的常规负荷为零。

作为电动汽车充电服务的提供商，电动汽车充电站按照充电电价收取充电服务的费用并按购电电价向电力公司支付电费，通过两者的差价实现盈利。

每当有新的电动汽车客户接入充电站第 n（$n=1, 2, \cdots, N$）号充电桩时，充电控制系统可以通过客户电动汽车上的电池管理系统获取电动汽车电池容量 B_n，以及电池当前荷电状态（State of Charge）SOC_n^A（即电动汽车当前电池电量与其电池总容量的比例）。为了制定电动汽车与电网互动策略，客户需要告知充电站内充电控制系统该电动汽车预期的停留时间 t_n 以及客户离开时期望的电动汽车电池荷电状态 SOC_n^D。在此基础上，以满足客户需求以及充电站变压器不过载为前提，通过有序充电控制，实现充电站经济效益的最大化。

（2）配电网与充电站的配网内互动。同一区域配网内常常连接有多个电动汽车充电站，每个充电站可视为配电网内的一个节点。从配电网的角度出发，可以与所连接的充电站互动协同，通过充电站间的有序充电控制实现配网内的优化。

配网内互动通常涉及日前、实时与多日/周三种时间尺度，一般配网内互动以配网全局运行经济效益最大化、配网运行指标（如网损等）最优等为目标，以线路不过载、电压不越限等安全运行约束以及最大限度满足电动汽车用户充电需求为约束条件，建立配网内电网与充电站互动控制的优化模型，从而实现充电站内电动汽车的协调充电控制。特别地，通常配电网内的互动控制也与站内互动结合起来，构成“配电网控制中心—站级控制中心—充电桩”三级分层互动控制架构，以提高控制效率，增强协同性。

配网内充电站间有序充电控制结构如图 1-9 所示。在一台本地配电变压器上接有常规负荷和电动汽车充电负荷。在一台配电变压器下，对于配有专供配电变压器的电动汽车充电站，可以认为该台配电变压器下接入的常规负荷为零。在上层变电站处设有充电控制中心，以协调管辖范围内多充电站的充电，防止在夜间车辆较多时出现另外一个负荷高峰。

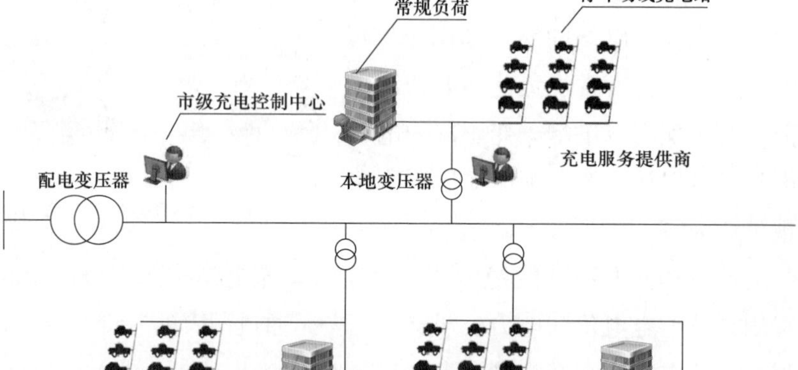

图 1-9　充电站间有序充电控制结构

在本地变压器处，作为电动汽车充电服务的提供商，电动汽车充电站按照充电电价收取充电服务的费用并按购电电价向电力公司支付电费，通过两者的差价实现盈利。但充电服务商依旧要接受上级充电控制中心的负荷调度，以满足配电网总体充电负荷的控制目标。另一方面，上级充电控制中心应当充分考虑各充电服务提供商管辖的充电站或停车场内用户的充电需求和盈利需求，以及配网的负荷控制目标，来实现站与站之间的充电协调。

（3）运营商与配电网、充电站互动的多充电站协同运行。在电动汽车实际运营模式下，同一配电网区域下的多家电动汽车充电站可能隶属于不同的电动汽车运营商，而一个电动汽车运营商往往也拥有多个电动汽车充电站，并且分布在不同的配电区域。因此，开展运营商与配电网、充电站互动，进行多充电站协同运行，对规模日益增大的电动汽车充电市场是非常必要的。

运营商与配电网、充电站互动通常涉及日前、实时两种时间尺度，也可在较长的时间尺度下（如多日、单周等）考虑可预测新能源出力和负荷变化，进行互动协同。一般运营商与配电网、充电站的互动以运营商整体经济效益最大化、配网运行指标（如网损等）最优等为目标，结合交通工程学，考虑交通路网对充电负荷的影响，以配网安全运行约束、最大限度满足电动汽车用户充电需求为约束条件，建立运营商与配网、充电站互动控制的优化模型，从而实现多充电站协同运行。

（4）输电网与运营商互动。电动汽车运营商可以有效实现电动汽车充电负荷的集成，进而为大电网运行提供辅助服务（调峰、备用、调频等），集中参与电力市场交易。

对于“输—商—配—站—桩”五个层次的互动方式，具体而言，在日前阶段，运营商下属的不同充电站根据站内电动汽车历史充电需求预测次日充电需求，汇总得到站级集合充电需求边界曲线并上报上级运营商充电控制中心；运营商根据下级充电站预测得到的结果，计算得到运营商整体集合充电需求边界曲线并上报大电网调度或负荷控制中心；大电网调度综合考虑网络约束与各运营商集合充电需求，优化得到各运营商次日指导集合充电曲线。

在实时阶段，各充电站实时收集站内电动汽车的充电需求，计算实时的充电站集合充电需求边界曲线，并上报运营商充电控制中心；运营商控制中心优化得到各充电站实时指导充电功率并下达；各充电站根据上级控制中心下达的指导充电功率，优化得到站内各个电动汽车连接充电桩电源的开通或关断。

1.3 电动汽车参与市场的意义

电动汽车所拥有的随机性和同时性的负荷特点将会给电网运行注入新的需求增长点，随着保有量的增长，对电网峰谷平衡的影响会越来越大。同时，电动汽车又是智能电网的重要储能资源和技术应用对象，其停驶时间长、需求较宽松，是电网重要的分布式储能资源。电动汽车储能具有响应速度快、市场影响小、灵活机动、不增加输电阻塞等优点，通过有序充、放电，可以实现削峰填谷的双重效用。所以，电网电力平衡压力显著加大，以火电深度调峰为主的传统电网平衡调节手段已难以满足网新能源快速发展的需要。因此，迫切需要挖掘电动汽车等灵活充电负荷参与调控的潜力，调动其主动参与电网调控运行。

大规模电动汽车与电网互动的主要形式就是引导电动汽车通过运营商或集成商参与电力市场，从而实现削峰填谷、向电网提供辅助服务和消纳新能源等目标。

1. 促进跨区域绿电消纳和新能源出力波动

现阶段我国新能源发展速度极快，累计装机容量居世界第一，新能源渗透率远超于同期部分发达国家。但是随着消纳总量增大，弃光、弃风等问题愈加显著。为从根本上提升新能源消纳水平，高质高效利用新能源，须从提升电源调节能力入手。大容量储能技术可调控性能好，但受限于高昂的成本，无法规模化应用。随着电动汽车保有量的指数级增长，通过协调优化电动汽车移动储能资源，将在一定的经济性约束下提升电力系统灵活性，进而提高电力系统可再生能源消纳能力。

作为信息化与工业化深度融合的重要领域，车联网正处于加速发展的关键阶段。随着智能终端和传感器设备迅速普及、5G 加速发展，获取电动汽车电池信息、行驶习惯等多状态海量资源已成为可能，“大云物移智链”等信息技术为存储、处理数据提供了支撑。以数据挖掘驱动服务价值，将成为技术创新、商业创新的主要模式。考虑到大规模电动汽车接入电网无序充电将增加电网调节难度，影响电网安全运行，在此背景下，亟需研究电动汽车充电桩聚合协同新能源优化模型，平抑新能源发电的间歇性和不稳定性，保障电网安全稳定运行。

2. 实现需求侧削峰填谷，增加用户侧收益

随着电动汽车的快速发展，充放电负荷作为虚拟储能，未来将改变电力系

统平衡态势。电动汽车很可能会成为未来电网中数量最多的负荷之一，其负荷特点的随机性和同时性对电网运行提出了新的需求，随着保有量的增长，对电网峰谷平衡的影响也会越大。同时，电动汽车又是智能电网的重要储能资源和技术应用对象，其停驶时间长、需求较宽松，是电网重要的分布式储能资源。按照国家规划，到 2020 年，全国电动汽车保有量将超过 500 万辆，以每辆电动汽车平均配置 30kWh 的储能电池测算，2020 年我国将拥有 150GWh 时的移动储能市场。电动汽车储能具有响应速度快、市场影响小、灵活机动、不增加输电阻塞等优点，通过有序充、放电，实现削峰填谷的双重功效。除了实现需求侧的削峰填谷之外，用户侧也可以通过调整用电行为来降低充电成本，增加收益。

3. 提供电力系统辅助服务，提高电力系统稳定性

随着再电气化进程不断加快、新能源高比例接入，电网电力平衡压力显著加剧，以火电深度调峰为主的传统电网平衡调节手段已难以满足电网新能源快速发展的需要。因此，迫切需要挖掘电动汽车等灵活负荷参与调控潜力，调动其主动参与电网的调控运行。

通过引导电动汽车有序充放电可以减小新能源并网对电力系统安全稳定性的影响，可提高配电网的整体经济效益。电动汽车参与调控可以使配电网内的新能源得到充分利用，减少系统的火力发电，减少对环境的污染，另外，还可以减少系统的发电备用，改善配电网的可调度性，从而提升电力系统的稳定性。

第2章

电动汽车充电负荷的聚合

电动汽车电源与负荷的双重特征，可以通过平移充电时间或者改变充电功率的方式响应电网需求。对比传统具有可调节能力的单向负荷而言，电动汽车具有更强的可调节能力，可以显著改善电力系统的成本效益。由于单台电动汽车没有独立参与电力批发市场的能力，因此，为实现其灵活性潜力，零散的电动汽车需要有效地聚合为整体以参与电力市场。实现这种市场整合最有发展潜力的机制是电动汽车负荷聚合商（EV aggregation）。充电负荷聚合商从电动汽车充电设施的管理出发，为电动汽车用户提供优质服务的同时，通过对充电负荷的聚合管理和调控减小充电负荷对电网的影响，并进一步通过源网荷储互动、多能互补等手段实现电动汽车的充放电管理的价值增值。在实践过程中则主要体现为车网互动。

2.1 负荷聚合优化机理

2.1.1 负荷聚合基本概念

单一电动汽车难以有效响应电网互动需求，存在强自主性、容易导致峰上加峰等现象，因此有必要将电动汽车负荷聚合起来。

在国外相关研究中，为了使闲置的具有调节能力的中小负荷能够参与到市场中，可以通过负荷聚合商这种商业模式来实现。负荷聚合商是整合用户需求响应并提供给市场购买者的独立组织，不仅可以为中小负荷提供参与市场调节的机会，还可以通过专业的技术手段充分发掘负荷资源，提供市场需要的辅助服务产品。芬兰学者 IKAHEIMO J. 定义负荷聚合商为一家公司，在提供需求响应资源的电力终端用户，以及想购买这些资源的电力系统参与者之间充当中间人，使用户以一种有效途径接触电力市场，并提供更多具有灵活性的服务和技术。CAISO（Californian ISO）定义负荷聚合商可以是“市政当局或其他政府实体、能源服务提供商、调度协调者、配电公司、代表单一或许多负荷的其他实体，目的是向独立系统运营商（Independent System Operator，ISO）提供需求削减负荷。”美国学者 EYER J. 定义负荷聚合商可以是任何实体，通过将分散的负荷整合成可以控制的负荷组，从而响应 ISO 的系统控制请求。由上述定义可知，负荷聚合商是需求响应资源的整合者，通过专业技术评估用户的需求响应潜力，整合分散的需求响应资源来参与电力系统运营。从系统运营商的角度来看，负荷聚合商被看作是一个大型的发电商（类似于虚拟电厂）或负荷资源，提供可调度的发电容量或辅助服务。

在一些文献中，负荷聚合商和虚拟电厂（Virtual Power Plant，VPP）的含义是相同的。这里所说的 VPP 是一种负荷资源调用的方式，这与国内现有的能效电厂概念完全不同，能效电厂实际上是一种需求侧管理效果的描述方式，体现的是通过提高能效节省电量的概念。负荷聚合商和能源服务公司都在负荷侧进行工作，总体上都是为了提高能效。不同的是前者参与电力系统运营，收益来源于购买电能或服务的系统运营商；后者面向用户，提供节能服务，从用户节能改造后获得的节能效益中回收投资并获得相应的利润。

其中，充电负荷聚合商（Charging Load Aggregator）是特殊的负荷聚合商，也就是一类特殊的虚拟电厂。相比于其他类型的负荷，以电动汽车、储能、电采暖、智能家居等为代表的充电负荷具有负荷可控性较强、调节空间较大、资源配置效率提升空间较大等特点。在此，将负荷依据其能否存储一定量的电能分为充电负荷与其他负荷，对比分析两者特性，结果见表 2-1。表 2-1 中，“+”表示在该特性中处于优势，“—”则表示在该特性中处于劣势。

表 2-1　　　　充电负荷特性对比分析

特性	充电负荷	其他负荷
可控性	+	—
调节能力	+	—
调节空间	+	—
响应时间	+	—
资源闲置率	+	—
辅助服务类型	+	—
资源增长潜力	+	—

由表 2-1 可以看出，通过聚合充电负荷相比于聚合其他负荷提供辅助服务等

具有较大的优势。从电力系统运行安全稳定的角度来看，通过高效利用充电负荷自身特性，利用价值手段或直接控制的方式，优化充电负荷资源优化配置，在降低充电负荷自身随机性和不确定性的基础上，可以建立具有“源—荷”双重属性的充电负荷运营机制，是有利于促进泛在电力物联网建设的重要途径。

基于上述分析，同时借鉴负荷聚合商、虚拟电厂以及可聚合负荷等的相关定义，定义充电负荷聚合商为：充电负荷聚合商以资源优化配置及电力系统安全运行为目标，通过智能设备直接控制和市场价格间接控制相结合的手段，基于信息物理系统融合的充电网络，将电动汽车、储能、电采暖、智能家居等可控柔性负荷进行聚合，集成参与电力市场交易及辅助电力系统运行安全，并依据各聚合资源与用户的贡献度进行价值分配。充电负荷聚合商运营框架如图 2-1 所示。后文中提到的负荷聚合商一般指充电负荷聚合商。

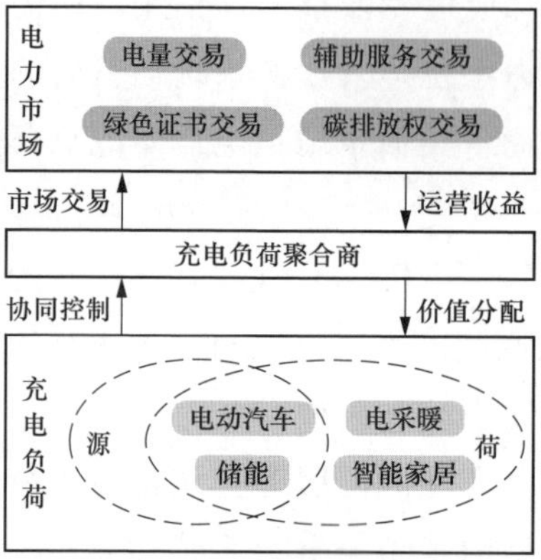

图 2-1　充电负荷聚合商运营框架

2.1.2　负荷聚合商运营机理

电力物联网建设将极大促进电力终端数据的获取及数据驱动下的业务增值，通过信息物理社会系统推动电力全业务集约化、智能化、自动化管理。虚拟电厂是“物理-信息-经济”融合的能源供需集合体，随着大量分布式电源及柔性负荷的接入，以负荷聚合商为节点的能源管理体系将为电力系统提供安全保障和运营支撑。相比于微电网更多在电力系统末端发挥效用，负荷聚合商具有不受地理位置约束的特点。以电动汽车车联网为例，通过车联网平台及储能云平台，可以在较大范围内对电动汽车充放电负荷进行协调控制，实现电动汽车有序充放电，这是负荷聚合商的集中体现。

在此，针对负荷聚合商调度优化特征，重点从自然聚合、经济激励、运营协调三个维度对电力物联网下负荷聚合商的调度优化机理进行分析，三个维度互为递进，其控制手段呈递增趋势，控制机理也由智能化逐步向人工决策转变，如图 2-2 所示。

（1）聚合机理：用户组合错峰效应。负荷聚合商是对电动汽车、柔性负荷、

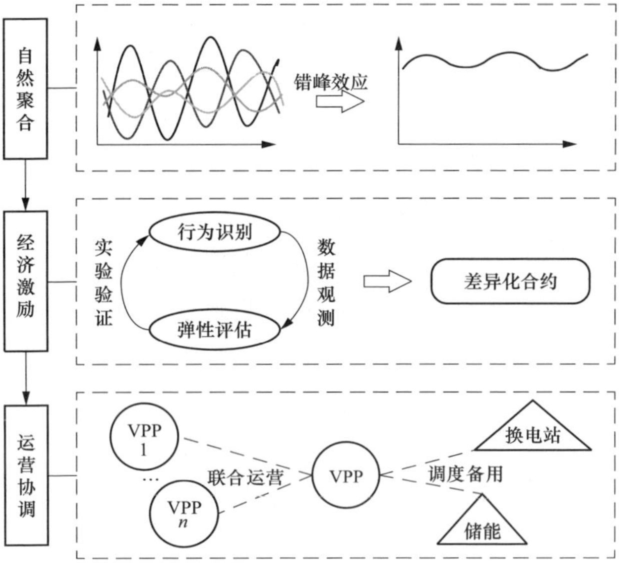

图 2-2 负荷聚合调度优化机理

储能等多种分布式能源的有效聚合。在具体展现形式上，负荷聚合商具有多种组合，目前常见的负荷聚合商类型包括“居民负荷＋储能”“可中断负荷＋电动汽车”“楼宇＋储能”等。通过对具有符合不同特征的用户主体进行组合，利用各自负荷在日负荷率、日峰谷差率、日最大利用时间等特征值上的错峰互补效应，通过引入人工智能技术对负荷曲线进行聚类，可以在一定程度上形成平抑内部主体自身波动的负荷聚合商。

在终端设备数据获取、存储的基础上，实现用户组合错峰效应包括两个关键步骤：一是要结合终端数据对不同类型柔性负荷的特征进行分析，采用统计学和计量经济学方法，识别其曲线特征，通过以曲线特征替代负荷曲线值，达到负荷曲线降维的目标，为开展进一步分析奠定基础；二是要构建适用于海量多源异构数据的聚类分析算法，通过将曲线特征指标进行聚类分析，在一定的聚类规则约束下，即可得到同类别的负荷曲线簇，进而通过分析其负荷特征值的相对性，得到具有错峰效应的用户组合集。至此，该用户组合集已经初步具备平抑波动的功能。

（2）激励机理：基于用户弹性的差异化合约。在用户组合错峰效应的基础之上，需要引入经济手段对用户行为进行影响，其最终展现形式为负荷聚合商与不同用户签订的差异化合约。由经济学中的边际效应理论可知，只有当边际成本等于边际效用时，方可实现资源最优配置。因此，差异化合约的签订需要依据不同类型用户的价格弹性，最大化经济杠杆效应。

实现差异化合约制定的基础是用户用电行为的识别，同时通过多维数据对用户行为进行客户画像，建立用户行为标签库。其关键点在于用户行为及其弹性具有隐匿性，很难直接通过数据分析得出，这就要求负荷聚合商基于实验经济学理论方法，构建用户行为识别及引导实验框架，通过改变差异化合约关键参数，从实际运营活动中获取数据，以此为基础进行用户弹性分析，进而指导差异化合约制定。

（3）运营机理：与储能联合运营。由于用户自身负荷特性及其可调节性方面的限制，单独的负荷聚合商在电力直接交易及辅助服务市场中难免存在偏差。因此，为应对偏差风险，有必要通过负荷聚合商与储能联合运营，进一步提升系统灵活性。

实现联合运营的关键在于构建多主体之间的利益分配机制。对于负荷聚合商而言，通过与其他运营商或储能设备签订合作协议，形成负荷聚合商运营联盟，将进一步优化自身调控能力。由调控能力上升带来的效益增加或成本降低部分，可在各主体之间进行合理分配。在这一过程中，除负荷聚合商外，其余主体承担备用及风险共担责任，同时获得相应的备用收益与风险承担补偿。

2.1.3 负荷聚合商运营模式

负荷聚合商作为用户与电网之间的中介，通过整合用户资源参与电力市场交易，运营机制如图 2-3 所示。

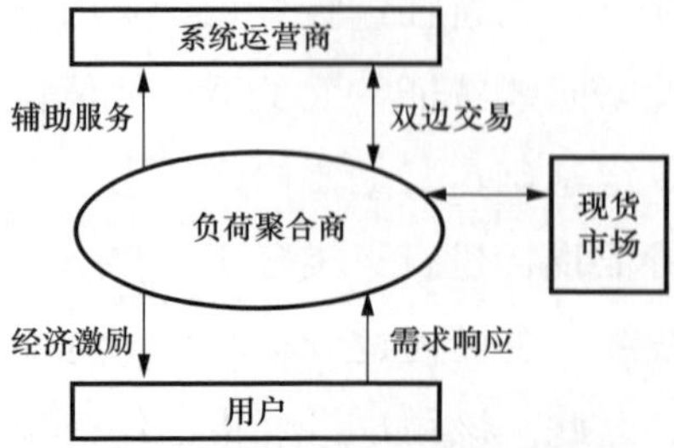

图 2-3 负荷聚合商运营机制

（1）负荷聚合商与用户之间的关系。负荷聚合商所管理的资源除了居民用户、商业用户和工业用户中的可控负荷以外，还包含储能设备和备用电源等。由于用户侧可控负荷容量巨大，因此负荷聚合商需要根据用户用电设备、响应特性和价格弹性等因素制定更全面的运营机制。负荷聚合商对用户的管理包括分析用户各时段参与需求响应的潜力、为用户安装控制和通信设备和为用户提供经济激励。负荷聚合商需研究不同种类用户设备参与需求响应的潜力，充分掌握不同设备用电功率可控大小和用电设备参与响应的成本（如电动汽车充放电调节影响电池寿命，工业机组参与调节的维护成本等），考虑用户设备物理特性和用户用电意愿对用户参与需求响应的影响。负荷聚合商需在所管理的用户侧安装信号接收器、能量管理设备等方便进行负荷控制的基础设备。负荷聚合商对用户的控制方法主要包括直接负荷控制和提前制订调度计划两种。

（2）负荷聚合商与市场之间的关系。负荷聚合商聚合的可控负荷资源可以提供包括有功功率平衡和系统调峰等服务。负荷聚合商参与市场的方式有很多，包括双边交易和现货市场投标的形式。双边交易是负荷聚合商提前与售电公司、发电公司和电力公司签订双边合同，当其需要进行负荷调整时直接发送指令给负荷聚合商，最后根据合同情况给予负荷聚合商报酬。负荷聚合商制定现货市场投标价格需考虑现货市场售电电价和可聚合的可控负荷量等因素，中标后按指令对用户负荷进行控制。

（3）负荷聚合商与其他电力系统参与者的比较。未来，发电公司除了通过与售电公司签订合同进行售电外，还可以通过现货市场进行售电。售电公司的职责是从发电商买电并将电卖给用户。配电公司最主要的特征是拥有自己的配电网络，在未来它可以作为售电公司、电网安全运行管理者或包含负荷聚合业务的售电公司。负荷聚合商在将来也可以作为售电公司，但需向配电公司提供电网使用成本。

2.1.4 负荷聚合商运营体系

在传统电网中，通常是由调度中心做出调度决策，对每台规模较大的机组发出运行、出力大小、关停等指令，以保障发电的整体经济效益和整个电网的安全稳定。对于负荷聚合商而言，由于电动汽车、储能等单机容量小，电网进行调度时没必要直接对单机发出指令，而只需要对各负荷聚合商的控制中心下达相应指令即可。考虑交易的时间尺度以及市场类型，负荷聚合商具有批发—零售相协调的市场运营架构。

负荷聚合商运营主体通过聚合储能系统、柔性负荷、电动汽车等多类型分布式单元，向上作为一个独立的市场主体参与电力批发交易，包括中长期电力市场、现货电力市场以及辅助服务市场，促进资源的优化配置和清洁能源的消纳；向下与其所代理的分布式单元开展电力零售交易，通过制定市场化激励机制、分时电价、尖峰电价等价格机制，与用户自主协商达成用能协议，获得可调能力。负荷聚合商的运营策略，一是通过源—网—荷—储多类型分布式单元的投资组合，优化负荷聚合商的响应时间、调节速率、调节深度等物理特性，提升其对系统的价值贡献；二是通过投资建设计量、通信、控制设备以及信息化平台，降低系统运营成本，提升面向终端用户的增值服务质量；三是通过参与批发—零售两级市场交易，形成双向购售电的最优决策方案，提升交易收益。

（1）负荷聚合商运营商对外的责任。负荷聚合商运营商与负荷聚合商内部各组成部分之间是委托代理关系，负荷聚合商运营商是负荷聚合商内外双向互动的主体和媒介。负荷聚合商运营商负责负荷聚合商与外部大电网、发售电企业间的信息交换，既可以作为售电企业，替负荷聚合商中的用户进行购售电交易，还可以作为辅助服务提供商，参与辅助服务市场来获得辅助服务补偿。与此同时，负荷聚合商运营商也可以对峰谷分时电价等需求侧管理措施进行积极响应。根据负荷聚合商聚合灵活性资源的特点，辅助服务交易将是负荷聚合商的重要交易类型。基于对批发市场和用户调用进行双向决策，负荷集成商或负荷聚合商运营主体进而可以得到参与市场的最优化决策方案。

（2）负荷聚合商运营商对内的责任。通过聚合分布式发电、可控负荷、电动汽车以及储能等柔性资源，形成负荷聚合商代理交易物理基础。从负荷聚合的阶段来看，可划分为自然组合、经济激励以及运营协调三个阶段，分别为负荷自然特性、经济手段柔性控制以及运营协调调度控制，通过三个阶段可以对不同场景需求下的负荷进行智能集成。

同时，负荷聚合商运营商通过负荷代理集成参与市场交易获得收益，通过考虑各柔性资源对负荷聚合商系统的价值贡献度进行价值分配，其中需要考虑的因素包括响应时间、调节速率、调节深度等。建立有效的价值分配体系时，形成长期负荷聚合商交易主体的重要支撑，在具体操作过程中需要引入博弈论的理论方法进行机制设计。

（3）负荷聚合商运营商代理灵活性资源的职责。

1）可控负荷的权责。可控负荷包括可中断负荷（一般指居民和特殊工业）和可平移负荷（可将用电高峰时期向后推移一段时间）两种。可控负荷的主要职责是参与辅助服务和需求响应。最终结算时，当可控负荷主体的购电成本大于其参与辅助服务和需求响应所提供的收益补偿时，可控负荷主体应向负荷聚合商运营商支付电费；反之，负荷聚合商运营商则应向可控负荷主体支付收益补偿。

2）储能的权责。储能（一般包括抽水储能电站、分布式储能、充换电站和电动汽车等）的主要职责是通过充放电来参与辅助服务和需求响应。最终结算时，当储能主体购电成本减去卖电收益后的值大于其参与辅助服务和需求响应所提供的收益补偿时，储能主体应向负荷聚合商运营商支付电费；反之，负荷聚合商运营商应向储能主体支付收益补偿。

2.2　负荷聚合商发展现状

2.2.1　国外现状

部分欧美发达国家在理论较为成熟的基础上，较早出现了一些负荷聚合商。其中，以丹麦的负荷聚合商进行车网互动（V2G）最为活跃。

以 Parker 项目为例，它提供了第一个欧洲商业 V2G 测试项目，其中有 10 辆日产厢式货车积极提供频率调节功能。该项目使用智能充电技术，基于可再生能源，并依靠汽车与电力行业之间的合作来证明电动汽车支持和平衡电力系统的能力。

Enel、Nuvve 和 Insero 等电网集成专家以及日产、三菱和东风标致等汽车制造商已经证明，来自各个汽车制造商的最先进的车辆可以为支持电网做出贡献，并提供诸如通过 V2G 技术进行频率和电压控制等能力。

该项目表明，V2G 可能在提供电网灵活性和增加车辆收益方面发挥着重要作用，但仍存在技术挑战，包括电池退化的不确定性、通信标准化的缺乏以及消费者对 V2G 的了解程度不高。依靠风力资源，丹麦每辆汽车的年收入估计在 1700 欧元至 2500 欧元。

在监管制度方面，几个北欧国家之间存在某些差异。丹麦目前的制度最弱，允许价格信号来刺激终端用户提供需求侧响应。

传统的规章制度中，关税以能源为导向，而收入方面的规章制度则侧重于资本支出，这是发展需求侧响应的明显障碍。预计新的智能电表技术将促生新的关税制度，其中负荷和容量利用率将成为主要要素。在丹麦，正在制定一项新法规，其中将包括容量电费（Capacity Tariff）和资本支出/运营支出的混合收入制度。另外，在丹麦不允许使用负载关税（Load Tariffs），但在其他北欧国家允许使用。

丹麦法规对需求侧响应的激励作用最弱。丹麦现行法规不允许对家庭用户收取基于容量的税费。基于容量的税费有望在几年内推出。瑞典和芬兰多年来一直可以进行小时计费，但挪威和丹麦的计费幅度却非常有限。

美国电力市场较为发达，因此 LA 实体企业也是最多的，较为典型的有美国 EnerNOC 公司、Comverge 公司、PG&E 公司，澳大利亚 Energy Response Pty Ltd. 公司，法国 Voltails 公司等。这些企业开展业务相对较早，故都已具有相当规模及成熟的运营体制，可以提供的相应容量也已达到一定的规模，规模都相当于一个“调峰”电厂级别。其中美国的电动汽车负荷聚合商参与系统运营商的需求响应项目，已减小了高峰负荷，并增加了系统的安全性。

2.2.2 国内现状

尽管负荷聚合在国内的应用起步晚于国外，但国内目前已经建立电动汽车负荷聚合平台，它是由国家电网有限公司全资子公司国网智慧车联网技术有限公司承担建设的。作为电动汽车用户与电网互动的桥梁，国网智慧车联网技术有限公司已担负起负荷聚合商的角色，整合中小负荷用户参与电力市场，降低海量分散负荷对电网的影响，通过专业技术手段引导负荷资源，及时参与电网互动响应。同时，开展以电动汽车为主体的绿电交易，推动新能源车充新能源电。

除国网智慧车联网技术有限公司外，国内目前尚没有实质性的具有 LA 性质的实体企业，究其原因是缺乏有效的市场机制引导。现阶段，我国正处于电力市场改革的关键时期，辅助服务市场逐步建立完善，各项市场规则进一步落实。与此同时，物理层、信息层技术发展及建设趋于成熟，对设备层运行状态的泛在感知将有效支撑负荷聚合商的业务实施。从企业运营来看，市场机制的建立和技术壁垒的削弱，将催生一大批以负荷聚合商为主要运营模式的市场主体。不同于国外负荷聚合商的发展，国内负荷聚合商受限于我国电力系统运行现状，约束较多，独立的负荷聚合商难以直接掌握用户用能信息。因此，只有通过细分负荷类型，选取更具竞争力的细分市场，才能在现阶段推动负荷聚合商业务模式的进一步发展。

2.3 电动汽车负荷聚合商

2.3.1 电动汽车负荷聚合商的定义

电动汽车负荷聚合商是负荷聚合商的一种，是专门针对电动汽车负荷用户用电曲线进行聚合的集成商。集成的电动汽车负荷桩可以通过专业的硬件设施对接入的电动汽车用户进行特征分析和灵活调度，将一定数量的电动汽车充电负荷组合成一个负荷组，以满足电力市场。

在接入电网的两类负荷中，刚性负载被定义为不可转让且没有调控潜力的负载。而在能源的使用上柔性负荷则可以在一段时间内进行调整，用户也可以在电网之间进行能量互动。柔性负荷调度和调节可以有效缓解电力系统供需矛盾。如图 2-4 所示，许多中小型用户参与电力市场的能力较弱且用电习惯有较大差异。而电动汽车负荷聚合商可以借由高效的聚合手段和有效的调度方式，将不同具有可调节能力电动汽车的负荷结合起来，在达到电力市场容量要求后以一个大型柔性负荷整体的方式参与电力市场的电量和需求侧响应交易。

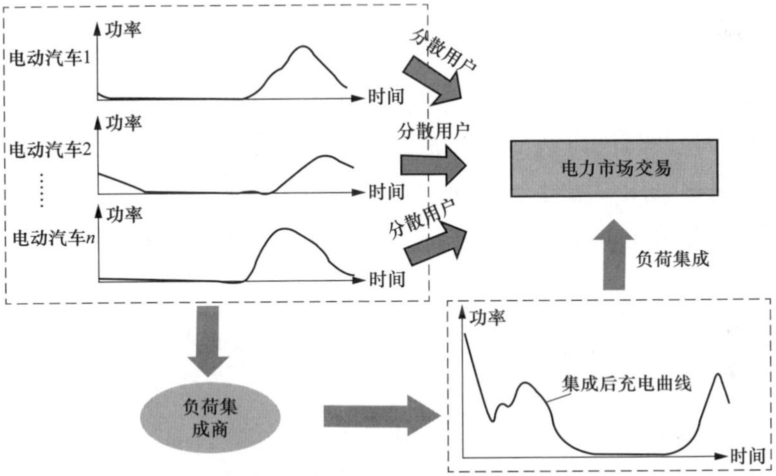

图 2-4　电动汽车聚合机理图

电动汽车负荷聚合商可以是国家电网和中小用户之间构建桥梁的公司，也可以是通过价格信号调节用户充电行为以响应需求响应资源的需求方。负荷聚合商在协助国家电网稳定运营的同时，也为中小企业参与电力市场提供了便捷有效的方式。从电力系统稳定运行的角度来说，电动汽车负荷聚合商聚合的电动汽车用户可以有效地进行需求侧响应。通过价格信息和智能算法的结合，分析电动汽车用户不同的行为习惯和响应能力，以响应不同时间段电力系统稳定运行的需要。因此，电动汽车负荷聚合商不仅可以通过集中电动汽车用户参与电力市场交易争取合理利益，还可以通过需求侧响应市场来参与调峰调频辅助服务，保证电力系统机组的顺利运行。

2.3.2 电动汽车负荷聚合商的运营机制

电动汽车负载聚合商是电网与普通电动汽车出行用户进行信息交互的中介。电动汽车负荷聚合商由第三方运营公司与电动汽车充电桩共同组成。独立的电动汽车管理体系、硬件控制系统和市场激励价格信息共同组成了整个电动汽车负荷聚合商的营业体系。电动汽车负荷聚合商的相关业务模式和交易流程分析如下。

在电网方面，电动汽车的负荷聚合商作为市场参与主体，拥有调频、调峰、系统备用等功能，其中调峰辅助服务是其重点的应用领域。在用户方面，电动汽车负荷聚合商可以在下列几个方面为用户提供价值：①安装并运维通信系统、硬件设备和电动汽车充电桩等固定资产设备；②从不同已签约用户的出行特征和调控水平出发，制定不同类型的用户参与辅助服务方案，并签订合同；③根据合同约定，电动汽车负荷聚合商在征得用户许可后，在保障充电需求的同时控制充电行为，并与用户共享行为调度的收益；④落实电池价格优惠政策和损害赔偿，同时根据用户履行合同的情况，给予相应的奖惩。

电动汽车负荷聚合商市场交易行为可定义为由市场竞标和双边交易这两种交易模式组成。

(1) 市场竞标这一交易模式下，在满足电力市场准入规则后，电动汽车负荷聚合商通过电力公司实际需求的获取、电动汽车用户的可调节能力和电价预测结果来决定是否投标。竞价成功后，用户端根据已有的购电数据实时动态追踪需求侧市场和现货市场的偏差信息，向电动汽车发出调控指令，并通过调整电动汽车用户端的行为轨迹以对标国家电网的调控需求。而在国家电网层面，电动汽车负载聚合器侧通过支付一定的服务费用，竞价进入下一轮市场。本文以这一交易模式为背景，研究电动汽车负荷聚合商的调控策略，力求保障电动汽车负荷聚合商收益效益的同时，优化电动汽车可调控资源辅助电网的平稳运行。

(2) 在双边交易模式这一交易模式下，电动汽车负荷聚合商与电动汽车用户签订将集中调度的可调度储能资源出售给电力公司有需求的资源购买者的双边交易合约。

电动汽车负荷聚合商的主要角色是通过合理有效的监管方式为调控方法配套电网，辅助服务成熟的通信技术和自动化技术汇聚区内大量分散的电动汽车负荷柔性负荷，并通过有效的激励手段，在保障自身利益的同时，为电网提供各项辅助服务措施。

其中负荷聚合商包含以下几个特征。

（1）友好性。负荷聚合商可以根据电网传递的动态实时信息，为电网提供高效的需求侧响应服务，保障电力系统的平稳运行；还可以对电动汽车提供实时动态的分时电价数据，为电动汽车用户参与中小负荷电力市场的辅助服务创造了机会。

（2）智能性。电动汽车负荷聚合商凭借先进的通信能力和自动化能力技术，针对不同电动汽车用户的出行特性和用电行为，开发智能化调度策略，以满足不同的实际场景。

（3）可扩展性。如图 2-5 所示，当电动汽车用户实际参与到电动汽车负荷聚合商的调控管理时，电动汽车的用电可以有序控制，平移电动汽车负荷的波动。此外，在电力市场改革中，电动汽车负荷聚合商企业可以探索更多的电力市场化交易机制和运营模式，从而推动我国的电力市场改革。

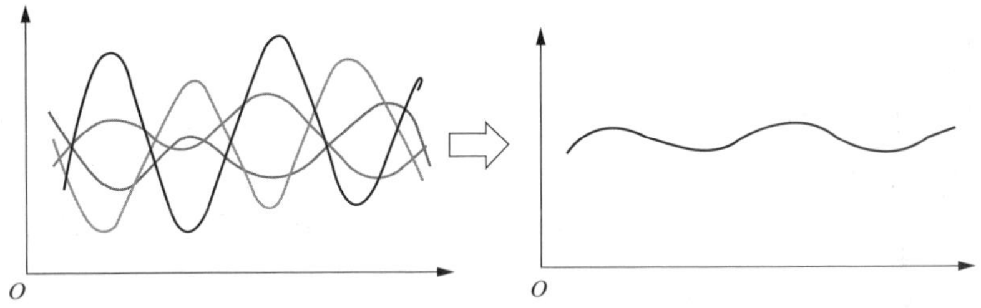

图 2-5　电动汽车用户组合后的负荷曲线

通过控制发电功率为电网提供所需的辅助服务的运行方式，是传统火电或水电机组较为传统的做法。作为优质的可调节资源，聚合电动汽车在参与电网辅助服务时具有以下传统方式无法比拟的优势。

（1）能量转换效率相对较高。与传统的发电机组相比，电动汽车的动力电池能量转换率要高得多。电动汽车电池的综合效率可以达到 85%，但是一般的水电机组的综合能效约为 75%，而普通火电机组更是只有不到 40%的综合能效。随着储能技术的进步，这一数字近年来可能还会增加，充分体现了其优越性。

（2）电力传输损耗低。电动汽车集成参与电网控制，形成局部虚拟电厂，以整体运营模式综合参与电力辅助服务，传输距离比传统发电机组更短，距离电力消费中心更近，降低了电力运输成本。

(3) 电动汽车车主效益。白天出行，晚上充电，是广大居民日常的出行习惯。也就是说，对于电力系统来说，电动汽车车主在白天的充电压力较小，晚上比较大。这并不符合典型的日负荷曲线需求，因此，电动汽车车主参加统一需求响应的调控规则，不仅不会影响自身的充电行为，还会降低电费支出，拥有较大的经济激励效益，可以促进电动汽车车主积极主动地参与电力市场运行。

2.3.3 电动汽车聚合情况

(1) 实践情况。随着相关政策的支持以及资本与科研成果的涌入，我国电动汽车 V2G 产业正在迅速发展。在项目实践方面，国家电网、国网智慧车联网技术有限公司、南网电动汽车、北汽等集团企业都推出了 V2G 项目试点方案；在产业链形成方面，V2G 通过虚拟电厂、分布式能源、可再生能源产业等进行能量与信息互动，形成多能互补的能源网络；在标准制定方面，中电联发布了《能源互联网与电动汽车互动规范（征求意见稿）》，对电动汽车有序充放电控制及与能源网络之间的平衡互动的结构、设备、运行控制、质量安全等多方面的关键技术进行规范。

除此之外，英国、美国、丹麦、法国、荷兰、德国、日本等国家和地区都开展了 V2G 的实践工作，其中英国具有最大规模的 V2G 项目，美国具有最大的 V2G 项目建设。由此可见，各国都重视 V2G 技术对于电力供需平衡和电力系统稳定的作用，并通将其应用到电动汽车与新能源互动、与电网互动、与需求侧资源负荷互动，深入挖掘其应用模式和价值创造机制。

V2G 的基础架构如图 2-6 所示。电动汽车通过可调充电桩接入电网，电动汽车负荷聚合商则通过将充电信号发送给有序充电桩，进而控制电动汽车的充电进程；分布式可再生能源电力可以通过直接与充电桩相连接的方式进行电能的即产即销，过程中也需要负荷聚合控制平台对充电负荷进行统筹调控；对于可再生能源接入大电网导致的调峰需求和供需不平衡等问题，负荷聚合控制平台也可以通过与电网和充电桩之间的信息互动来实现供需互动调节。

(2) 主要功能。电动汽车负荷聚合商通过 V2G 服务可实现削峰填谷。实际上，大多数电动汽车每日约有 90%以上的空闲时间，在车桩丰富的情况下具有充分的调节能力。通过电动汽车负荷聚合商的信号控制，实现在负荷低谷期间充电（如夜间），在负荷高峰时期放电（如午间），即可通过负荷调控或者转移的方式实现削峰填谷。电动汽车削峰填谷示意图如图 2-7 所示。

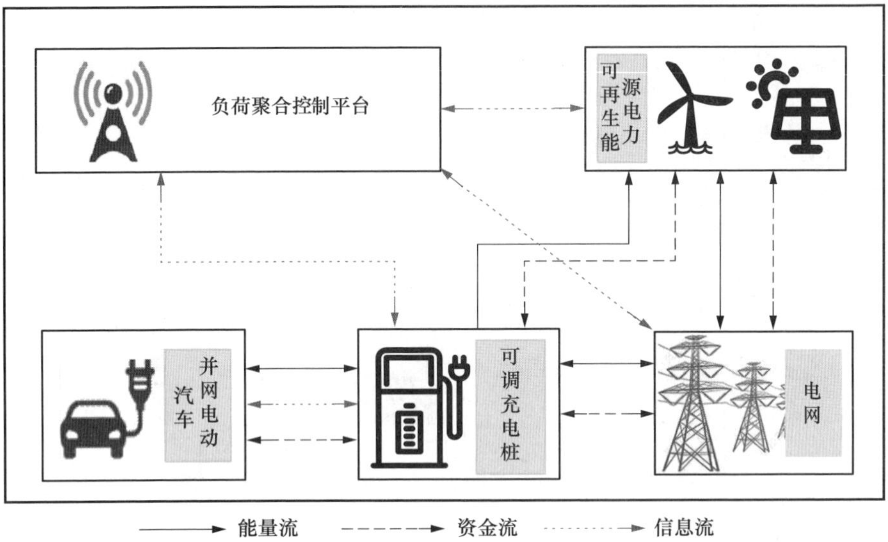

图 2-6 V2G 基础架构

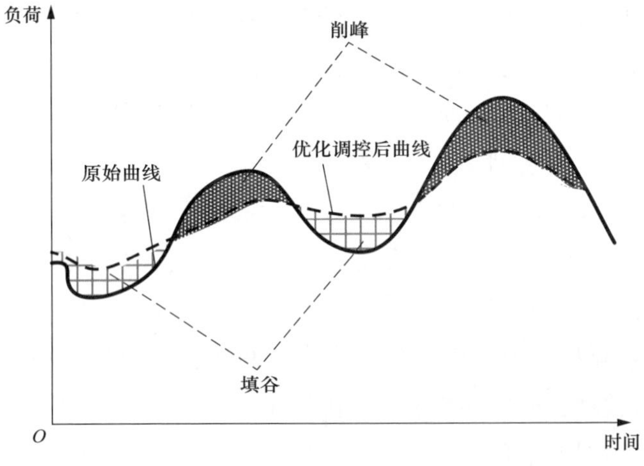

图 2-7 负荷聚合调控实现削峰填谷示意图

电动汽车负荷聚合商提供 V2G 服务可实现风光追踪消纳。对于非水可再生能源，特别是分布式非水可再生能源，在并网过程中，由于其日内负荷随机性和波动性过大，因此往往产生弃电现象。非水可再生能源通过与电动汽车负荷聚合商的源荷互动可以实现非水可再生能源弃电的追踪消纳，在该过程中充电负荷通过购买弃电降低了购电成本或者获得了服务费用，非水可再生能源发电厂商则获得了增量的售电收益。充电负荷聚合追踪消纳的示意图如图 2-8 所示。

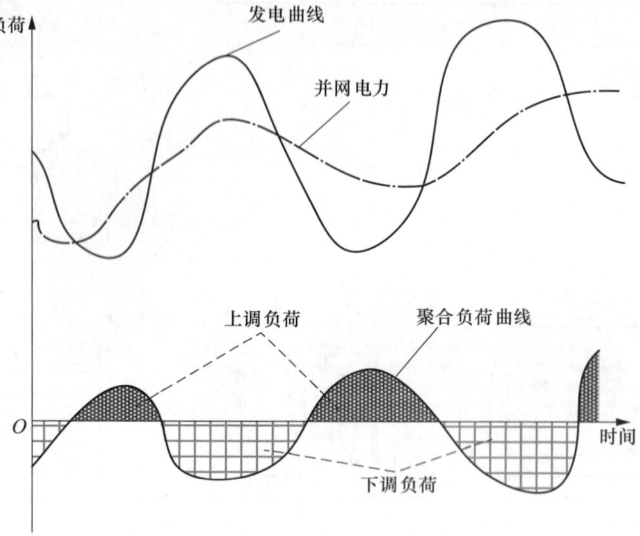

图 2-8　充电负荷聚合调控实现非水可再生能源追踪消纳示意图

电动汽车负荷聚合商提供 V2G 服务时可提供负荷备用服务。随着电动汽车规模越来越大、车桩比越来越小，电动汽车在并网的条件下可聚合构成虚拟储能，它在提供负荷调节功能的同时还具备提供负荷备用服务的潜力。按照 2021 年 784 万辆电动汽车来计算，假设 75％的车辆参与车网互动，每辆车具有 60kWh 的容量，SOC 变化范围为 30％～70％，则可提供 1.4 亿 kWh 的电力备用容量。并且，相对于传统储能设施，电动汽车储能具有更为经济的备用服务成本和更为安全的备用服务方案。

除此之外，新型电力系统的建设要求“高比例可再生能源”和“高比例电力电子化”，日益增长的可再生能源并网容量和电力电量需求提高了系统对电力辅助服务的要求，加剧了供需不平衡的紧张形势。通过接入充电网络平台并承担虚拟储能的角色，电动汽车能够实现一车多用，大幅度降低负荷调节成本并提高系统的可靠性，并且随着电动汽车和充电基础设施规模的不断扩大，其能够达到的调节效果将逐渐增强，对单辆电动汽车的影响也将逐渐变小。

(3) 主要技术框架。目前电动汽车负荷聚合商主要由充电桩公司构成，对用户展示充电信息、充电网络和服务站点情况等，同时基于用户的服务需求为用户提供更为精准有效的充电服务。与此同时，聚合商还需要考虑 V2G 聚合调控的需求和目标，通过负荷调控创造价值增值。目前，负荷聚合调控的通用技术框架如图 2-9 所示。

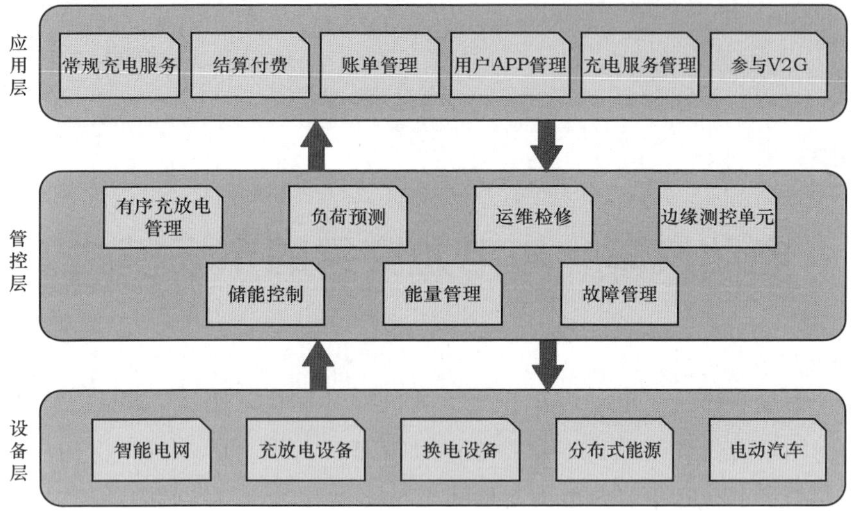

图 2-9 V2G 主要技术框架

由图 2-9 可见，聚合商运营主要分为应用层、管控层和设备层。应用层主要是通过数据交互、信息传输与可视化服务实现对电动汽车充电服务、交易管理、平台管理、V2G 等活动的直观展示和服务，并获得信息反馈和交易结果；管控层则通过数据清洗、数据转化、数据提取、数据计算、数据分析等大数据手段和 AI 算法等人工智能模块实现充电负荷预测、有序充放电管理、运维数据管理、云雾边协同等内部功能；设备层则通过智能电网、智能充放电设备、换电设备、分布式能源接入等技术保障设备的高质量接入和安全可靠运行。

总的来说，无论是电动汽车充电接口的设计，还是 V2G 过程中的智能调控系统设计，都是关系到负荷聚合调控效果的关键内容，行业内众多的科研与从业人员都在为其技术的经济可靠、安全高效运行而努力；无论是规模化的通用技术选择还是智能高效型创新性技术的应用，都是市场选择和竞争的结果，也推动了电动汽车充电负荷的规模化长远发展。

第3章

电动汽车参与电力交易的市场模式

第2章重点讨论了电动汽车充电负荷的聚合优化，厘清了电动汽车负荷聚合的概念与聚合优化情景。本章将在电动汽车负荷聚合的基础上探讨电动汽车在负荷聚合商的代理下参与电力交易的市场模式。

3.1 国外电动汽车参与电力交易现状

国外电动汽车参与电力交易的典型案例集中在丹麦和澳大利亚。现阶段，国外电动汽车市场交易主要有两种形式：①电动汽车作为用电负荷直接参与电力市场；②电动汽车参与需求响应。

3.1.1 丹麦

丹麦电动汽车市场交易模式介绍如下。

（1）V2G（智能充放电）。V2G在丹麦特别活跃，Parker项目是欧洲第一个商业V2G测试项目，其中有10辆日产厢式货车可以提供频率调节功能。该项目使用智能充电技术，基于可再生能源，并依靠汽车与电力行业之间的合作来保证电动汽车的支持和平衡电力系统的能力。

在这个项目中，如Enel、Nuvve和Insero等多家电网集成商以及日产、三菱和标致等汽车制造商已经证明，各个汽车制造商提供的较高标准的电动汽车可以积极参与车网互动，并提供V2G技术，进行频率和电压控制。

（2）需求侧响应。在监管制度方面，几个北欧国家之间存在某些差异，丹麦目前的制度最弱，允许通过价格信号来刺激终端用户提供DSR（需求侧响应）。

目前，丹麦正在制定一项新的需求响应政策制度，其中将包括容量电费（Capacity Tariff）和资本支出/运营支出的混合收入制度。通过采取新的智能电表技术来确保该制度的实施，其中负荷和容量利用率是重要考察指标。另外，丹麦不允许使用负载费用（Load Tariffs），但在其他北欧国家允许使用。

丹麦法规对需求响应的激励作用最弱。丹麦现行法规不允许对家庭用户收取容量费用，而瑞典和芬兰可以按小时计费，但挪威和丹麦的计费幅度却非常有限。

（3）电动汽车虚拟电厂（EVPP）。丹麦启动的 EDISON 项目通过整合大规模电动汽车，研究车网互动的场景，同时通过减少二氧化碳排放量使单个车主和整个社会受益。EDISON 项目的目标是创建一个平台，形成电动汽车集群优化。该项目结合 V2G 技术，并在丹麦的博恩霍尔姆岛上演示了上述平台。

电动汽车虚拟电厂的其他功能包括对快速充电站和受控充电站的支持。对于快速充电站功能，应在电网上部署专用的大功率充电站，它们能够在短时间内提供大量电力，从而在不使电网过载的情况下为电动汽车充电。当连接到此类充电站时，电动汽车仅仅是充电负荷，而不是能够为电网提供平衡电力的潜在临时能源。相反，如果将电动汽车长时间连接到容量较低的充电站配网，如私人车库、公司停车场或是电网容量有限的公共停车场等，则作为移动储能向电网馈电。

在有足够连接时间的情况下，智能电网通过向电动汽车或其充电站发送适当的控制信号来执行负载转移以及请求从电动汽车向电网反馈电量。丹麦的电网包含两层，其中电气层由发电厂、风电场、高压输电网、低压配电网和计量基础设施组成，该领域可以看作是具有相关物理和工程约束的技术基础架构，从而产生了大型且刚性耦合的系统。在政治和经济动机的放松管制要求下，技术基础设施层之上的是电力市场层。在这里，电能作为商品在 Nord Pool 或 European Electricity Exchange（EEX）等交易所进行交易，它使能源交易者无须拥有或运营任何电网基础设施即可购买和出售能源。

如图 3-1 所示，一种选择是将电动汽车虚拟电厂集成到一个已经存在的市场参与者中，如发电公司或参与电力市场的其他主体可以充当平衡责任方（BRP）。这样的体系结构可以为负荷聚合商提供一种强大的工具，确保其遵守调度计划，并使其能够参与辅助服务市场以获取备用容量。例如，发电公司可以利用可用的需求侧资源以平滑其火力发电厂的上升/下降斜率。同时，电动汽车的移动储能特性还可以用于消纳风电。电动汽车虚拟电厂通过丹麦的 SCADA3 系统将每个时点中的预测电量和调节能力上报给调度机构。

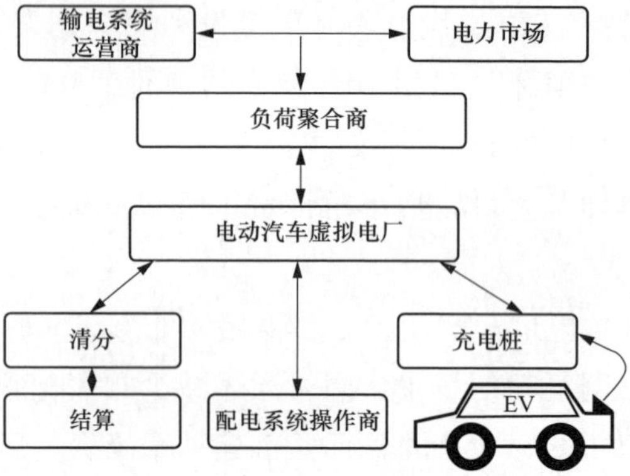

图 3-1 电动汽车虚拟电厂聚合架构

（4）电动汽车充电服务的市场交易。充电服务由 EVSE（电动汽车供电设备）运营商选择供电零售商，电动汽车服务供应商向客户收取捆绑服务费用（电费和基础设施费），如图 3-2 所示，所消耗的电力从电动汽车服务供应商所选择的供电零售商购买。后者和收费站提供商之间的合同不包括电费，但包括使用基础设施的费用。电动汽车服务供应商将向使用公共充电站的用户收取额外的漫游费。

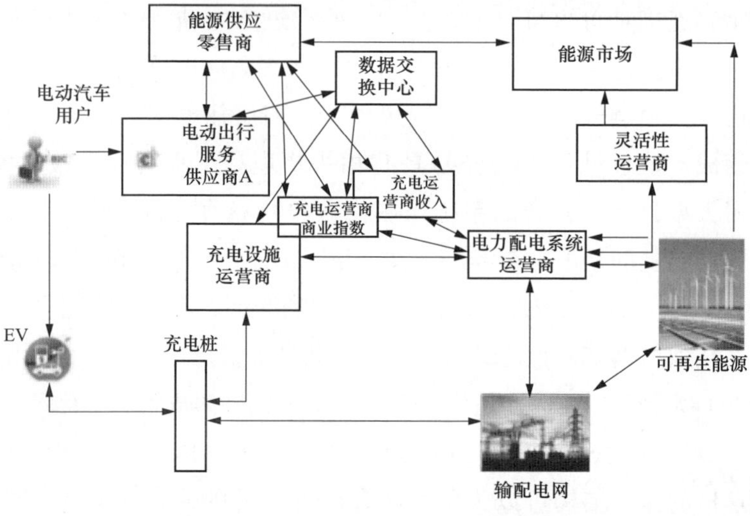

图 3-2 EV 充电服务的市场交易

3.1.2 澳大利亚

由于电动汽车的成本下降和鼓励性的政策推动，澳大利亚及世界其他各国电动汽车的销售量持续增长。电动汽车作为充电负荷大量接入电网将给电力市场带来不确定性影响，因此澳大利亚能源市场委员会（AEMC）认为，对电动汽车零售能源竞争模式评估有重要意义。但由于澳大利亚电动汽车保有量较低，私人家庭充电桩较为普遍，而能够参与电力市场交易项目多为试点项目，因此主要从电动汽车单向与双向参与电力市场开展调查。

1. 电动汽车作为用电负荷直接参与电力市场

到目前为止，因为澳大利亚电动汽车的总体保有量有限，所以针对这个市场的电力零售产品很少。大多数电动汽车仅作为住宅区、公共停车场所、公路充电站等区域的用电负荷参与电力市场，再由电网通过分时电价和实时电价等方式引导电动汽车有序充电。

例如，能源零售商 Powershop Australia 为维多利亚州、新南威尔士州和昆士兰州的电动车车主提供非高峰时段的超低电价方案，客户在工作日的上午 12 点至凌晨 4 点之间的充电花销大幅减少。而能源零售商 AGL 提供的住宅区电动汽车计划，则是将电动汽车涵盖在合同中作为住宅负荷同等对待，并给予 25% 的税率优惠与两年 480 澳元的奖励以吸引客户。

其商业交易模式为资金由电动汽车车主通过零售商流向电力市场与发电侧厂商，如图 3-3 所示。

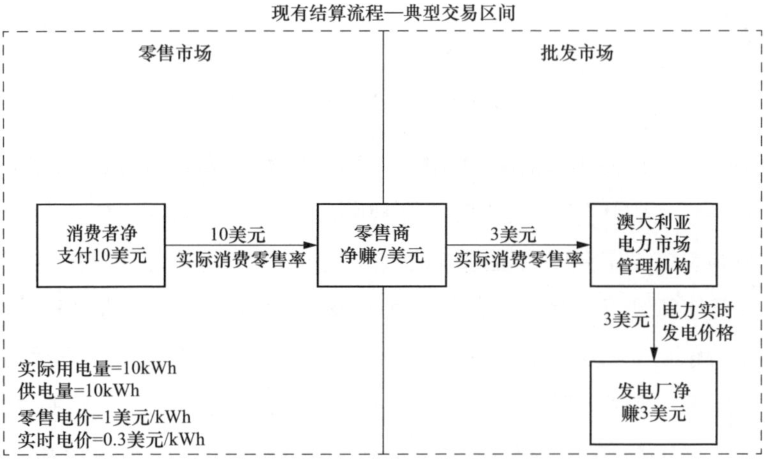

图 3-3 澳大利亚现行的用户参与电力市场交易模式

2. 需求侧响应参与模式

随着澳大利亚光伏和风能等可再生能源网络的增加以及电池和电动汽车的

使用，需求方面的预测变得越来越具有挑战性。在技术上，电动汽车参与下的需求侧响应要求配备有电网单向控制电动汽车的充电桩，使电网能够远程控制充电桩的充电时段。在2020年6月11日澳大利亚能源市场委员会（AEMC）发布的需求响应规则最终决议中，也提及了电动汽车参与需求响应的重要性。

（1）现有需求响应交易机制与变更。由于需求响应交易的增加，AEMC委员会正在评估将需求响应供应商与批发市场的发电厂置于同等地位的建议，其目的是为了更容易提供透明的需求响应交易市场价格。

在需求响应规则文件中使用示例来模拟这样的机制，如图3-4所示。

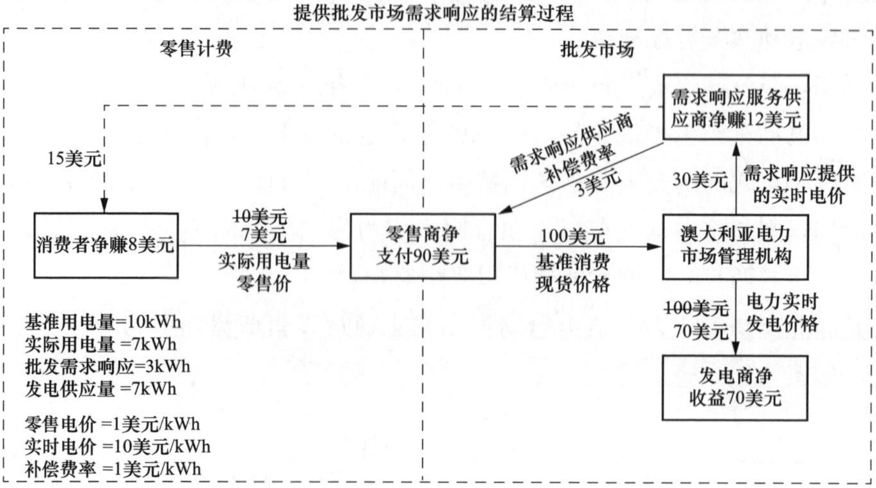

图3-4　澳大利亚需求响应机制说明案例

本例中假设客户使用10kWh的电力，零售价为1美元/kWh，现货价格为0.3美元/kWh。当需求响应事件发生时，客户响应需求事件减少用电负荷（如降低室内照明、空调系统设定温度及推迟电动汽车充电时间）。此时资金由客户侧流向零售商，零售商履行现货交易价格付给电力市场运营商AEMO。AEMO同时匹配现货价格（100美元），按发电厂按现货价格支付所提供的电量（70美元）支付，并向需求响应服务供应商（DRSP）支付需求响应费用（30美元）。最后由需求响应服务供应商（DRSP）支付给消费者需求响应费（15美元）。在这个需求响应过程中，客户侧赚取净利润8美元，需求响应服务供应商（DRSP）盈利12美元，零售商减少支付10美元。而发电侧因为少发电量亏损30美元，可与AEMO签署电力合约来转嫁风险。

（2）澳大利亚需求侧响应试点案例分析。澳大利亚房产住宅通常附有私家车停车位，因此私人充电桩为普通家庭首选的充电方式。电动汽车保有量的增加将会在住宅区产生较大的充电负荷。零售商 AGL 在 2018 年 2 月对需求侧响应开展试点项目“Peak Energy Rewards Managed For You”。

项目最初的目的是对住宅空调负荷进行节能控制，即通过需求响应启动设备（DRED）降低空调输出功率。2018 年 3 月，该计划扩大到住宅区配备智能充电桩的电动汽车。对于空调和电动汽车这两类大功率负荷，该项目通过短信和 Chargefox 应用程序通知让客户选择在需求响应事件期间是否远程触发设备进行响应。作为允许 AGL 控制这些设备的交换，客户得到的经济奖励包括 300 澳元的签约激励和 30 澳元的单次需求响应事件奖励。

报告中详细记录了一次试验调查，在 2018 年 7 月 24 日 17 时至 19 时期间进行了一次需求响应测试。此时任何插入充电并同意参与响应的车辆都将远程减少充电活动，在事件结束时重新开始充电。在参与 EV 的 14 名参与者组中，充电活动有 7 次（50%）被推迟到事件结束。成功将 30kW 的电动汽车充电负荷推迟两小时接入，在一定程度上按照竞价进行需求响应把部分电力需求从电价最高的时段移到电价较低的时段，如图 3-5 所示。

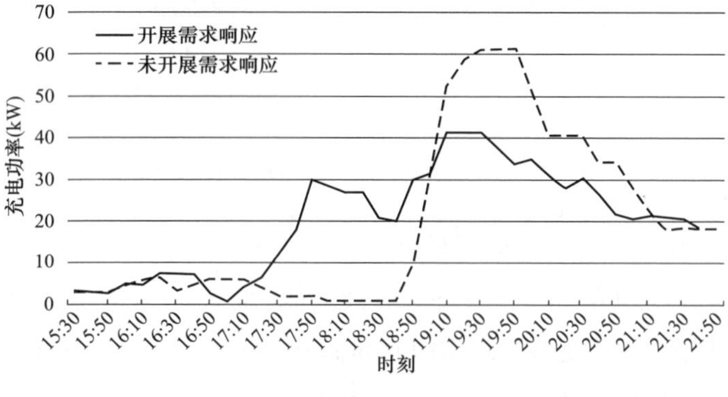

图 3-5　“Peak Energy Rewards Managed For You”需求响应曲线

不过，报告也指出：延迟充电到需求响应事件的末尾，因为电动汽车同时充电，因此有可能产生另一个的峰值负荷点。这也促使 AGL 与分销网络服务提供商讨论在需求响应活动结束时管理收费的方法。

（3）车联网（V2G）现状分析。2019 年 11 月 14 日，AEMC 发布了对 NEM 数字化以及走向双边市场的潜力进行讨论的报告。在双边市场中，消费者或代表他们的人可以设置电动汽车充电器、电池、泳池泵、智能空调和其他任何数量的设备，以便在最便宜的时候用电，在最昂贵的时候馈电。此外，能源委员会（COAG）给 ESB 的任务是为 2025 年进行一个适合目的的数字化和双边市场设计。因此目前来看，澳大利亚尚无成熟的电动汽车与电力市场双向商业交易模式，但在未来五年之内将初步形成商业交易模式。

（4）电力市场交易环节的负荷聚合商。负荷聚合商是在从事电力批发和零售市场或向系统运营商销售服务时，促进分布式能源分组作为单一实体的一方。在澳大利亚国家电力市场中，负荷聚合商不能直接参与市场，而需要与电力零售商进行签约。电动汽车负荷聚合商可以为电力系统提供重要的聚合需求响应资源。在家庭层面上，电动汽车的充电负荷也可以通过负荷聚合商提供的方案实现优化，以消除屋顶多余的太阳能发电。其在电力市场中的环节如图 3-6 所示。

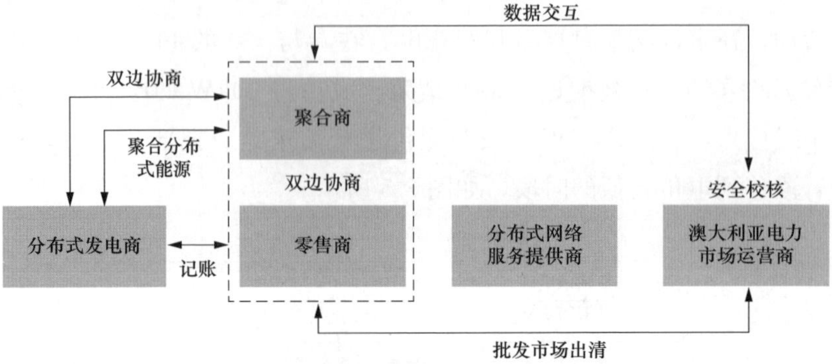

图 3-6　电力市场交易环节的负荷聚合商

目前 Enel X 是澳大利亚积极整合电动汽车充电负荷的新企业之一。他们在美国加州部署了 30MW/70MWh 的综合充电能力，通过对充电负荷的动态管理，在日前批发和实时市场能够实现实时报价；通过对 6000 多个充电器的“虚拟电池”的聚集，既可以满足电网的需求又可以盈利给客户奖励。该企业致力于负荷聚合的数字化系统实现，计划未来在澳大利亚进行试点与运营。

3.2　我国电动汽车参与电力交易现状

目前，我国电动汽车交易主要分为绿电交易、需求响应和调峰辅助服务三个方面，其中绿电交易已在重庆、北京、浙江等省市进行应用，国网智慧车联网技术有限公司作为电动汽车负荷聚合商，已参与华北调峰辅助服务市场并开展交易，并逐步推广至华中、江苏等市场。

3.2.1　绿电交易

1. 试点地区运行总体情况

目前已在重庆、北京、浙江、山西四个交易中心开展车联网绿电交易示范工程试点应用。各地区试点情况如下。

（1）重庆。2020 进一步深化推进绿电交易工作，首次纳入港口岸电设施、全覆盖国网重庆电力公司所属充电桩并引入需求侧市场用户。重点挖掘丰水期低谷川电产生价差（0.2 元/kWh）补贴电动汽车用户充电。截至 2021 年，共聚合重庆地区 80%以上的充电负荷参与绿电交易，通过明确的绿色充电交易的价差传导模式保障了各方收益。

重庆绿电交易成效显著。一是移峰填谷效果明显，高峰充电电量占比从 67%降至 22%（下降 45%），低谷充电电量占比从 13%升至 39%（上升 26%）；二是预计全年产生社会经济效益共计 7180 万元，其中，向重庆绿电市场参与各方（含用户）疏导资金 2800 万元，提升清洁能源送出电厂及输电方收益 4380 万。

重庆 2021 年组织了绿色充电交易 1 次，实现成交电量 3.4 亿 kWh，创造了约 1.35 亿元的社会经济效益，有效疏通了清洁能源输送通道，实现了节能减排，降低了峰谷差。重庆市绿电交易模式如图 3-7 所示。

（2）北京。聚合电动汽车充电负荷通过市场化方式购置风电、光伏等可再生能源电量。市场初期参与交易范围为北京市公共领域电动汽车充电设施的运营商，参与交易的条件为充电设施具备法定计量设备或经行业主管部门认定的商业运营有效订单。2020 年未实际组织交易。

（3）浙江。浙江电力交易中心首创设计了多时序、多品种的负荷侧资源参与源网荷储互动交易新模式，建设了源网荷储互动交易子系统，开展了负荷响应市场化交易试点示范，实现了市场化需求侧响应机制。2020 年开展了三次负荷响应专项交易试点，试点交易规模约 52 万 kW，为企业节省用电成本支出 50 余万元。

同时，负荷响应专项市场的建立为浙江省内可调节负荷、电动汽车、用户侧储能等市场主体提供了公平参与浙江电力市场的交易机制，充分释放了电力体制改革红利。

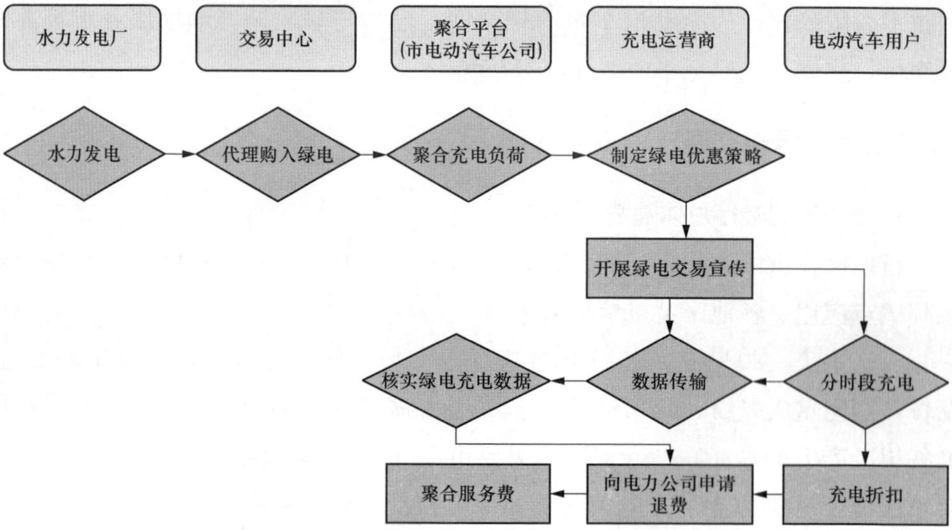

图 3-7　重庆市绿电交易模式

（4）山西。自2019年以来，山西积极开展了车联网绿电交易研究，与省能源局沟通汇报后准许充电桩参与市场化交易工作。2020年12月10日，确定了第一批负荷聚合商2家、负荷运营商134户，聚合容量37.56万kV·A，聚合的运营商年用电量约为2.88亿kWh。

经测算，通过新能源与电动汽车开展互动交易，负荷运营商每度电成本可降低约0.15元，新能源企业每度电增收0.12元。通过新能源与电动汽车协同互动，可为电网提供消纳空间5万kW。

2. 试点地区车联网绿电交易模式特点

（1）重庆。重庆绿电交易通过继续购买丰水期低谷川电、首次引入青海光伏绿电，产生价差（约0.2元/kWh）补贴充电及新纳入的需求侧市场用户。

绿电交易采用价差传导方式传导收益，收益主要用于补偿充电用户（低谷时段按价差60%补偿，平时段按价差30%补偿，高峰时段不补偿），充电运营商、充电聚合商可获得一定补偿，但不得高于价差的40%。

（2）北京。

1）市场准入：行业主管部门对聚合用户及电量情况进行认定，条件成熟后，由各运营商自行聚合参与交易。

2）交易周期：试点阶段，以开展年度交易为主。

3）价格机制：运营商聚合体购电价格＝电厂侧直接交易价＋输配电价（含

网损及交叉补贴）＋政府基金及附加。

4）结算和考核机制：试点阶段，暂不执行偏差考核。

（3）浙江。目前电动汽车负荷聚合商通过聚合电动汽车负荷参与邀约型、自主型两类交易，两个交易品种的差异主要表现为出清价格的不同。

邀约型响应交易的结算价格为电能量价格，削峰交易的电能量价格为实时市场交易时段负荷侧统一电价与出清价格的较大值，现货市场未运行时，直接采用出清价格；填谷交易价格为出清价格。自主型响应交易的结算价格为电能量价格，由自主型响应交易确定其出清价格。

（4）山西。

1）市场准入：发电企业、聚集商、运营商均执行准入制。

2）交易周期：非互动电量与月度直接交易一并组织，互动电量分为月度挂牌预出清价格、日前申报响应电量。

3）价格机制：若负荷聚合商当月未进入中长期和现货市场，则其非互动用电量按照目录电价执行；若负荷聚合商当月进入了中长期市场（或现货市场），则其非互动用电量按照非现货模式/现货模式价格。

4）结算机制：参与需求侧响应的可控负荷运营商，按照单独序列结算。

5）考核机制：在响应时段内，负荷聚合商实际响应电量低于其申报响应量的 70%时，该时段视为无效响应。

3. 试点地区车联网绿电交易运营经验

（1）重庆。随着市场和交易规模扩大，电动汽车公司获利大幅增加，可能引发监管风险。同时，政府部门对绿电市场规模扩大态度模糊，已多次提醒需控制绿电交易规模。在具体交易过程中，低价川电存在季节性问题，影响车联网绿电交易持续推进。结算过程中，一年一清算、逐月抵扣的政策，使运营商垫付资金大、退费周期长，影响其参与的积极性。现阶段，受疫情影响，部分运营商持怀疑观望态度，影响了绿电交易市场的拓展。

（2）北京。电动汽车充（换）电设施通过跨区跨省绿电交易外购清洁电力电量。充电基础设施管理服务平台聚合北京市电动汽车充电设施运营商汇集充（换）电设施用电量参与交易，并通过绿电损益分配引导终端用户调整充电时段。

（3）浙江。浙江通过电力市场机制系统设计角度，提出了“1234”负荷侧交易市场体系，包括“一类市场主体、两种资源类型、三大交易市场、四项交易品种”。以负荷聚合商为市场主体，聚合可中断负荷和可调节负荷两种资源类型，覆盖中长期、现货和辅助服务三大交易市场，构建自动型、指令型、邀约型、自主型四项交易品种。

（4）山西。山西车联网绿电交易主要分为互动电量交易和非互动电量交易，两种交易均由可控负荷聚合商在批发市场交易。非互动电量参照现行直接交易方式；互动电量按照“月前预挂牌出清价格与调用序列、日前确定次日互动响应电量、日内执行、日清分月结算”模式进行交易。

4. 其他

湖南省以负荷聚合商为主体，聚合充电负荷参与中长期绿电交易。其主要的交易模式是负荷聚合商聚合充电负荷通过车网互动的方式及时响应电网的调度指令，进而实现车网能量互动、移峰填谷，从而消纳绿色能源。该过程明确了红利传导机制，保障了各方收益，其红利传导机制如图 3-8 所示。

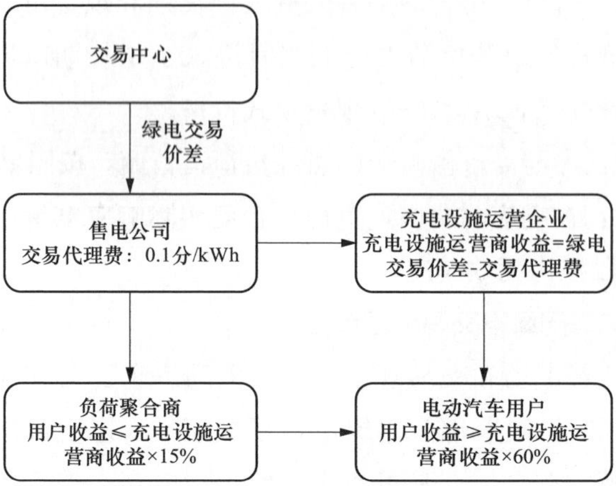

图 3-8　湖南省充电负荷参与中长期交易红利传导机制

3.2.2　需求响应

为促进电力供需平衡、优化资源配置、促进清洁能源消纳的同时缓解电网运行压力，我国部分地区相继出台了需求响应细则。各地需求响应规则见表 3-1。

各省市需求测资源参与需求侧市场的基本方式见表 3-2。

由表 3-2 可知，在聚合参与电力市场的方式中，负荷聚合商是最典型的聚合代理方式；电动汽车公司、售电公司和综合能源公司也可以聚合负荷参与电力市场，但是从其聚合负荷参与电力市场的角色来说，也是另一种形式的负荷聚合商。因此，针对本文中电动汽车充电负荷聚合参与电力市场的过程，本书以负荷聚合商统称各类型需求侧市场的代理交易企业。

表 3-1　　各地需求响应市场交易规则

地区	填谷需求响应	削峰需求响应
江苏	①约定响应，10/12/15元/kWh； ②实时响应，约定响应速度系数	①谷时，5元/kW； ②平时，8元/kW
浙江	①约定响应，2元/kWh； ②实时响应，4元/kWh	1.2元/kWh
山东	实时响应为约定响应补偿单价的3倍［不超过30元/(kW·次)］	
河南	①约定响应，3～4.5元/(kW·次)； ②实时响应，12～16元/(kW·次)	
天津	①提前通时间大于2h，5元/kWh， 0.5h～2h之间，7.5元/kWh； ②实时响应，15元/kWh	1.17～2.0元/kWh
江西	约定响应，0.9元/kWh	
广东	①市场化电力用户20元/(kW·天)； ②非市场化电力用户10元/(kW·天)	

表 3-2　　各省市需求测资源参与需求侧市场的基本方式

地区	直接参与	聚合参与			
	大用户	综合能源公司	负荷聚合商	售电公司	大用户
天津	●		●		●
北京	●		●		●
蒙东	●		●		
四川	●		●		●
陕西	●		●		●
甘肃	●				
吉林	●		●	●	
湖北	●		●		●
江苏	●			●	●
宁夏	●	●		●	●
新疆	●			●	●
浙江	●			●	●
湖南					
重庆					
山西			●		
河北		●			●

续表

地区	直接参与	聚合参与			
	大用户	综合能源公司	负荷聚合商	售电公司	大用户
江西				●	
上海			●		
黑龙江					●
冀北			●		●

在各需求响应试点城市中，上海市的车网互动工作具有重要示范意义。一方面，上海市电动汽车保有量位居全国前列，交、直流及充换电模式种类多样；另一方面，上海市在 2014 年成为国家发展改革委指定的首个需求响应试点城市，积累了丰富的需求响应工作经验。本研究根据上海市电动汽车参与电力需求响应的试点结果，针对私人充电桩、专用充电桩以及换电站参与需求响应的效果进行了对比分析，发现车辆在不同充换电场所提供的充电灵活性调节规模各异，各自实现的响应效果也存在较大差别。例如：虽然私人充电桩数量较多，但目前响应率偏低，其需求响应潜力仍有待挖掘；换电站因参与实时需求响应而具有较高收益，但其综合经济性取决于换电站备用电池的裕度。

近年上海市用电负荷波动性强，且随着市外可再生能源大规模馈入，上海电网调峰压力持续增加。2017 年上海统调最大用电峰谷差已达 13GW，且需求侧负荷的波动性大，商业、工业以及居民生活中的夏季供冷用电需求占到最高负荷的 40%～45%。

需求响应的实施是有效缓解电网调峰等运行压力，促进新能源发电消纳的重要措施。上海市在 2014 年成为国家发展改革委指定的首个需求响应试点城市，近年来积极探索使用经济手段，激励全类型城市可控负荷资源参与“削峰”与“填谷”试验。2015—2018 年上海市共开展了 8 次需求响应试点活动，应用场景不断扩大，不过主要参与者是商业、建筑以及工业企业客户。2019 年上海市又开展了 6 次试点活动，其中端午节开展的“填谷”需求响应试点中，首次接入电动汽车。

激励措施：目前上海市响应量的计量模型是以电力用户的关口计量为准，测算负荷基线与当天响应时段负荷的差值，最后乘以补偿系数。一响应分成削峰和填谷两个类型，补偿价格上限（基准值）为：削峰响应 30 元/kW，填谷响应 12 元/kW。获取补偿基准值的前提是，单个用户响应的次数不超过 10 次/年，响应时长不超过 10 小时/年。在此基础上，根据单次响应量、通知时间提前量、单次响应时长、年度响应参与度进一步计算补偿系数。补偿资金取自历年夏季季节性电价差值，以电费退补方式进行补偿，补偿对象为参与响应的终端电力用户。

各地需求侧电力市场的建设情况和电动汽车高比例的市场参与率证明了电动汽车在需求侧电力市场的重要地位。

3.2.3 辅助服务市场

为了进一步完善和深化电力辅助服务补偿机制，推进电力辅助服务市场化，充分发挥海量电动汽车负荷资源的灵活性、可调性，目前华北、华中、以及江苏等地区都出台了电动汽车等第三方独立主体或聚合主体参与辅助服务市场的交易规则（见表3-3），以《第三方独立主体参与华北电力调峰辅助服务市场试点方案（征求意见稿）》具体展开。

（1）市场准入条件。电动汽车（充电桩）等第三方独立主体需满足电网接入要求：①其调节容量不小于2.5MWh、最大充放电功率不小于5MW，实现电力、电量数据分时计量与传输；②进入市场后参与市场运行至少1个自然月。

（2）报价与出清。调度机构组织电动汽车第三方独立主体参与申报最大充电功率（MW）及基准充电功率（MW），以及充电时间及时间范围（h），市场申报周期为日。对于电动汽车第三方独立聚合主体而言，需要分类申报其代理的各类调节资源，包括：仅有充电功能的调节资源申报资源聚合调节容量（MWh）、充电时间及时间范围（h）、最大聚合充电功率（MW）及基准聚合充电功率（MW），具备充放电功能的调节资源申报聚合调节容量（MWh）、最大聚合充/放电功率（MW）、日最大充放电次数（次）、聚合功率调节速率（MW/min）及基准聚合充/放电功率（MW）。调度机构根据市场规则，编制省网日前发电预计划，完成市场预出清。在市场出清价格最大的时段安排电动汽车等第三方主体提供调峰服务。电动汽车第三方独立聚合主体收到出清结果后进行电力曲线分解，并下发至聚合的各电动汽车独立主体。

（3）市场组织流程：①每工作日09：30前，各第三方独立主体、第三方独立聚合主体完成次日市场信息申报；②每工作日10：00前，调度机构按照省网市场规则完成省网（控制区）全天96点发电预计划编制，并形成各第三方独立主体、第三方独立聚合主体的充放电曲线；③每工作日10：30前，调度机构完成全天96点发电预计划调整；④每工作日16：30前，调度机构完成电力曲线编制并下发。

（4）结算与分摊。调峰服务费用施行每15分钟时段清算、每日统计。电动汽车等第三方主体每15分钟获得的调峰服务费用等于市场系数、调峰贡献率、充电电量、市场出清价格的乘积。因自身原因导致实际出力曲线偏离下发的电力曲线（大于30%）的，该15分钟时段调峰费用不结算。

表3-3　　电动汽车等第三方主体参与辅助服务市场交易规则

交易规则	华中	江苏
市场准入条件	准入同华北一致，但退出要求至少运行6个自然月	分为两类用户：一类直接参与中长期批发交易；二类通过售电公司参与中长期零售交易
报价与出清	申报次日96点基准充电功率曲线（MW），低谷时段、腰荷时段调峰能力（MW）、调节速率、时间范围及价格；按照集中竞价、统一边际电价出清机制进行市场出清	按户号分日期、时段申报最大、最小出力曲线、调节价格及执行日全天96点的用电负荷曲线，采用集中竞价由低到高的顺序确定各时段中标用户。若价格相同，则按照申报时间先后排序
市场组织流程	竞价日（D-1）17：00前完成申报、校核、下发次日96点电力计划曲线	中长期：调度机构向交易机构提供调用需求，电力交易机构在月底前完成交易组织工作 短期：工作日（D-1）17：00前，市场主体完成申报、校核与中标通知
结算与分摊	每15分钟时段参与省间调峰辅助服务交易的贡献量取该时段中标电量与实际响应电量两者中的小值	调度机构按照日前市场出清价和有效调节电量对市场主体进行补偿

3.3　电动汽车负荷聚合商参与电力市场交易模式设计

随着电动汽车充电负荷规模的不断扩大、储能技术的不断发展和聚合优化调控技术的不断进步，大规模电动汽车聚合参与电力市场将成为电力系统负荷调节中的重要角色，并为电力供需平衡、配电网的稳定、电力市场的建设和电动汽车效益的提升提供有力的帮助。

电动汽车参与电力市场的主要模式包括直接接入与间接接入。直接接入模式是指电动汽车以集群形式在公共停车场直接接入大电网，由电网直接调控；间接接入模式是指电动汽车通过负荷聚合商聚合的方式接入。这两种模式下电动汽车参与电力市场架构如图3-9所示。

3.3.1　代理购电模式-电动汽车负荷聚合商参与电能量市场

代理购电模式下，电动汽车负荷聚合商相当于售电公司，代理内部的主体购电，形成两级市场。如图 3-10 所示，第一级市场电动汽车负荷聚合商作为代理商代理电动汽车用户等多个聚合主体进入批发市场购电，买方主体为电动汽车负荷聚合商，卖方主体为发电企业、电网企业或各独立的售电主体；第二级市场电动汽车负荷聚合商与内部主体履行代理合同，买方主体为参与电动汽车聚合的内部用户，卖方主体为电动汽车负荷聚合商。

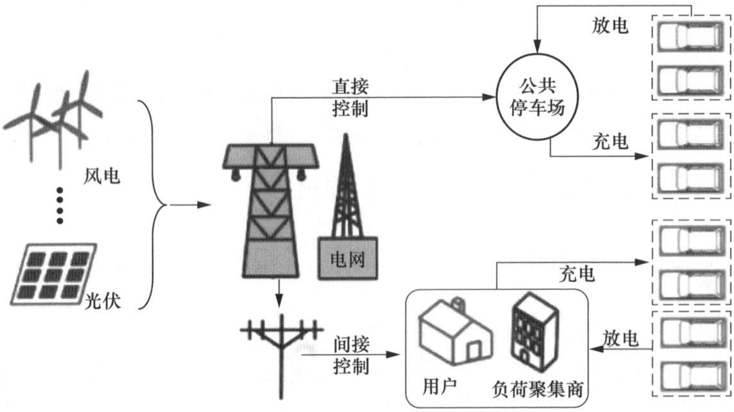

图 3-9 电动汽车参与电网调控基本框架

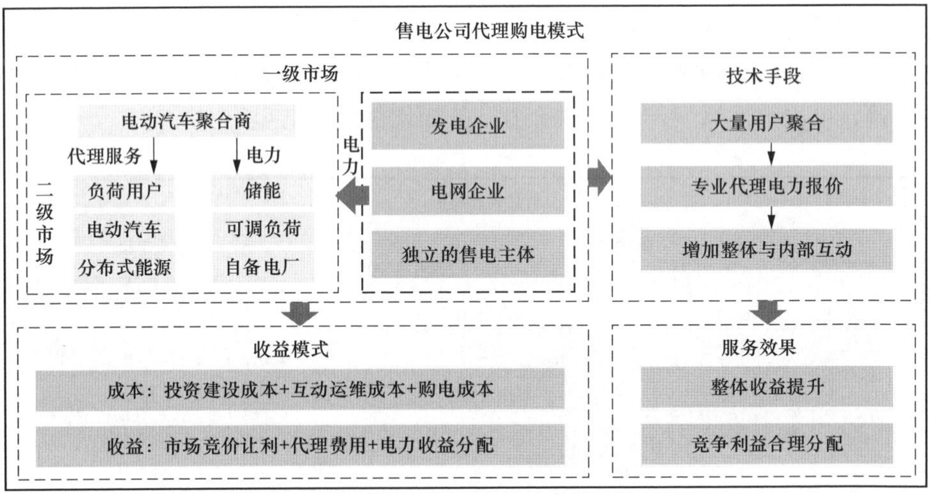

图 3-10 代理购电模式

参与电动汽车聚合的内部主体存在对高质廉价电力的需求，但由于单个内部主体的电力需求量低，无法参与进电力批发市场，因此没有议价能力与竞争条件。电动汽车负荷聚合商通过对内部大量用户需求的集合，形成类售电公司，代理大用户购电合作模式进入批发市场参与报价，以对电力市场交易的熟悉程度与相当的体量进行专业的报价，为内部主体争取价差，通过合理的代理模式增加源网荷互动整体与内部主体的收益。

电动汽车负荷聚合商通过对内部需求的整合，携带大量的电力需求量进入电力交易市场在竞价中争取发电厂的让利，实现电动汽车负荷聚合商整体的收益，并通过固定价、中标价提成、保底＋提成、按市场结算均价的比例分成等代理模式，进行合理的利益分配，增加内部主体的收益。

成本上包括下列部分：①源网荷互动投资建设成本；②源网荷互动运维成本；③外购电成本。收益上由下列部分构成：①参与电力市场获得的竞价让利；②获得的内部负荷的代理费用；③不同代理模式下的获利分配。

3.3.2 负荷集成商模式—参与辅助服务和需求响应市场

该种模式下，如图 3-11 所示，电动汽车负荷聚合商与各类负荷签订合作合同，为其提供集成服务。由于单个市场主体负荷预测难度较大，因此参与辅助服务市场交易偏差较大，不能完全发挥储能的效用，因此负荷用户收益较小。电动汽车负荷聚合商通过先进的控制、通信等技术手段将电动汽车用户等可调资源进行聚合、优化、协调，从而形成一个电力市场可交易单元和电力系统可调度单元，形成负荷集成商，参与电力市场，降低负荷预测难度，减小市场交易偏差，可以有效激发储能资源价值，从而增加用户收益。

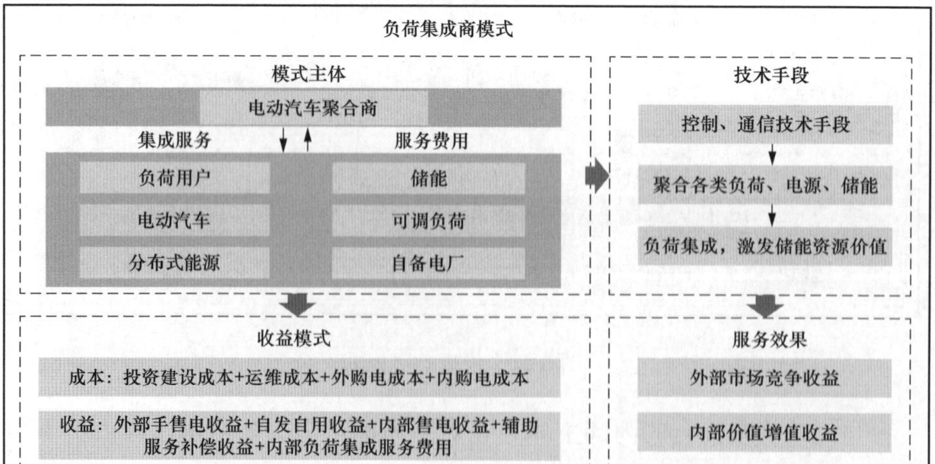

图 3-11　负荷集成商模式

电动汽车负荷聚合商通过负荷集成商模式，集成内部成员，开展辅助服务、需求响应两类主要电力市场业务，源网荷互动可以从其内部主体处获得负荷集成参与辅助服务实现价值增值的收益，也可以通过参与电力市场获得外部收益。

成本上包括下列部分：①源网荷互动投资建设成本；②源网荷互动运维成本；③外购电成本；④内部购电成本。收益上包括：①自发自用收益；②向外部电网售电获得的外部售电收益；③从内部负荷获得的内部售电收益；④从外部电网获得的辅助服务补偿收益；⑤内部主体向源网荷互动运营商支付的集成服务费用。

1. 参与辅助服务

参与辅助服务市场过程中，电动汽车负荷聚合商首先按照其聚合的柔性负荷、储能资源的容量、可调节范围及可调节时间进行测算，得到聚合商参与调峰或备用服务的可调用容量；然后，在辅助服务市场中报价，签订不同时段、调节能力和价格的辅助服务合同；最后，在得到辅助服务调度指令后通过智能化设备控制或信息传递—用户响应等方式，及时调控柔性负荷和储能充放电参与辅助服务。在该过程中，主要涉及的技术问题包括多种能源耦合技术、分布式资源互联技术、用户激励机制和集中管控技术。聚合后的需求侧资源具有更高的参与市场能力和系统可靠性，将有效提高需求侧收益和电力系统稳定性。

由于现行的需求侧调峰辅助服务补偿力度较小，聚合商参与辅助服务的过程中，主要考虑在不损失现有运行成本的情况下积极参与各类型辅助服务来进一步提高收益或者弥补成本。其中，电动汽车负荷聚合商通过参与辅助服务可以获得增量收益，可见，通过聚合调控平台对电动汽车充放电过程进行调控从而实现调峰辅助服务的市场响应是一种可行的方式。虚拟电厂、高弹性用户主要通过负荷调控参与市场，可以在一定程度上实现降低系统的用电成本。储能资源参与调峰辅助服务的效益对成本的弥补效果较差，一般为分布式储能或者备用电池参与响应。

2. 参与需求响应

电力需求响应交易中的电动汽车负荷聚合商主体整合内部资源，整体参与需求响应交易。如图 3-12 所示，电力需求响应是指电网运行过程中出现轻微性缺电或用电负荷较低时，源网荷运营商在特定时段通过调节内部负荷、改变对外出力等方式促进电力供需平衡、保障系统稳定运行的行为。电力需求响应交易分为削峰需求响应交易和填谷需求响应交易，交易时间为执行日提前 3 日，采用单边竞价、统一边际价格出清的交易方式。

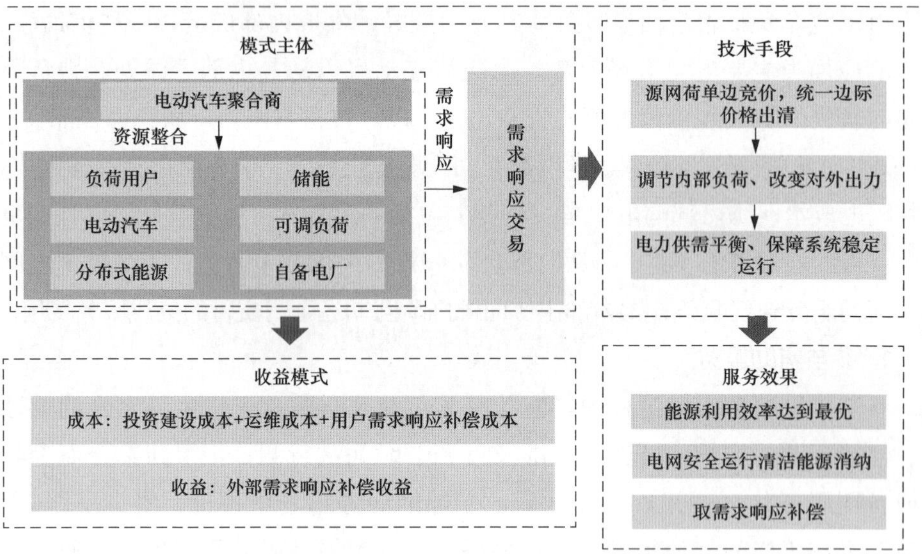

图 3-12　电力需求响应交易

当预测电网备用容量不足或局部负荷过载时，可启动削峰需求响应交易。运营商按照规定申报响应量、交易价格等信息，交易申报截止后，按照价格排序由低到高、申报时间由先到后的优先顺序依次出清，以最后一个成交的市场主体申报价格作为统一出清价格。当全部标的售出或者各市场主体的申报量已全部成交后，交易结束。

电动汽车负荷聚合商将每个客户可调节的电力资源聚合成为一个可控集合体，根据大电网运行需求和自身情况主动调节，实现“需求弹性，供需协同”，让客户甚至社会整体的能源利用效率达到最优化，为电网安全运行和清洁能源消纳提供更好保障。通过参与需求响应交易，电动汽车负荷聚合商从大电网处获取需求响应补偿，再根据内部成员贡献程度分配收益，盈余可继续用于投资建设。

成本上主要包括：①投资建设成本；②用户参与需求响应补偿成本。收益由参与外部需求响应补偿构成。

3.4　电动汽车负荷聚合商参与电力市场交易规则设计

3.4.1　准入规则

电动汽车负荷聚合商参与市场交易应满足一定的准入条件，建设初期，技术特性方面主要关注最小调节能力、响应时间、爬坡速率等因素，技术标准的设置应与试点单位的现有能力相匹配。如果设置的标准过高，目前的电动汽车负荷聚合商可能还很难到达要求。根据对电动汽车负荷聚合商现有情况进行调研，提出参加市场交易的电动汽车负荷聚合商应具备以下准入条件。

（1）须为具有法人资格、财务独立核算、信用良好、能够独立承担民事责任的经济实体。

（2）最小调节功率不小于 1MW。

（3）须具备接受电力调度机构统一调度的能力。

（4）须满足市场信息的交互要求，监测数据上报及控制指令下发报文须按统一技术标准要求进行加密。

（5）所聚合资源的设备须满足市场计量的周期和精度要求，实现发、用电信息实时采集（数据采集周期为 5min，初期采集周期可定为 15min），且接入至电动汽车负荷聚合商运营管理与监控平台。

（6）所聚合资源的设备类型、设备容量、可调节容量等信息须提交至电动汽车负荷聚合商运营管理与监控平台进行备案。

（7）所聚合的电力用户须具有独立的电力营销户号。

（8）电动汽车负荷聚合商须出具与所聚合资源之间的股权关系证明或代理运营合同。

为规范市场秩序，需设定电动汽车负荷聚合商退出机制，电动汽车负荷聚合商有下列行为之一的，电力交易中心可取消其市场交易资格。

（1）已注册的电动汽车负荷聚合商发生兼并、重组、合并、分立、破产等变化，要求注销原市场交易主体。

（2）电动汽车负荷聚合商的技术能力发生变化，不满足市场准入要求（如最小调节功率小于 1MW，调节速率不满足最低要求）。

（3）违反市场交易规则（如互相串通报价、恶意报价、严重扰乱交易市场秩序的）。

（4）违反国家电力或环保政策。

（5）其他违法违规行为。

3.4.2 报价规则

1. 中长期备用交易

本规则所指的备用是指为了保证可靠用电，电动汽车负荷聚合商根据电力调度指令所提供的必须在10分钟内调用的预留发电容量或负荷削减容量服务。

中长期备用交易按月度组织交易。由电力调度机构综合考虑负荷预测、机组运行计划、需求预测误差等情况，确定次月的电动汽车负荷聚合商备用需求，交易中心根据备用需求组织开展月度交易，由有意愿提供备用服务的电动汽车负荷聚合商参与交易。

交易为电动汽车负荷聚合商单边竞价，电动汽车负荷聚合商根据自身在接到调度指令后能够快速上调机组出力或削减用户负荷的能力申报备用容量。交易申报的具体要求如下。

（1）按照规定格式申报备用时间、备用容量、交易价格等信息，其中备用容量和交易价格可分段申报（最多为三段）。

（2）申报备用容量单位为千瓦，数值精确至个位。申报价格单位为元/kWh，数值精确至小数点后两位。

（3）交易价格申报上限由具体交易实施方案制定。

根据历史调用情况，计算电动汽车负荷聚合商报价修正系数为

$$\text{报价修正系数} = [(1 - P_1) + P_1 \times K \times \text{响应速度}] \times [1 - P_2 \times \min(1.2, K\,\text{调节速率})] \times [1 - P_3 \times \min(1.2, K\,\text{备用可持续时间})] \times (1 - P_4 \times \text{备用执行度})$$

式中：$P_1 \sim P_4$ 为权重因子，由监管部门核定，默认值为0.1；K响应速度为从调度指令发出到电动汽车负荷聚合商开始动作的时间长度；K 调节速率为单位时间内电动汽车负荷聚合商提升机组出力或减少用电负荷的能力；K 备用可持续时间为电动汽车负荷聚合商按照调度指令将机组出力提升至指定水平或将用电负荷减少至指定水平后的发、用电状态可持续时间；K 备用执行度为电动汽车负荷聚合商能够按照调度指令提供有效备用的情况。

K 响应速度＝备用响应指令时间/备用响应指令时间标准，备用响应指令时间标准暂定为10min。

K 调节速率＝单位时间内备用上调量/备用上调速率标准，备用上调速率标准暂定为1MW/min。

K 备用可持续时间＝备用可持续时间/备用可持续时间标准，备用可持续时间标准暂定为1h。

K 备用执行度＝备用执行次数/调度下达执行备用指令的次数。

各电动汽车负荷聚合商排序价格的计算方法为

电动汽车负荷聚合商排序价格=电动汽车负荷聚合商报价×报价修正系数

交易申报截止后，根据上调备用需求，按照电动汽车负荷聚合商排序价格由低到高、申报时间由先到后的优先顺序依次出清，计算各电动汽车负荷聚合商的中标容量。

根据电动汽车负荷聚合商的中标容量，备用容量补偿的计算方法为

容量补偿=单位容量补偿价格×备用容量×备用时间

式中：单位容量补偿价格为 10 元/MWh。

实际执行期间，电力调度机构根据需要按照电动汽车负荷聚合商排序价格由低到高的顺序对电动汽车负荷聚合商进行依次调用，发生实际调用时，根据调用电量给予电动汽车负荷聚合商的备用调用补偿为

调用补偿=交易申报价格×实际调用电量

2. 中长期调峰交易

本规则所指调峰是指为维护电力系统的安全稳定运行，保证电力平衡，电动汽车负荷聚合商按照电力调度指令，平滑稳定地调节发电出力或内部负荷所提供的服务。

中长期调峰交易为月度交易，电力调度机构综合考虑负荷预测、机组运行计划、需求预测误差等情况，确定次月的电动汽车负荷聚合商调峰需求，交易中心根据调峰需求组织开展月度交易，由有意愿提供调峰服务的电动汽车负荷聚合商参与交易。

交易为电动汽车负荷聚合商单边竞价，电动汽车负荷聚合商根据自身能力申报在调峰时段的机组下调出力或用户负荷增加量。交易申报的具体要求如下。

(1) 按照规定格式申报调峰时间、调峰容量、交易价格等信息，其中调峰容量和交易价格可分段申报（最多为三段）。

(2) 调峰容量单位为千瓦，数值精确至个位。申报价格单位为元/kWh，数值精确至小数点后两位。

(3) 交易价格申报上限由具体交易实施方案制定。

根据历史调用情况，计算电动汽车负荷聚合商报价修正系数为

$$\text{报价修正系数} = [(1-P_1)+P_1\times K\text{响应速度}]\times [1-P_2\times \min(1.2, K\text{调节速率})]\times[1-P_3\times \min(1.2, K\text{调峰可持续时间})]\times(1-P_4\times K\text{调峰执行度})$$

式中：$P_1 \sim P_4$ 为权重因子，由监管部门核定，默认值为 0.1；K 响应速度为从

调度指令发出到电动汽车负荷聚合商开始动作的时间长度；K 调节速率为单位时间内电动汽车负荷聚合商降低机组出力或增加用电负荷的能力；K 调峰可持续时间为电动汽车负荷聚合商按照调度指令将机组出力降低至指定水平或将用电负荷提高至指定水平后的发、用电状态可持续时间；K 调峰执行度为电动汽车负荷聚合商能够按照调度指令提供有效调峰服务的情况。

K 响应速度＝调峰响应指令时间/调峰响应指令时间标准，调峰响应指令时间标准暂定为 60min。

K 调节速率＝单位时间内调峰量/调峰速率标准，调峰速率标准暂定为 1MW/min。

K 调峰可持续时间＝调峰可持续时间/调峰可持续时间标准，调峰可持续时间标准暂定为 1h。

K 调峰执行度＝调峰执行次数/调度下达执行调峰指令的次数。

各电动汽车负荷聚合商排序价格为

电动汽车负荷聚合商排序价格＝电动汽车负荷聚合商报价×报价修正系数

交易申报截止后，按照排序价格由低到高、申报时间由先到后的优先顺序依次出清，形成电动汽车负荷聚合商调峰调用序位表。

在实际调峰期间，电力调度机构首先调用火电调峰电厂，在市内已有调峰资源不足的情况下，根据中长期调峰交易形成的电动汽车负荷聚合商调峰调用序位表，依次对电动汽车负荷聚合商发出邀约，经电动汽车负荷聚合商确认后，对电动汽车负荷聚合商进行调用。

调用后，根据实际调峰电量和电动汽车负荷聚合商申报价格对电动汽车负荷聚合商进行补偿，补偿金额为

调峰补偿＝（交易申报价格＋日前调峰市场成交价格）×实际调峰电量

3. 短期新能源发电曲线调节交易

本规则所指新能源发电曲线调节是指当风电、光伏等新能源发电企业的实际发电曲线与电力调度机构下达的发电计划曲线产生偏差时，电动汽车负荷聚合商帮助其调节偏差，减少发电曲线偏差考核费用所提供的服务。

短期新能源发电曲线调节交易为月内不定期交易，由有意愿购买发电曲线偏差调整服务的新能源发电企业提出交易需求。

交易模式为双边协商，交易标的为 D 日的发电曲线偏差调节量。月内，电动汽车负荷聚合商（已参与月度备用交易或调峰交易的须具有额外的调节能力）

和新能源发电企业达成交易意向，确定电动汽车负荷聚合商调节容量曲线（每5min可提供的快速调节容量）、价格分成比例（价格为新能源发电企业自身的批复上网电价）以及偏差处理协议等内容。

D－2日17时前，达成交易意向的交易双方须向电力交易中心提交并确认已签订的发电曲线调节合同。

*D*日，新能源发电企业严格执行电力调度机构下达的发电计划曲线（或实时调度曲线）和运行方式安排，当预计偏离量超过允许偏差时，电力调度机构根据发电曲线调节合同对相应的电动汽车负荷聚合商进行调用。

每个单位统计时间内（5min），新能源发电企业按照电动汽车负荷聚合商调节电量及价格分成比例对电动汽车负荷聚合商进行补偿。

对新能源发电企业进行发电计划偏差考核时，新能源发电企业的考核曲线为其实际发电曲线叠加电动汽车负荷聚合商的调节曲线。

4. 短期替代调峰交易

本规则所指替代调峰是指电动汽车负荷聚合商为参与日前深度调峰交易的发电企业提供调峰能力的服务。

短期替代调峰交易为月内不定期交易，由有资格参与日前深度调峰交易且有意愿购买调峰容量的发电企业提出交易需求。

交易模式为双边协商，交易标的为*D*日的替代调峰容量。月内，电动汽车负荷聚合商（已参与月度调峰交易的须具有额外的调节能力）和发电企业达成交易意向，确定替代调峰容量曲线（每15min提供的调节容量）、价格分成比例（价格为发电企业在深度调峰交易中的第一挡位中标价格）以及偏差处理协议等内容。

D－2日17时前，达成交易意向的交易双方须向电力交易中心提交并确认已签订的替代调峰合同。

D－1日发电企业按照电力调峰辅助服务市场规则参与深度调峰交易。电力调度机构根据交易结果编制调峰序位，对于已签订替代调峰合同的发电企业，优先调用对应的电动汽车负荷聚合商。

*D*日，电力调度机构根据实际运行情况按照调峰序位对发电企业和电动汽车负荷聚合商进行调用，单位统计时间内（15min）电动汽车负荷聚合商的替代调峰量计入相应发电企业的调峰量。

每个单位统计时间内（15min），火电企业按照电动汽车负荷聚合商替代调峰电量及价格分成比例对电动汽车负荷聚合商进行补偿。

3.4.3 出清规则

1. 中长期备用交易

每月 19 日，由电力调度控制中心提出次月的备用需求。电力交易中心通过交易平台发布交易公告，包括交易组织方式与程序、交易规模、备用时间、参与交易的市场主体名单等信息。

每月 20 日 10 时，电动汽车负荷聚合商完成次月市场信息申报。

每月 20 日 15 时前，电力交易中心向市场主体发布交易出清结果，并将结果提交至电力调度控制中心和电力公司。

每工作日 13 时前，电力调度控制中心完成次日电动汽车负荷聚合商备用容量的预调用计划编制并下发。

每工作日 17 时前，电动汽车负荷聚合商根据预调用计划确定次日各类聚合资源的调用容量，形成调用方案，并上报至电动汽车负荷聚合商运营管理与监控平台。

法定节假日前最后一个工作日，完成次日至节假日后第一个工作日的计划编制和调峰方案并上报。

2. 中长期调峰交易

每月 19 日，由电力调度控制中心提出次月的调峰需求。电力交易中心通过交易平台发布交易公告，包括交易组织方式与程序、交易规模、调峰时间、参与交易的市场主体名单等信息。

每月 20 日 10 时，电动汽车负荷聚合商完成次月市场信息申报。

每月 20 日 15 时前，电力交易中心向市场主体发布交易出清结果，并将结果提交至电力调度控制中心和电力公司。

每工作日 13 时前，电力调度控制中心完成次日的电动汽车负荷聚合商预调峰计划编制并下发。

每工作日 17 时前，电动汽车负荷聚合商根据预调峰计划确定次日各类聚合资源的调用容量，形成调峰方案，并上报至电动汽车负荷聚合商运营管理与监控平台。

法定节假日前最后一个工作日，完成次日至节假日后第一个工作日的计划编制和调峰方案并上报。

3. 短期新能源发电曲线调节交易

月内，新能源发电企业提出交易需求，电力交易中心发布交易公告。

$D-2$ 日 17 时前，交易双方向电力交易中心提交并确认协商达成的交易合同。

$D-1$ 日 9 时前，电力交易中心将交易结果提交至电力调度控制中心和电力公司。

D 日实时运行时，电力调度控制中心根据新能源实际发电曲线和交易结果对电动汽车负荷聚合商进行实时调用。

4. 短期替代调峰交易

月内，发电企业提出交易需求，电力交易中心发布交易公告。

$D-2$ 日 17 时前，交易双方向电力交易中心提交并确认协商达成的交易合同。

$D-1$ 日 9 时前，电力交易中心将交易结果提交至电力调度控制中心和电力公司，电力调度控制中心根据交易结果编制调峰序位。

D 日实时运行时，电力调度控制中心根据调峰序位对电动汽车负荷聚合商进行实时调用。

3.4.4 结算规则

1. 交易执行量的认定及偏差考核

交易执行量为执行时间段内，电动汽车负荷聚合商实际出力曲线与基线的积分差值，电动汽车负荷聚合商基线和交易执行量以国网营销部门的认定结果为准。

为规范市场运行机制，应对由于自身原因产生的中长期备用交易执行偏差进行以下考核。

（1）当备用容量被实际调用时，若实际调节量未达到调用需求，则需要对电动汽车负荷聚合商进行考核，考核方法为

$$备用考核费用=备用缺省量\times交易价格\times K 考核系数$$

式中：K 考核系数由政府根据实际情况给出，默认值为 1.2。

当交易执行量占比小于 0.6 时，视为无效响应，不予发放补贴。

（2）当电动汽车负荷聚合商的响应时间不满足备用要求时，需要对电动汽车负荷聚合商进行考核，考核方法为

1）当响应时间$\leqslant$10min 时，补偿价格＝交易申报价格。

2）当 10min$<$响应时间$\leqslant$15min 时，补偿价格＝0.8×交易申报价格。

3）当响应时间$>$15min 时，视为无效响应，不予发放补贴。

为规范市场运行机制，对因自身原因产生的中长期调峰交易执行偏差进行以下考核。

（1）当电动汽车负荷聚合商的调峰电量产生偏差时，需要对电动汽车负荷聚合商进行以下考核：

1）若实际执行量＞交易成交量，则交易执行量按照交易成交量来计算，补偿价格＝交易申报价格。

2）若 0.8＜实际执行量占比≤1，补偿价格＝交易申报价格。

3）若 0.6＜实际执行量占比≤0.8，补偿价格＝0.8×交易申报价格。

4）若交易执行量占比＜0.6，则视为无效响应，不予发放补贴。

（2）若电动汽车负荷聚合商的响应时间不满足调峰要求时，则需要对电动汽车负荷聚合商进行以下考核。

1）当响应时间≤60min，补偿价格＝交易申报价格。

2）当 60min＜响应时间≤90min，补偿价格＝0.8×交易申报价格。

3）当响应时间＞90min，视为无效响应，不予发放补贴。

为保证电网安全运行，电力调度控制中心有权在特殊情况下根据电网需求采取临时增加或中止运行电动汽车负荷聚合商调峰、备用资源等措施。

2. 计量与结算

交易执行次日，电力公司冻结电动汽车负荷聚合商交易执行日的监测负荷，结合电动汽车负荷聚合商的交易结果以及其所代理资源的出力或者负荷曲线、电动汽车负荷聚合商基线等数据对电动汽车负荷聚合商的交易执行情况进行认定，并与相关部门进行会签。

电力公司统计、汇总电动汽车负荷聚合商的交易执行认定结果，将交易执行有效性、交易执行电量等相关信息提交至电力交易中心。

电力交易中心依据交易执行认定结果，计算电动汽车负荷聚合商的补偿费用、偏差考核费用等信息，并出具结算凭证。经由相关市场主体确认无误后，电力交易中心将结算凭证提交至电力公司财务部。

电力公司财务部依据结算凭证在次月内与电动汽车负荷聚合商完成相关资金的结算和兑现。

3.5 电动汽车负荷聚合商参与市场的趋势

结合我国电力市场建设路径，分近期、中期和远期三阶段分别设计电动汽车负荷聚合商的电力市场交易机制。

近期以中长期市场为主，逐步推进现货市场试点。在批发市场中开展需求侧参与的短期交易与电力交易，在现货试点地区参与现货交易，建立需求侧市场（聚合模式、直接交易），构建需求侧市场与批发市场的协调运作机制。

中期以中长期市场为主，逐步推广省内现货市场，完善辅助服务市场机制。电能市场全部以短期交易和现货交易开展，参与调峰、调频、备用等辅助服务市场。

远期建立包括中长期、现货、辅助服务、容量等交易的完整电力市场体系。实现电动汽车负荷聚合商参与电能市场，辅助服务市场、容量市场。

3.5.1 近期市场交易机制

近期重点开展电动汽车负荷聚合的短期交易，探索建立需求侧市场与批发市场相结合的市场体系。具体包括：①在现有电力中长期交易的基础上缩短交易周期，开展短期交易，逐步变电量交易为电力交易；②建立需求侧市场，将需求侧市场与批发市场在交易电力电量、交易时序等方面衔接，形成完整的市场体系；③现货试点地区探索电动汽车负荷聚合资源参与现货市场机制，并将电动汽车负荷聚合资源纳入辅助服务市场。

1. 批发市场短期交易模式

（1）市场定位。在现有中长期电力直接交易的基础上，将交易周期缩短至周度及多日，开展带曲线的电动汽车负荷聚合短期交易，通过电动汽车负荷聚合资源对特定出力曲线的跟踪响应，缓解电网调峰压力，促进新能源的有效消纳。

（2）交易品种。

1）以预测出力曲线为标的的新能源交易。

a. 交易标的：电力系统发布的全网风电、光伏发电功率预测曲线。

b. 交易周期：考虑目前风电、光伏发电有效预测周期为三天，交易周期为 $D-2$ 天，交易的新能源电量为交易日后第二天、第三天的新能源可发电量。

c. 交易方式：双边、挂牌、集中竞价。

2）以双边协商确定曲线的新能源交易。

a. 交易标的：双边协商确定的功率曲线。

b. 交易周期：因双边协商的功率曲线不受预测准确性的影响，交易周期为 $D-2$ 天，交易的新能源电量为交易日后第二天至本月月末的新能源可发电量。

c. 交易方式：双边、挂牌、集中竞价。

3）设置响应曲线的储能交易。

a. 交易标的：根据电力历史运行情况设置储能响应曲线，储能主体按照储能设备充放电情况选择不同交易产品。

b. 交易周期：根据情况开展月度、周度、多日等不同周期交易。

c. 交易方式：双边、挂牌、集中竞价。

（3）交易主体。符合条件的各类电动汽车负荷聚合资源均可与新能源发电商开展短期电力交易。

2. 需求侧市场交易模式

（1）聚合管理模式。电动汽车负荷聚合商可以作为一个独立的市场主体代理自己服务范围内的用户负荷参与电力市场，对批发市场和用户调用进行双向决策。

在需求侧市场以通过设置分时电价、尖峰电价等价格套餐或与代理用户自主协商签订可中断负荷、紧急需求响应等需求响应合同来获得可调能力。在批发市场通过竞价购得电力和辅助服务。

（2）直接交易模式。依托能源互联网，以电网为基础，以交易平台为枢纽，在有源配电网内搭建平台型智能交易系统，开展分布式电源与储能、电力用户的直接交易，促进新能源的就地消纳。

1）分布式电源与电力用户直接交易。

a. 交易产品：按照电网历史运行及预测出力情况，按照发电类型设置不同出力曲线，电力用户按照自身负荷可控情况选择不同交易产品。

b. 交易周期：可根据情况开展月度、周度、多日等不同周期交易。

c. 交易方式：双边、挂牌、集中竞价。

d. 交易执行：电力用户按照发电曲线边界使用电力，交易中心叠加计划曲线按月对用户实际用电曲线进行偏差计量并实施考核。

2）分布式电源与储能直接交易。

a. 交易产品：分析、感知平衡区域内的发用电趋势，确定有意愿参加交易的市场主体名单；超前告知、预警清洁能源消纳困难区域，促成储能运营商与分布式电源市场化交易。

b. 交易周期：可根据情况开展月度、周度、多日等不同周期交易。

c. 交易方式：双边、挂牌、集中竞价。

d. 交易执行：储能主体按照发电曲线边界进行充放电，交易中心叠加计划曲线按月对实际充放电进行偏差计量并实施考核。

3. 需求侧市场与批发市场的协调运作机制

（1）协调运作机制。对于聚合管理模式的需求侧市场，通过电动汽车负荷聚合商的双向决策实现与批发市场的衔接。

对于直接交易模式的需求侧市场，需求侧市场早于批发市场开展，需求侧市场形成的量、价等结果作为批发市场交易的边界。

（2）安全校核。按照统一调度、分级管理的原则，调度机构在交易组织前提供输电网可用输电能力ATC，并统一负责批发市场和需求侧市场的安全校核和阻塞管理。配电网对交易结果通过容量安全校核，确保配电网线路不过载。

（3）电价机制。需求侧市场的输配电价目前由价差机制形成，未来可探索由准许成本加合理收益的原则核定。《关于开展分布式发电市场化交易试点的通知》（发改能源〔2017〕1901号）中提出的价差模式可在需求侧市场建设初期减少上级电网输配电价负担。

未来需根据不同电动汽车负荷聚合资源特点，考虑交叉补贴情况，按照“准许成本加合理收益”的原则分别核定不同交易类型的输配电价，准确反映输配电成本。

4. 需求侧响应资源的管理方式

申请注册参与市场交易的电动汽车负荷聚合资源需满足下列要求：一是按要求提供基础技术参数，或提供有资质单位出具的电力需求响应能力测试报告；二是具备调控能力，响应时间、爬坡率、调节范围等需经调度机构检测并符合最低要求；三是具备信息感知能力，满足实时曲线计量、数据通道、偏差计量等信息感知能力要求；四是具备财务能力，实体用户要有信用评级和履约保函，虚拟用户还应出示代理合同，并承担所代理用户相应电量的履约风险。

3.5.2 中期市场交易机制

1. 电动汽车负荷聚合参与现货市场机制

电动汽车负荷聚合资源参与现货市场报价，市场出清价格能够有效引导各类用户调整自身的用电行为，满足系统调度的日前和实时电量平衡。

电动汽车负荷聚合资源收到激励信号后，按照出清电量做出响应并获得激励补偿，响应性能通过与预先制定的负荷基线作比较进行计算。

2. 电动汽车负荷聚合参与辅助服务市场机制

电动汽车负荷聚合资源可提供的辅助服务包括调峰、调频和备用等。需求侧响应资源可通过与调度机构签订双边合约或参与集中竞价的方式参与辅助服务交易，达成交易后按照交易结果调度电动汽车负荷聚合资源，依据辅助服务市场规则结算。

辅助服务市场建设初期可探索建立发电侧和需求侧同时报价的削峰填谷辅助服务市场，包括上调市场和下调市场。上调市场即备用市场，由发电机组增出力和用户减负荷实现。下调市场即调峰市场，由发电机组减出力和用户增负荷实现。

3.5.3 远期市场交易机制

远期建立电动汽车负荷聚合参与电能市场、辅助服务市场和容量市场交易机制。一方面，需要探索建立容量交易机制，利用市场化手段引导电源有序发展；另一方面，电动汽车负荷聚合资源可利用负荷削减等效于装机容量，参与容量市场拍卖或双边交易，为系统提供能够稳定响应的削减资源。

3.5.4 现阶段重点任务

（1）整合电动汽车负荷聚合资源，加强进入市场服务。为有意愿参与电动汽车负荷聚合的资源，安装信息感知设备和调控设备，开展负荷聚合响应能力测试，确保电动汽车负荷聚合资源进入市场相关服务。

（2）整合电动汽车负荷聚合资源，探索开展综合能源业务。建立需求侧综合能源交易市场，代理园区供电、供热整体参与需求响应市场化交易。

（3）研究合理的输配电价，建立配电价格动态调整机制。建立输配电价动态调整机制，使用户能够通过调节电动汽车负荷聚合资源减少支付的输配电费，通过电动汽车负荷聚合资源的合理利用减少电网投资成本。

（4）完善交易流程，加强内部业务间的协作。优化电动汽车负荷聚合资源参与市场的交易流程，明确在交易运营、安全校核、计划安排、交易结算等方面的统筹协调界面和流程。

（5）加强不同系统的集成，建立支撑能源互联网的交易平台。开发需求侧市场交易平台和电动汽车负荷聚合商参与批发市场交易的功能模块，进一步探索支撑能源互联网的交易平台，开展多能耦合交易。

第4章

电动汽车聚合可调节容量评估技术

电动汽车负荷聚合商作为调节资源提供者参与辅助服务市场、需求响应市场，需要提前在上级市场进行量价申报，因此对电动汽车聚合及聚合后可调节能力的评估是参与市场的必要前提。针对这一需求，本章面向削峰填谷辅助服务构建了电动汽车物理—经济两阶段可调容量评估模型。

4.1 电动汽车基准充电负荷建模及计算

电动汽车可调节能力与电动汽车的用途、电池性能参数、充电模式、驾驶者出行规律等直接相关，是建立在对电动汽车集群负荷聚合的基础之上，各个时段下实际充电功率相较于基准充电功率的变化量。那么，为了得到电动汽车的调节变化量，首先需要对电动汽车基准充电负荷进行分析研究。本章基于电动汽车分类，选取私家车、出租车、公交车三种类型车辆，对各自的出行特性进行分析，对描述出行规律的几个重要参数，如日行驶里程、早上离网时刻、傍晚到达时刻、日行驶里程、电池荷电状态等构建了数学模型，并采用蒙特卡洛抽样对各参数概率分布进行随机抽样，计算得到电动汽车基准充电负荷。

4.1.1 电动汽车分类与充电方式分析

4.1.1.1 电动汽车分类

电动汽车一般分为专用车和乘用车，专用车包括市政车、公交车、客运车和物流车四大类。专用车的特点一般是“固定线路、固定时间、固定地点”，出行路线单一且非常固定，一般都是在各自的终点，如公交场站、市政集中站、物流园区等采用专用充电设施进行充电。乘用车包括私家车、出租车、公务用车和租赁用车四类。具体来看，大部分私家车的主要用途为通勤行驶，行驶距离小，满充后的电量对于日行驶消耗量来说相对充裕，因此大多数私家车会在夜间采用慢充常规充电作为基本充电方式，在节假日或小部分情况日间出行行驶里程较大时，会采用在公共充电桩快充的方式作为补充充电，以满足日间行驶需求；租赁汽车、公务车和出租车相较于私家车而言，出行计划性稍弱，尤其是租赁汽车和出租车行驶出行目的地多样、出行路线自由，在日间充电多采用快速充电作为主要充电方式，而夜间具有较长停泊条件时，也会采取慢充的形式完成充电。

由于专用车的市场份额较小且归属分散，行驶规律根据其所属主体具有鲜明的差异性，难以用统一的模型进行抽象概括。从负荷量级和充电随机性及可描述性的角度来考虑，本文主要对电动私家车、电动出租车和电动公交车三种类型的车辆进行研究，对各类型主体的出行特性、特征进行建模分析，研究其充电基准负荷。

1. 电动私家车

当前市场中主要电动汽车制造商标定的续航里程为 120～1000km，由于电池成本占据电动汽车整车成本中相当大一部分，电动汽车续航基本与整车价位正相关，因此不同价位电动汽车的续航里程差异明显。私家车用户作为汽车主要销售目标市场，车企推出的品牌多样化，以五菱宏光 MINIEV 为代表的低价位电动汽车，定位为城市通勤代步，2021 年销量高达 45 万辆，位居当年中国新能源单一车型销量第一名，约占纯电动汽车整年销量的 16.5%，续航一般为 120～170km；中端挡位电动汽车，如比亚迪 E1/S2、零跑 T03、长城欧拉等车型的续航在 300～400km，销量约占电动汽车市场销量的近 20%；其中以特斯拉 Model 系列、小鹏 P7、蔚来、比亚迪汉等车型续航为代表的高价位电动汽车标定续航里程最高可达到 500～700km，且上述几类车型总销量约占 2021 年市场整年销量的 1/3。随着电池等技术的不断突破，车载电池容量和能量密度持续提高，电动汽车最大续航里程也将不断逐步提高。

实际行驶工况下，电池单位公里耗电量会随着路况和温度、速度等因素与标准测定条件的不同而增加，所以实际最大续航里程一般会低于标定值。当前私家电动汽车续航里程约为 300～600km，而实际续航大致在 200～400km，本文假定私家车的实际续航里程为 300km，动力电池容量为 60kWh。

2. 电动出租车

相较于私家车而言，出租车的日行驶里程更大，并且为了尽量控制充电次数，相较于私家车而言，对电池容量要求和续航里程要求较高。根据第一电动网关于国内纯电动出租车运营情况的调查分析，国内两个典型案例城市太原和深圳分别在2017年和2018年实现了巡游出租车纯电动化替代，保有量分别超过8000辆和2.14万辆，并且从投运车型来看，目前只有比亚迪E6300、E6400具有大规模投入运营的经验和数据。因此本文以比亚迪E6这一车型为例，对电动出租车进行参数设置。比亚迪E6标定续航里程为400km，本文假定其实际最大行驶里程为300km，电池容量为82kWh。

3. 电动公交车

公交车运营起止时间、运行线路和日行驶里程都是相对固定的，并且公交车场站拥有对公交车的统一集中管理和控制权，且公交车充电均在公交车场站内进行，这些优势都降低了电动公交车聚合调度以及调节潜力挖掘的难度。目前运营的公交车，按照线路排班以及城市规模大小，其日行驶里程数有所差别，大多集中在150～200km。并且不同规模城市对于公交车选择也有偏向性，主流的新能源客车企业也会推出不同车型以适应多样化的运营需求，但一般情况下客车公司都会在日行驶里程大、避免日间运营充电以及冬季取暖影响续航里程等因素的考虑下，倾向于大容量电动汽车。按照目前主流新能源客车生产企业细分车型销售情况来看，2020—2021年间，纯电动汽车占新能源客车市场总销量的95%，按照车身长度划分，8～12m客车占新能源客车总销量的85%以上，尤其12m公交车型已经在城市主要干线中占据主流。参考国内客车网资料，中头部电动公交车生产企业以比亚迪、宇通、中车电动三家企业为代表，该范围内车型的电池容量集中在300～350kW，标定续航里程可达250km。据此，本文假定电动公交车的实际续航里程为200km，车载电池平均容量为300kWh。

4.1.1.2 电动汽车充电方式和充电功率分析

1. 充电方式

由于充电环境和用户需求的差异，电动汽车用户选择使用的充电方式存在不同。目前，充电技术有常规充电、快速充电和换电三种模式。常规充电模式所需充电时间较长，但对电池损害低，一般会在具备长时间停泊条件的情况下进行，如私家车归家后夜间停泊或公交车结束运营后均会采用常规慢充的方式进行充电，充完电后也不会迅速断开充电枪；快速充电模式下的充电功率大，所需时间短，但对电池损害大，基本在20min以内便能满足充满大多电动汽车电池容量的80%，适合出行时间要求高的情况下进行紧急补充充电，充电完成后便离网；换电的方式是在换电站对车载电池进行替换，特点是操作便捷，无须停泊等待充电。本文暂不考虑换电，假设电动汽车均采用慢充或快充的方式进行充电。

2. 电动汽车充电功率

（1）电动私家车。私家车充电多集中于小区私人充电桩和停车场公共充电桩，充电功率一般为 7kW，快充功率通常在 15kW 左右。考虑私家车基本用车需求是为了通勤，日行驶里程短，停泊时间长，充电时间丰裕，且快充对于电池损害大，所以日常用车过程中会倾向于采用慢充方式进行充电。因此，本文假设私家车采用常规方式进行充电，充电功率为 7kW。

（2）电动出租车。据调查，国内出租车运营多采用两班制，在早上和傍晚交接班，两班司机分别在夜间和日间行驶。出租车两班制运营自负盈亏，长距离的行驶使其耗电量较大，如果采用常规充电模式进行充电，按照 82kWh 的电池容量计算，司机至少需要在 SOC 降低到 30%～40%的时候进行补充充电，按照主流常规充电功率 7kW 计算，充电时间至少在 6h 以上。显然司机无法承受过长充电时间带来的收入损失，即常规充电下的充电功率无法满足出租车的充电需求，因此本文暂不考虑出租车两班制运营下采用慢充的方式，默认出租车司机采用快充的方式进行充电。根据上文选定比亚迪 E6 作为出租车研究对象，使用的快速充电桩充电输入功率为 40kW。据此，本文假定电动出租车运营时段均采用快速充电的方式进行充电，充完电便离网，充电功率为 40kW。

（3）电动公交车。目前主流电动公交车电池容量为 250～300kWh，一般采用公交专用的大功率充电桩进行充电。公交车日行驶里程大，百公里耗电量大，通常夜间一次充电难以满足日间运营需求，因此通常公交车场站会采用“夜间常规充电为主，日间快速充电为辅”的充电原则。电动公交车充电桩功率有 60、80、90、120、240、360kW 等多种功率等级可选，常规充电模式下一般会接入 60kW 充电桩，适用于夜间充电，充电所需时间较长；而日间补充充电要求充电时间要尽量短，在完成单程运营后回到城市公交枢纽充电站和首末站场站进行补充充电，为了减少充电时间，日间补充充电一般会采用快速充电的模式，目前快充功率已经达到 360kW。本文假定公交车夜间进行常规慢充，充电功率为 60kW；白天采用快速充电，充电功率为 360kW。

4.1.2 电动汽车出行规律描述

电动汽车充电负荷分布由电动汽车起始充电时间和充电所需时间决定；进

一步，充电所需时间取决于待充电量，可由上一段行驶里程与电动汽车单位里程耗电量计算得到。因此，为建立电动汽车充电基准负荷模型，需要对上述关键参数进行分析。

4.1.2.1 各类电动汽车起始充电时间

通常电动汽车接入电网后便开始充电，因此基准状态下的电动汽车起始充电时间可等同于入网时间，而电动汽车入网时间按照出行属性有所区分：私家车在到达目的地后入网充电，而出租车和公交车则是在需要补充充电时和结束运营后接入电网进行充电。那么，为探究电动汽车起始充电时间，就需要对私家车到达时间、出租车补充充电时间、公交车补充充电及结束运营时间进行研究介绍。

1. 电动私家车

按照私家车通勤规律，私家车出行的出发时间集中在早晚高峰两段，分别在 7：00—9：00 和 17：00—19：00；到达时间集中在 8：00—12：00 和 17：00—20：00。本节私家车出行时间数据参照北京交通发展研究院在其官网发布的《2021 北京市交通发展年度报告》，如图 4-1 所示。

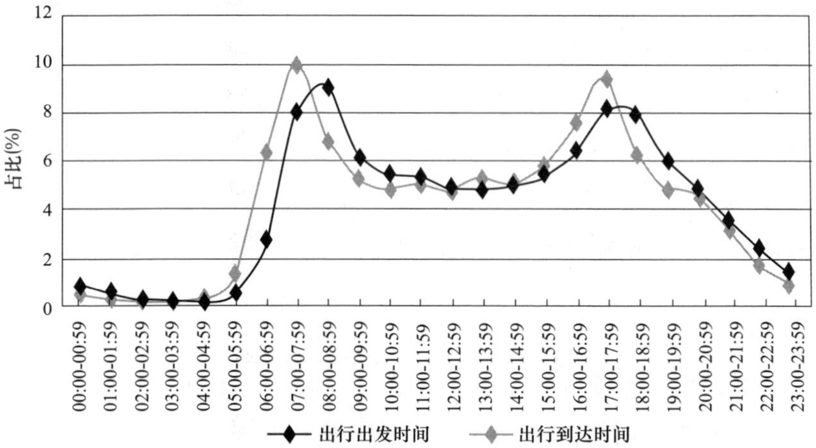

图 4-1 2021 年北京市机动车工作日出行出发时间和到达时间分布

以报告中私家车上下班的到达时间统计分布数据为基础，通过对数据的拟合和假设，可认为充电时间近似服从正态分布

$$f(t)=\frac{1}{\sqrt{2\pi}\sigma_t}\exp\left(-\frac{(t-\mu_t)^2}{2\sigma_t^2}\right) \tag{4-1}$$

其中：私家车早上离家时刻近似服从 N（8，1^2），傍晚到达时间近似服从 N（18.5，1.5^2）。据此计算早上单个私家车入网充电时间及下午离网时间，处理方式为

$$t_{到单位} = t_{离家} + \frac{s}{v_{早高峰}} \tag{4-2}$$

$$t_{离开单位} = t_{傍晚到家} - \frac{s}{v_{晚高峰}} \tag{4-3}$$

式中：s 为通勤里程；v 为通勤途中的行驶速度。

2. 电动出租车

巡游电动出租车的行驶自由，无固定路线，运营时间内会在无载客的间隙就近选择充电设施进行充电。

根据出租车两班制运营规律，白班和夜班司机一般会在 6：00—7：00 和 16：00—18：00 左右换班，并且上一班驾驶员会在交接班前将电池充满。出租车乘车高峰期一般包含 7：00—10：00，11：00—13：00，17：00—23：00 三个时段，这些时段内打车需求最大，因此出租车驾驶员非必要情况下不会选择在这些时段进行充电。结合出租车的交接班时间、休息时间以及日行驶里程和载客时间规律分析，驾驶员除在两次交接班前进行充电外，为了满足行驶需求，通常还会进行两次补充充电，包括在 11：00—14：00 休息时进行快速充电，以满足下午用车高峰出行用电量，以及夜间高峰期过后的补充充电。将电动出租车汽车充电时间划分为 A 段 [00：00，09：00]、B 段 [09：00，14：00]、C 段 [14：00，19：00]、D 段 [19：00，24：00] 四段，并建立各个时段下电动出租车开始充电时间模型，模型如下

$$f(t) = \frac{1}{\sqrt{2\pi}\sigma_t}\exp\left[-\frac{(t-\mu_t)^2}{2\sigma_t^2}\right] \tag{4-4}$$

基于文献对某市电动出租车实际数据拟合得到的正态分布模型，电动出租车 A、B、C、D 四个时段内充电开始时间分别近似服从 N（4，2^2）、N（12.5，1^2）、N（17，1^2）、N（21.5，2^2）。

3. 电动公交车

公交车运营具有严格的计划时刻表，通常首班发车时间在 5：30—6：00；同一线路通常配备多班次公交车，运营时间内两班发车间隔短，多为 5～10min，多班次公交车循环行驶直至最后圈次；末班车发车时间大多在 21：00—23：00。不同线路的公交日行驶里程不同，但多数公交车在白天运营时都需要进行补充

充电，充电次数取决于日行驶总里程和单圈次行驶里程之间的关系，并且在夜间停运时段到次日首次发车时段内进行常规充电。纯电动汽车耗电量决定了日内充电次数以及充电时间，对某市各公交公司的调查中发现，出于载客安全考虑，避免出现途中电量不足难以完成单圈运营的情况，公交场站会规定公交车荷电状态（State of Charge，SOC）不足40%时需要返回充电站进行充电，公交车并非在固定的时间进行充电，而是根据实际充电行驶需求来选择充电时间，故需分析公交车充电时间与充电前SOC和待充电电量之间的关系。首先，各个公交车场站会规定公交车充电SOC阈值，即公交车运营过程中的SOC下限，假设SOC阈值近似服从正态分布，即 $SOC_{cons} \sim N(0.5, 0.1^2)$，期望值为0.5，根据整体分布特征，规定的充电阈值会有超过99.5%的概率分布在［0.2，0.8］范围内。

为近似估算，按照公交车日行驶里程及行驶速度估算得到各时刻的SOC，当SOC低于充电阈值时回到充电站进行快速充电，此刻的SOC便为起始SOC值。假设电动公交车全天在途中，中间发车间隔和充电时间忽略不计，白天运营期间公交车需要补充充电的次数 n 为

$$n = \left[\frac{s}{(1 - SOC_{cons})K}\right] \tag{4-5}$$

式中：$n=[\cdot]$ 为向下取整函数；s 为日行驶里程。一般按照电动公交车日运营里程范围来看，$n=0, 1, 2$。依据实际解释为三种情况：运营里程较小，完成一整天的运营圈次后仍能满足 SOC_{cons} 约束；运营期间需要进行补充充电一次，充电后的电量可以完成当日后半程的运营；该班次公交车日行驶里程距离大或充电阈值要求高，运营过程中需要补充充电两次。那么，充电开始时间计算如下：

（1）$n=0$ 时，日间无须充电，只需在运营结束时返回充电，$t_{start}=b$。

（2）$n=1$ 时，运营期间需要补充充电一次，均在途中SOC达到充电阈值 SOC_{cons} 时进行充电，并在夜间返回站内充电一次，有

$$t_{start} = \begin{cases} a + \dfrac{K(b-a)(1-SOC_{cons})}{s}, a < t < b \\ b, t \geqslant b \end{cases} \tag{4-6}$$

（3）$n=2$ 时，运营期间需要补充充电两次，均在途中SOC达到充电阈值 SOC_{cons} 时进行充电，并在夜间返回站内充电一次，有

$$t_{\mathrm{start}}=\begin{cases}a+\dfrac{K(b-a)(1-\mathrm{SOC}_{\mathrm{cons}})}{s},a<t<b\text{ 且第一次充电}\\a+\dfrac{2K(b-a)(1-\mathrm{SOC}_{\mathrm{cons}})}{s},a<t<b\text{ 且第二次充电}\\b,t\geqslant b\end{cases}\tag{4-7}$$

式中：$\mathrm{SOC}_{\mathrm{cons}}$ 为运营期间补充充电的 SOC 阈值，当电动公交车 SOC 值低于此值时需要回站充电；K 为电动公交车续航能力，本文记为 200km；a 和 b 分别为运营开始和结束时间。

4.1.2.2　各类电动汽车的日行驶里程数

1. 电动私家车

由于私家车出行路线复杂且日行驶里程随城市规模、住所所在区域等因素表现出明显差异，因此当前尚未在我国国内搜索到公开的规模化私家车出行数据，本节采用美国国家家庭旅行调查的公开数据进行研究，调查表明私家车工作日日均行驶里程约为 50.55km，并且近似服从指数分布 $X\sim E$（λ），概率密度函数为

$$f(x)=\begin{cases}\lambda\mathrm{e}^{-\lambda x} & x>0\\0 & x\leqslant 0\end{cases}\tag{4-8}$$

式中：λ 为日行驶里程分布参数。按照指数分布性质，$1/\lambda$ 表示为电动私家车的日行驶里程期望值，因此根据上文，$\lambda=0.020$。

2. 电动出租车

出租车日行驶里程约为 400～600km，而国内运营的纯电动出租车标定续航里程约为 300km 左右，并且受季节和温度影响，实际续航里程会更低。因此，电动出租车 24h 内需要多次进行充电才能满足其行驶需求。结合上文构建的出租车分段情况，将一天分为四个时段，各时段分别充电一次，出租车充电间隔内的单次充电里程根据统计数据及拟合结果建模为

$$f(s)=\frac{1}{\sqrt{2\pi}\sigma_s}\exp\left[-\frac{(s-\mu_t)^2}{2\sigma_s^2}\right]\tag{4-9}$$

具体来看，A 和 B 两段时间跨度大，且两段分别包含上午和下午两段用车高峰时段，因此这两个时段出行里程较大。时段内行驶里程服从正态分布，式中 $\mu_{t,c}$、$\sigma_{s,c}$分别均值和标准差，$\mu_{t,c}=100$，$\sigma_{s,c}=50$。则有

$$f(s)=\frac{1}{s\sqrt{2\pi}\sigma_s}\exp\left[-\frac{(\ln s-\mu_t)^2}{2\sigma_s^2}\right]\tag{4-10}$$

C 和 D 段时间跨度小，行驶里程也相应较短，呈现对数正态分布 $\ln S \sim N(75, 25^2)$，分布特点呈现频数分布高峰向左偏移，长尾向右侧延伸。

3. 电动公交车

电动公交车具有严格的车辆调度计划表，日行驶里程较为平均且非常固定，但不同线路的公交车行驶里程，尤其是单圈次行驶里程具有明显差异。基于文献中对某市公交车运营情况的调研，公交车日行驶里程集中分布在 150～200km，且日行驶里程也呈对数正态分布，概率密度分布函数同式（4-10），对应的 σ、μ 值分别为 13.5 和 168。

4.1.3　基于蒙特卡洛方法的电动汽车基准充电负荷计算

4.1.3.1　蒙特卡洛模拟步骤

计算机模拟中的蒙特卡洛法也被称为随机抽样技术或统计检验方法，其最重要的特点是它是一种基于概率统计理论的方法。伴随着计算机发明和计算能力的不断提升，蒙特卡洛法以其描述物理发展特点和物理实验过程的优点，在各个领域得到了广泛应用。

基于本章对不同类型电动汽车几个出行参数的分布函数和参数设定，采取蒙特卡洛法模拟抽样，具体步骤如下。

（1）对私家车日行驶里程、早上离网时间、傍晚到网时间概率分布参数进行随机抽样，默认私家车入网便进行充电，计算早上到达单位和傍晚到家这两次接入电网充电时的初始 SOC 状态和充电所需时间，得到私家车 96 点基准充电负荷曲线。

（2）基于出租车充电规律的四时段划分，对出租车各时段内的起始充电时间和行驶里程按照分布参数进行抽样，根据抽取到的各段行驶里程计算 A、B、C、D 四段入网充电时的起始 SOC 和充电所需时长，进而得到电动出租车 96 点基准充电负荷曲线。

（3）按照公交车运营特点，将 96 点分为两段，分别代表运营时段和夜间非运营时段，对公交车首班发车时间、末班到站时间、日行驶里程、充电 SOC 阈值的概率分布参数进行随机抽样，计算得到公交车运营时段内充电次数，从而得到各个公交车在每次充电时的起始荷电状态与充电所需时长，以此预测得到公交车 96 点基准充电负荷曲线。

（4）最后，通过叠加各类型电动汽车基准充电负荷曲线得出总的电动汽车基准充电负荷曲线。

4.1.3.2 基于蒙特卡洛方法的基准充电负荷计算

1. 参数设置

根据前文充电方式和出行规律对各类型电动汽车的描述得到基本参数，包括电池容量、充电功率、离网时间分布、到网时间分布、行驶里程分布等参数，详见表 4-1～表 4-4。

表 4-1　各类型电动汽车基本电池信息

电动汽车类型	电池容量	充电方式	充电功率	额定最大行驶里程
私家车	60kWh	常规	6kW	200km
出租车	82Wh	快充	60kW	300km
		常规	60kW	
公交车	300kWh	快充	360kW	200km

表 4-2　私家车出行及充电规律参数设置

电动汽车类型	早上离网时间	日行驶里程	傍晚到达时间	早/晚行驶速度
私家车	N（8，1，5^2）	$X \sim E$（0.020）	N（18.5，1.2^2）	早高峰 16.7km/h
				晚高峰 15.4km/h

表 4-3　出租车出行及充电规律参数设置

电动汽车类型	时段划分	起始充电时间	行驶里程
出租车	A	N（4，2^2）	N（125，50^2）
	B	N（12.5，1^2）	N（125，50^2）
	C	N（17，1^2）	$\ln S \sim N$（100，25^2）
	D	N（21.5，2^2）	$\ln S \sim N$（100，25^2）

表 4-4　公交车出行及充电规律参数设置

电动汽车类型	时段划分	充电 SOC 下限	行驶里程
公交车	首班发车时间 $T \sim U$（5.5，6.5） 末班到站时间 $T \sim U$（19，22）	$SOC_{cons} \sim$ N（0.5，0.1^2）	N（168，13，5^2）

表格给出了计算各类型电动汽车基准充电负荷所需参数，私家车停泊时间较长，一般采用常规充电，日行驶里程服从指数分布，早上离网时间以及傍晚到达时间服从正态分布；电动出租车运营属性强，一般采用快速充电，按照排班、出行和运营特点将一天分为四段，各段的起始充电时间与行驶里程均服从正态分布；电动公交车不同线路首末班车时间不同，起始运营时间设置为均匀分布，日行驶路程服从正态分布，并且公交车一般要在默认的 SOC 充电下限进

行充电，以此保障正常运行。结合上节模型研究及参数设置，按照国内实际各类型电动汽车保有量比例来大致计算，本文算例按照 30000 辆私家车、500 辆出租车以及 800 辆公交车为基准，按照各参数随机分布进行抽取，叠加到基准状态下电动汽车充电负荷计算公式为

$$P_{t,0} = \sum_{ns=1}^{N_s} P_{t,0}^{ns} + \sum_{nc=1}^{N_c} P_{t,0}^{nc} + \sum_{ng=1}^{N_g} P_{t,0}^{ng} \tag{4-11}$$

式中：N_S、N_c、N_g 分别为私家车、出租车、公交车数量；$P_{t,0}^{ns}$、$P_{t,0}^{nc}$ $P_{t,0}^{ng}$ 分别表示 t 时刻私家车、出租车、公交车的基准充电负荷。

2. 计算结果

采用蒙特卡洛模拟出各类电动汽车基准充电负荷曲线，如图 4-2 所示。

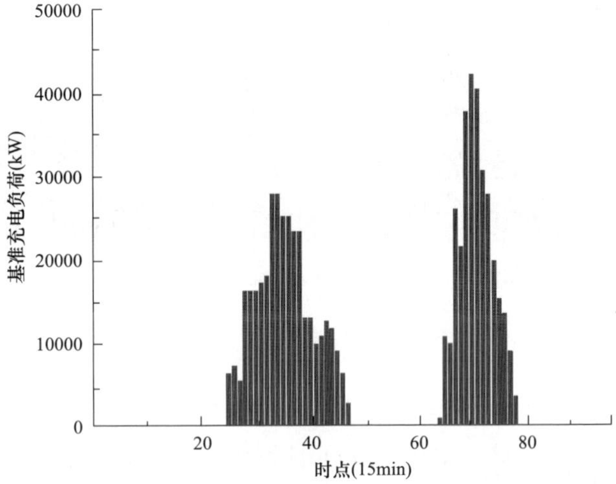

图 4-2　30000 辆私家电动汽车基准充电负荷仿真曲线

如图 4-2 所示，私家车充电负荷集中分布在上午 8：00—11：00 与晚上 16：00—20：00，与私家车的出行规律相符，在早上到达单位后接入电网充电与夜间到家后接入电网充电，由于电动汽车单程行驶里程较小，且默认电动汽车一天两充，因此充电负荷及充电所需时间均较短。充电过程中，尤其是傍晚的充电时间与用电晚高峰完全重合。

如图 4-3 所示，按照上文将电动出租车充电时间分为 A 段［00：00，09：00］、B 段［09：00，14：00］、C 段［14：00，19：00］、D 段［19：00，24：00］，出租车充电出现 4 个高峰，B 和 C 段分布相对较窄且充电负荷峰值高，B 段出行里程大，并且根据该时段内乘客打车需求，多分布在 9：00—13：00，因此 B 段内私家

车聚集在后半段出行需求较低的时段进行充电；C 段在 17：00—16：00 会出现充电高峰，符合交接班需要，电动车主会在交班之前将电动汽车充满电；D 段在夜间行驶后进行补充充电，高峰出现在 22：00—23：00 附近；A 段后半段在 0：00—5：00 出行里程小，出租车会在该时段进行充电，所以前半段充电需求较大，到后半段遇到出行早高峰充电负荷较小。

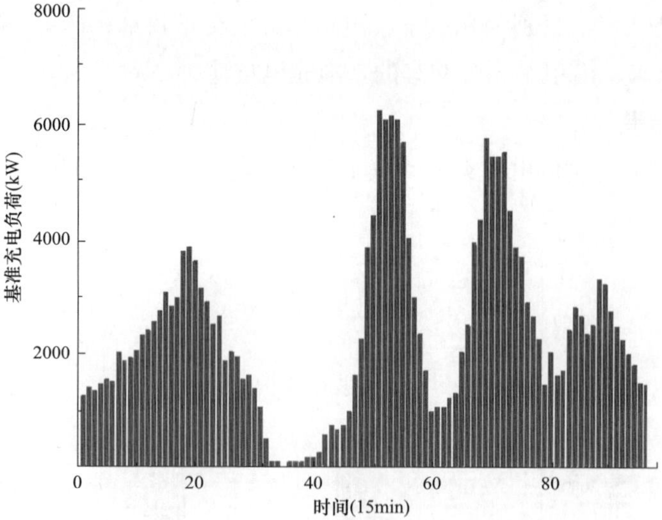

图 4-3　500 辆电动出租车基准充电负荷仿真曲线

如图 4-4 所示，公交车约在 5：30—6：30 进行该日首班运营，在 8：00 之前几乎不会出现充电需求，由于公交车日行驶里程大，并且本文为公交车设置了充电下限约束，按照正态分布特点，80％以上的公交车会在 SOC 为 0.4 以上进行充电，因此在行驶过程中公交车会进行多次补充充电，充电次数多为 0～2 次，采用快速充电，充电时间短但充电功率大，整个过程中充电负荷分散；在夜间结束运营后回到场站内采用常规充电的模式进行。

如图 4-5 所示，对三种电动汽车基准负荷曲线进行加总得到电动汽车基准充电总负荷，负荷多分布在一天中的后半段，尤其在傍晚 17：00—19：30，三种类型的电动汽车均处于充电峰段，导致在该时段出现一个窄且峰值高的充电高峰；夜间 22：00—22：30 之间出现一段负荷高峰，但负荷较为平均，主要原因在于电动公交车；11：00 之前充电负荷相对较低，主要是由于私家车在白天的补充充电行为。总的来看，电动出租车占比较少，对总负荷的趋势影响有限，负荷高峰主要由私家车以及公交车充电引起。

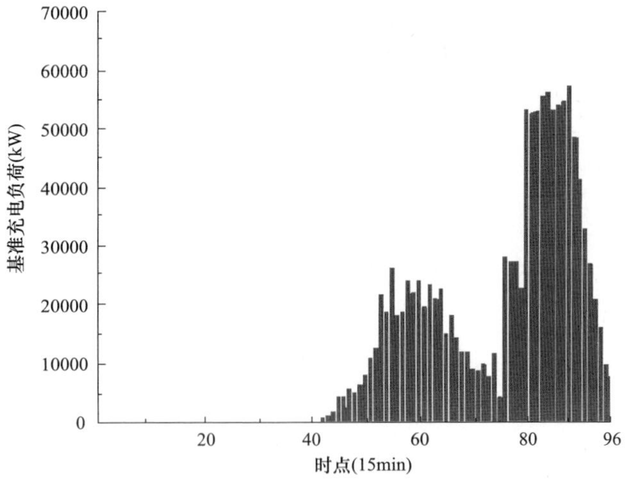

图 4-4　800 辆电动公交车基准充电负荷仿真曲线

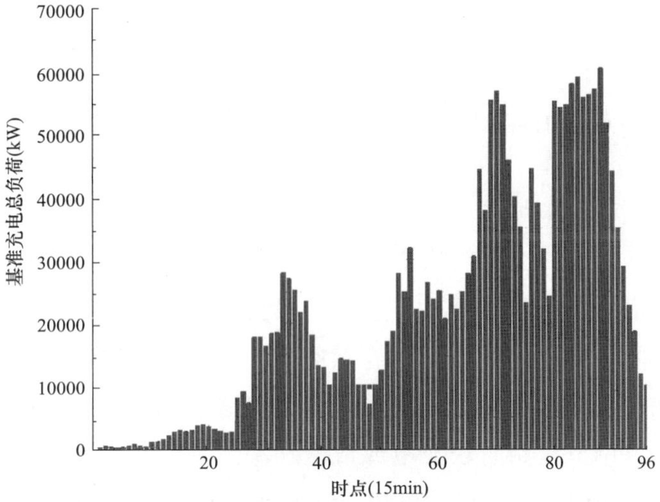

图 4-5　电动汽车基准充电总负荷仿真曲线

为说明电动汽车负荷对电网负荷波动带来的影响，本节依据某地电网用电负荷数据进行说明。

如图 4-6 所示，电网日负荷波动大，在 10：30—13：00 与 18：00—22：30 之间出现负荷高峰，叠加电动汽车充电负荷后，在晚高峰时段电网总负荷出现了明显的提高，峰谷比由原来的 2.514 变为 2.739，说明电动汽车在无序充电状况下，会给电网安全运行带来更大的难度。

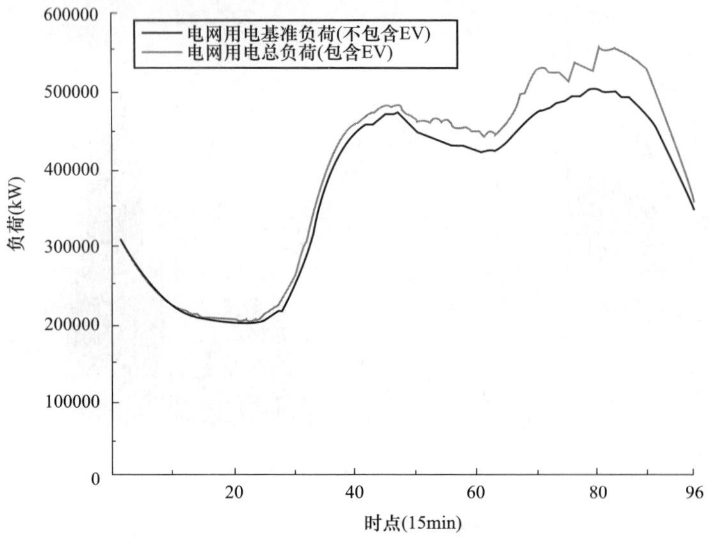

图 4-6　电网用电负荷仿真曲线

4.2　电动汽车最大物理可调容量量化模型

本节针对电动汽车可调节容量评估，将分为两阶段展开，第一阶段仅考虑充电时间、在网时间、充电功率等物理约束条件，对电动汽车物理意义上最大挖掘的可调节潜力进行量化评估；第二阶段再加入经济条件的约束，考虑能在经济激励下实际可转化为响应量的容量空间。本节便是针对第一阶段，建立电动汽车最大物理可调容量量化模型，并提出仅移动充电开始时间、仅调节在网时段充电功率、调节在网时段充电或放电功率三种调节模式，对调节过程分别进行分析后，再对电动汽车最大可物理调节潜力进行量化分析。

4.2.1　电动汽车调节潜力分析

4.2.1.1　电动汽车运行状态描述

基于上节对各类电动汽车出行规律的描述：公交车基于运营考虑，必须做到一天两充，即夜间在车站集中充电，白天运营补充充电；而私家车日行驶里程小，基本上一天一充已经可以满足通勤出行条件，但考虑私家车白天停泊时间长，数量更加庞大，为了最大化挖掘电动汽车资源调节潜力，本文考虑电动汽车在白天也接入电网，纳入潜在调节资源序列，即与公交车和出租车类似，实现一天两次充电。

无论是公交车、出租车还是私家车，电动汽车无非处于行驶和停泊两种状态，因此，为简化情景分析难度，排除非主要规律性出行及充电行为，简化后的电动汽车运行状态可具体概括为：出发点—途中—补充充电地点—途中—到达地点。假定电动汽车一旦到达目的地便转为停泊状态接入电网，以此为划分依据，建立电动汽车充电负荷与电网之间的联系，并按照其出行规律将一个出行周期划分为四个时段。并用 $g(t)$ 来表示 t 时刻 EV 的入网状态，有

$$g(t)=\begin{cases}0,\text{表示 EV 处于离网状态}\\1,\text{表示 EV 处于在网状态}\end{cases} \tag{4-12}$$

各时段中电动汽车运行状态与式（4-12）的对应关系描述如下。具体充放电状态详见表 4-5。

表 4-5　电动汽车各时段内充放电状态

ΔT_1	ΔT_2	ΔT_3	ΔT_4
途中	停泊（补充充电）	途中	停泊（夜间）
放电	充电	放电	充电

（1）时段 ΔT_1：于出行周期的期初，私家车开车离家去公司，公交车与出租车从车站离开进入行驶运营，电动汽车均以满充的状态离网，该时段内电池处于放电状态，$g(t)=0$。

（2）时段 ΔT_2：代表私家车从早上到达工作地点后直至下班开车离开公司之间的时段，车辆处于停放并接入电网，期间处于充放电状态或者是空闲状态，但需保证下一时段出行所需容量；也代表出租车和公交车补充充电的时段，并且为尽快进入接下来的行驶，期间一般处于快速充电状态，$g(t)=1$。

（3）时段 ΔT_3：代表私家车傍晚下班开车回到家的时间，以及出租车和公交车补充充电后在一天内的第二轮运营行驶时间。此时电动汽车脱离电网并且在过程中电池处于放电状态，$g(t)=0$。

（4）时段 ΔT_4：代表私家车傍晚回到家直至次日上班之前的时段，以及出租车和公交车结束一天的行驶，回到车站，处于非运营时段。该时段内车辆均为停放状态，期间处于充电放状态或空闲状态，但保证次日离网时将电池充满，$g(t)=1$。

一般来讲，电动汽车不会以牺牲既定的出行时间安排来换取参与需求侧响

应取得的收益，因此本文要考虑在不影响用户出行的前提下，仅研究电动汽车自然出行条件下的在网时段，即 ΔT_2、ΔT_4 时段电动汽车可转移负荷的潜力及容量大小。

在电动汽车充电需求研究方面，也将基于上节里的电动汽车出行模型进行分析。

4.2.1.2 电动汽车调节过程分析

负荷聚合商聚合电动汽车通过电动汽车负荷聚合商（Distributed Database and Application Platform of Electric vehicle，电动汽车分布式数据库及应用平台，本文简称为电动汽车负荷聚合商）界面下发调节方案，用户可以通过无线终端（智能手机、ipad 等）了解充电价格信息、供需信息，以及对电动汽车充电进行参数设置，选择电动汽车充电模式。

尤其需要说明的是，本文将电动汽车聚合可调节容量评估过程视为参与上级申报所必需的事前评估环节，而非为了实现实时调控。电动汽车负荷聚合商在作为盈利主体参与市场时，其收入为辅助服务收益，成本为调节电动汽车负荷所付出的激励成本。在国内现行规则中，负荷聚合商代理用户参与辅助服务市场需要在执行日之前，大多为 D-1，在调峰辅助服务市场上报调节量挡位与调节价格。负荷聚合商参与上级市场作为价格接受者接受辅助服务市场出清价格，面向用户则作为激励价格制定者。那么，在这种组织模式下，负荷聚合商便需要提前对辅助服务市场出清价格、自身代理资源的可调节能力以及为调节所需要付出的成本有一定的掌握，进行事先预测和评估，建立相应的收益模型，在考虑电动汽车调节能力和激励后调节效果以及自身收益的情况下制定充电方案和激励价格，从而激励用户调节充电负荷，预估调节方案效果，并以此为依据参与上级市场量价申报，如图 4-7 所示。

据此逻辑，根据电动汽车充电过程分析电动汽车参与辅助服务市场的调节潜力。

将单个 EV_i 充电过程描述如图 4-8 所示。它表示电动汽车在 ΔT_2、ΔT_4 在网时段的充电过程。EV_i 在 t_{in}^i时刻接入电网，按照出行规划将于 t_{out}^i 离网。正常情况下，用户入网时刻即充电开始的时刻，在停泊期间，将电动汽车充电至100%或一个期望的 $\mathrm{SOC}_{\mathrm{exc}}^i$ 值后便停止充电。由此，在充电过程中，电动汽车大多会经历“充电—空闲”两个阶段，充满后的电动汽车将进入“空闲”状态。阴影 ABCDE 区域为电动汽车 SOC 可调节区域。

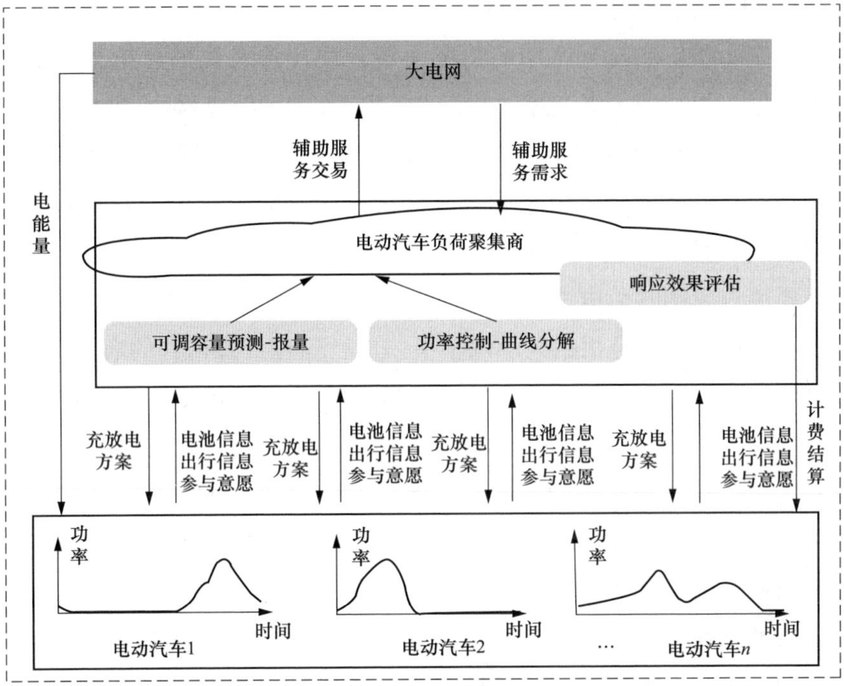

图 4-7 电动汽车聚合参与辅助服务市场能量框架

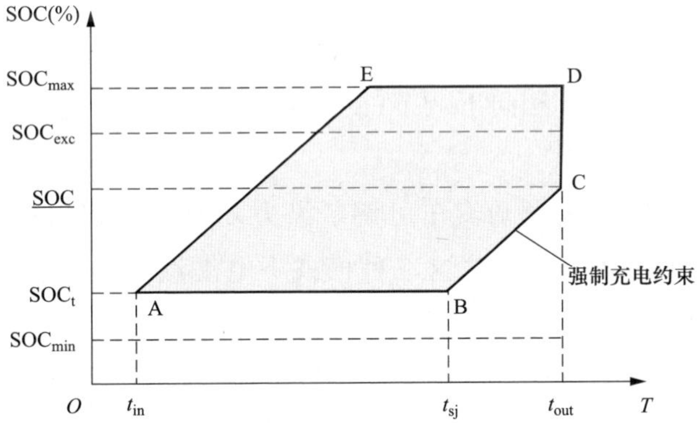

图 4-8 单个 EV 充电负荷可调节范围

具体为：以 EV 集群中第 i（$i=1, 2, \cdots, N$）辆车 EV_i 在 ΔT_2^i、ΔT_4^i 目标时段为例，设 $[t_{in}^i, t_{out}^i]$ 为在网时段，t_{in}^i 和 t_{out}^i 分别是车辆入网和离网时刻。EV_i 入网初始状态记为 SOC_{in}^i，车主为了避免电池过度放电，会主观设置一个 SOC_{min}^i 值，在低于 SOC_{min}^i 时充电，并且下一段车程结束之后电池 SOC 不得低于

SOC^i_{min}；在时间充分的情况下，用户默认期望电动汽车充电至100%的状态。

考虑用户心理，从出行使用的角度来看，用户最关注的是电量是否可以满足自己的出行计划，即SOC在离网时刻能否达到期望值。对于用户而言，只要可以保证离网时刻电量达到出行要求，那么充电过程并不是刚性不可变的，只需给予足够的补偿或激励，用户愿意放弃离网达到满充这一要求而设置一个相对满意的期望荷电率SOC^i_{exc}即可，$SOC^i_{exc} \in [SOC^i_{in}, SOC^i_{max}]$，本文假定为90%，只要用户离网时荷电率可以达到$SOC^i_{exc}$便不会影响用户后续对参与辅助服务的积极性；而$\underline{SOC}$是根据电动汽车下一出行里程计算得到的离网SOC下限，若离网电量在区间$[\underline{SOC}, SOC^i_{exc}]$内，则会降低电动汽车用户满意度。图中AE和BC段的斜率表示电动汽车以额定功率充电时SOC的上升速度，t_{sj}表示在接入电网后的时间内均未进行充电情况下的最迟充电时间，该约束可以保证电动汽车从此刻开始以额定功率充电，在t^i_{out}时刻可以达到SOC^i_{exc}。

单个用户是决策的独立个体，自行进行充电变更的行为具有个体局限性，而通过负荷聚合商综合考虑全部电动汽车资源及市场信息，对充电资源进行聚合并制定和下达充电方案，用户层面只需对充电方案进行确认，采用负荷聚合商制定的较优方案，可以使充电负荷调整更加具有整体的优化性。

综合上述分析，本文将电动汽车可调潜力定义为电动汽车接入电网后，考虑电池容量、充电功率、出行时间等物理约束下，相较于基准充电曲线在连续时段上充电负荷向上调节和向下调节的空间，具体反映为电动汽车充电功率在各个时段的变动能力。

另外，需要说明的是电动汽车可调节潜力随充电模式的不同而呈现区别，本文将提出三种调节模式，并对这三种模式下电动汽车调节潜力的不同进行详细说明。模式设计如下。

模式一：电动汽车仅充电，并且仅推迟充电时间，不改变充电功率。市场初期，为培育用户对电动汽车参与市场的习惯，降低市场参与门槛，简化调节过程，减少用户感知到的充电不确定性，将调节模式设置为电动汽车入网充电，仅改变充电开始时间，推迟用户的充电时间，电动汽车仍以额定功率进行充电。在这种模式下，负荷聚合商在电动汽车接入电网时通过电动汽车负荷聚合商向用户的客户端下发一个充电方案，具体信息包括：充电开始时间、充电结束时间、离网SOC、参与调节后预计可以获得的补贴金额。用户根据这些信息选择是否接受调节。在模式一下电动汽车充电分为不接受调节正常充电以及接受调节从而延迟充电时间两类情况，如图 4-9 所示。

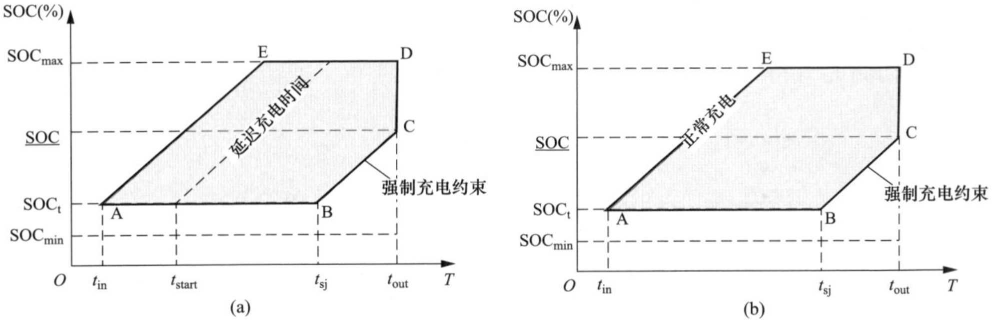

图 4-9　模式一下单个 EV 充电调整方式及范围

（a）模式一下单个 EV 正常充电；（b）模式一下单个 EV 延迟充电时间

模式二：电动汽车仅充电，但电动汽车入网后车辆被“锁定调用”。该模式下，时段内负荷聚合商可以根据电网运行情况自由调节，不再局限于调节电动汽车的充电时间，而可以对在网各时段的充电功率进行自由调节，如图 4-10 所示。在这种模式下，用户输入离网时间后，在向用户的客户端下发的充电方案中应告知的信息除了需要包括用户可获得的补贴金额外，负荷聚合商应清晰告知用户在其设置的离网时间之前，车辆将处于“锁定状态”，提前中止充电或将无法保证电量达到预期。可见，此类模式适用于有较为固定出行规律的用户群体。

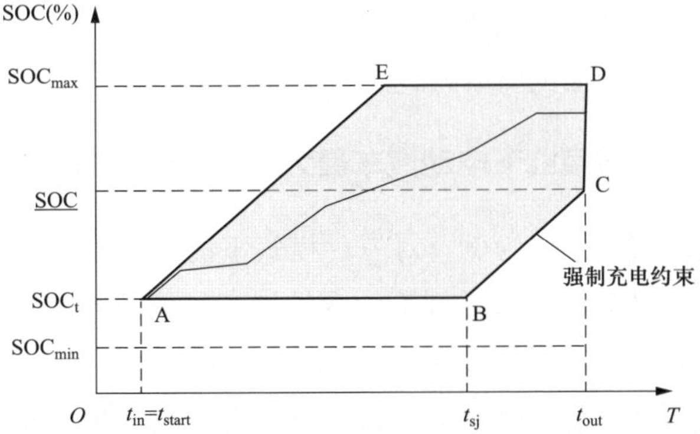

图 4-10　模式二下单个 EV 充电调整方式及范围

模式三：电动汽车在网期间可进行充电和放电，电动汽车入网后车辆也被

“锁定调用”。在该模式下，负荷聚合商对电动汽车的调用空间更大。在获得用户许可的条件下，不仅可以改变电动汽车的充电时间、充电功率，还可以适时地对电动汽车进行放电，实现 V2G 的能量双向流动，最大限度地发挥电动汽车的“移动储能”特性，如图 4-11 所示。

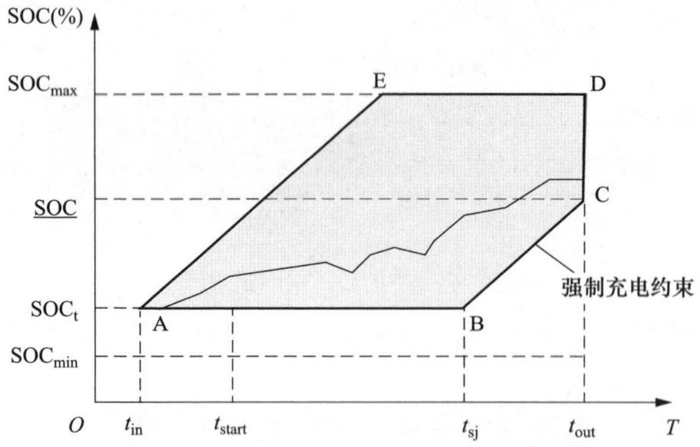

图 4-11　模式三下单个 EV 充电调整方式及范围

通过三种模式的描述定义可以明显看出，模式一到模式三，负荷聚合商对电动汽车的调节越来越自由，相对的是用户对车辆的掌握性越来越弱，在面对意料之外的出行需要时，用户难以确定电池是否满足出行需要，可能会对潜在的出行带来影响。从这个角度来看，模式一的推行难度最低，用户接受调节的可能性最大，而负荷聚合商的调节空间小，因此给予用户的补贴金额理论上应为最低，而模式三负荷聚合商的车辆调节空间最大，拥有更多的获利空间，并且由于加入了放电行为，因此推行难度最大，用户的响应意愿应最弱，因此给予用户的补贴金额理论上也应最高。

4.2.2　不同调节模式下电动汽车最大物理可调潜力评估模型

本节将以电动汽车个体为例，对三种模式下的数学模型基础及假设条件进行描述，提出独立时刻和连续时刻下的电动汽车可调节容量，并构建模型分析各类模式下独立时刻及连续时刻的可调节容量上下限。

首先对独立时刻及连续时刻的含义进行解释。负荷聚合商对电动汽车资源进行聚合，调节电动汽车群体充电功率甚至向电网放电，发挥其移动储能特性。上调和下调这一概念来自火电机组，即火电机组可以根据电网运行需要通过减少出力或增加出力的方式进行上下调节，相对于基准运行功率调增或调减的容量空间称为可调容量，并且机组可以以调节后的功率保持长时间运行。而储能受容量约束，无法在较长时段内保持充电或放电，当其作为调节资源参与运行调节时，只能在容量约束下的时间范围内进行调增或调减，前后时刻的调节方向及调节量都会彼此影响。因此在考虑储能、电动汽车这一类别的调节资源时需要考虑前后影响，评估其连续时段的可调节容量空间，这也是本文研究以及实际工程需要的可调容量内在特征。为了对比说明前后时刻彼此依赖产生的影响，本节提出独立时刻的可调节容量概念用于对比，具体为：以 15min 或 1h 为一个独立时段，不考虑前后时刻的调节需要，将所有的电动汽车资源均用于该时段进行调节，并将其视为该时刻的电动汽车群体可调节容量，将各时刻的可调容量形成一个 96 点或 24 点的可调节容量曲线，表示各个时刻独立时的电动汽车群体可调节容量。在图 4-9 所示的基础上分别对各场景最大物理可调节潜力进行分析。

4.2.2.1 场景描述

1. 模式一

按照模式一的场景设置，负荷聚合商在不改变充电效率、充电功率的情况下可以对充电开始的时间进行调节。EV_i 在 t_{in}^i 时刻接入电网，负荷聚合商将充电方案下发给用户，用户根据下发的方案决定立即充电或按照指令充电。模式一下充电功率采用额定功率，过程中若充电至 100% 便转入空闲状态。BC 段表示强制充电约束，即 B 点为最迟充电时刻，阴影 ABCDE 区域内均为电动汽车的 SOC 曲线可调节区域。

那么最迟充电时间 t_{sj}^i 及直线 BC 可表示为

$$t_{\mathrm{sj}}^i = t_{\mathrm{out}}^i - \frac{(\underline{\mathrm{SOC}}^i - \mathrm{SOC}_{\mathrm{in}}^i)C_i}{p_{\mathrm{rated,c}}^i \eta_{\mathrm{c}}} \tag{4-13}$$

$$\mathrm{SOC} = \frac{p_{\mathrm{rated,c}}^i \eta_{\mathrm{c}}}{C_i}(t - t_{\mathrm{out}}^i) + \mathrm{SOC}_{\mathrm{exc}}^i \tag{4-14}$$

式中：$p_{\mathrm{rated,c}}^i$ 为 EV_i 的额定充电功率；C_i 表示电池容量；η_{c} 为充电效率。当电动汽车参与调峰时，必要时可牺牲离网 SOC 以提高响应容量，从而降低高峰时段充电负荷，此时 $\underline{\mathrm{SOC}}^i \leqslant \mathrm{SOC}_{\mathrm{out}}^i \leqslant \mathrm{SOC}_{\max}$。但参与填谷辅助服务时无须缩短充电时间，此时 BC 经过 D 点，即 $\mathrm{SOC}_{\mathrm{exc}}^i = \mathrm{SOC}_{\max} = 100\%$。

电动汽车充电过程中 SOC 约束与最迟充电时间 t_{sj}^i 的约束逻辑如图 4-12 所示。

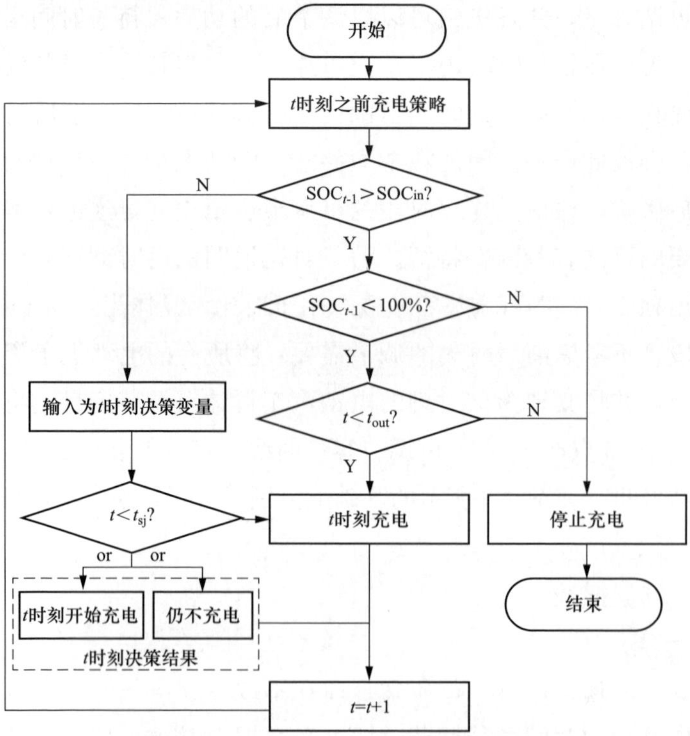

图 4-12　模式一最迟充电时间约束逻辑

仅考虑电动汽车 i 独立时刻的最大可调节容量 $\Delta_{独立时刻}p_t^i$，可以得到以下结果。

（1）上调容量为

$$\Delta_{独立时刻}p_t^i=\begin{cases}0, & p_{t,0}^i>0\\ p_{\text{rated,c}}^i, & p_{t,0}^i=0\end{cases} \tag{4-15}$$

（2）下调容量为

$$\Delta_{独立时刻}p_t^i=\begin{cases}-p_{\text{rated,c}}^i, & p_{t,0}^i>0\\ 0, & p_{t,0}^i=0\end{cases} \tag{4-16}$$

式中：$p_{\text{rated,c}}^i$为电动汽车 i 的额定充电功率；$p_{t,0}^i$为电动汽车 i 的基准充电功率（不做任何调整，默认充电方式下各时刻的基准充电功率）；p_t^i 为按照调度指令中的最佳充电方案电动汽车 i 在时刻 t 下的充电功率。

2. 模式二

按照模式二的场景设置，电动汽车仅充电，但电动汽车入网后车辆被“锁定调用”。该模式下，时段内负荷聚合商可以根据电网运行情况自由调节，不再局限于调节电动汽车的充电时间，而可以对在网时段各时段的充电功率进行自由调节。EV_i 在 t_{in}^i 时刻接入电网，负荷聚合商将充电方案下发给用户，用户根据下发的方案（主要包括可获得的补贴金额）决定立即开始充电还是按照电动汽车负荷聚合商的指令进行充电。阴影 ABCDE 区域内均为电动汽车的 SOC 曲线可调节区域，SOC 曲线为非递减曲线，只能进行充电且充电功率小于额定值。据此，根据图 4-13 所示模式二下的电动汽车充电路径，并分析电动汽车在充电过程中任一时刻需要满足的电动汽车充电约束时间

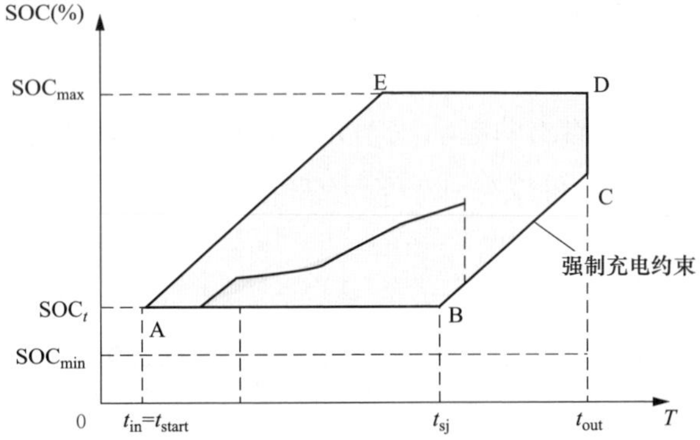

图 4-13 模式二充电路径下 SOC 约束

充电过程中任意时刻 t 的 SOC_t 表示为

$$SOC_t = SOC_{in}^i + \frac{\sum_{t_{in}^i}^{t} p_{t,c}^i \eta_c \Delta t}{C_i} \tag{4-17}$$

根据充电 SOC 约束，在模式二的充电路径下，任意时刻 SOC_t 应大于 BC 段各时刻对应的 SOC 充电下限，即式（4-14），那么模式二充电过程中的 SOC 下限应满足

$$SOC_{in}^i + \frac{\sum_{t_{in}^i}^{t} p_{t,c}^i \eta_c \Delta t}{C_i} \geqslant \max\left[\frac{p_{rated,c}^i \eta_c}{C_i}(t - t_{out}^i) + SOC_{exc}^i, SOC_{in}^i\right] \tag{4-18}$$

上限应满足

$$SOC_{in}^i + \frac{\sum_{t_{in}^i}^{t} p_{t,c}^i \eta_c \Delta t}{C_i} \leqslant \min\left[\frac{p_{rated,c}^i \eta_c}{C_i}(t - t_{in}^i) + SOC_{in}^i, 100\%\right] \tag{4-19}$$

式（4-18）和式（4-19）中均有中 $t_{in}^i \leqslant t \leqslant t_{out}^i$。

变形化简得到

$$\sum_{t_{in}^i}^{t} p_{t,c}^i \Delta t \geqslant p_{rated,c}^i (t - t_{out}^i) + \frac{C_i}{\eta_c}(SOC_{exc}^i - SOC_{in}^i) \tag{4-20}$$

$$\sum_{t_{\text{in}}^{i}}^{t} p_{t,\text{c}}^{i}\Delta t \leqslant p_{\text{rated,c}}^{i}(t-t_{\text{in}}^{i}) \tag{4-21}$$

电动汽车 i 独立时刻的可调节容量 $\Delta_{独立时刻} p_t^i$ 与模式一相同，见式（4-15）～式（4-16）。

3. 模式三

电动汽车在网期间可进行充电和放电，电动汽车入网后车辆也被“锁定调用”。在该模式下，负荷聚合商对电动汽车的调用空间更大。在获得用户许可的条件下，不仅可以改变电动汽车的充电时间、充电功率，还可以适时地对电动汽车进行放电。

据此，根据图 4-11 给出的电动汽车充电路径分析示意以及在各个时刻面临的电动汽车充放电范围，可以得到 SOC 约束，如图 4-14 所示。

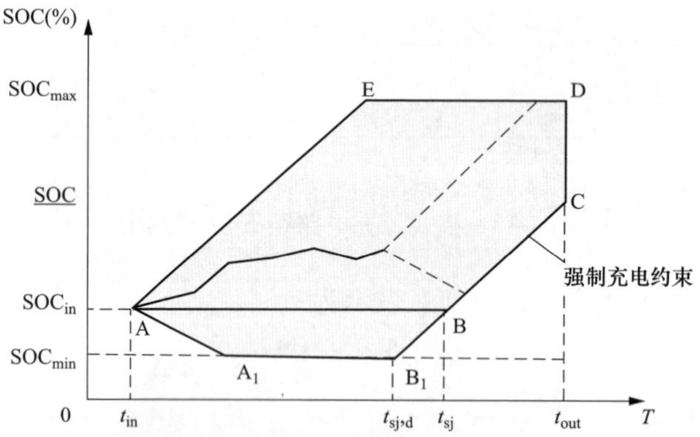

图 4-14　模式三充放电路径下 SOC 约束

图 4-14 中，线段 AA_1 表示若电动汽车从接入电网后以额定放电功率从 SOC_t 放电至 $SOC_{\min}$的过程，斜率为放电额定功率下 SOC 变化速率 $p_{\text{rated,d}}^{i}\eta_{\text{d}}$。直线 AA_1 数学表达式为

$$SOC=\frac{p_{\text{rated,d}}^{i}\eta_{\text{d}}}{C_i}(t-t_{\text{in}}^{i})+SOC_{\text{in}}^{i} \tag{4-22}$$

式中：$p_{\text{rated,d}}^{i}$为电动汽车额定放电功率；η_{d} 为放电效率。

由于电动汽车接入电网后可以进行放电，物理可调节范围与模式一、模式二不同，将从区域 ACBDE 扩大为区域 AA_1B_1CDE，电动汽车电池 SOC 值都应包含在上述区域内；线段 B_1C 仍表示强制充电约束，在包含放电的情况下，最迟充电时间变为 $t_{\text{sj,d}}$。

那么模式三充电过程中下限应满足

$$\mathrm{SOC}_{\mathrm{in}}^{i}+\frac{\sum_{t_{\mathrm{in}}^{i}}^{t} p_{t}^{i}\eta_{t}\Delta t}{C_{i}} \geqslant$$

$$\max\left[\frac{p_{\mathrm{rated,d}}^{i}\eta_{\mathrm{d}}}{C_{i}}(t-t_{\mathrm{in}}^{i})+\mathrm{SOC}_{\mathrm{in}}^{i},\frac{p_{\mathrm{rated,c}}^{i}\eta_{\mathrm{c}}}{C_{i}}(t-t_{\mathrm{out}}^{i})+\mathrm{SOC}_{\mathrm{exc}}^{i},\mathrm{SOC}_{\min}^{i}\right] \tag{4-23}$$

上限为

$$\mathrm{SOC}_{\mathrm{in}}^{i}+\frac{\sum_{t_{\mathrm{in}}^{i}}^{t} p_{t}^{i}\eta_{t}\Delta t}{C_{i}} \leqslant \min\left[\frac{p_{\mathrm{rated,c}}^{i}\eta_{\mathrm{c}}}{C_{i}}(t-t_{\mathrm{in}}^{i})+\mathrm{SOC}_{\mathrm{in}}^{i},100\%\right] \tag{4-24}$$

式中：p_t^i、η_t 分别为该时刻下的充放电功率和充放电效率，功率为正表示充电，功率为负表示放电。变形得到模式三下充电过程中的 SOC 动态约束为

$$\begin{aligned}\sum_{t_{\mathrm{in}}^{i}}^{t} p_{t}^{i}\eta_{t}\Delta t \geqslant \max[&p_{\mathrm{rated,d}}^{i}\eta_{\mathrm{d}}(t-t_{\mathrm{in}}^{i}),p_{\mathrm{rated,c}}^{i}\eta_{\mathrm{c}}(t-t_{\mathrm{out}}^{i})+\\ &C_{i}(\mathrm{SOC}_{\mathrm{exc}}^{i}-\mathrm{SOC}_{\mathrm{in}}^{i}),C_{i}(\mathrm{SOC}_{\min}^{i}-\mathrm{SOC}_{\mathrm{in}}^{i})]\end{aligned} \tag{4-25}$$

$$\sum_{t_{\mathrm{in}}^{i}}^{t} p_{t}^{i}\eta_{t}\Delta t \leqslant \min[p_{\mathrm{rated,c}}^{i}\eta_{\mathrm{c}}(t-t_{\mathrm{in}}^{i}),C_{i}(100\%-\mathrm{SOC}_{\mathrm{in}}^{i})] \tag{4-26}$$

此时，电动汽车在 i 独立时刻的可调节容量 $\Delta_{独立时刻}p_t^i$ 分别如下。

（1）上调容量为

$$\Delta_{独立时刻}p_{t}^{i}=\begin{cases}0, & p_{t,0}^{i}>0\\ p_{\mathrm{rated,c}}^{i}, & p_{t,0}^{i}=0\end{cases} \tag{4-27}$$

（2）下调容量为

$$\Delta_{独立时刻}p_{t}^{i}=\begin{cases}-p_{\mathrm{rated,c}}^{i}, & p_{t,0}^{i}>0\\ -p_{\mathrm{rated,d}}^{i}, & p_{t,0}^{i}=0\end{cases} \tag{4-28}$$

式中：$p_{rated,d}^i$为电动汽车 i 的电池额定放电功率。

4.2.2.2 目标函数

$$\min\frac{\sum_{t=1}^{24}\left(Q_{\mathrm{grid},t}+\sum_{i=1}^{N}\overline{p}_{t}^{i}-Q_{\mathrm{avg}}\right)^{2}}{Q_{\mathrm{avg}}^{2}} \tag{4-29}$$

式中：$Q_{\mathrm{grid,t}}$为 t 时刻电网运行负荷；$\overline{p}_t^i$ 为按照最佳充电方案，电动汽车 i 在时刻 t 下的充电功率；Q_{avg}为电动汽车集群按照最佳充电方案充电时，电网总运行负荷在一天内的负荷均值。

4.2.2.3 约束条件

（1）充电功率约束。

模式一：

$$\overline{p}_t^i = \begin{cases} p_{\text{rated,c}}^i, & \text{充电} \\ 0, & \text{其他} \end{cases} \tag{4-30}$$

模式二：

$$0 \leqslant \overline{p}_t^i \leqslant p_{\text{rated,c}}^i \tag{4-31}$$

模式三：

$$p_{\text{rated,d}}^i \leqslant \overline{p}_t^i \leqslant p_{\text{rated,c}}^i \tag{4-32}$$

式（4-30）～式（4-32）中：$p_{\text{rated,c}}^i$为电动汽车 i 的额定充电功率；$p_{\text{rated,d}}^i$为电池的额定放电功率。

（2）充电时间约束为

$$t_{\text{in}}^i \leqslant t \leqslant t_{\text{out}}^i \tag{4-33}$$

（3）离网时刻 SOC 下界为

$$\text{SOC}_{\min}^i + \frac{d^i w^i}{C^i} \leqslant \text{SOC}_{\text{out}}^i \leqslant 100\% \tag{4-34}$$

式中：C^i 为电池容量；d^i 为下一旅程预计出行里程；w^i 为电动汽车单位公里耗电量。该约束表示离网时电网需要满足下一旅程的预计出行里程。

（4）如果电动汽车入网后为其下发的充电方案为本次入网不充电，则需要保证其 SOC 在下一段旅程结束时不低于 $\text{SOC}_{\min}^i$，即

$$\text{SOC}_{\text{out}}^i - \frac{d^i w^i}{C^i} \geqslant \text{SOC}_{\min}^i \tag{4-35}$$

考虑到夜间充电时间充裕以及夜间主要满足电网填谷需求，应尽可能多充电，本文设置电动汽车夜间充电后离网 SOC 应达到 100%。

（5）充电过程中 SOC 约束为式（4-20）、式（4-21）及式（4-26）、式（4-27）。

综上，根据目标函数得出的电动汽车群体最优化充电曲线及各个时刻电动汽车 i 的充电功率$\overline{p}_t^i$，在目标时段内相较于基准充电功率的调节空间即为最大物理可调节潜力 Δp_t^i，有

$$\Delta p_t^i = \sum_{i=1}^{N} (\overline{p}_t^i - p_{t,0}^i) \tag{4-36}$$

式中：N 为电动汽车群体数量；$\Delta p_t^i > 0$ 表示该时刻的上调容量，即相对于基准用电曲线多用电；$\Delta p_t^i < 0$ 表示下调，即相对于基准用电曲线少用电。

可以看出，最大可调节潜力不仅与电动汽车充电时间、充电容量有关，也与调节目标有关，当电网运行负荷曲线发生变化时，相应的电动汽车可调容量

也会随之改变。独立时刻下的电动汽车最大可调节容量只受充放电功率的约束，但代表电动汽车的连续调节能力。

4.2.3 电动汽车参与调峰辅助服务下的最佳物理充电策略仿真计算

4.2.3.1 最优充电方案的 AC 强化学习求解算法

根据式（4-36）可知，为得出电动汽车连续时刻下的最大物理可调节容量，关键是依据目标函数式（4-27）求出电动汽车聚合后的最优充电方案，即各个电动汽车接入电网后的充放电功率$\overline{p}_t^i$。

强化学习算法的思想是：给定一个奖励函数，在模拟环境或现实世界中通过试错学习策略，使未来的奖励之和最大化，然后将学习到的策略与求解每一步的优化问题进行比较，得到实时的决策。强化学习能有效改善解决目前集中式协调方法计算效率低下的问题，且可以有效克服以往的强化学习方法动作空间离散、训练收敛困难、稳定性差的缺点，适用于本文大规模电动汽车充电方案的求解问题。

本文采用 AC 网络（Actor-Critic）构建电动汽车参与辅助服务下的最优充电策略模型。

1. 整体架构

Actor-Critic 框架分为 Actor 和 Critic 两部分，本文采用的 Actor 和 Critic 均为多层 BP 神经网络结构。Actor 基于概率分布选择行为，Critic 基于 Actor 生成的行为评判得分，Actor 再根据 Critic 的评分修改选择行为的概率，如图 4-15 所示。

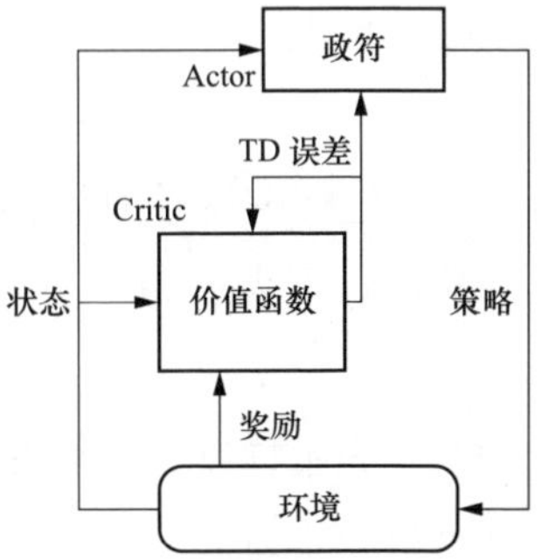

图 4-15 AC 算法模型逻辑

根据电动汽车物理充电方案确定的场景，AC 模型环境为：基准状态下，电动汽车入网后开始充电至充满或达到期望 SOC 后停止充电，现为最小化电动汽车并网后的负荷波动，需要对其各时点的充电功率进行优化，从而得到物理最佳充电方案。状态特征包括 SOC 与充电时间两部分，动作分布为电动汽车 24 个时点的充电功率，奖励为电动汽车入网前后电网总负荷的方差波动。

（1）状态 S。状态 s_t 是对当前时刻 t 下情景的描述，在本文中一个状态切面 t 即为第 t 辆电动汽车并网后的状态。本文对于时刻 t，根据其入网时刻 t_{in}、离

网时刻 t_{out}、最低荷电率阈值 $SOC_{t,min}$、期望荷电率 $SOC_{t,exc}$、离网 SOC 下界 $\underline{SOC_t}$、最迟充电时间 t_{sj} 确定最佳充电方案，记为

$$s_t = [t_{in}, t_{out}, SOC_{t,min}, SOC_{t,exc}, \underline{SOC_t}, t_{sj}] \tag{4-37}$$

（2）动作。动作 s_t 是当前时刻 t 下智能体在从环境中观测到状态 a_t 后，向环境做出的反应。本文动作应为电动汽车各时刻充电功率 p，为 1×24 阶矩阵

$$a_t = [p_1, p_2, p_3, \cdots, p_{24}] \tag{4-38}$$

三种模式下的充电功率约束满足上节约束条件。

（3）奖励。智能体的目标是最大化累计奖励，由式（4-20）可知，模型的优化目标为最小化电网负荷波动，那么对单个电动汽车充电方案，设置其奖励函数为

$$R_t = \frac{1}{24}\left\{\sum_{i=1}^{24}\left[(Q^i_{grid,t-1} - \overline{Q^i_{grid,t-1}})^2\right] - \sum_{i=1}^{24}\left[(Q^i_{grid,t} - \overline{Q^i_{grid,t}})^2\right]\right\} \tag{4-39}$$

式中：$Q^i_{grid,t-1}$ 和 $Q^i_{grid,t}$ 为上一观测状态和当前观测状态的电网各时点负荷；$\overline{Q^i_{grid,t-1}}$ 和 $\overline{Q^i_{grid,t}}$ 分别为上一观测状态和当前观测状态的电网各时点负荷均值；以某动作下的充电方案给电网带来的负荷波动变化作为奖励，其中电网负荷波动用方差来描述。电网包含电动汽车充电总负荷及电网基础负荷 $Q^i_{grid,0}$。

2. Actor

Actor 为动作输出模块，其功能是通过构建策略梯度并进行训练，从而输出各个动作的概率，其中 v_t 为价值函数，由 Critic 产生。Actor 网络的损失函数为

$$L(\zeta) = \lg\pi_\zeta(s_t, A_t)v_t \tag{4-40}$$

对 $L(\zeta)$ 进行梯度计算，称为 Actor 网络的策略。

梯度，可表示为

$$\nabla L(\zeta) = \beta \nabla_\zeta \lg\pi_\zeta(s_t, A_t)v_t \tag{4-41}$$

式中：∇ 表示梯度；β 为策略梯度的学习率，$\beta \in (0,1)$。使用梯度下降法对策略梯度进行训练，最终使得 Actor 网络输出为不同动作的概率 $P(A_t)$。

3. Critic

Critic 为价值评估模块，其功能是通过时间差分算法，根据观测值和奖励值评估各个动作的价值，其输出值为时间差分算法的价值函数估计值，并将价值函数传送到 Actor，为 Actor 的动作选择提供参考。

电动汽车集群在时刻 t 的状态动作值函数实际值为

$$Q_r(s_t, a_t) = R_{t+1} + \gamma \max Q_r(s_{t+1}, a_{t+1}) \tag{4-42}$$

式中：Q_r（s_t，a_t）为状态动作值函数的实际值；s_t 为电动汽车集群 t 时刻所处的状态；a_t 为电动汽车集群在时刻 t 为电动汽车个体所选择的动作（充电方案）；R_{t+1} 为电动汽车集群在状态 s_t 选择动作 a_t 到达状态 s_{t+1} 获得的奖励；γ 为折扣因子；$\max Q_r$（s_{t+1}，a_{t+1}）表示电动汽车集群在状态 s_{t+1} 状态动作函数值中的最大值。

折扣因子 γ 表示奖励随时间步数增长衰减的速率，系统状态距离时刻 t 越远，其利益关联越小。当 $\gamma=0$ 时，只考虑当前状态利益；当 $\gamma=1$ 时，当前状态和以后状态的利益同样重要。

Q 值更新的方法为

$$Q_k(s_t,a_t)=Q_{k-1}(s_t,a_t)+\alpha[R_{t+1}+\gamma\max Q_r(s_{t+1},a_{t+1})-Q_{k-1}(s_t,a_t)] \tag{4-43}$$

式中：Q_{k-1}（s_t，a_t）表示第 k 次迭代中电动汽车集群在时刻 t 状态动作值函数的估计值；α 为学习效率，且 $\alpha<1$。

设 $TD_{\text{error}}=Q_k(s_t,a_t)-Q_{k-1}(s_t,a_t)$ 为 Critic 的损失函数，使用梯度下降法对 Critic 进行训练，有

$$\nabla_\theta J(\theta)\approx\nabla_\theta \lg\pi_\theta(a|s)\hat{A}^\pi(s,a) \tag{4-44}$$

$$\theta\leftarrow\theta+\alpha\nabla_\theta J(\theta) \tag{4-45}$$

同时，令 TD_{error} 作为 Actor 网络中的价值函数 v_t，则 Actor 网络的损失函数 L（Actor）为

$$L(\text{Actor})=TD_{\text{error}}\cdot[\lg(P(\delta))] \tag{4-46}$$

使用梯度下降法对上式中的 Actor 网络损失函数进行训练，其输出即为各个动作的概率分布。综上，给出本文的算法步骤，详见表 4-6。

4.2.3.2 仿真计算

1. 场景设置

基于本章提出的三种调节模式及其不同模式下电动汽车最大物理可调潜力评估模型，结合电动汽车充电负荷预测模型得到的充电起止时间、入网起始 SOC、入网/离网时间等信息，以某市电网负荷数据为例进行计算，以电网波动最小为目标，分别在三种模式的调节模式设定下，对 30000 辆私家车、500 辆出租车以及 800 辆电动公交车充电负荷进行优化调节，计算得到各种模式下的物理可调节容量。并且，为对电动汽车可调节容量横向对比设置以下场景。

表 4-6　　　　　　算　法　步　骤

Algorithm flow：

Init D 　//初始化策略池
for episode=1 to K do
　init Q（S，A）　//初始化动作价值
　set $Q^{i}_{\mathrm{grid},0}$ 　//设定电网各时刻基础负荷
　for iteration=1 to N do　//迭代
　　$s_t=[t_{\mathrm{in}},\ t_{\mathrm{out}},\ SOC_{t,\min},\ SOC_{t,\mathrm{exc}},\ \underline{SOC_t},\ t_{\mathrm{sj}}]$ 　//采集电动汽车入网、离网信息
　　$a_t=[p_1,p_2,p_3,\cdots,p_{24}]$ 　//动作设定
　　$R_t=\frac{1}{24}\{\sum_{i=1}^{24}[(Q^{i}_{\mathrm{grid},t-1}-\overline{Q^{i}_{\mathrm{grid},t-1}})^2]-\sum_{i=1}^{24}[(Q^{i}_{\mathrm{grid},t}-\overline{Q^{i}_{\mathrm{grid},t}})^2]\}$ 　//奖励设定
　　$(s_t,A_t,R_t,S_{t+1})\rightarrow D$ 　//将数据存入策略池
　　　mini-batch 　$(s_t,A_t,R_t,S_{t+1})\leftarrow D$ 　//从经验池中随机抽取数据用于批量梯度下降
　　$Q_{k-1}(s_t,a_t)\leftarrow \mathrm{Critic}-NN$ 　//*Critic* 网络输出值为动作值函数的估计值
　　$Q_k(s_t,a_t)=Q_{k-1}(s_t,a_t)+\alpha[R_{t+1}+\gamma\max Q_r(s_{t+1},a_{t+1})-Q_{k-1}(s_t,a_t)]$
　　　　　　//计算动作价值函数的目标值
　　$TD_{\mathrm{error}}=Q_k(s_t,a_t)-Q_{k-1}(s_t,a_t)$ 　//Critic 网络训练误差
　　gradient decent$\leftarrow TD^2_{\mathrm{error}}$ 　//使用梯度下降法训练 Critic 网络
　　$\lg(P(\delta))\leftarrow \mathrm{Actor}-NN$ 　//Actor 网络输出为不同动作的概率 $P(A_t)$
　　$\zeta\leftarrow\zeta\,|\,\nabla L(\zeta)=\beta\nabla_{\zeta}\lg\pi_{\zeta}(s_t,A_t)v_t$ 　//计算 Actor 网络的策略梯度
　　gradient decent$\leftarrow\zeta^2$ 　//使用梯度下降法训练 Actor 网络
　end
End 　//结束迭代
argmax（P（δ））→record　//记录概率最大的值为最终充电方案

场景一：仅私家车参与调节，出租车及公交车按照基准充电负荷计算。

场景二：仅出租车参与调节，私家车及公交车按照基准充电负荷计算。

场景三：仅公交车参与调节，私家车及公交车按照基准充电负荷计算。

场景四：三类电动汽车均参与调节，按照优化的最佳充电负荷进行计算。

分别对各种调节模式在场景一至场景四下进行计算，根据优化后的电动汽车充电负荷与基准充电负荷之间的差值便是调节容量。

2. 基本参数设置

上节所提到的 AC 强化学习算法涉及的参数设置详见表 4-7。

表 4-7　　　　　　AC 算法参数

算法	参数	数值
AC 算法	迭代次数	1500
	数据池容量	1000
	随机抽取数据数量	32
	时间差学习率	0.9
	策略梯度学习率	0.1
	折扣因子	1

根据电网运行数据，将用电负荷分为三个时段：高峰时段（8：00—11：00，16：00—23：00）；低谷时段（23：00—次日 5：00）；平时段（5：00—8：00，11：00—16：00），其中，高峰时段开放调峰辅助服务市场，低谷时段开放填谷辅助服务市场。

3. 计算结果

按照模型提出的三种模式的调节方式进行电动汽车最佳充电负荷曲线优化计算。

（1）场景一：仅私家车参与调节。优化计算结果如图 4-16 所示。

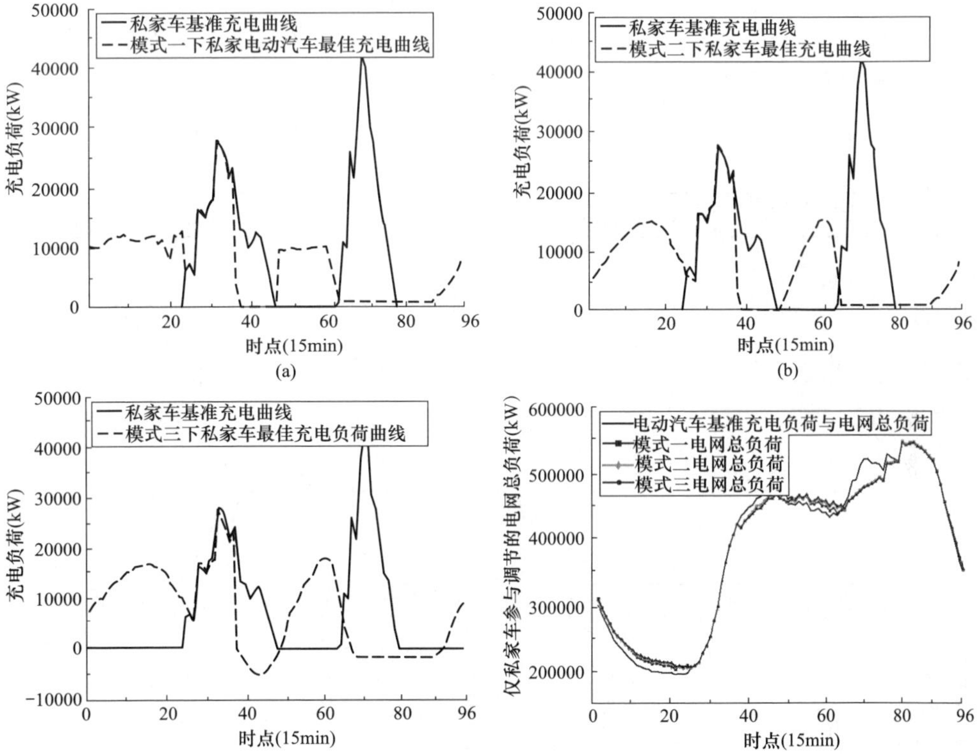

图 4-16　私家车基准充电曲线及各模式下最佳充电曲线

（a）模式一；（b）模式二；（c）模式三；（d）三种模式电动总负荷对比

在模式一下，若仅有私家电动汽车参与调节，依据私家车基准充电负荷与电网负荷数据，以电网总负荷波动最小为目标，优化电动汽车开始充电的时间。

对比图中基准充电负荷曲线与调节后的最佳充电曲线可以看出，以早上出行离网为起点，私家车约在 6：00 开始逐渐有充电需求出现，但该时段仍处于电网运行负荷较低的时段，因此三种模式下的优化充电负荷均未出现较大变化；在全网用电高峰 9：00—12：00 期间，模式一与模式二优化后的私家车充电负荷降为 0，并推迟至 13：00—16：00 进行充电，而由于模式三加入了放电考虑，因此在该时段内缓解了用电高峰，向电网放电，电动汽车负荷为负，并且由于放电后电动汽车电量整体降低，在 14：00—16：00 用电量平时段进行充电；后半夜模式一与模式二的充电负荷被移动至后半夜，并且由于模式二可以对充电功率进行调节，因此相较于模式一而言，曲线与全网负荷趋势更加互补，可以有效地拉升 2：00—4：00 内的最低谷负荷；模式三在 18：00—22：00 的用电高峰时段进行放电，并且由于向电网放电，因此在后半夜实现了更为明显的填谷效果，充电负荷更大。

（2）场景二：仅出租车参与调节。优化计算结果如图 4-17 所示。

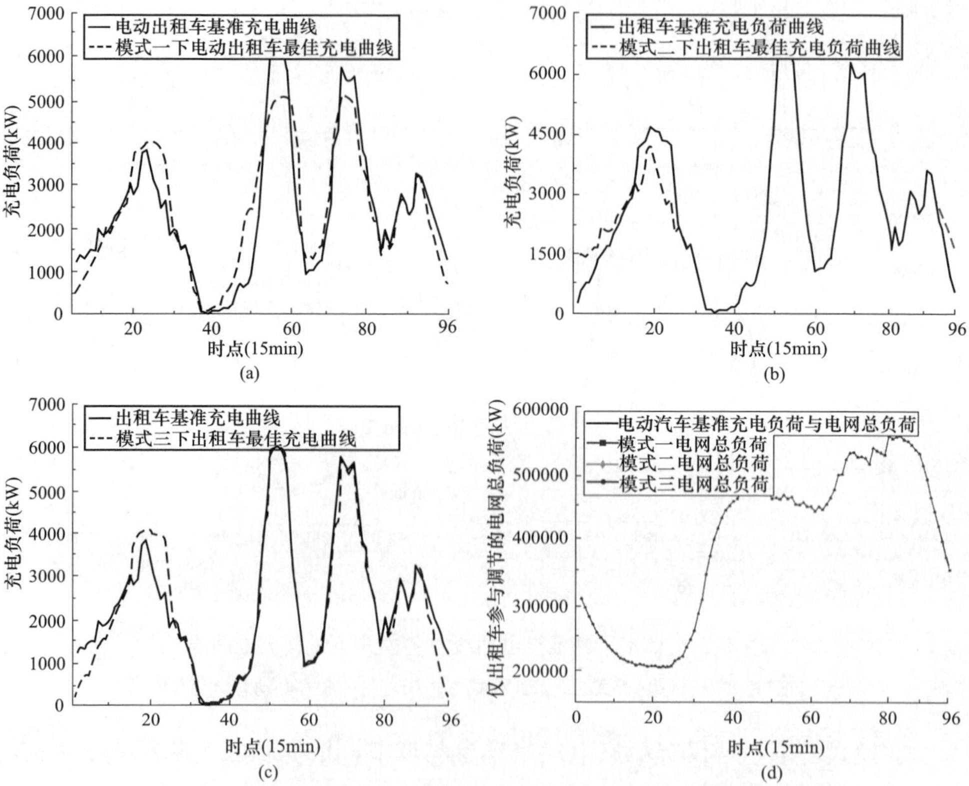

图 4-17　电网基准负荷曲线与出租车参与调节下三种模式下最佳充电曲线

（a）模式一；（b）模式二；（c）模式三；（d）三种模式电动总负荷对比

若仅有电动出租车车参与调节，对比子图 4-17（a）～图 4-17（c）中的基准充电负荷曲线与调节后的最佳充电曲线可以看出，出租车充电负荷整体变化较小，对电网整体而言贡献效果微弱，原因是出租车对充电时间的要求高，充电时间短，因此可调节范围小，在白天及夜间 C 段时间内，出租车充电时间短，接入电网后充满便离开，无调节空间；在后半夜出租车行驶里程较短，载客量少，充电时间相对充裕，因此具备一定的调节空间；模式二和模式三相较于模式一而言，调节形式更加灵活，更能挖掘电动出租车在夜间的调节潜力。

（3）场景三：仅公交车参与调节。优化计算结果如图 4-18 所示。

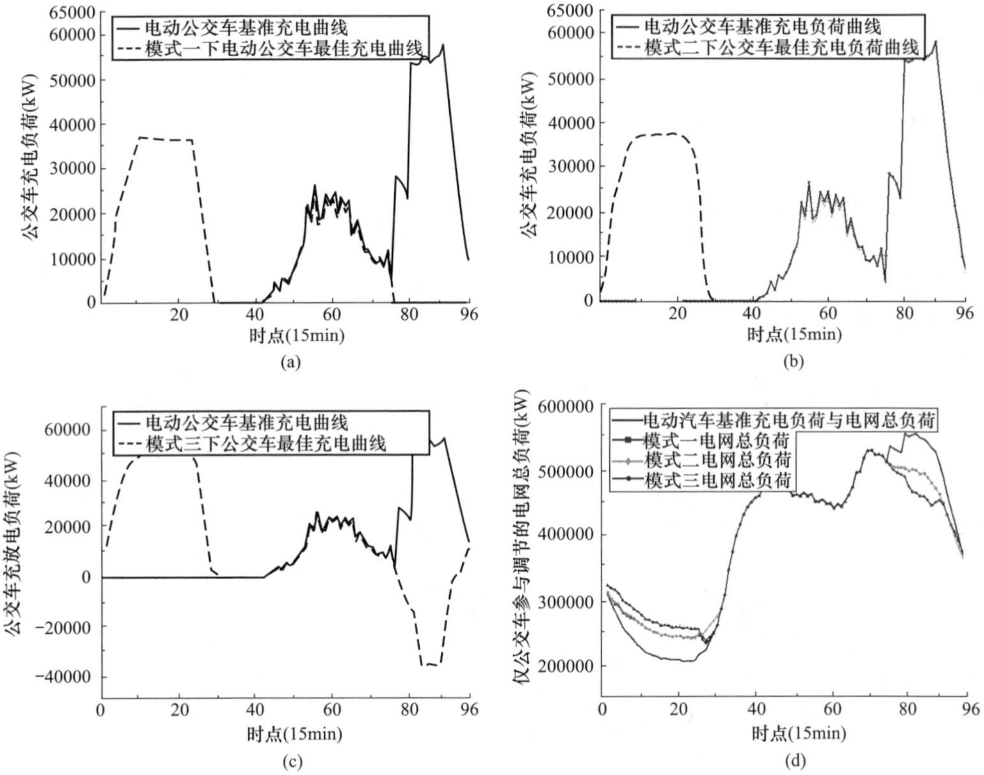

图 4-18 电网基准负荷曲线与公交车参与调节下三种模式下最佳充电曲线

（a）模式一；（b）模式二；（c）模式三；（d）三种模式电动总负荷对比

若仅有电动公交车参与调节，对比图 4-18（a）～图 4-18（c）中基准充电负荷曲线与调节后的最佳充电曲线可以看出，公交车在运营时段内的充电负荷与基准负荷几乎没有改变，因为在运营期间，公交车采用快充，在场站内停留较短时间后便要出发进入下一圈次的行程，而夜间结束运营后再场站内进行集中充电，该时段与电网用电高峰时段完全重合且负荷量大，优化后将公交车夜间充电负荷全部移动至后半夜进行充电，有效实现了削峰填谷；尤其，模式三加入了放电，公交车回到场站后利用剩余 SOC 向电网放电，缓解电网的用电高峰压力，并且由于多了一部分放电电量，公交车将可以在夜间提供更高的充电负荷从而拉升负荷低谷；对于公交车而言，如图 4-18（d）所示，利用公交车的调节能力将有效削减全网用电高峰并拉高凌晨的用电低谷。

（4）场景四：三种电动汽车均参与调节。为了横向对比各类型电动汽车的可调节空间，上述三个场景分别在仅有一种电动汽车类型参与调节的情况下对充电负荷进行了优化计算，其余两种不参与调节的电动汽车采用基准充电负荷进行叠加，得到总负荷。而本场景内考虑全部电动汽车类型参与调节，对电动汽车整体进行优化，计算结果如图 4-19 所示。

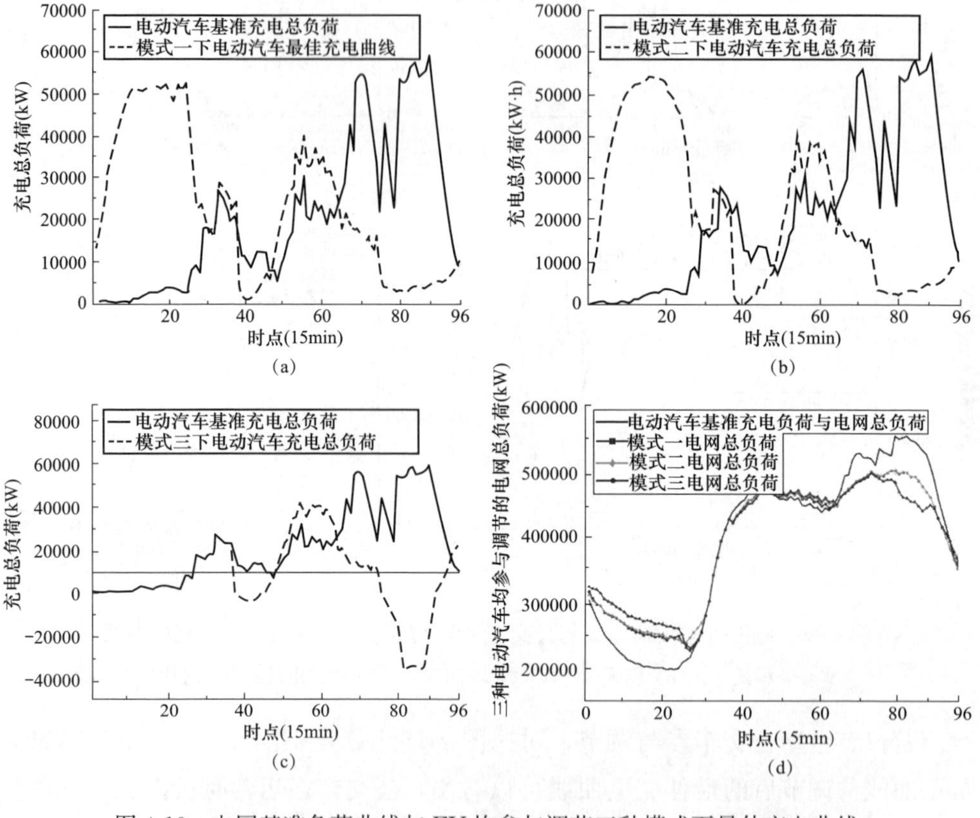

图 4-19　电网基准负荷曲线与 EV 均参与调节三种模式下最佳充电曲线

（a）模式一；（b）模式二；（c）模式三；（d）三种模式电动总负荷对比

在图 4-19 中，对比基准充电总负荷曲线与调节后的最佳充电曲线，三种模式均对电动汽车在午间用电高峰期的充电负荷进行了削减，移动至 13：00—15：00 的平时段；在 17：00—19：00 的用电高峰时期均出现了负荷的降低，三种模式的电动汽车总负荷降低空间大致相同，主要是移动了私家车和公交车的夜间充电负荷；而在 20：00—22：30 的电网用电高峰时段，模式一和模式二的效果相近，均为对私家车和公交车充电负荷的移动，而模式三的削峰效果最为明显，在该时段内利用私家车和公交车的剩余 SOC 电量向电网放电；在夜间低谷拉升效果来看，模式一负荷增加量最小，模式二次之，模式三由于前半段发生了放电，因此降低了整体 SOC 余量，从而增加了充电需求，最大化地实现了负荷低谷的提升。

4.3 考虑经济约束的电动汽车可调容量评估模型

目前国内外针对电动汽车充电行为的模型研究已作了进一步探索，重点集中于集计统计学分析、仿真方法以及完全理性假设研究。然而上述研究大多默认电动汽车的可控性，很少考虑现实中电动汽车车主充电行为的不完全理性和决策性，会使对电动汽车可调节资源的评估偏离实际值。因此，本文将在电动汽车可调节容量评估中加入用户决策过程，考虑在响应前后用户感受到的电量差异、参与响应获得的补贴水平以及用户对调节模式的接受度三个因素对用户决策的影响，通过 logistic 函数模型将其转化为用户选择参与调节响应的概率；最后，由电动汽车的物理调节潜力和用户的响应意愿两个部分共同决定期望可调节容量。

4.3.1 考虑用户决策的期望可调负荷容量评估模型

4.3.1.1 基于 logistic 函数的电动汽车用户决策

有研究认为 EV 接入电网便具有可调度性，纳入可调节资源考虑，然而在实际情况中电动汽车用户具有自身的主观意愿，是否接受电动汽车负荷聚合商的调度受到众多因素影响，用户对车辆具有完全掌控权，任何未经允许的调节都将引起用户的满意度下降。鉴于用户决策的一次性，从电动汽车接入电网收到电动汽车负荷聚合商的指令直到离开电网的过程中，用户不会再对充电过程进行改变，具体采用的充电模式只有两种情况：①不接受调节并按照基准充电状态进行充电；②接受调节，按照下发充电方案，由充电桩自动控制进行调节充电，是一个典型的“0-1 抉择”行为过程，该次充电采取的最终充电模式取决于用户最初的决策。本文主要考虑用户面临调度指令时进行“抉择”，并主要从响应前后用户感受到的电量差异、参与响应获得的补贴水平以及用户对三种调节模式的接受度三个方面来评估，从而做出决策。因此，本文也主要就以上三个因子构建电动汽车用户行为决策模型，研究其对用户决策的影响。

1. 各变量影响机理

在构建模型之前，首先分析响应前后用户感受到的电量差异、参与响应获得的补贴水平以及用户对三种充电模式的接受度对用户决策的影响关系。

（1）响应前后用户感受到的电量差异。用户对电量的需求是充电第一主要目的，通常会留足充电时间充电至预期或至少保证下一里程的用电量，主要是里程焦虑的影响。由于公交车和出租车日行驶里程大，以及载客要求，为满足运营需要，充电离网时一般会要求 SOC 达到 100%；而私家车用户单次行驶里程有限，且停泊时间更长，对离网电网 SOC 要求相对弱一些，具体来讲，在日间充电时，大多数私家车用户充电电量可以达到 100%，因为停泊时间够长，但实际上只要离网电量能达到预期，即使未达到 100%，也不会明显降低用户的满意度，因为用户夜间有足够长的时间进行充电，并且在夜间充电时用户默认应达到 100%，否则可能会出现满意度降低的情况。总体而言，各类电动汽车用户在各个时段充电时都有一个预期的离网 SOC，当由于接受了充放电响应而使充电量未达到预期 SOC 时，将会出现用户满意度降低的情况，那么响应前后用户感受到的电量差异对用户决策的关系是降低用户选择参与响应的概率，呈现负相关关系。

（2）参与响应获得的补贴水平。有效聚合并调节电动汽车资源可以减轻电网运行压力，这是电网企业和负荷聚合商达成的共识，但民众整体认知水平有限，很难产生规模性的自愿调节行为，因此只有通过可感知的补贴激励，引导用户参与响应调节。用户选择参与响应，电动汽车充电时间或电量会受到影响，或者在充电过程中处于“锁定”状态，会在一定程度上影响行驶，如发生急需用车的情况，离网时电量将难以满足出行需要。负荷聚合商给予用户补贴，便存在两个方面的效果：一是弥补电动汽车隐含的出行损失，二是经济激励。两种效果叠加驱使用户将充电过程中的电动汽车部分控制权让渡出来，此时负荷聚合商才拥有了对电动汽车的调度权力。那么，从用户决策的角度来看，用户参与响应获得的补贴水平越高，用户的收益满足感越高，期初选择参与调节的概率也就越大，呈正相关关系。

（3）用户对三种调节模式的接受度。在第 2 节对三种模式的描述定义可以明显看出，模式一到模式三，负荷聚合商对电动汽车的调节越来越自由，相对的是用户对车辆的控制性越来越弱，在面对意料之外的出行需要时，用户难以确定电池是否满足出行需要，可能会对潜在的出行产生影响。从这个角度来看，模式一的推行难度最低，用户接受调节的可能性最大，而负荷聚合商的调节空间最小，而模式三负荷聚合商的车辆调节空间最大，拥有更多的获利空间，并且由于加入了放电行为，将会明显影响用户对该模式的接受度，推行难度最大，用户的响应意愿最弱。

2. 基于 logistic 函数的用户决策模型构建

logistic 函数是取值区间为（0，1）的单调递增函数，在取值趋近于负无穷时值为 0，取值趋近于正无穷时值为 1，可以作为 0—1 决策的决策函数模型。

单个电动汽车用户决策具有随机性，而规模的电动汽车群体决策则会体现出概率特征。通过 logistic 函数将用户决策过程转化为电动汽车用户面临调度指令时接受与否的方案抉择问题，建立用户决策模型，得到个体电动汽车用户面临平台下发调节方案时选择接受并参与响应的概率。令

$$x_i^{r,s} = \alpha^{r,s} + \beta_1^{r,s}\Delta\mathrm{SOC}_i + \beta_2^{r,s}u_i^{r,s} + e \tag{4-47}$$

x_i 通过 logistic 函数被转化为接受响应的概率，即有

$$P_i^{r,s}(X=1) = F(x_i^{r,s}) = \frac{1}{1+e^{-x_i^{r,s}}} \tag{4-48}$$

$$P_i^{r,s}(X=0) = 1 - P_i^{r,s}(X=1) = \frac{1}{1+e^{x_i^{r,s}}} \tag{4-49}$$

其中各部分含义介绍如下。

（1）$\Delta\mathrm{SOC}_i$ 表示离网时刻 SOC 与预期 SOC 的偏离情况，令

$$\Delta\mathrm{SOC}_i = \min\{\mathrm{SOC}_{\mathrm{out}}^i - \mathrm{SOC}_{\mathrm{exc}}^i, 0\} \tag{4-50}$$

（2）$u_i^{r,s}$ 表示第 s 类（s=1，2，3）电动汽车用户 i 以模式 r（r=1，2，3）参与响应获得的补贴情况。

1）当响应时段为填谷时段时，有

$$u_i^{r,s} = \sum_{\substack{t\in[t_{\mathrm{in}}^i, t_{\mathrm{out}}^i] \\ \overline{p}_t^{r,i} > p_t^i}} s_t^r(\overline{p}_t^{r,i} - p_t^i)\Delta t \tag{4-51}$$

2）当响应时段为削峰时段时，有

$$u_i^{r,s}=\sum_{\substack{t\in[t_{\mathrm{in}}^i,t_{\mathrm{out}}^i]\\ p_t^i\geqslant\overline{p}_t^{r,i}}} s_t^r(p_t^i-\overline{p}_t^{r,i})\Delta t \tag{4-52}$$

式中：$\overline{p}_t^{r,i}$ 为模式 r 下发至电动汽车 i 在 t 时刻的充电功率，$\overline{p}_t^{r,i}>0$ 表示充电，$\overline{p}_t^{r,i}<0$ 表示放电；p_t^i 为电动汽车 i 在 t 时刻的基准充电功率；s_t^r 为模式 r 下在 t 时刻的补贴激励价格水平，元/kWh。

（3）$\alpha^{r,s}$为基准概率系数，用来区分三种模式下电动汽车用户接受度阈值之间的差异，模式一的接受度最高，模式二次之，模式三的接受度最低。在面对相同补贴 $u_i^{r,s}$ 和 ΔSOC_i 时，用户接受模式一的概率最大，接受模式三的概率最小。

（4）$\beta_1^{r,s}$、$\beta_2^{r,s}$分别为变量系数（$\beta_1^{r,s}<0$，$\beta_2^{r,s}>0$；$r=1$，2，3；$s=1$，2，3）；e 为随机变量误差。

就变量系数而言，即使是同一类电动汽车用户，三个变量的影响大小也不尽相同，用户决策模型中各项变量系数受收入、教育、年龄、对响应调节的认知度、个人充电习惯等多种因素所决定，由于目前市场上尚无针对以上三种模式的真实数据，后文将在上述分析的逻辑基础上，出于模拟计算的需要进行合理设置，并进行变量系数 $\alpha^{r,s}$、$\beta_1^{r,s}$、$\beta_2^{r,s}$的敏感性分析，研究不同变量系数水平下三个因素对用户决策的影响。

$F(x)$ 是 logistic 函数的累计概率密度函数，取值为（0，1）；式（4-47）和式（4-48）中，$P_i(X)$ 表示 EV_i 选择决策 X 的概率，决策变量 X 是取值为 0 和 1 的随机变量，$X=1$ 表示电动汽车用户愿意接受调节并参与响应，$X=0$ 表示车主不接受下发的调节方案并选择以基准的充电方式进行充电，即入网便开始充电，直至离网时刻或充满后停止充电，即

$$P_{\mathrm{orig},t}^i=\begin{cases}p_{\mathrm{rated,c}}^i, t\in[t_{\mathrm{in}}^i,t_{\mathrm{end}}^i]\\ 0, t\notin[t_{\mathrm{in}}^i,t_{\mathrm{end}}^i]\end{cases} \tag{4-53}$$

停止充电时间 t_{end}^i为

$$t_{\mathrm{end}}^i=\min\{t_{\mathrm{in}}^i+\frac{(\mathrm{SOC}_{\max}-\mathrm{SOC}_{\mathrm{in}}^i)C_i}{p_{\mathrm{rated,c}}^i\eta_{\mathrm{c}}},t_{\mathrm{out}}^i\} \tag{4-54}$$

在本文背景中，负荷聚合商根据辅助服务市场目标时段出清价格水平设置三种模式分别各时刻的补贴水平 s_t^r，再结合 EV_i 入网时刻的 SOC 和用户预先设置的离网时间、离网 SOC 下界等参数计算电动汽车获得的收益 u_i^r 和 ΔSOC_i，将其下发给用户后，用户结合 u_i^r 和 ΔSOC_i 做出决策。因此，在用户决策角度，最

佳物理调度方案下，在本节步骤中，ΔSOC_i 由上节计算出最佳充电方案后作为参数输入给第二阶段，是一个已知量，提取出 x_i 中的定值部分后对式（4-46）进行变换，有

$$a_i^{r,s} = \alpha^{r,s} + \beta_1^{r,s} \Delta SOC_i \tag{4-55}$$

$$P_i^{r,s}(X=1) = \frac{1}{1+e^{-(a_i^{r,s}+\beta_2^{r,s}u_i^{r,s}+e)}} \tag{4-56}$$

电动汽车负荷聚合商能通过改变补贴 S_t 从而影响用户响应收益，从而计算其参与响应的概率，用户获得的补贴水平越高，选择接受调度指令的概率就越大，如图 4-20 所示。

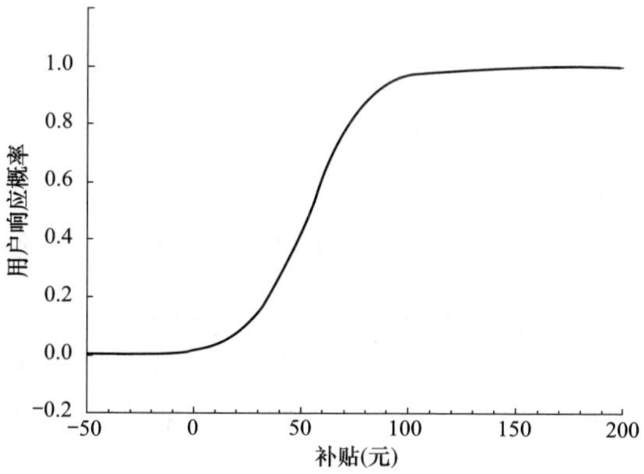

图 4-20　用户响应概率与补贴水平的关系

对变量参数 α、β_1、β_2 进行敏感性分析，研究在补贴变化时变量参数对用户接受调度概率 P（X=1）的影响，如图 4-21～图 4-23 所示。

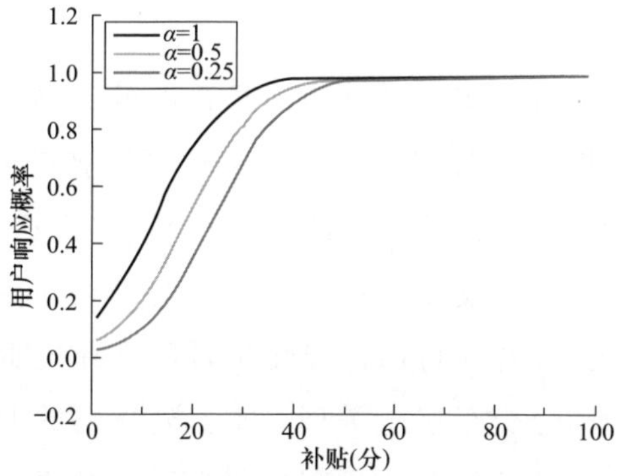

图 4-21　对 α 的敏感性分析

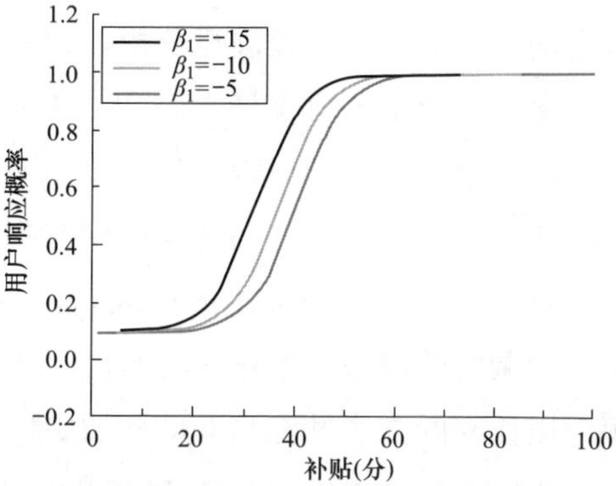

图 4-22　对 β_1 的敏感性分析

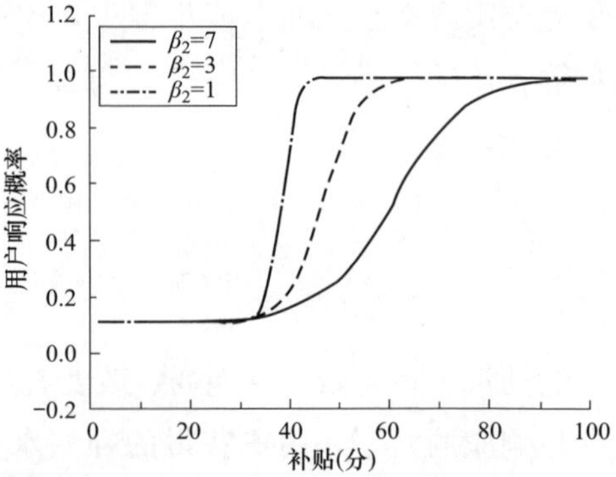

图 4-23　对 β_2 的敏感性分析

（1）固定 β_1 和 β_2，如图 4-21 所示根据式（4-55）可知，α 的变化不会影响图像的倾斜度，尽在水平方向上进行移动，并且在补贴价格为 0 点时，对应的基准响应概率不同，因此可以用 α 区分用户对不同调节模式的基准响应意愿。

（2）固定系数 α 与 β_2，如图 4-22 所示根据式（4-55）可知，β_1 的变化不会影响函数图像的起始概率，即在补贴价格为零时响应意愿均为 0；但 β_1 会影响函数倾斜度，一定范围内相同补贴价格水平下，β_1 越大，用户接受调度的概率就越大。

（3）固定 α 与 β_1，如图 4-23 所示系数 β_2 影响函数图像的倾斜程度，即用户接受调度的概率对价格的敏感程度，β_2 越大表明用户对价格变化越敏感，往往此类用户在较小的价格补偿下就能产生明显的激励效果，而 β_2 越小则用户对价格变化的敏感程度越低，负荷聚合商往往需要付出更多的成本去激励此类用户参与响应；一定范围内相同补贴价格水平下，β_2 越大，用户参与响应的概率就越大。

3. 各类电动汽车用户决策行为特征及响应过程分析

电动公交车和电动出租车主要满足载客运营需要，具有明显的盈利性，那么车主在进行决策时会综合考虑对运营收益的影响，而私家车则仅满足个人行驶需求，盈利并不是车主的最主要目的。为了更好地进行仿真计算，将对各类型电动汽车的响应过程进行分析，讨论各变量系数的关系。

电动公交车电池容量大且出行时间和出行里程极其规律，是良好的调节性资源，而电动公交车最大的特点是司机不享有运营获利权，如果希望公交车参与响应，则一般做法是提前与公交场站达成协议，签订负荷调节合同。那么，一旦负荷聚合商与场站达成协议，便拥有了对公交车的调控权，此时公交车选择接受调度的概率可视作 1，不再是不确定的决策问题。公交车日间在站时间短，以快充的方式补充电量，因此对于电动公交车这一类型，本文暂不考虑日间对公交车时刻表进行变动和调节，认为电动公交车在日间接受调节的概率为 0；而夜间在站停泊时间久，以慢充的方式充电，因此夜间调节潜力大，并且由于获得了公交车的调控权，因此认为公交车夜间接受调节的概率为 1。

出租车电池容量相对较小，且单次出行里程随机性强，并且出租车主在行驶中寻客，时间敏感性强，所以一般不会出现长时间的休息和停泊，在日间也采用快充方式进行充电，那么在白天充电过程中，用户接受响应的概率应该是很低的；而在夜间停泊时间长，在夜间接受响应的概率相对较高。

私家车电池容量小，但单次出行时间和出行里程十分规律，不管是在白天还是在夜间，停泊时间都较长，具有充分的时间完成充电，其负荷进行优化的时间空间也更大。并且私家车数量规模相较于公交车和出租车明显更大，总体来看应当是调节潜力最大的电动汽车类型。具体来看，私家车在白天出现通勤以外的潜在出行概率更大，夜间出行需要相对较少且停泊时间更长，那么在变量系数设置时，用户夜间接受响应的概率应大于日间。并且，私家车车主对补贴价格的敏感性与个人收入和家庭资产情况明显相关，在具体处理时，可按照持有车辆的价值进行具体的区分。

4.3.1.2 考虑用户决策的期望可调负荷容量评估

负荷聚合商聚合并代理电动汽车资源参与辅助服务市场，其目的是实现期望利润最大化，决策变量 $\boldsymbol{s}=[s_1, s_2, s_3, \cdots, s_{24}]$ 是各时刻下给予电动汽车的补贴水平。目标函数为

$$\max f=\sum_{i=1}^{N}\left[\sum_{t=1}^{24}\rho_{t,\mathrm{m}}^{i}\cdot P(X=1)\right] \tag{4-57}$$

（1）当响应时段为填谷时段时，有

$$\rho_{t,\mathrm{m}}^{i}=\sum_{\substack{t\in[t_{\mathrm{in}}^{i},t_{\mathrm{out}}^{i}]\\ p_t^i\leqslant p'^i_t}}(p_{\mathrm{market},t}-s_t)(p'^i_t-p_t^i)\Delta t \tag{4-58}$$

（2）当响应时段为削峰时段时，有

$$\rho_{t,\mathrm{m}}^{i}=\sum_{\substack{t\in[t_{\mathrm{in}}^{i},t_{\mathrm{out}}^{i}]\\ p_t^i\geqslant p'^i_t}}(p_{\mathrm{market},t}-s_t)(p_t^i-p'^i_t)\Delta t \tag{4-59}$$

$$0\leqslant s_t^i\leqslant price_{\mathrm{market},t} \tag{4-60}$$

式中：N 为电动汽车数量；p'^i_t 为电动汽车 i 在时刻 t 的实际充电功率；p_t^i 为电动汽车 i 在 t 时刻的基准充电功率；$\rho_{t,\mathrm{m}}^{i}$为负荷聚合商在时刻 t 通过激励电动汽车参与响应所得到的收益；$price_{\mathrm{market},t}$表示 t 时刻预测的调峰辅助服务市场出清价格，元/kWh。

EV 集群 t 时刻，考虑用户决策的经济可调容量 $Q_{\mathrm{adj},t}$ 为

$$Q_{\mathrm{adj},t}=\begin{cases}\sum\limits_{i=1}^{N}\max\{p'^{i}_{t}-p^{i}_{t},0\},t\in T_{\mathrm{valley}}\\ \sum\limits_{i=1}^{N}\max\{p^{i}_{t}-p'^{i}_{t},0\},t\in T_{\mathrm{peak}}\end{cases} \tag{4-61}$$

式中：p'^{i}_{t}、$\overline{p}^{i}_{t}$ 分别为 t 时刻电动汽车 i 参与响应的实际充电功率和不参与辅助服务响应时的基准充电功率；T_{valley}、T_{peak} 分别为填谷、削峰辅助服务市场开放时段。

4.3.2 模型求解

4.3.2.1 狼群算法简介

狼群算法是一种随机概率搜索算法，常用于优化求解问题。其最大特点是寻优速度快，且具备搜索并行性，可以在同一轮迭代过程从多个点出发同时进行搜索，且点和点之间不会互相影响，因此具有较高的收敛速度和计算效率。

4.3.2.2 基于狼群算法的分时补贴价格优化算法设计

电动汽车用户根据其参与响应可以获得的补贴水平进行反应，选择接受或不接受调度。考虑到分时价格变量和电动汽车数量较大，且各时点制定的价格补贴水平具有差异性，因此本节借助狼群算法的最优化求解能力，用来求解本文的分时补贴价格优化问题。

1. 基本流程

狼群算法是参照狼群分工协作的捕猎行为，从追踪、奔袭和围攻三个环节建立的优化求解算法。按照群体内适应度值从高到低的顺序进行排序，分为头狼 α、副首领狼 β、普通狼 δ 三个个体（即解），以及其他适应度较低的底层狼 ω。头狼 α 的适应度最高，负责为狼群的行动指引方向；β 狼和 δ 狼适应度次之，可以为头狼提供参考移动方向；ω 狼在群体中适应度最低，听命于 α、β、δ 狼，并朝着头狼指定的方向进行移动。狼群算法的基本思想是由适应度较高的 α、β、δ 狼对猎物（即最优解）位置进行定位，提供奔袭方向，引导底层的 ω 狼围捕猎物（即求解最优解）。

狼群包围狩猎过程表示为

$$D=\left|C\cdot\boldsymbol{S}_{p}(t)-\boldsymbol{S}(t)\right| \tag{4-62}$$

$$\boldsymbol{S}(t+1)=S_{\mathrm{p}}(t)-\boldsymbol{A}\cdot D \tag{4-63}$$

$$\boldsymbol{A} = 2a \cdot \boldsymbol{r}_1 - a \tag{4-64}$$

$$\boldsymbol{C} = 2\boldsymbol{r}_2 \tag{4-65}$$

式（4-62）～式（4-65）中：D 为狼群个体与猎物之间的距离；$\boldsymbol{S}(t+1)$ 为狼群个体下一轮次的更新位置；$\boldsymbol{S}_{\mathrm{p}}(t)$ 为猎物（最优解）位置向量，代表本轮底层狼的奔袭方向；$\boldsymbol{S}(t)$ 为灰狼个体的位置向量；$\boldsymbol{C}$、$\boldsymbol{A}$ 为系数向量；$\boldsymbol{r}_1$、$\boldsymbol{r}_2$ 为模长在 0～1 的随机数向量。

奔袭活动主要通过 a 的递减来实现，a 值随着迭代次数线性减小，下降速率与迭代次数有关，取值由 2 线性减少至 0。a 值在递减的过程中，$\boldsymbol{A}$ 值会在区间 $[-\boldsymbol{a}, \boldsymbol{a}]$ 内变化。如果 $|\boldsymbol{A}|\leqslant 1$，则下一迭代轮次的狼群位置会更加接近猎物的位置；如果 $1\leqslant|\boldsymbol{A}|\leqslant 2$ 时，狼群会朝远离猎物的方向移动从而分散位置，导致失去最优解位置，陷入局部最优。a 值的更新公式为

$$a = 2 - 2 \cdot \frac{t}{T} \tag{4-66}$$

式中：T 为设置的最大迭代次数。

在狼群实施捕获行为时，通过计算适应度值 Y 最高的 α、β、δ 狼的位置来确定最优解的位置，有

$$\begin{cases} D_\alpha = |C_1 \cdot S_\alpha(t) - S(t)| \\ D_\beta = |C_2 \cdot S_\beta(t) - S(t)| \\ D_\delta = |C_3 \cdot S_\delta(t) - S(t)| \end{cases} \tag{4-67}$$

$$\begin{cases} S_1 = |S_\alpha(t) - A_1 D_\alpha| \\ S_2 = |S_\beta(t) - A_2 D_\chi| \\ S_3 = |S_\delta(t) - A_3 D_\delta| \end{cases} \tag{4-68}$$

最后由 α、β、δ 狼共同确定狼群的位置，有

$$S(t+1) = \frac{S_1 + S_2 + S_3}{3} \tag{4-69}$$

本文的适应度函数即为式（4-57）所述的负荷聚合商参与辅助服务市场的期望利润 f，决策变量为 24 个时点的补贴价格，表示为 $\boldsymbol{s}=[s_1, s_2, \cdots, s_{24}]$，对应狼群的位置空间应表示为 $N\times 24$ 的矩阵。

2. 算法求解步骤

采用狼群优化算法求解聚合商给予电动汽车用户最优补贴价格问题的步骤如下。

步骤 1：确定狼群种群个体规模 m，以及总迭代数 K 等参数。

步骤 2：生成初始候选价格补贴解群体 $\boldsymbol{S}_{m\times 24}$。

步骤 3：根据目标函数式（4-56）以及约束条件式（4-59）对当前种群中的个体适应度值进行计算，更新 α、β、δ 狼的个体位置，根据历史数据生成探狼的位置向量。

步骤 4：根据式（4-66）和式（4-67）更新 α、β、δ 狼和观察狼的位置向量，根据式（4-62）引导狼群更新位置，更新参数 A、C。

步骤 5：如果达到最大迭代次数，则算法终止，转至步骤 6，否则转至步骤 3。

步骤 6：结束，种群中适应度值最高的个体作为最优解输出。

综上，本文基于 AC 强化学习——狼群算法求解的两阶段电动汽车物理—经济可调节容量评估流程图如图 4-24 所示：

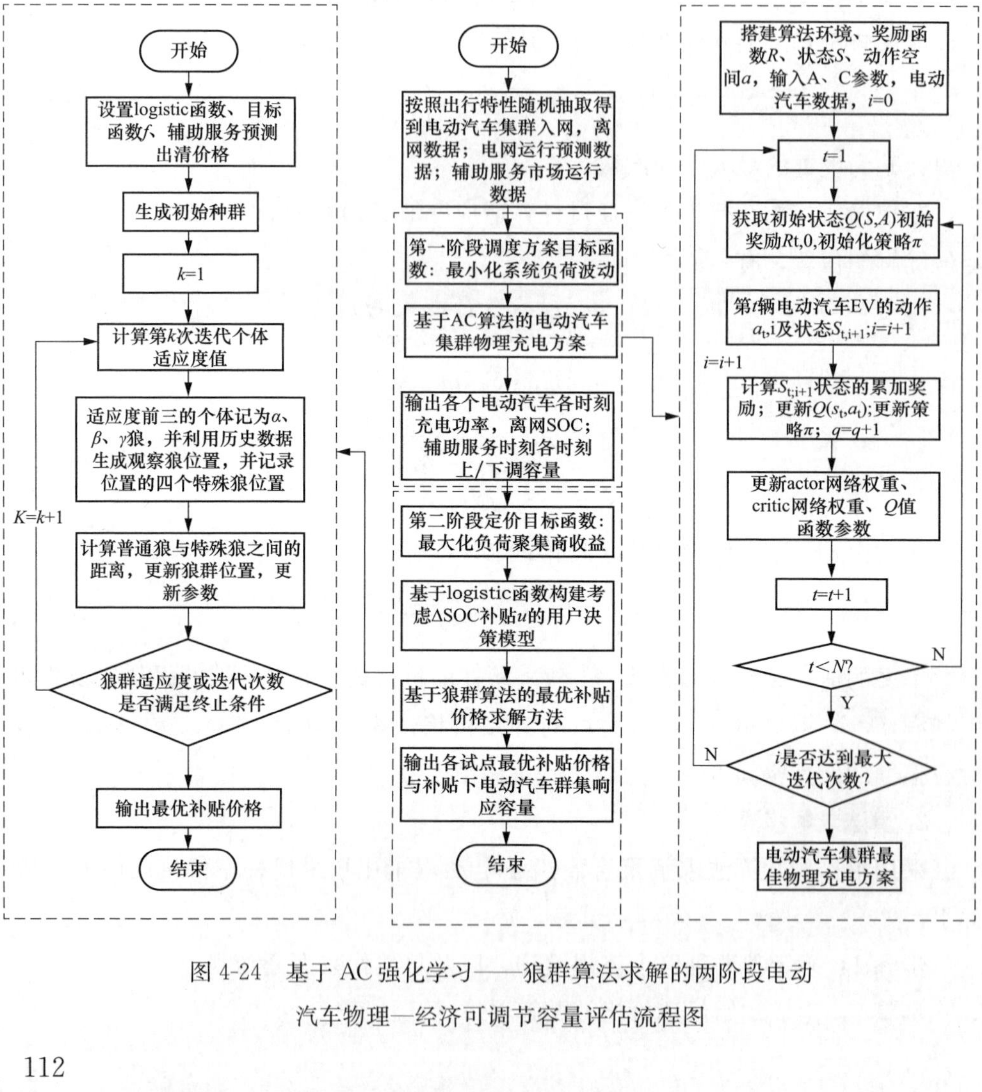

图 4-24　基于 AC 强化学习——狼群算法求解的两阶段电动汽车物理—经济可调节容量评估流程图

4.3.3　仿真计算

根据电动汽车最佳物理充电方案下各时刻上、下调节的充电功率计算补贴，与 ΔSOC 一并代入至 logistic 函数中，计算用户接受调度方案的概率；以负荷聚合商收益最大为目标函数，采用狼群优化算法确定最佳补贴水平，确定各时点的补贴价格，从而确定电动汽车集群在该补贴激励下的经济可调节容量。

1. 场景描述及参数设置

根据该市电网实际运行数据，将用电负荷分为：高峰时段（时段 10：00—12：00，时段 18：00—22：00）；低谷时段（时段 23：00—次日 6：00）；平时段（6：00—10：00，12：00—18：00，22：00—23：00），其中，高峰时段开放调峰辅助服务市场，低谷时段开放填谷辅助服务市场。假设以此作为电动汽车负荷聚合商给用户制定补贴价格时的价格上限；电动汽车基准充电曲线与调节方案采用第 3.3 节和第 4.3 节的计算结果，采用狼群优化算法求解，种群个体数 $m=20$，迭代次数 $K=200$，求得各个模式场景下电动汽车的最佳补贴价格后，将 logistic 用于用户决策，进而得到用户在物理—经济双重约束下的期望调节容量，详见图 4-25 和表 4-8。

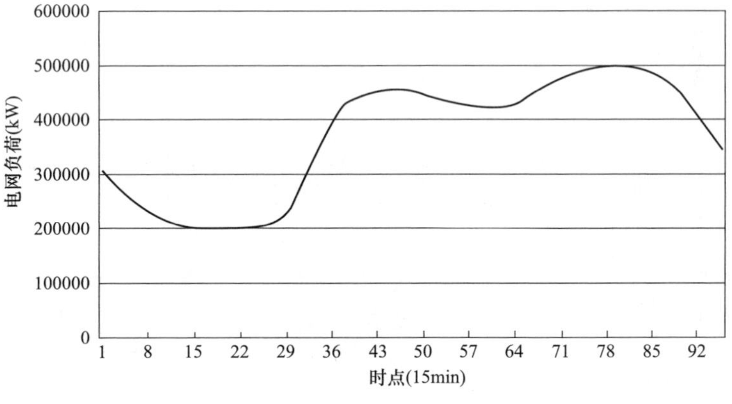

图 4-25　某市 2021 年 6 月 23 日负荷曲线

表 4-8　辅助服务出清价格

时点	市场类型	价格（元/kW)
T_{L1} 0：00—2：00	填谷	0.4
T_{L2} 2：00—5：00	填谷	0.5
T_{L3} 5：00—6：00	填谷	0.4

续表

时点	市场类型	价格（元/kW）
T_{H1}10：00—12：00	削峰	0.3
T_{H2}18：00—21：00	削峰	0.5
T_{H3}21：00—22：00	削峰	0.4
T_{L4}23：00—24：00	填谷	0.2

根据各类电动汽车出行特性以及是否具有运营特性来看，在白天私家车到达后出行需求弱，停泊时间久，接受调节的概率最大，而出租车和公交车在日间运营需求高，不会为了补贴而改变既定的出行计划，接受响应的概率很低，其中出租车在凌晨时段具有一定接受响应的可能性。公交车的运营较为特殊，本节假定事前与公交场站签订了负荷调节合同，约定在结束运营后接受电网的调度并根据市场运行情况与调节容量给予补贴，那么可以认为公交车接受调度的基准概率高。且由于公交车与出租车的运营属性，对 SOC 偏差的厌恶大于私家车，离网后不满足于基于上述描述，对各个场景下，各类型电动汽车用户决策 logistic 函数相关参数设置详见表 4-9。

表 4-9　　Logistic 参数值设置

电动汽车类型	时段状态划分	调节模式	α 参数值	β_1 参数值	β_2 参数值
私家车	整天	模式一	0.22	−10	3.5
		模式二	0.5	−10	1.0
		模式三	1.5	−10	0.5
出租车	运营时段（B/C/D）	模式一	4.2	−30	5.5
		模式二	5.6	−30	2.5
		模式三	8.0	−30	2
	运营时段（A）	模式一	2.3	−30	5.5
		模式二	3.6	−30	2.5
		模式三	6.4	−30	2
公交车	运营时段	模式一	5.6	−40	7.4
		模式二	8.5	−40	6.5
		模式三	9.3	−40	3.0
	非运营时段	模式一	0.05	−40	7.4
		模式二	0.05	−40	6.5
		模式三	2.4	−40	3.0

2. 计算结果

（1）场景一：仅电动私家车参与调节。将前一章节的最佳充电负荷带入计算，对补贴水平进行优化后得到私家车群体的期望充电负荷，如图 4-26 所示。

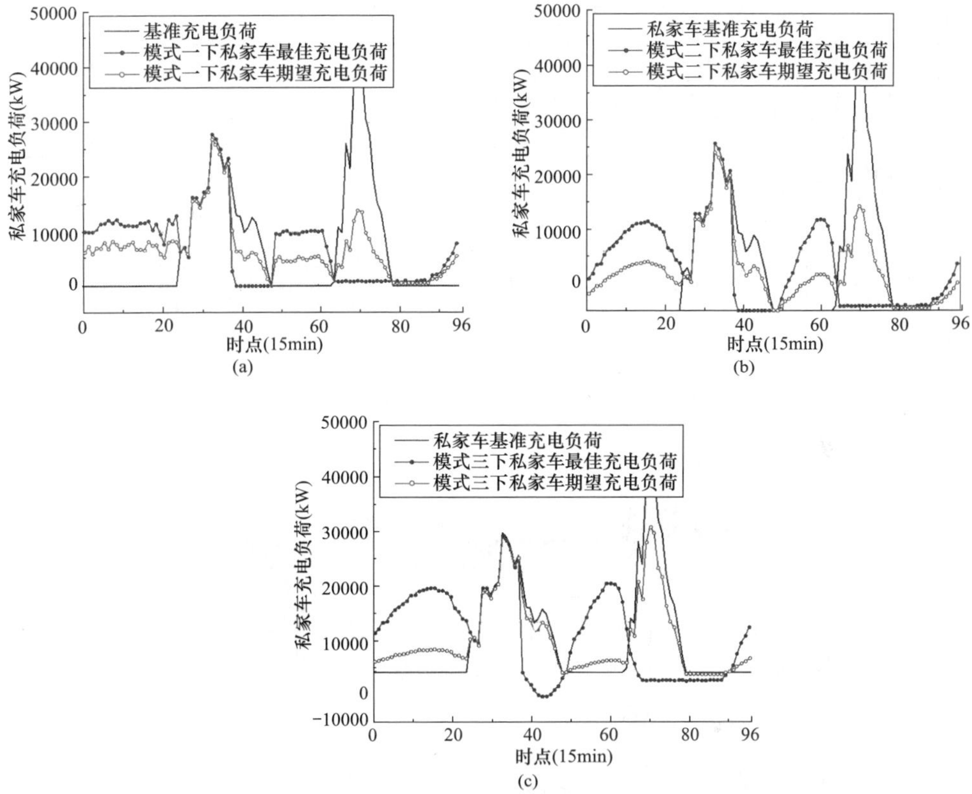

图 4-26　仅私家车参与调节优化后的响应负荷曲线

（a）模式一；（b）模式二；（c）模式三

从图 4-26 中可以看出，相较于最佳充电负荷曲线，考虑用户决策的期望充电负荷曲线与基准充电曲线相比，调节的容量有所减少，其中模式一完成的响应比例最大，模式二次之，而用户响应模式三需要接受电池放电，因此方案的接受概率较低，从而导致原本拥有最大调节潜力的模式三，但加入了用户决策过程后，用户再对预期可获得的补贴及下发的用电方案进行抉择，使得模式三的期望调节容量反而最低；模式一和模式二相近，表明在电动汽车在网时段内仅改变其充电时间或者充电功率的调节模式用户接受度高，也可以最终得到更多的调节容量。

对划分的削峰和填谷时段经济激励下的私家车期望可调容量进行对比，详见表 4-10 以及图 4-27。

表 4-10　　经济激励下仅私家车参与的负荷调节量　　（单位：kW）

负荷指标	基准状态	模式一调节量	模式二调节量	模式三调节量
T_{L1}平均负荷	0	+7069.80	+4739.07	+2967.52
T_{L2}平均负荷	0	+7238.00	+7619.92	+4334.64
T_{L3}平均负荷	0	+7444.48	+5064.94	+3108.56
T_{H1}平均负荷	7875	−3937.50	−3150.00	−1690.89
T_{H2}平均负荷	7425	−4638.21	−3948.25	−2724.13
T_{H3}平均负荷	0	0	0	−498.6
T_{L3}平均负荷	0	+4634.88	+3972.75	+2346.23
T_{H1}最大负荷	12600	−6300.00	−5040.00	−2560.75
T_{H2}最大负荷	27900	−19318.70	−16230.60	−8865.30
T_{H3}最大负荷	0	0	0	−495.9
电网总负荷标准差		−3.43%	−2.98%	−1.88%

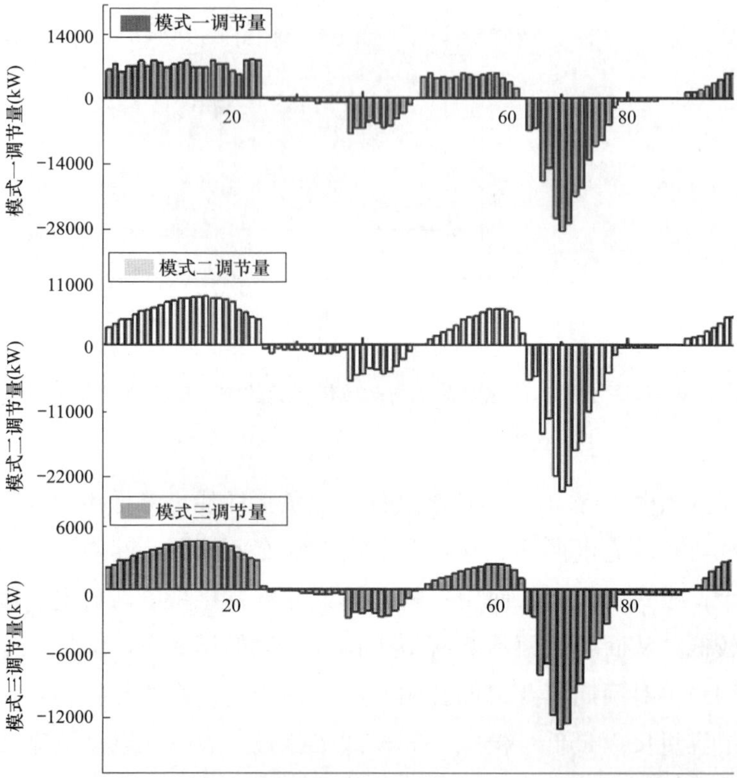

图 4-27　经济激励下仅私家车参与的期望可调节容量

三种模式调节后的电动汽车负荷叠加电网负荷，可以使电网总负荷波动的标准差最大降低−3.43%。按照峰谷时段划分，三种模式的调节使得电动汽车负荷有效转移至凌晨负荷低谷时段，且由于辅助服务市场各时段出清价格水平不同，模式二与模式三通过灵活调节电动汽车充电功率，使得电动汽车向凌晨最低谷 T_{L2} 时段调增负荷平均 7619.92kWh 与 4334.64kWh，且持续时间达到了 3h 以上；由于模式一仅能对充电时间进行移动，在夜间高峰时段，T_{H1} 和 T_{H2} 平均负荷有所降低，而在紧邻的 T_{H3} 时段负荷量保持不变，说明在模式一的调节下需要将电动汽车负荷移动到避开三个高峰期，但无法实现对 T_{H3} 进行调节，而模式三在高峰三个时段内负荷调节量为－1690.89kWh、－2724.13kWh、－498.6kWh，均产生了调减效果，说明相较于模式一和二，模式三对电动汽车资源的利用以及在调峰服务上实现的效果要更加明显和灵活，若能提高模式三的用户接受度，将最大效果发挥电动汽车的储能作用。

（2）场景二：仅电动出租车参与调节。出租车群体期望充电负荷如图 4-28 所示。

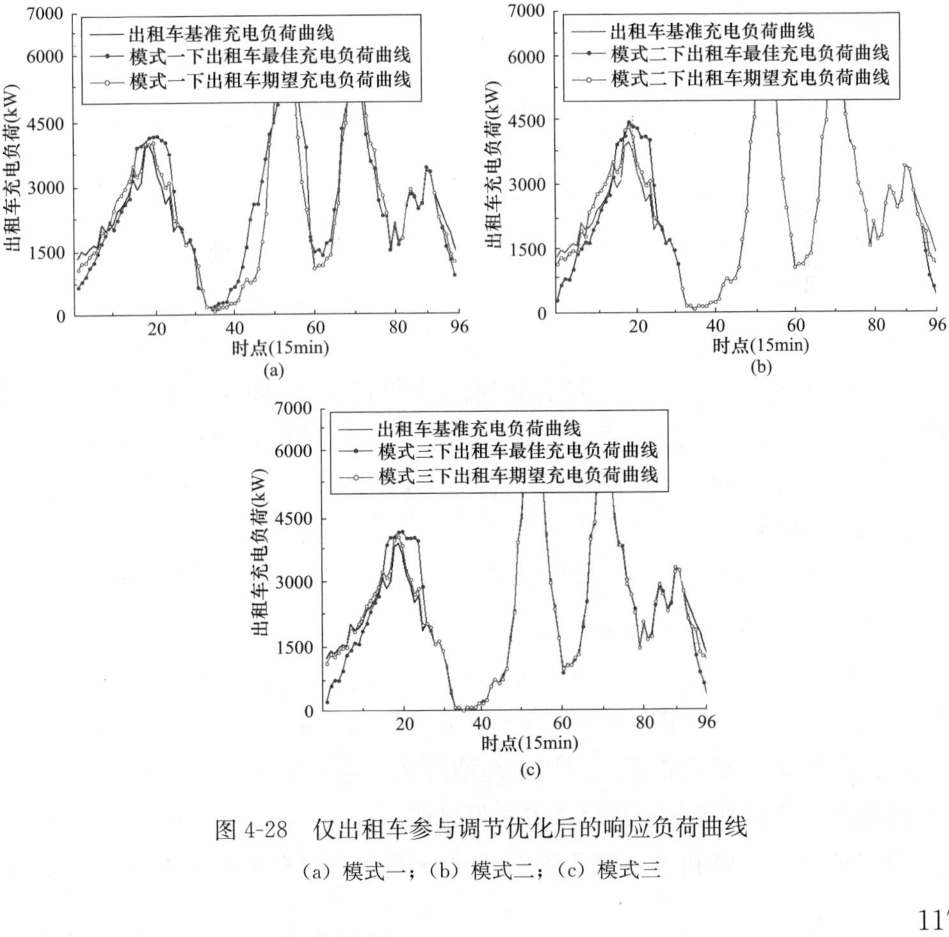

图 4-28　仅出租车参与调节优化后的响应负荷曲线

（a）模式一；（b）模式二；（c）模式三

从图 4-28 中可以看出，出租车运营属性最强且自负盈亏，对充电时间要求高，本身物理约束下可调节潜力就较小，再加上出租车用户能从负荷聚合商那里获得的补贴难以补贴其运营损失，因此出租车用户的响应意愿很低，进一步导致期望调节容量减少，仅仅在凌晨具有少量上调空间。

对划分的削峰和填谷时段经济激励下的出租车期望可调容量进行对比，详见表 4-11 和图 4-29。

表 4-11　经济激励下仅出租车参与的负荷调节量　（单位：kW）

负荷指标	基准状态	模式一调节量	模式二调节量	模式三调节量
T_{L1}平均负荷	1525	−172.55	−150.94	−72.83
T_{L2}平均负荷	2820.83	+350.70	+292.00	+143.94
T_{L3}平均负荷	2780	−3.43	+38.85	+19.08
T_{H1}平均负荷	960	0.00	0.00	0.00
T_{H2}平均负荷	2640	0.00	0.00	0.00
T_{H3}平均负荷	2680	0.00	0.00	0.00
T_{L3}平均负荷	1465	−171.80	−187.50	−87.54
T_{H1}最大负荷	2240	0.00	0.00	0.00
T_{H2}最大负荷	4480	0.00	0.00	0.00
T_{H3}最大负荷	3280	0.00	0.00	0.00
电网总负荷标准差	—	−0.02%	−0.01%	−0.01%

三种模式调节后的电动汽车负荷叠加电网负荷，仅使电网总负荷波动的标准差最大降低了 0.01%～0.02%。本文在对出租车的运营模式设置中考虑其为交接班运行，因此出租车运营期较长，可调节的空间很小，从充电最佳方案和期望充电曲线的变化来看，三种模式的调节都仅在 T_{L3}，即夜间出租车载客量相对较少的时候发挥了作用，将 23 点至凌晨 2 点之间的部分负荷移动至最低谷 2：00—5：00 这一时段，以谷填谷，并没有发挥明显的高峰用电负荷移动至低谷时段的典型效果。

（3）场景三：仅电动公交车参与调节。优化计算结果如图 4-30 所示。

由图 4-30 所示，本文在场景设置时，认为公交车具有统一运营的特点，如果可以与场站事先达成约定，则认为公交车在夜间非运营时段接受调度的概率很大，与最佳充电曲线相比响应度高，调节容量大；在满足运营要求的情况下，对电动汽车余量 SOC 在傍晚全网用电高峰时期向电网放电，在后半夜负荷低谷期间进行大规模集中充电，削峰填谷效果显著。

对三种模式削峰和填谷时段经济激励下的公交车期望可调容量进行对比，

详见表 4-12 和图 4-31。

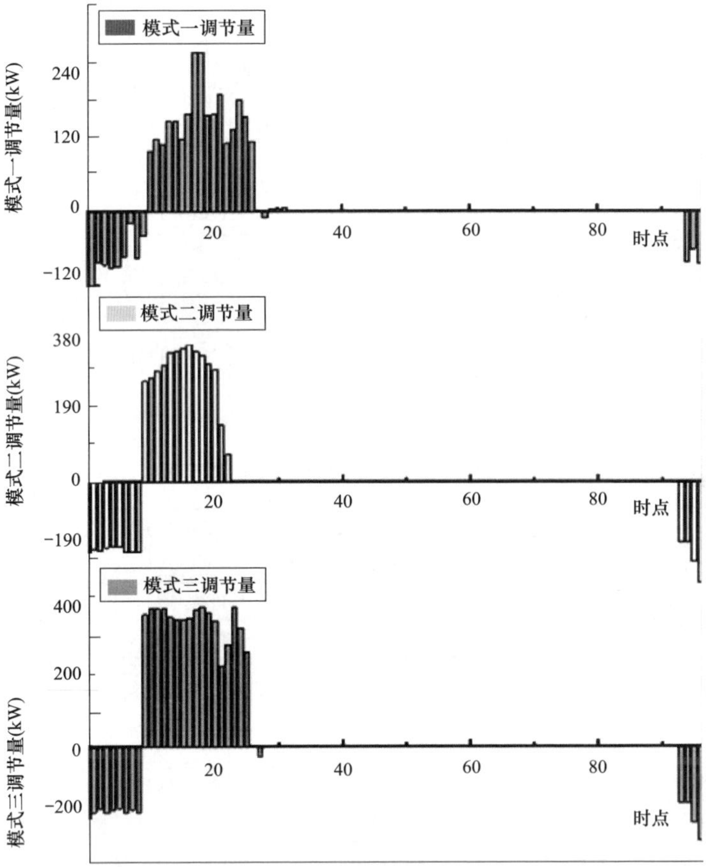

图 4-29 经济激励下仅出租车参与的期望可调节容量

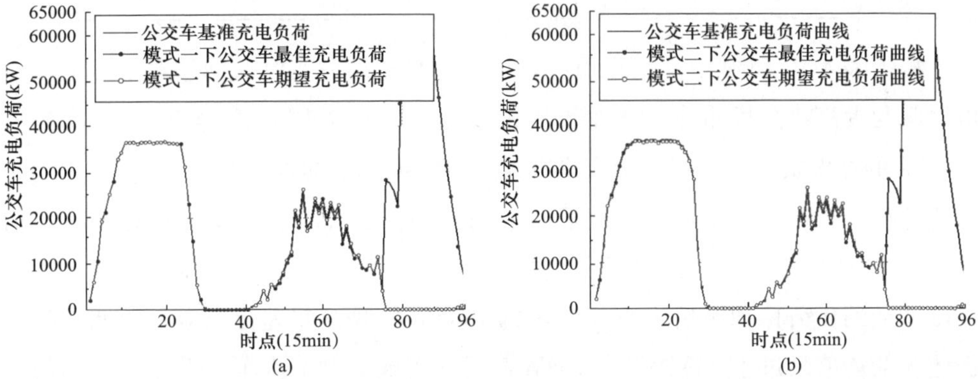

图 4-30 仅公交车参与调节优化后的响应负荷曲线（一）

（a）模式一；（b）模式二

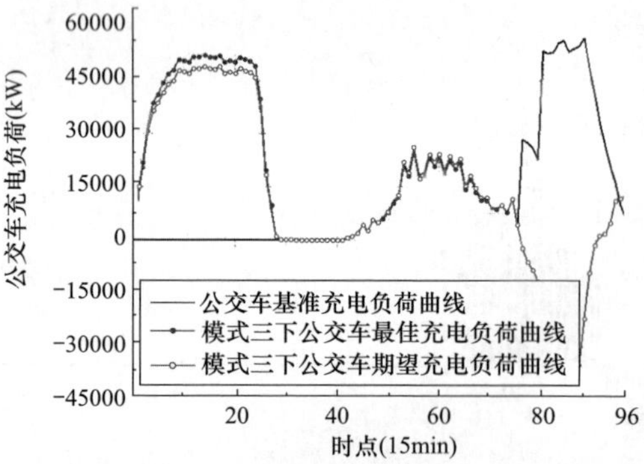

(c)

图 4-30　仅公交车参与调节优化后的响应负荷曲线（二）

（c）模式三

表 4-12　　**经济激励下仅公交车参与的负荷调节量**　　（单位：kW）

负荷指标	基准状态	模式一调节量	模式二调节量	模式三调节量
T_{L1}平均负荷	0	+18292.13	+20046.84	+33499.15
T_{L2}平均负荷	0	+36433.33	+36240.89	+47876.30
T_{L3}平均负荷	0	+36320.88	+35358.72	+47294.96
T_{H1}平均负荷	2581.25	0.00	0.00	0.00
T_{H2}平均负荷	33189.17	−31235.00	−31235.00	−45877.42
T_{H3}平均负荷	54745	−54745.00	−54745.00	−87088.00
T_{L3}平均负荷	13275	−12626.25	−12626.25	−3111.99
T_{H1}最大负荷	5600	0.00	0.00	0.00
T_{H2}最大负荷	56280	−44730.00	−44730.00	−44730.00
T_{H3}最大负荷	57180	−57180.00	−57180.00	−79526.00
电网总负荷标准差	—	−15.92%	−15.99%	−21.28%

根据表 4-12 和图 4-31 可以看到，由于公交车结束运营后回站集中充电，用电时间与晚高峰高度重合，通过改变充电时间或者充电功率，均可以将晚高峰约 93%的充电负荷转移至后半夜进行充电，而模式三加入放电后，在 T_{H2}和 T_{H3}时段不仅没有进行充电，还实现了向电网放电，最大时相对基准状态调减负荷超过了 87MW，将有效缓解电网常规负荷高峰时段的平衡运行压力；并且，晚高峰调减的负荷移动至后半夜长时段的电网负荷低谷期进行充电，最低谷时段调增负荷均值超过了 36MW 和 47MW，真正实现了电动汽车“低充高放”的运行方式。三种模式调节后的电动汽车负荷叠加电网负荷，模式一和模式二效果相近，分别使电网总负荷波动标准差降低了 15.92%及 15.99%，而模式三则达

到了 21.28%，说明通过对电动公交车充电时间进行优化可以有效降低负荷峰谷差，平滑电网负荷曲线。

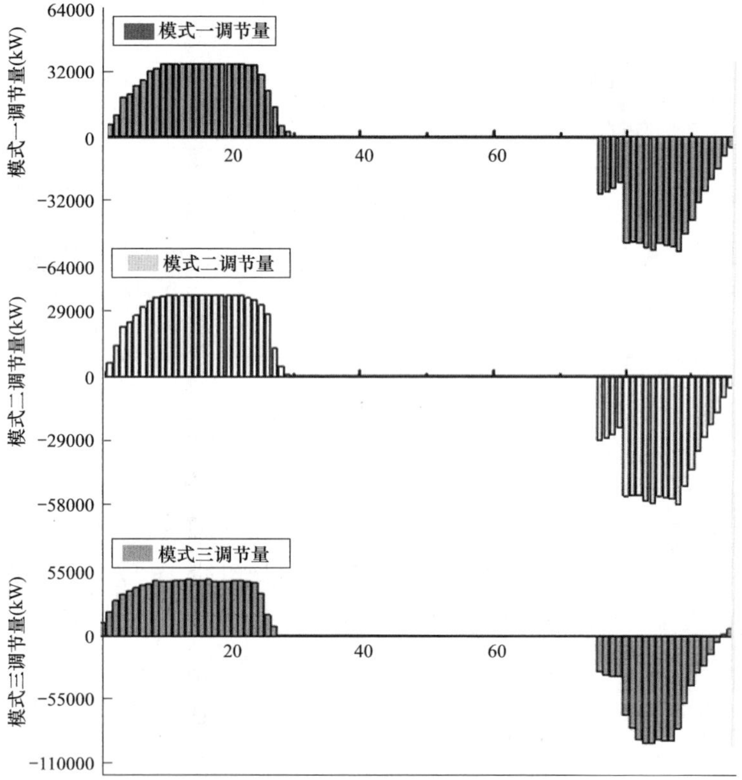

图 4-31 经济激励下仅公交车参与的期望可调节容量

（4）场景四：各类型电动汽车均参与调节。将各类电动汽车决策过程分别输入对应的参数，整体进行优化计算，得到电动汽车整体响应的期望充电负荷曲线如图 4-32 所示。

对比图 4-32（a）～图 4-32（c）三个子图，在 0：00—5：00 和 10：00—20：00 两段来看，模式一的最大物理可调节容量均小于模式二和模式三的最大物理可调节容量，但再考虑用户响应概率后，模式一响应度较高，使得模式一的最终期望响应容量高于模式二和模式三，并且模式三的响应度最低，表明在本算例中，用户更愿意接受清晰简单的充电方式，并且对放电行为表现出较低的响应意愿；根据图 4-32（c）所示，在白天，只有小部分时点内出现了放电负荷，并且该时段公交车和出租车处于运营时段，表明该时段负荷下调甚至是放电行为均来自私家电动汽车；根据图 4-32（d）所示三种模式的对比来看，模式三可以最大限度地利用公交车充电资源，在网实现大规模放电，并将此部分充电负荷转移至凌晨低谷时段。

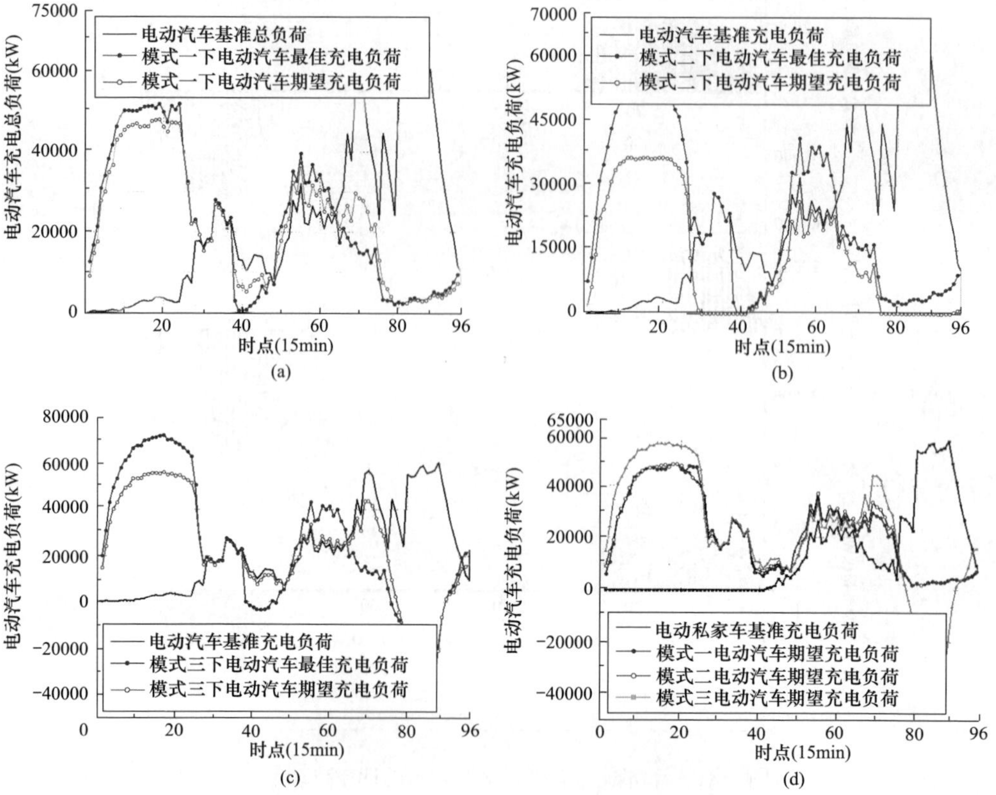

图 4-32　各类型电动汽车均参与调节优化后的响应负荷曲线

（a）模式一；（b）模式二；（c）模式三；（d）三种模式对比

对三种模式下削峰和填谷时段经济激励下的电动汽车期望可调容量进行对比，详见表 4-13 和图 4-33，各时段补贴价格如图 4-34 所示。

表 4-13　　**经济激励下仅公交车参与的负荷调节量**　　（单位：kW）

负荷指标	基准状态	模式一调节量	模式二调节量	模式三调节量
T_{L1}平均负荷	1525	＋25189.38	＋24616.29	＋36393.85
T_{L2}平均负荷	2820.83	＋43946.03	＋44154.89	＋52369.76
T_{L3}平均负荷	2780	＋44057.35	＋40715.66	＋50547.45
T_{H1}平均负荷	11416.25	－3937.50	－3150.00	－1690.89
T_{H2}平均负荷	43254.17	－35873.21	－35183.25	－48601.54

续表

负荷指标	基准状态	模式一调节量	模式二调节量	模式三调节量
T_{H3}平均负荷	57425	−54158.40	−54242.20	−87586.60
T_{L3}平均负荷	14740	−8163.18	−8841.00	−853.31
T_{H1}最大负荷	14370	−4950.00	−4050.00	−2418.14
T_{H2}最大负荷	59080	−37164.10	−35230.60	−27865.30
T_{H3}最大负荷	60460	−56599.70	−56682.60	−80027.30
电网总负荷标准差	—	−19.65%	−19.22%	−23.30%

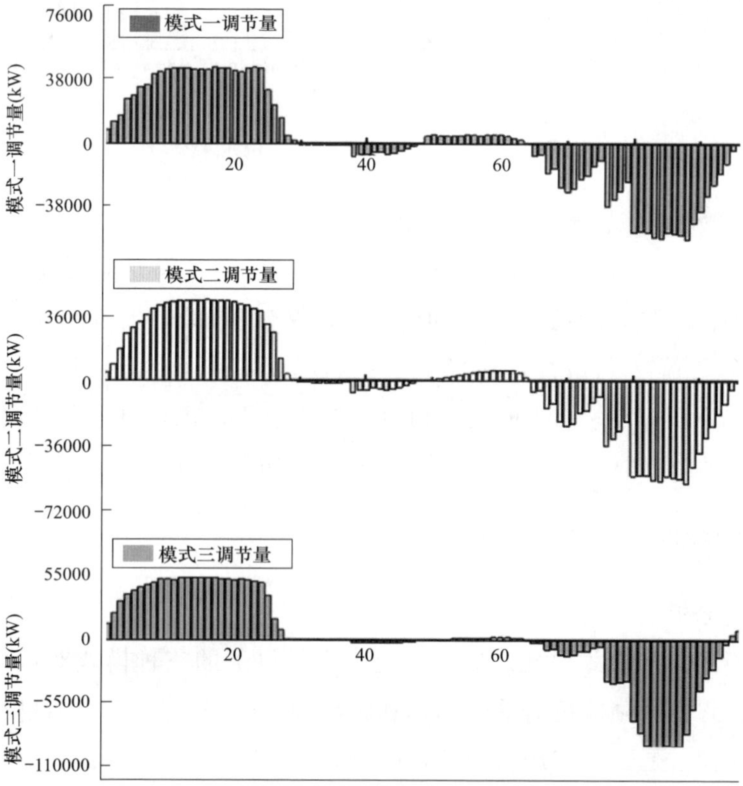

图 4-33 经济激励下仅公交车参与的期望可调节容量

从图 4-33 中，整体来看，三种模式在白天调节量均较小，主要在傍晚至 24 点明显发挥出了下调潜力，在 00：00—6：00 体现其上调能力，通过优化充电曲线削峰填谷使电网总负荷标准差降低约 19%～23%。在本算例中，模式一和模式二调节效果相近，能在凌晨最低谷 2：00—6：00 时段内实现 40～44MW 的上调容量，在 0：00—2：00 之间提供约 25MW 的上调容量；模式三在该时段表现突出，可以分别在上述两个时段实现超 50MW 和 36MW 的上调容量。在傍晚

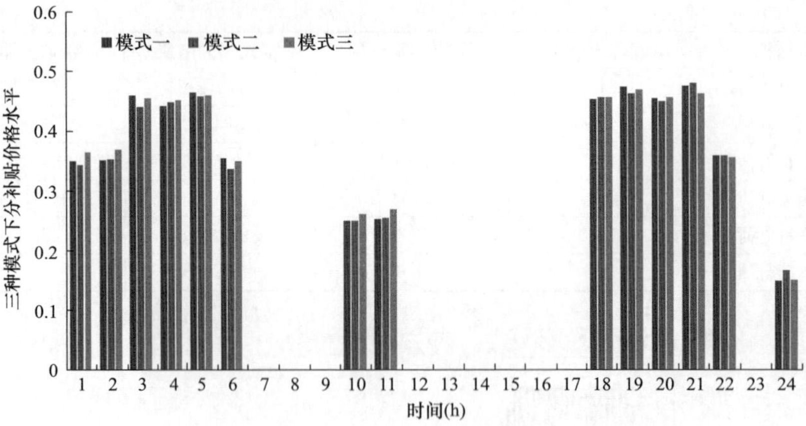

图 4-34　三种模式下分时定价水平

电网用电高峰时段 T_{H2} 和 T_{H3} 之内，电动汽车充电负荷进行调减，T_{H2} 时段模式一和模式二分别调减约 37.2MW 和 35.2MW，占该时段充电负荷尖峰的将近 60%；T_{H2} 时段调减量小于模式一和模式二，仅有 27.8MW，但在后续的 T_{H2} 时段内，电网负荷达到最高，在模式三的调节下，电动汽车资源可提供高达 87.5MW 的下调容量，高于模式一和模式二 22MW，将该时段电动汽车整体充电净负荷扭转为负值，实现了“电源”向电网放电，具有较为显著的削峰优势。

4.3.4　结论分析及对策建议

1. 结论分析

（1）不同调节模式对比。通过以上各个场景下的三种模式对比可以看出，电动汽车最终的可调节负荷受到物理和经济两个阶段的约束，物理阶段受电动汽车出行规律、是否具有运营属性，以及充电时间分布、日行驶里程等因素影响，进而影响电动汽车在仅考虑电池物理充电约束和出行约束条件下的最大调节潜力；而经济阶段则受电动汽车用户决策影响，用户对不同模式的响应意愿决定了电动汽车最终可以实现的期望调节容量。经分析，模式一调节方式最简单，对物理阶段负荷聚合商对电动汽车的调节性较低，仅能对电动汽车起始充电时间进行改变，而模式二和模式三更加灵活，从可以调节充电负荷到加入放电的情况，代表负荷聚合商在做充电负荷优化时的可行域更大，能做出相对于模式一的更优解。然而，模式二和模式三对电动汽车调节灵活的同时代表着电动汽车在停泊期间受电动汽车用户的控制性更弱，电动汽车无法在用户预想的充电时间内完成充电，会给用户带来出行需求的不必要风险。因此相较于模式一，模式二和模式三的用户响应度较低，尤其是模式三，用户对放电技术并不了解，对额外的放电行为具有抵触心理，所以响应度更低。为了实现模式二和模式三响应度的提升，负荷聚合商只能提高对用户的补贴水平，然而这一点显然受到市场价格约束，较高的补贴价格会带来用户响应容量的提升，但同时也可能会导致负荷聚合商收益的降低。最终，在最优解的补贴水平，模式二和模式三的响应度下，最终的期望可调节容量并不一定大于模式一。

（2）不同类型电动汽车对比。本文算例设置的私家车与出租车、公交车数量差异很大，与实际电动汽车持有量对应，符合现实比例，私家车保有量明显大于出租车和公交车，但由于私家车多用于城区内通勤或其他短距离活动，日行驶里程较小，大多分布在 30km 以下，因此日充电负荷并不与电动汽车数量成正比，如在本节算例中，私家车充电负荷高峰小于公交车的负荷。私家电动汽车个体数量大但充电负荷小，以至于在模式一和模式二中仅仅通过平移或优化单向的充电负荷，使私家车在充当上调资源时的优势并不明显；而模式三虽然最大物理调节潜力可观，但由于用户对模式三的放电方式接受度较低，导致最终期望调节量最小。但从另一个方面来看，电动汽车结束一天的行程回到家进行充电时，电池剩余 SOC 大多属于较高水平，若能提高私家车用户对于模式三放电的接受度，将剩余电量利用起来向电网放电，将会极大地释放私家车双向调节潜力，成为最具调节规模的电动汽车调节资源。

出租车运营属性明显，且司机享有运营时段内的所有收益，在大多时段采用快充的方式补充充电，然后迅速进入行驶状态。辅助服务市场出清价格上限低，使负荷聚合商制定的补贴水平难以补偿出租车司机的主营业务损失，因此不管是物理最大调节的潜力还是对于调节方案的接受概率，出租车都很有限，无论哪种调节模式都难以挖掘出租车的调节潜力，因此整体来看出租车的调节空间最小。

公交车出行规律最为固定、行驶里程大、耗电量大，在运营时段内采用快充方式补充充电，发车时间较为严格，调节空间很小。公交车通常在结束运营后进行集中充电，与电网晚高峰时段高度重合，但在非运营时段，电动公交车停泊时间长，赋予了电动公交车极大的调节空间，因此，无论是简单的充电时间推移还是充电功率改变，经优化后均发挥出了显著的调节效果，是良好的负荷调节资源。然而，不同于私家车与出租车用户，场站对站内公交车具有统一运营权和收益权，电动公交汽车是否参与调节并非临时性决策，而是需要聚合商事先与场站达成协议，约定调节形式及补贴方式。在本算例中，为评估公交车的可调节容量，默认聚合商已然跟场站达成约定，聚合商获得了非运营时段对公交车的调控权，因此，公交车接受调度的概率视为1。这一事前协商的过程所付出的隐性成本在本算例中并未列出，或许在一定程度上也会增加负荷聚合商的成本并影响其收益。

2. 对策与建议

就负荷侧调节挖掘的角度来看，通过优化充电负荷曲线，合理制定补贴价格，不断激励和扩大电动汽车资源参与电网互动的规模和次数，从而积累各类型电动汽车在不同场景、不同补贴下的决策数据，在实际数据的基础上，迭代形成各类型用户对于不同调节模式的响应弹性矩阵，精细化区分用户响应行为特性，将对后续负荷聚合商面向用户制定差异化营销策略，挖掘有效负荷具有重要意义。最后，本文从加快挖掘电动汽车聚合调节潜力和优化建设电动汽车资源参与电力交易的市场环境等角度提出以下四个层面的对策及政策建议。

第一个层面，有的放矢地安排电动汽车用户资源开发优先级。电动汽车以能量提供者的身份参与市场这一模式，对于用户侧而言，仍较为新颖，接受度低，因此在市场开拓初期，资源聚合商应找准目标资源，从可调节能力较大的公交车资源和私家车资源着手，积累用户和市场数据，优化营销策略。而对于不管是数量级优势和调节容量都没有明显优势的出租车资源，其优先级应先放低。

第二个层面，针对不同用户采用适宜的调节模式。通过模型和仿真计算结果可以看出，调节潜力优势较大的公交车和私家车资源在出行特性、是否具有运营特性等方面具有明显的差异。对于公交车而言，决策权集中在管理者一方，采取任何一种调节模式，都是负荷聚合商与场站管理者预先协商的结果，实时决策时的随机性小，若能预先达成模式三的调节权，负荷聚合商可以对在网公交车充电负荷进行充放电调节，便可以在电网负荷高峰期带来规模可观的上调资源；而对于私家车，用户决策影响因素复杂、决策结果随机性强，在市场初期，负荷聚合商面向私家车用户时，可以重点采用调节过程更加简单、透明的模式一，用户的接受度会更高，可以更好地调动私家车调节潜力，随着用户对市场参与积极性的不断提高，可以适时地对另外两种调节模式进行推广。

第三个层面，构建私家车充放电行为用户画像并精细化制定营销策略。私家车用户数量级优势明显，但海量用户的响应意愿差异性最大，在用户响应决策环节，用户对调度指令的接受意愿受多种因素影响，如家庭收入、环保意识、消费观念、性别、出行规律等，使得其资源优势最难评估，负荷聚合商应该着重针对私家车进行进一步的精细化分析，从而制定出更加符合不同私家车群体响应特性的营销激励策略。

第四个层面，建议降低电动汽车参与市场交易准入标准并出台车网互动相关政策。目前，电动汽车作为可调节资源，潜力空间巨大，但诸多技术、政策、市场障碍亟待破解。在技术方面：一是频繁充放电会影响动力电池寿命，进而缩短电动汽车续航里程；二是电动汽车的大规模接入将会对配电网的可靠性产生影响；三是缺少“车—桩—网”通信协议标准，电动汽车无法大规模接入电网；四是电动汽车接入电网涉及用户隐私，可能降低电动汽车用户参与的积极性。因此在政策方面，建议出台电动汽车与电网互动的准入政策，允许低压充电站参与需求响应和辅助服务市场，合理设置负荷量、调节量等门槛条件，为电动汽车参与市场，实现车网互动创造更好的市场环境和空间。

第 5 章

充电负荷聚合调控技术

为了在市场获得收益，电动汽车负荷聚合商需要有效调动内部的电动汽车负荷。聚合电动汽车优化调控技术已成为聚合大规模电动汽车充电负荷参与电力市场举足轻重的重要技术内容。

5.1 影响充电负荷聚合调控效果的因素

在充电负荷聚合商优化调控的过程中，有诸多影响充电负荷聚合调控效果的关键因素，其中，用户响应意愿、充电负荷调控机理和充电负荷优化调控策略是决定充电负荷聚合调控的三个要点。

5.1.1 用户响应意愿

充电负荷聚合调控实施的前提即为用户接入且允许调节，因此用户具有响应意愿是充电负荷聚合调控的基础。在研究电动汽车参与调控的过程中，大量的专家和学者对电动汽车的可调性做了深入的研究和探讨，其主要内容包括用户响应意愿的识别和电动汽车调节容量的测算。这两个因素直接决定了聚合调控的负荷规模，据此总结电动汽车参与调控可调性识别的基本架构如图 5-1 所示。

负荷聚合商聚合调控充电负荷时有两个必要的条件：一是充电容量实际可调；二是用户愿意参与响应。充电容量是否可调的判别主要基于电动汽车入网时的时空状态进行，并在具体的负荷优化调控过程中通过测算得出其可调节容量。用户愿意参与响应，理论上应该由用户做出直观的选择结果，但是现阶段用户无法形成直观的判断结果。这是由于大部分用户未签订长期的容量调度协议，或者未意识到参与响应的有益效果而选择参与响应，在这种情况下，只能通过负荷聚合商的推理判断得出用户是否参与响应的判别结果。因此，用户是否愿意参与响应主要是通过科学方法进行识别，而这些方法大致可以分为基于用户行为的判别方法、基于统计学的判别方法和基于用户响应意愿的判别方法。

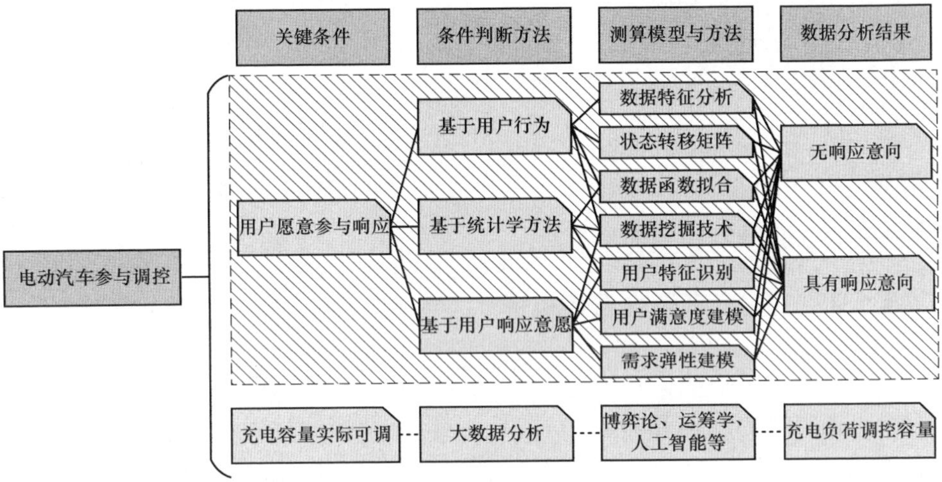

图 5-1 电动汽车参与调控可调性识别的基本架构

在用户参与响应的调度过程中，有基于用户行为的用户响应意愿分析方法。通过数据特征分析、时空状态矩阵构建、数据函数拟合、数据挖掘等技术对用户行为标签进行分析，其中主要包括用户出行的时间、停车时间、充电功率、负荷状态、出行电量需求标签；部分课题研究中考虑到了用户的个性化需求，还对车辆的充电曲线、电池容量、充电时间间隔、季节、特殊节假日、充电可信度等进行了综合考量。在标签设置的基础上，通过用户数据拟合、模拟仿真、模糊决策、机器学习等手段对用户可调性进行识别，获得用户可调性识别结果。

在用户参与响应的调度过程中有基于统计学的用户响应意愿分析方法。该方法主要是基于现有数据对用户行为进行建模分析，主要通过数据采集、数据处理（缺失值插补、异常值检测、信息补充、数据标准化）、数据特征建模等方法建立用户行为模型，基于用户行为模型直接展开用户调度过程可调性判别和调度操作。其可调性判别过程常采用环境模拟和定性分析的方法，如云模型、模糊判断等方式。

在用户参与响应的调度过程中有基于满意度的用户响应意愿分析方法。该方法主要考虑到用户参与对响应过程的满意程度，通过构建用户响应意愿评价指标或者用户满意度值函数对用户响应过程展开分析，将分析结果反馈作用于调度过程，从而判断用户是否愿意参与调控或者是否影响到了用户参与调控的积极性。该过程主要考虑的因素为经济因素和用户行为因素，应用博弈模型、风险模型、神经网络模型等方法对用户参与调控的响应意愿进行识别判断。

总的来说，用户意愿的识别是基于用户标签和用户响应数据，对用户参与调控的反馈结果进行定性/定量分析的结果。其中，基于用户响应意愿的方法参照了用户出行行为等数据，也综合考虑了用户的主观偏好、对调控策略的满意度和对经济激励的反应等，是最贴合实际场景的用户选择识别办法。因此本文采用基于用户响应意愿的电动汽车用户可调性识别体系，构建基于用户响应意愿的电动汽车可调性识别模型。

5.1.2 充电负荷聚合调控机理

在用户允许聚合商进行负荷调节的基础上，充电负荷的调控方式直接影响到聚合可调容量的规模和响应的时效。在优化调控的过程中，主要由电力市场或者合作方发出调控信号，然后由负荷聚合商来进行实时调控，该过程中的信号传递机制如图 5-2 所示。

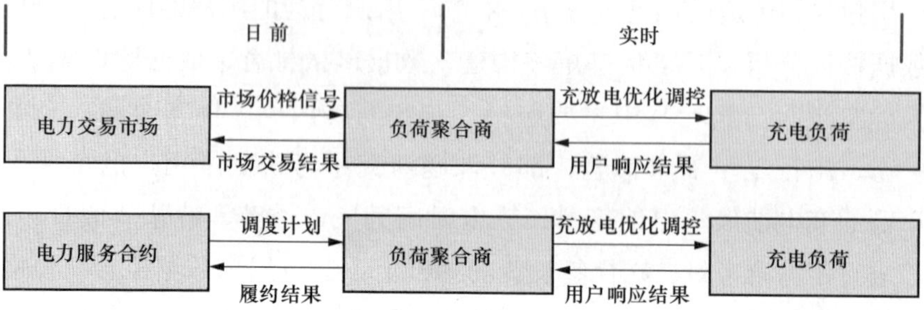

图 5-2　充电负荷聚合调控交易的信号传递过程

充电负荷聚合调控的机理主要有两种：一种是基于价格的调控响应，负荷聚合商在接收到电力交易市场（电力中长期市场、现货市场、辅助服务市场、需求响应市场等）发出的价格信号后及时调节充电负荷以实现市场效益最大化；另一种是基于负荷曲线的调控响应，电动汽车与合作方（可再生能源厂商、虚拟电厂、分布式能源等）签订负荷调节协议，负责供给需求侧出力曲线或者需求侧负荷曲线的调节。

负荷聚合商是参与负荷调节服务的“卖方”，同时也是充电负荷参与电力市场的代理“买方”，它聚合了大量充电负荷，具备参与电网调节服务的能力，获得了充电负荷用户的认同，可以合理调节充电状态。在调节过程中，负荷聚合商从外部获取的主要信息包括分时段电价、调节服务价格、外部负荷/出力状态等，从内部获取的主要信息包括充电负荷的时空状态、用户标签、充放电需求等，负荷聚合商基于这些环境信息并以最大化聚合调控效益/效果设计优化调控方案。

外部市场主体在与负荷聚合商进行协调和交易时，将需要调节的出力/负荷以价格信号或者调度计划的形式传递给负荷聚合商，在聚合商响应之后基于响应结果支付服务费用。从交易结果来说，中长期与现货交易中的服务费用体现为电价下降；在辅助服务和需求响应市场中的服务费用体现为分时段聚合调控的增量收益；在可再生能源追踪交易、备用服务等交易过程中的服务费用可以体现为交易电量优惠。充电负荷聚合调度是目前成本最低的协调调度方案，成本远低于储能、抽水蓄能、火电机组调节等，外部市场主体也可以获得成本节约收益。

充电负荷在接受负荷聚合商协调调度的过程中，电动汽车用户通过调整入网时间或者延长入网时长响应调节需求，也可以通过聚合调控平台的充放电远端控制实现聚合充电负荷的优化调控。该过程中，用户不需要付出额外的成本或者服务，却能够享受到聚合商聚合调控后分摊的市场收益。

因此，在充电负荷聚合调控过程中，负荷聚合商是信息聚合、计算和传递的大数据平台，也是电动汽车充电负荷优化调控方案设计和执行的市场代理，优化调控的结果可以有效帮助外部市场主体、负荷聚合商和充电负荷实现三方共赢。

5.1.3 充电负荷优化调控策略

合理的聚合充电负荷调控方式结合有效的充电负荷优化调控模型是实现最优化聚合调控效果的关键途径。在设计充电负荷优化调控模型时，需要考虑现有的数据条件和优化调度的时空条件设计。有基于聚合容量的优化调度策略设计和基于实时电动汽车可调容量的优化调度策略设计，其优化调控策略设计理念差异如图 5-3 所示。

基于聚合容量的优化调度策略设计是通过计算聚合负荷的次日可调容量，进而设计次日负荷的优化调度方案，主要采用的模型算法包括交替方向乘子法（Alternating Direction Method of Multipliers，ADMM）、梯度下降法（Gradient

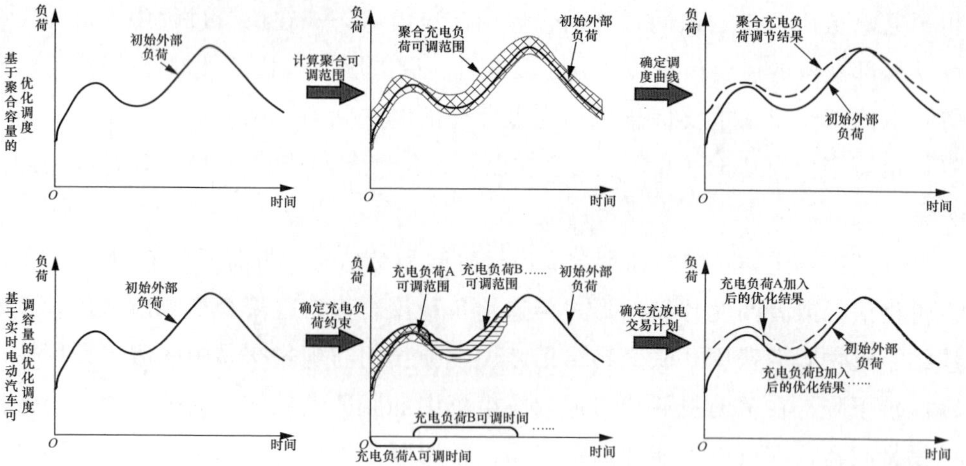

图 5-3　充电负荷聚合调控模型

Descent，GD）、拟牛顿法（Quasi-Newton Method，BFGS）、共轭梯度法（Conjugate Gradient，CG）、人工智能算法等。该模型的主要工作内容在执行调控工作日之前：首先需要对次日的负荷基本情况有较为准确的估计，包括明确各个时段的入网车辆、入网市场、容量范围、可调范围、用户意愿等；进而测算聚合调控的可调容量并对次日分时段入网车辆的充放电计划进行设计；最后在当日车辆入网时按照优化调控的计划执行。该模型需要有较大的基础数据量，以便进行模型训练和预测，需要有准确的预测结果和较大的调度方案容错性，以便使所设计的优化调控方案可执行。目前的大部分研究成果都是通过构建该类优化调度模型进行求解，实际应用效果并不稳定。

基于实时电动汽车可调容量的优化调度策略设计是基于每个充电负荷的特征状态，专门设计对应时点、对应对象的优化调度方案，主要采用的模型算法为强化学习算法。该模型的主要工作内容是实时进行的：首先将外部负荷数据和电动汽车数据进行输入，确认优化调控的目标和该辆充电负荷的可调节能力；然后训练完成后的模型就可以对该辆电动汽车的优化调控方案进行专门设计并直接输出方案以供执行；每辆电动汽车充电负荷接入时即开始方案设计，直至完成当日所有电动汽车的充放电调节过程。该模型要求较大的基础数据规模以完成模型的训练，进而能够在优化调控过程中实现针对单辆电动汽车的优化调控方案实时设计和执行。

综合考虑电动汽车优化调控场景的复杂性和时效性，本文选用基于深度强化学习的优化调控模型，该模型具备更好的环境适应性、调控方案的时效性和输出结果的稳定性，是适用于本文考虑的电动汽车用户可调性的充电负荷聚合调控场景。

5.2 考虑用户可调性的负荷调控经典模型

基于上文分析，不难看出本章所针对电动汽车聚合调控模型主要涉及两个求解阶段，即用户可调性识别阶段和充电负荷优化调控方案设计阶段。本节针对现有的用户可调性识别经典模型进行介绍和分析。包括：卷积神经网络模型（Convolutional Neural Network，CNN）、反向误差传播神经网络模型（Error Back Propagation Neural Network，BP），以及现有的充电负荷聚合调控策略优化经典模型，包括策略梯度模型（Policy Gradients，PG）、深度确定性策略性策略模型（Deep Deterministic Policy Gradient，DDPG）。

5.2.1 考虑用户的可调性识别经典模型

神经网络模型以非线性结构组合大量计算单元进而模拟大脑的信息检索、信息处理等功能，目前已经渗透到各个领域，用于解决图像识别与处理、语音识别与处理、系统识别与管理、智能优化控制、大数据处理、负荷预测等，并取得了显著的计算效果。尤其是在模式识别方面，神经网络对大数据强大的处理能力和学习能力使得其具有准确的模式识别结果。现有的神经网络复杂多样，包括前馈神经网络、卷积神经网络、循环神经网络等，本节重点介绍典型前馈神经网络 BP 模型和卷积神经网络 CNN 模型[1]。

5.2.1.1 BP 模型

BP 神经网络模型是一种通过误差反向传播训练的多层前馈网络，在数据预测、模式识别、参数优化等领域具有良好的计算效果，可以应用于大数据的识别与分类问题。BP 神经网络主要有以下关键内容。

1. BP 网络信号传递过程

与神经网络的一般结构一致，BP 神经网络由输入层、隐含层以及输出层三

[1] 由于本节涉及模型公式较多，本节（5.2 节）模型计算公式中所使用字符的对应含义仅在本节中适用。

层神经网络结构构成，并通过误差传播不断修正网络参数，形成最终的识别与分类网络。BP 神经网络主要通过信息顺序传播和误差逆序传播实现信息的传递和误差修正，直至形成最后的学习网络。该过程中的信息传递和网络结构示意如图 5-4 所示。

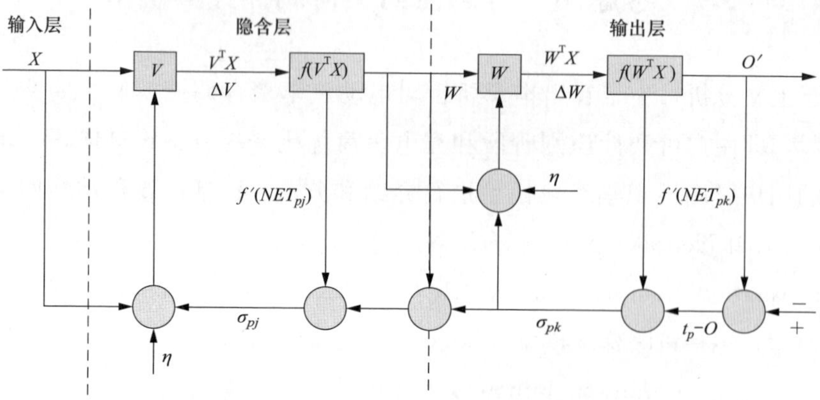

图 5-4　BP 神经网络信号传递网络

2. BP 算法原理

首先，构建 BP 神经网络的基础参数，包括其输入层节点数 N、输出层节点数 M、隐含层节点数 L（$L>2N$）；令 i，j，k 分别为输入层、输出层和隐含层的节点代码；令 p 为模式编号；令 E_p 为 BP 神经网络的误差函数；令 t_{pj} 为输出层节点 j 的期望值；令 O_{pj} 为输出层节点 j 的实际值；令 W_{ij} 为输入层节点 i 到输出层节点 j 之间的权重；令 θ_j 为节点 j 的阈值。则存在式（5-1）和式（5-2）所示关系，即

$$E_p=\frac{1}{2}\sum_{j=1}^{M}(t_{pj}-O_{pj})^2 \tag{5-1}$$

$$NET_{pj}=\sum_{i=1}^{L}W_{ij}Q_{pj}-\theta_j \tag{5-2}$$

式中：NET_{pj} 为输出层节点 j 的净输入，$j=1, 2, \cdots, M$。

同时，有

$$Q_{pj}=f_j\left(\sum_{i=1}^{L}W_{ij}Q_{pj}-\theta_j\right) \tag{5-3}$$

式中：$\theta_j\in(-1, 1)$，$j=1, 2, \cdots, M$。

求式（5-1）中误差函数的最小值，则有

$$\frac{\partial E_p}{\partial W_{ij}} = \frac{\partial E_p}{\partial NET_{pj}} \frac{\partial NET_{pj}}{\partial W_{ij}} \tag{5-4}$$

式中：$i=1, 2, \cdots, L_j$。将式（5-2）代入式（5-4）则可以得到

$$\frac{\partial NET_{pj}}{\partial W_{ij}} = \frac{\partial}{\partial W_{ij}} \sum_{k=1}^{L} W_{ij} Q_{pj} = \sum_{k=1}^{L} \frac{\partial W_{kj}}{\partial W_{ij}} Q_{pk} = Q_{pk} \tag{5-5}$$

式中：$\frac{\partial W_{kj}}{\partial W_{ij}} = \begin{cases} 0, & i \neq k \\ 1, & i = k \end{cases}$。

赋值 σ_{pj}，有

$$\sigma_{pj} = -\frac{\partial E_p}{\partial NET_{pj}} \tag{5-6}$$

将式（5-5）、式（5-6）代入式（5-4），则有

$$-\frac{\partial E_p}{\partial W_{ij}} = \sigma_{pj} Q_{pk} \tag{5-7}$$

为使得 E_p 达到最小值，W_{ij} 正比于 $\sigma_{pj}Q_{pk}$，即存在

$$\Delta W_{ij} = \eta \sigma_{pj} Q_{pk} \tag{5-8}$$

式中：η 为比例系数。此时有

$$\sigma_{pj} = -\frac{\partial E_p}{\partial NET_{pj}} = -\frac{\partial E_p}{\partial O_{pj}} \cdot \frac{\partial O_{pj}}{\partial NET_{pj}} \tag{5-9}$$

将式（5-3）代入式（5-9），则有

$$\frac{\partial O_{pj}}{\partial NET_{pj}} = f'_j(NET_{pj}) \tag{5-10}$$

将式（5-1）代入式（5-9），则有

$$\frac{\partial E_p}{\partial O_{pj}} = -(t_{pj} - O_{pj}) \tag{5-11}$$

将式（5-11）与式（5-10）代入式（5-9），则有

$$\sigma_{pj} = f'_j(NET_{pj})(t_{pj} - O_{pj}) \tag{5-12}$$

此时，t_{pj} 和 O_{pj} 均已知，故可以通过式（5-8）和式（5-12）更新偏导 σ_{pj} 和权重 ΔW_{ij}。同时，进一步求导得到

$$\begin{aligned} \frac{\partial E_p}{\partial O_{pj}} &= \sum_{k=1}^{M} \frac{\partial E_p}{\partial NET_{pk}} \cdot \frac{\partial NET_{pk}}{\partial O_{pj}} \\ &= \sum_{k=1}^{M} \frac{\partial E_p}{\partial NET_{pk}} \cdot -\frac{\partial}{\partial O_{pj}} \times \left(\sum_{k=1}^{M} w_{ik} O_{pj} - \theta_j\right) \\ &= -\sum_{k=1}^{M} \sigma_{pk} W_{jk} \end{aligned} \tag{5-13}$$

由于节点 k 的 σ_{pk} 已经得出，因此结合式（5-13）可计算出 $\frac{\partial E_p}{\partial O_{pj}}$ 的值。

将式（5-10）与式（5-13）代入式（5-9），则有

$$\sigma_{pj} = f'_j(NET_{pj})\sum_{k=1}^{M}\sigma_{pk}W_{jk} \tag{5-14}$$

不难发现，式（5-14）是将输出层误差反向传播至隐含层的过程。因此，可以进一步计算隐含层 σ_{pj} 的值。

采用 S 型函数作为 BP 模型的阈函数，则有

$$f(x) = 1/(1+\mathrm{e}^{-sx}) \tag{5-15}$$

$$f'(x) = \frac{S\mathrm{e}^{-sx}}{(1+\mathrm{e}^{-sx})^2} = Sf(x)[1-f(x)]SO_{pj}(1-O_{pj}) \tag{5-16}$$

3. BP 网络的计算流程

BP 神经网络的计算过程中的主要步骤为：①网络参数初始化；②输入准备好的训练数据集；③计算隐含层和输出层的输出值；④用输出层误差函数计算并完成隐含层与输出层连接权重的更新；⑤BP 模型整体误差计算；⑥模型训练效果评价，判断是否达到满意的精度或者达到最大迭代次数，若满足则算法结束，否则返回步骤③继续迭代。

5.2.1.2　CNN 模型

CNN 是针对 BP 神经网络的改进算法模型，其主体结构与传统结构一样，包括输入层、中间层和输出层，然而在各层的具体结构和算法上与传统神经网络具有较大差异，是大数据深度学习和高效处理的重要手段。它通过对大量数据的深度学习，提取数据内部特征、实现数据的特征提取和趋势分析的工作方式，使得其在电动汽车可调性的识别上也具备应用可行性。

1. CNN 网络主体结构

CNN 有三层网络结构：其输入层主要实现对数据的初步处理，具体计算内容包括数据去均值、归一化、PCA 降维和数据白化等；输出层与传统神经网络结构一致，功能为实现计算结果输出；CNN 的主要工作内容是在中间层完成的，这部分包含有 CNN 的两种特殊神经网络层，即卷积层和池化层，以及两层重要的计算神经网络层，即激励层和全连接层。图 5-5 所示是一个典型双层卷积的 CNN 网络结构。

卷积层是 CNN 神经网络最为重要的一个层次，通过窗口滑动卷积计算实现数据滤波处理；池化层的功能是在防止过拟合，即在保持数据重要特征的条件

下实现数据的压缩处理，常用方法包括最大池化（Max Pooling）和平均池化（Average Pooling）两种；激励层通过选用合适的函数为输出数据加入非线性因素，常用函数有 sigmoid、tanh、Relu、leaky Relu、maxout 等；全连接层则连接前一层神经网络所有节点并加入权重影响因子，综合了卷积输出结果的特征数据并提高了输出结果的鲁棒性。

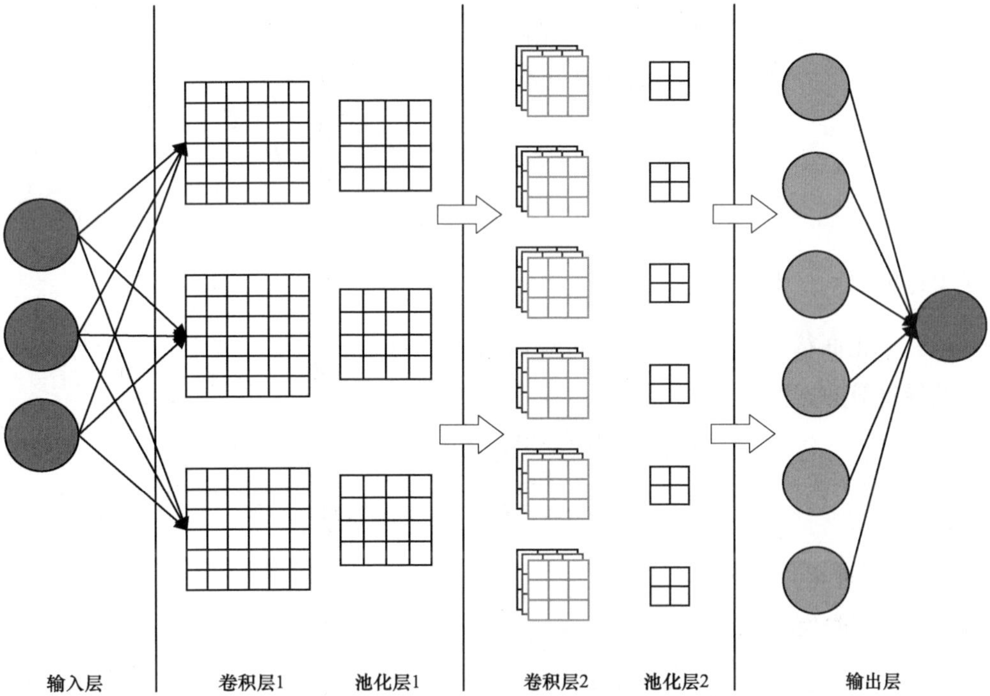

图 5-5 双层卷积的 CNN 网络结构

2. CNN 网络计算原理

针对 CNN 计算过程，首先定义输入为 $\boldsymbol{x}^{l-1}(m\times m)$特征矩阵，$l$ 为卷积层标识，输入层为 $l-1$，卷积层卷积核为 $\boldsymbol{k}^{l}(n\times n)$矩阵，输出层偏置为 $\boldsymbol{b}^{l}$，卷积层输出为 $\boldsymbol{z}_{u,v}^{l}[(m-n+1)\times(m-n+1)]$矩阵，$m$、$n$、$i$、$j$、$u$、$v$、$g$、$h$ 均为矩阵内元素位置表示。

对于第一层卷积层，输出计算公式、限定函数和采样层输出分别为

$$\boldsymbol{z}_{u,v}^{l}=\sum_{i=-\infty}^{\infty}\sum_{j=-\infty}^{\infty}\boldsymbol{x}_{i+u,j+v}\cdot\boldsymbol{k}_{\mathrm{roti},j}\cdot\boldsymbol{\chi}(i,j)+\boldsymbol{b}^{l} \tag{5-17}$$

$$\boldsymbol{\chi}(i,j)=\begin{cases}1, & 0\leqslant i,j\leqslant n\\ 0, & \text{others}\end{cases} \tag{5-18}$$

$$\boldsymbol{a}_{u,v}^{l}=f(Z_{u,v}^{l}) \tag{5-19}$$

式中：$\boldsymbol{k}_{\mathrm{rot}}$为$\boldsymbol{k}(n\times n)$旋转 180 度得到。

对于第二层池化层，输出值计算方式为

$$\boldsymbol{z}_{i,j}^{l+1}=\boldsymbol{\beta}^{l+1}\sum_{u=ir}^{(i+1)r-1}\sum_{v=jr}^{(j+1)r-1}\boldsymbol{a}_{u,v}^{l}+\boldsymbol{b}^{l+1} \tag{5-20}$$

$$\boldsymbol{a}_{i,j}^{l+1}=f(\boldsymbol{z}_{i,j}^{l+1}) \tag{5-21}$$

式中：$\boldsymbol{\beta}^{l+1}$为第 $l+1$ 层的卷积核单元权重。

第三层卷积层的数据计算方式为

$$\boldsymbol{z}_{i,j}^{l+2}=\sum_{i=-\infty}^{\infty}\sum_{j=-\infty}^{\infty}\boldsymbol{a}_{i+u,j+v}^{l+1}\cdot\boldsymbol{k}_{i,j}^{l+2}\cdot\boldsymbol{\chi}(i,j)+\boldsymbol{b}^{l+2} \tag{5-22}$$

$$\boldsymbol{a}_{u,v}^{l+2}=f(\boldsymbol{z}_{u,v}^{l+2}) \tag{5-23}$$

式中：输出 $\boldsymbol{a}_{u,v}^{l+2}$为$\boldsymbol{A}^{l+2}\left[\left(\frac{m-n+1}{r}-n+1\right)\times\left(\frac{m-n+1}{r}-n+1\right)\right]$矩阵。

完成正向输出计算之后，通过反向传播进行残差计算。其中卷积层计算方式偏导计算方式为

$$\begin{aligned}\boldsymbol{\delta}_{g,h}^{l}&=\frac{\partial\boldsymbol{J}(W,b;x,y)}{\partial\boldsymbol{z}_{g,h}^{l}}\\&=\sum_{i=0}^{r-1}\sum_{j=0}^{r-1}\frac{\partial\boldsymbol{J}(W,b;x,y)}{\partial\boldsymbol{z}_{g,h}^{l+1}}\frac{\partial\boldsymbol{z}_{i,j}^{l+1}}{\partial\boldsymbol{z}_{g,h}^{l}}\\&=\boldsymbol{\beta}^{l+1}\boldsymbol{\delta}_{i+pr,j+qr}^{l+1}f'(\boldsymbol{z}_{g,h}^{l})\end{aligned} \tag{5-24}$$

其中：$\boldsymbol{up}_{r\times r}$（$\boldsymbol{X}$）表示将输入在水平和垂直方向的重复 r 次，以便将残差 $\boldsymbol{\delta}_{g,h}^{l}$矩阵从$\left[\frac{(m-n+1)}{r}\times\frac{(m-n+1)}{r}\right]$阶扩展到［（$m-n+1$）×（$m-n+1$）］阶。

对于池化层，残差计算方式以及对式（5-18）进行限定之后的残差计算结果分别为

$$\begin{aligned}\boldsymbol{\delta}_{g,h}^{l+1}&=\frac{\partial\boldsymbol{J}(W,b;x,y)}{\partial\boldsymbol{z}_{g,h}^{l+1}}\\&=\sum_{u=0}^{q-1}\sum_{v=0}^{q-1}\frac{\partial\boldsymbol{J}(W,b;x,y)}{\partial\boldsymbol{z}_{u,v}^{l+2}}\frac{\partial\boldsymbol{z}_{u,v}^{l+2}}{\partial\boldsymbol{z}_{g,h}^{l+1}}\\&=\sum_{u=0}^{q-1}\sum_{v=0}^{q-1}\boldsymbol{\delta}_{u,v}^{l+2}\boldsymbol{k}_{\mathrm{rot}\,g-u,h-v}^{l+2}\cdot f'(\boldsymbol{z}_{g,h}^{l+1})\end{aligned} \tag{5-25}$$

$$\boldsymbol{\delta}_{g,h}^{l+1}=\sum_{i=-\infty}^{\infty}\sum_{j=-\infty}^{\infty}\boldsymbol{\delta}_{u,v}^{l+2}\boldsymbol{k}_{\mathrm{rot}\,g-u,h-v}^{l+2}\cdot\boldsymbol{\chi}(i,j)f'(\boldsymbol{z}_{g,h}^{l+1}) \tag{5-26}$$

进而计算偏导数，其中卷积层偏导为

$$\frac{\partial \boldsymbol{J}(W,b;x,y)}{\partial \boldsymbol{b}^{l}}=\sum_{u=0}^{m-n}\sum_{v=0}^{m-n}\frac{\partial \boldsymbol{J}(W,b;x,y)}{\partial \boldsymbol{z}_{u,v}^{l}}\frac{\partial \boldsymbol{z}_{u,v}^{l}}{\partial \boldsymbol{b}^{l}}=\sum_{u=0}^{m-n}\sum_{v=0}^{m-n}\boldsymbol{\delta}_{u,v}^{l} \tag{5-27}$$

$$\frac{\partial \boldsymbol{J}(W,b;x,y)}{\partial \boldsymbol{k}_{\mathrm{rot}\ g,h}^{l}}=\sum_{u=0}^{m-n}\sum_{v=0}^{m-n}\frac{\partial \boldsymbol{J}(W,b;x,y)}{\partial \boldsymbol{z}_{u,v}^{l}}\frac{\partial \boldsymbol{z}_{u,v}^{l}}{\partial \boldsymbol{k}_{g,h}^{l}}=\sum_{u=0}^{m-n}\sum_{v=0}^{m-n}\boldsymbol{x}_{\mathrm{rot}\ g+u,h+v}^{l-1}\boldsymbol{\delta}_{u,v}^{l} \tag{5-28}$$

采用式（5-18）对式（5-28）进行限定，有

$$\frac{\partial \boldsymbol{J}(W,b;x,y)}{\partial \boldsymbol{k}_{\mathrm{rot}\ g,h}^{l}}=\sum_{u=0}^{m-n}\sum_{v=0}^{m-n}\boldsymbol{x}_{\mathrm{rot}\ g+u,h+v}^{l-1}\boldsymbol{\delta}_{u,v}^{l}\cdot\boldsymbol{\chi}(i,j) \tag{5-29}$$

计算池化层偏导，有

$$\frac{\partial \boldsymbol{J}(W,b;x,y)}{\partial \boldsymbol{b}^{l+1}}=\sum_{u=0}^{m-n}\sum_{v=0}^{m-n}\frac{\partial \boldsymbol{J}(W,b;x,y)}{\partial \boldsymbol{z}_{u,v}^{l}}\frac{\partial \boldsymbol{z}_{u,v}^{l}}{\partial \boldsymbol{b}^{l}}=\sum_{u=0}^{m-n}\sum_{v=0}^{m-n}\boldsymbol{\delta}_{u,v}^{l} \tag{5-30}$$

$$\frac{\partial \boldsymbol{J}(W,b;x,y)}{\partial \boldsymbol{k}_{\mathrm{rot}\ g,h}^{l}}=\sum_{i=0}^{\frac{m-n+1}{r}-1}\sum_{j=0}^{\frac{m-n+1}{r}-1}\frac{\partial \boldsymbol{J}(W,b;x,y)}{\partial \boldsymbol{z}_{i,j}^{l+1}}\frac{\partial \boldsymbol{z}_{u,v}^{l+1}}{\partial \boldsymbol{b}^{l}}=\sum_{i=0}^{\frac{m-n+1}{r}-1}\sum_{j=0}^{\frac{m-n+1}{r}-1}\boldsymbol{\delta}_{i,j}^{l+1} \tag{5-31}$$

$$\frac{\partial \boldsymbol{J}(W,b;x,y)}{\partial \boldsymbol{\beta}^{l+1}}=\sum_{i=0}^{\frac{m-n+1}{r}-1}\sum_{j=0}^{\frac{m-n+1}{r}-1}\frac{\partial \boldsymbol{J}(W,b;x,y)}{\partial \boldsymbol{z}_{i,j}^{l+1}}\frac{\partial \boldsymbol{z}_{u,v}^{l+1}}{\partial \boldsymbol{\beta}^{l+1}}=\sum_{i=0}^{\frac{m-n+1}{r}-1}\sum_{j=0}^{\frac{m-n+1}{r}-1}\boldsymbol{\delta}_{i,j}^{l+1}\sum_{u=ir}^{(i+1)r-1}\sum_{v=jr}^{(j+1)r-1}\boldsymbol{a}_{u,v}^{l} \tag{5-32}$$

3. CNN 网络计算流程

CNN 网络的计算流程主要包括下列步骤：①初始化网络数据参数；②基于数据基础，给定训练输入向量和输出目标；③隐含层与输出层各个单元的输出计算；④目标值与实际值之间的误差计算；⑤模型训练效果评价，判断是否达到满意精度或者达到最大迭代次数，若满足则结束算法，否则进入步骤⑥；⑥计算网络中的神经元误差并求误差梯度，基于梯度计算更新权值，返回步骤③。

5.2.2　负荷聚合调控策略优化经典模型

充电负荷聚合调控模型的构建需要充分考虑到电动汽车负荷规模大、分布

散、随机性强的特征，所采用的优化求解算法既要完成对聚合充电负荷的概况预测，也要完成对单辆电动汽车充放电方案的统筹优化设计。深度强化学习通过与环境间的智能交互，能够为大规模聚合充电负荷的优化调度提供可行方案。现有的深度强化学习算法多种多样，本节重点介绍 PG 模型和 DDPG 模型两种深度强化学习算法的结构、原理和计算流程。

5.2.2.1 PG 模型

PG 算法主要是通过对策略参数的控制来寻找最优化智能体行动策略，能够完成连续动作状态空间的控制。

1. PG 算法结构

PG 算法主要包括三个部分，即策略模型（policy model）、策略梯度（policy gradient）和计算网络（agent），如图 5-6 所示。PG 网络通过与环境间的交互获取动作（a）与状态（s）轨迹，通过奖励值计算（R）以及与数据训练，不断更新网络参数（π），该过程不断迭代以求解最优网络参数。

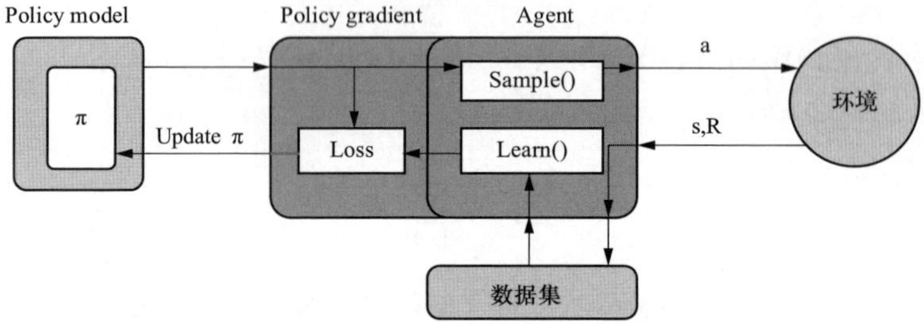

图 5-6　PG 算法结构

2. PG 算法原理

PG 算法主要是通过梯度下降/上升的方法寻求最优化策略参数。目标函数为

$$J(\theta)=\underset{r(s_t,a_t)\sim\pi_\theta}{E}\left[\sum_{t=0}^{T}r(s_t,a_t)\right] \tag{5-33}$$

式中：$J(\theta)$ 为目标函数；θ 为策略网络参数；π_θ 为行动策略；a_t 为 t 时刻的动作空间；s_t 为 t 时刻的状态空间。

将状态—动作空间简化，有

$$\tau=(s_t,a_t) \tag{5-34}$$

式中：τ 为数据轨迹。

即可以求得目标函数的梯度值为

$$\nabla_{\theta} J(\theta)=\underset{r(\tau)\sim\pi_{\theta}}{E}\left[\log P_{\theta}(\tau) R(\tau)\right] \tag{5-35}$$

式中：∇ 为梯度符号；P_{θ}（τ）为数据轨迹 τ 在策略参数 θ 下的发生概率；R（τ）为数据轨迹的奖励值，在具体模型中体现为场景的价值函数。

同时有策略参数更新办法，不断迭代更新即可实现最优化策略求解。即

$$\theta'=\theta+\alpha \nabla_{\theta} J(\theta) \tag{5-36}$$

式中：α 为算法的学习率。

3. PG 计算流程

PG 算法的主要计算流程包括：①初始化网络参数；②借用策略模型生成动作概率，借用动作函数去生成具体动作；③通过与环境交互后执行学习函数；④迭代更新策略模型网络参数；⑤判断 PG 模型是否达到收敛，是则迭代结束，否则返回步骤②。

5.2.2.2　DDPG 模型

DDPG 模型是在 DPG（Deterministic Policy Gradient）以及 DQN（Deep Q-network）模型的基础上改进的算法，通过设置独立的目标网络实现连续动作空间的稳定求解。

1. DDPG 算法结构

DDPG 模型主要包括四个网络，即动作当前网络（actor network）、评价当前网络（critic network）、动作目标网络（target actor network）和评价目标网络（target critic network）。不同网络有不同的功能，其中，动作当前网络用于策略网络参数更新并与环境产生交互，评价当前网络用于价值网络参数更新并计算当前 Q 值，动作目标网络负责回放池采样和动作生成，评价目标网络，更新目标 Q 值，其具体结构如图 5-7 所示。

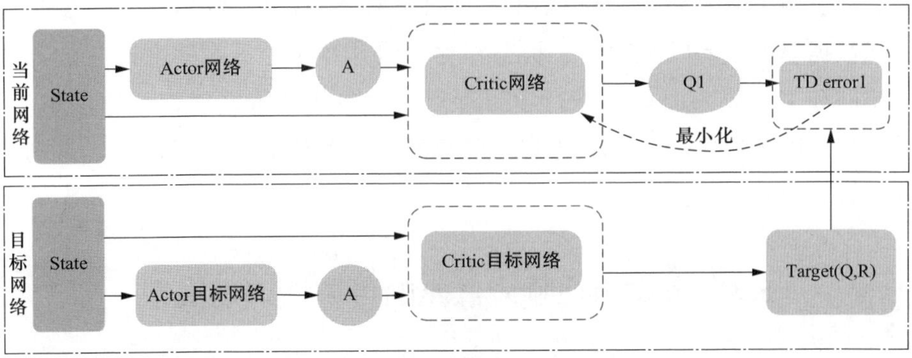

图 5-7　DDPG 算法结构图

2. DDPG 算法原理

记 DDPG 的动作当前网络参数为 θ^{Q}，评价当前网络参数为 θ^{μ}，对应动作目标网络参数为 $\theta^{Q'}$，对应评价目标网络参数为 $\theta^{\mu'}$，回放池为 R。

Actor 当前网络根据式（5-37）生成动作 a_t，即

$$a_t = \mu(s_t | \theta^{\mu}) + N_t \tag{5-37}$$

式中：μ 为策略网络函数；N_t 为随机噪声。

根据动作生成奖励值 r_t、状态值 s_{t+1}。将生成的数据集（s_t，a_t，r_t，s_{t+1}）存入回放池 R 并随机采样 N 个数据，以（s_i，a_i，r_i，s_{i+1}）表示采样出的单个数据组。则有损失函数为

$$L = \frac{1}{N}\sum_{t}[y_i - Q(s_i, a_i | \theta^{Q})]^2 \tag{5-38}$$

式中：L 为损失函数；y_i 为计算标签以便于网络收敛，其计算方法为

$$y_i = r_i + \gamma Q'[s_{i+1}, \mu(s_{i+1} | \theta^{\mu'}) | \theta^{Q'}] \tag{5-39}$$

进而依据式（5-40）更新策略网络梯度，即

$$\nabla_{\theta^{\mu}} J(\theta) \approx \frac{1}{N}\sum_{t}[\nabla_{a} Q(s, a | \theta^{Q})|_{s=s_i, a=\mu(s_i)} \cdot \nabla_{\theta}\mu(s | \theta^{\mu})|_{s=s_i}] \tag{5-40}$$

该过程中的网络参数 θ^{Q}和 θ^{μ}均采用自适应优化器（Adam optimizer）更新；$\theta^{Q'}$和 $\theta^{\mu'}$采用软更新（Soft update）策略进行更新，即

$$\theta^{Q'} \leftarrow \tau\theta^{Q} + (1-\tau)\theta^{Q'} \tag{5-41}$$

$$\theta^{\mu'} \leftarrow \tau\theta^{\mu} + (1-\tau)\theta^{\mu'} \tag{5-42}$$

式中：τ 为参数，一般取 0.001；“←”为赋值符号，其与“＝”意义相似。

3. DDPG 计算流程

DDPG 模型的主要计算流程包括下列步骤：①初始化网络参数，包括动作网络、评价网络以及对应目标网络中的动作网络和评价网络，初始化回放池；②完成数据集训练，以及动作、状态和奖励值计算；③将步骤②产生的动作—状态空间和奖励放入回放池进行学习存取；④更新评价网络、动作网络参数；⑤更新目标网络参数；⑥判断是否达到 DDPG 模型的最大迭代次数，是则结束迭代，否则返回步骤②。

5.3 考虑用户响应意愿的可调性识别模型

基于第 2 章电动汽车优化调度要点的研究和分析，本节针对单个电动汽车

参与调度的过程，结合不同类型和出行特征的电动汽车用户参与优化调控的协调能力，重点分析用户参与调控过程中的响应意愿和偏好特征，构建考虑用户响应意愿的电动汽车可调性识别模型，识别兼具参与调度响应能力和响应意愿的电动汽车，为电动汽车聚合优化调度提供基础条件。

5.3.1 用户响应特征

负荷聚合商在聚合充电负荷参与优化调度的过程中，需要考虑用户是否愿意且能够参与聚合响应过程。为此，须对影响用户参与响应过程的主要影响因素进行分析。

1. 用户充放电需求特征

用户充放电需求特征直接决定了用户参与充放电优化调度的效率和效果，同时也是电动汽车充电需求最直观的反映。电动汽车的电池容量和荷电状态（SOC）可以直接反映出电动汽车的充放电需求和能力。

在充电过程中，电动汽车需要将电充至满足用户需求（一般充至 SOC 为 1），而对于相同 SOC 的车辆来说，电池容量越大对应所需充电时间更长。在用户参与充电调节的过程中，可以通过合理地平移负荷实现调度响应，调节方式包括充电功率调节、充电时段调节等。

在放电的过程中，电动汽车可以放电至一定程度以响应调度需求，而不对电池寿命产生严重影响（一般为 SOC 不低于 0.1），同时也要保证电动汽车离网时的电动汽车用电需求。在用户参与放电调节的过程中，可以通过充放电控制、功率控制、时间控制等，实现负荷优化调度，但是也需要充分考虑放电过程对电动汽车寿命的影响。

储能放电会对储能寿命产生一定影响，进而提升充放电成本，其对寿命的影响为

$$T_{\text{res}} = 1 - \sum_{i=1}^{N} \frac{1}{K_{\text{eye},D(i)}} \tag{5-43}$$

$$L_{\text{eye},D} = 2151 D^{-2.301} \tag{5-44}$$

式中：T_{res}为储能剩余使用寿命；$K_{\text{eye},D(i)}$为充放电深度为 $D_{(i)}$ 时的电池使用寿命；$L_{\text{eye},D}$为锂电池充放电深度为 D 时的电池使用寿命。

2. 用户车辆特征

优化调度过程中的车辆特征是决定用户优化调度响应能力的客观因素，不

同类型的车辆对参与优化调控的积极性和响应能力具有明显差异。考虑不同类型的电动汽车对响应调度的能动性和敏感性具有明显差异，将电动汽车分为私家车、出租车、商务车、公交车等。

不同的车型，由于规模、所属权、车主响应意识、激励策略等差异，会对电动汽车聚合调度过程有不同程度的响应。例如说，私家车和出租车大多采用城市公共充电桩进行充电，负荷规模最大，但是分布散、车辆种类繁多、参与调度的意愿相对较弱；公交车负荷规模相对较低，但是分布较为集中、可调能力强、参与调度意愿相对较强。

3. 用户充放电时间特征

优化调度过程中的用户充放电时间特征是决定用户优化调度响应能力的主观因素，只有在不影响用户出行时间的条件下才能够顺利展开调控工作。它主要包括两个时间节点，即入网时间和离网时间，与之相对应的有电动汽车充电所需时间。

入网时间和离网时间主要取决于用户对于出行的预期，在用户离网前最大限度达到用户要求的电量需求，是执行优化调度调节充电过程的前提。同时，也需要考虑充电入网和离网时间所对应的不同峰谷时段对充电的影响。一般来说，需要用户接入的时间超过电动汽车充电所需最短时间，才能执行充电调度操作；调控过程不提高用户的充电成本是不影响用户响应意愿的前提。

4. 用户响应偏好特征

优化调度过程中的用户响应偏好特征是能够调用车辆参与充放电调节过程的重要主观因素。用户偏好取决于电动汽车车主的个人特征。

从电动汽车车主的个人特征出发，考虑结合用户参与激励响应过程中的情况，为用户设置特定偏好标签。该标签可以在用户开始充电前作为特征参数输入，并在用户完成充电后进行偏好标签数据更新，为下一次调节提供基础条件。例如，设置包括车型、价位及其电池容量的车辆基本情况标签，包括日均电力需求和日均入网时长等的出行行为标签，基于积分/优惠券使用情况的激励效果标签等。同时，根据多轮电动汽车响应调度营销活动中用户的表现情况，对应出相应标签下用户的响应偏好；对多个用户样本进行综合计算，则可以得出对应标签对响应意愿的影响权重，从而进一步开展用户偏好的量化分析。

5.3.2 用户可调性特征元组

量化数据能够更好地进行识别和判断，根据用户响应特征的分析，并结合具体的用户数据类型，构建用户可调性特征元组。

1. 可调性特征元组

基于前文论述，不难看出用户的可调性主要包括两方面的内容：一是物理条件支持优化调度操作；二是用户意愿支持优化调度开展。有效的优化调度操作需要在不影响用户响应意愿的情况下精准可靠地开展。为此，需要充分考虑物理条件和用户意愿，构建可调性识别元组，以有效识别愿意参与优化调度的可控电动汽车。根据用户响应特征的分析，可构建用户可调性识别元组 $\boldsymbol{u}=[\boldsymbol{u}_1, \boldsymbol{u}_2]$，对应物理特征元组 U_1 和用户响应意愿特征元组 U_2，形成过程如图 5-8 所示。

2. 基于车辆物理条件的归一化特征元组

考虑用户充电可调的物理条件，设置包括充电需求、车辆特征、时间特征三个关键内容的物理标签，其计算方式详见式（5-45）～式（5-52）。其中，式（5-45）代表电动汽车充电电量的可调性，当 $u_{1,i}$ 小于 1 时，电动汽车可以在规定时间内达到用户的充电电量需求，且有富余的充电电量进行负荷的分配和调整，具备响应调度的初步条件。式（5-46）代表电动汽车类型的可调性，部分电动汽车处于随时待命的状态，则其 p_e 为 0，部分电动汽车已经签署电动汽车响应条约，则其 $u_{2,i}$ 为 1。式（5-47）和式（5-48）对电动汽车入网和离网的时间点进行了描述，不同时间段的电动汽车可调性具有明显的差异。

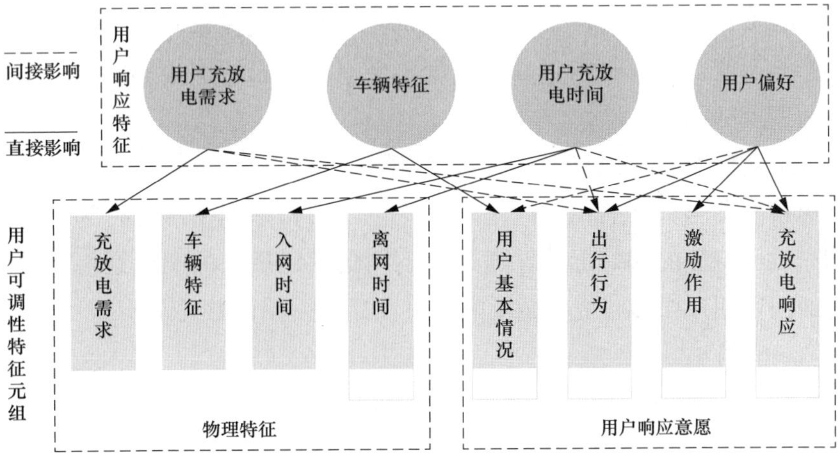

图 5-8 特征元组构成

$$u_{1,i}=\frac{g_i}{h_i} \tag{5-45}$$

$$u_{2,i}=p_e \tag{5-46}$$

$$u_{3,i}=\frac{T_{\mathrm{in},i}}{24} \tag{5-47}$$

$$u_{4,i}=\frac{T_{\mathrm{out},i}}{24} \tag{5-48}$$

$$g_i=C_i\cdot(\mathrm{SOC}_{\mathrm{need},i}-\mathrm{SOC}_i) \tag{5-49}$$

$$h_i=p_{\mathrm{fast},i}\cdot\Delta t_i \tag{5-50}$$

$$t_{\mathrm{min},i}=\frac{g_i}{p_{\mathrm{fast},i}} \tag{5-51}$$

$$\Delta t_i=T_{\mathrm{out},i}-T_{\mathrm{in},i} \tag{5-52}$$

式（5-45）～式（5-52）中：$u_{j,i}$为第 i 辆电动汽车的第 j 个特征标签；$u_{1,i}$为第 i 辆电动汽车的充放电需求特征；$u_{2,i}$为第 i 辆电动汽车的车辆类型特征；$u_{3,i}$和$u_{4,i}$为第 i 辆电动汽车的时间特征；g_i 为第 i 辆电动汽车的充电需求；h_i 为第 i 辆电动汽车接入时间内的最大充电能力；p_e 为第 e 类电动汽车参与响应调度的概率；C_i 为第 i 辆电动汽车的电池容量；SOC_i 为第 i 辆电动汽车的荷电状态；$\mathrm{SOC}_{\mathrm{need},i}$为客户指定第 i 辆电动汽车的需要达到的荷电状态，默认为 1；$p_{\mathrm{fast},i}$为第 i 辆电动汽车的最大充电功率；Δt_i 为第 i 辆电动汽车的接入时长；$T_{\mathrm{out},i}$为第 i 辆电动汽车的离网时间；$T_{\mathrm{in},i}$为第 i 辆电动汽车的入网时间。

进而，由式（5-45）～式（5-48）构成了电动汽车用户充电需求的物理特征元组 $\boldsymbol{U}_1=[u_{1,i},\ u_{2,i},\ u_{3,i},\ u_{4,i}]$。当电动汽车充放电需求具备调节能力、车辆类型可参与调度、接入时间内参与调度不会对交通出行产生影响时，电动汽车具备参与调度的物理条件。

3. 基于用户响应意愿的归一化特征元组

考虑用户参与调度的偏好问题，设置包含用户基本情况、行为特征、激励特征和充放电特征的偏好标签，通过从不同角度对用户的响应意愿展开量化分析，进而获取用户对参与优化调度的积极性标签。计算方式为

$$u_{5,i}=\frac{ty_{5,i}}{A_{5,i}} \tag{5-53}$$

$$u_{6,i}=\frac{ty_{6,i}}{A_{6,i}} \tag{5-54}$$

$$u_{7,i}=\frac{ty_{7,i}}{A_{7,i}} \tag{5-55}$$

$$u_{8,i}=\frac{ty_{8.i}}{A_{8,i}} \tag{5-56}$$

式（5-53）～式（5-56）中：$u_{5,i}$为第 i 辆电动汽车的车辆情况标签；$ty_{5,i}$为第 i 辆电动汽车参与响应的次数；$A_{5,i}$为针对第 i 辆电动汽车所属类型的电动汽车所组织的优化调度总次数；$u_{6,i}$为第 i 辆电动汽车的出行行为标签；$ty_{6,i}$为第 i 辆电动汽车所响应的优化调度次数；$A_{6,i}$为针对第 i 辆电动汽车所属充放电行为的电动汽车所组织的优化调度总次数；$u_{7,i}$为第 i 辆电动汽车的激励行为标签；$ty_{7,i}$为第 i 辆电动汽车所参与的激励响应活动次数；$A_{7,i}$为针对第 i 辆电动汽车所组织的激励响应活动总次数；$u_{8,i}$为放电行为参与标签；$ty_{8.i}$为第 i 辆电动汽车参与的放电调度次数；$A_{8,i}$为针对第 i 辆电动汽车组织的放电调度响应总次数。

进而，由式（5-53）～式（5-56）构成了电动汽车用户充电需求的用户意愿特征元组 $\boldsymbol{U}_2=[u_{5,i},\ u_{6,i},\ u_{7,i},\ u_{8,i}]$。根据用户以往对电动汽车调度的响应情况和电动汽车车辆的现状，若用户参与调度不会对下次优化调度产生影响，则电动汽车具备参与调度的主观条件。

5.3.3 基于 GRU 的用户可调性特征识别

在形成量化用户特征元组的基础上，结合用户参与优化调度的响应情况，通过深度学习算法的学习训练可以构建稳定网络模型，提供智能化用户可调性识别功能，从而实现在不影响用户响应意愿条件下的聚合商充电负荷精准调控。据此，构建深度学习网络模型，识别电动汽车是否参与优化调度。

1. GRU 循环神经网络功能

循环神经网络（Recurrent Neural Network，RNN）能够深入挖掘数据中的时序信息以及语义信息，已经广泛应用于语音识别、可视化分析、预测与识别等多种领域。而门控循环单元（Gated Recurrent Unit，GRU）作为 RNN 的二次改进算法，在算法的梯度计算和速度提升上具有明显的改进，是在不改变 RNN 功能的基础上更为高效的算法。它对电动汽车可调性识别过程中的时间信息、电量信息、用户响应意愿信息等多类型数据信息具有良好的适应性，能够有效识别可调度电动汽车车辆。

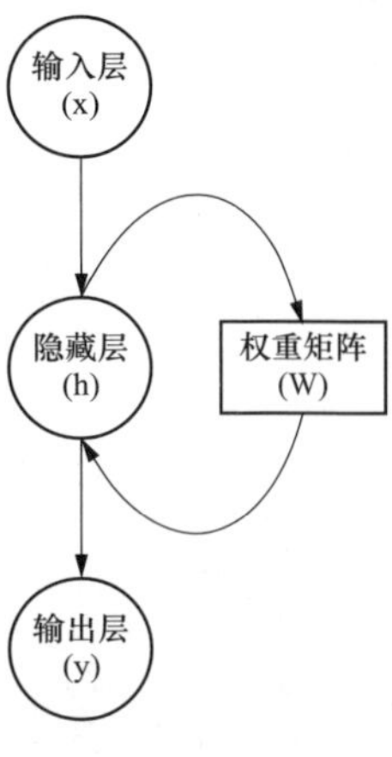

图 5-9 GRU 单体结构

2. GRU 基本结构

与传统神经网络类似，GRU 模型主要包括输入层、隐藏层和输出层三层结构，GRU 单体结构如图 5-9 所示；将 GRU 按照时间顺序展开，有如图 5-10 所示的结构。其中，$\boldsymbol{x}_k$ 为第 k 组输入数据，在本模型中为电动汽车用户的特征元组矩阵；$\boldsymbol{y}_k$ 为第 k 组输出数据，在本模型中为用户可调性识别结果，即用户为可调充电负荷还是不可调充电负荷；$\boldsymbol{h}_k$ 为第 k 组隐藏状态；$\boldsymbol{W}$ 为权重矩阵，包括 $\boldsymbol{W}_z$，$\boldsymbol{W}_r$，$\boldsymbol{W}_h$，$\boldsymbol{W}_o$，均为计算过程中隐藏层的权重矩阵单元。

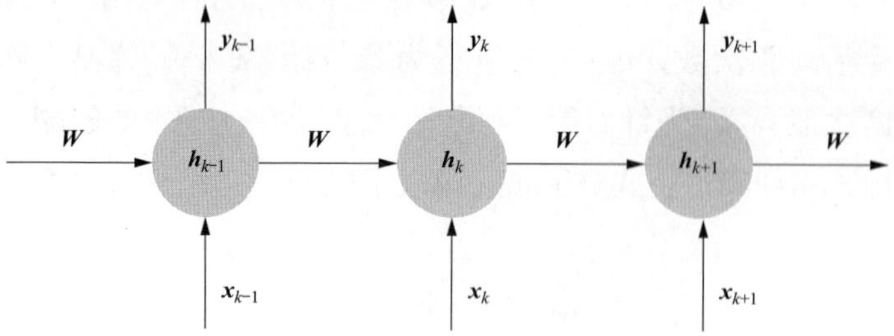

图 5-10　GRU 输入输出结构

由图 5-10 可知，单个 GRU 主要包含两个输入以及两个输出，内部隐藏层还有两个门控单元，通过不断更新权重矩阵 $\boldsymbol{W}$ 实现函数的拟合和优化。其中，门控主要包括更新门和重置门，门控单元在接收 $\boldsymbol{h}_k$ 和 $\boldsymbol{x}_k$ 后分别输出门控信号，并展开进一步的计算，具体计算过程如图 5-11 所示。

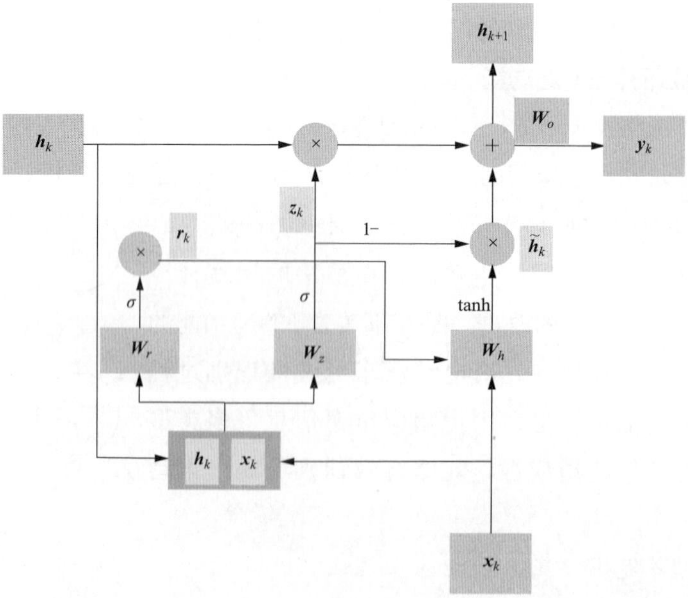

图 5-11　GRU 内部结构

图 5-11 中，$\boldsymbol{W}_z$ 为更新门权重矩阵；$\boldsymbol{W}_r$ 为重置门权重矩阵；$\boldsymbol{W}_h$ 为候选隐藏状态的权重矩阵；σ 为 sigmoid 函数；tanh 为 tanh 函数，也可以用 ϕ 表示；$\boldsymbol{z}_k$ 为第 k 组更新门输出值；$\boldsymbol{r}_k$ 为第 k 组重置门输出；$\widetilde{\boldsymbol{h}}_k$ 为第 k 组候选隐藏层状态；$\times$和$+$分别为乘法和加法运算。其中，关键节点 $\boldsymbol{z}_k$、$\boldsymbol{r}_k$、$\widetilde{\boldsymbol{h}}_k$、$\boldsymbol{h}_k$ 和 $\boldsymbol{y}_k$ 的计算方式为

$$\boldsymbol{z}_k = \sigma(W_z \cdot [\boldsymbol{h}_{k-1}, \boldsymbol{x}_k] + b_z) \tag{5-57}$$

$$\boldsymbol{r}_k = \sigma(W_r \cdot [\boldsymbol{h}_{k-1}, \boldsymbol{x}_k] + b_r) \tag{5-58}$$

$$\widetilde{\boldsymbol{h}}_k = \tanh(W_h \cdot [\boldsymbol{r}_k * \boldsymbol{h}_{k-1}, \boldsymbol{x}_k] + \boldsymbol{b}_h) \tag{5-59}$$

$$\boldsymbol{h}_k = \boldsymbol{h}_{k-1} * \boldsymbol{z}_k + \widetilde{\boldsymbol{h}}_k * (1 - \boldsymbol{z}_k) \tag{5-60}$$

$$\boldsymbol{y}_k = \sigma(\boldsymbol{W}_o \cdot \boldsymbol{h}_k) \tag{5-61}$$

式（5-57）～式（5-61）中：$\boldsymbol{b}_z$ 为更新门；$\boldsymbol{b}_r$ 为重置门；$\boldsymbol{b}_h$ 为单元候选隐藏状态的偏置项；$\cdot$ 代表矩阵乘法；$*$ 代表点乘。

3. GRU 识别过程

GRU 识别过程主要包括训练和预测两个部分，其中训练又包括前向传播和参数训练两个部分，对应基于 GRU 深度机器学习的用户可调性识别模型如图 5-12 所示。

具体来说，有以下计算步骤。

（1）输入初始数据，初始化权重和相关参数。

（2）前向传播过程，根据式（5-57）～式（5-61）输出对应结果。

（3）训练过程，根据式（5-62）～式（5-80）更新重要参数 $\boldsymbol{W}_z$、$\boldsymbol{W}_r$、$\boldsymbol{W}_h$ 以及 $\boldsymbol{W}_o$。

由于 $\boldsymbol{W}_z$、$\boldsymbol{W}_r$ 和 $\boldsymbol{W}_h$ 为组合矩阵，首先将其分割为

$$\boldsymbol{W}_r = \boldsymbol{W}_{rx} + \boldsymbol{W}_{rh} \tag{5-62}$$

$$\boldsymbol{W}_z = \boldsymbol{W}_{zx} + \boldsymbol{W}_{zh} \tag{5-63}$$

$$\boldsymbol{W}_{\tilde{h}} = \boldsymbol{W}_{\tilde{h}x} + \boldsymbol{W}_{\tilde{h}h} \tag{5-64}$$

式（5-62）～式（5-64）中：$\boldsymbol{W}_{rx}$、$\boldsymbol{W}_{rh}$、$\boldsymbol{W}_{zx}$、$\boldsymbol{W}_{zh}$、$\boldsymbol{W}_{\tilde{h}x}$和 $\boldsymbol{W}_{\tilde{h}h}$均为分割后的权重矩阵。

输出层具有如式（5-65）所示的输入，以及式（5-66）所示的输出，在得到最终输出后，有单个样本在第 k 组迭代时的损失函数为式（5-67）所示，即

$$\boldsymbol{y}'_k = \boldsymbol{W}_o \cdot \boldsymbol{h}_k \tag{5-65}$$

$$\boldsymbol{y}''_k = \sigma(\boldsymbol{y}'_k) \tag{5-66}$$

$$\boldsymbol{E}_k = \frac{1}{2}(\boldsymbol{y}_k'' - \boldsymbol{y}_k')^2 \tag{5-67}$$

式中：$\boldsymbol{y}_k'$为输出层输入；$\boldsymbol{y}_k''$为输出层输出。

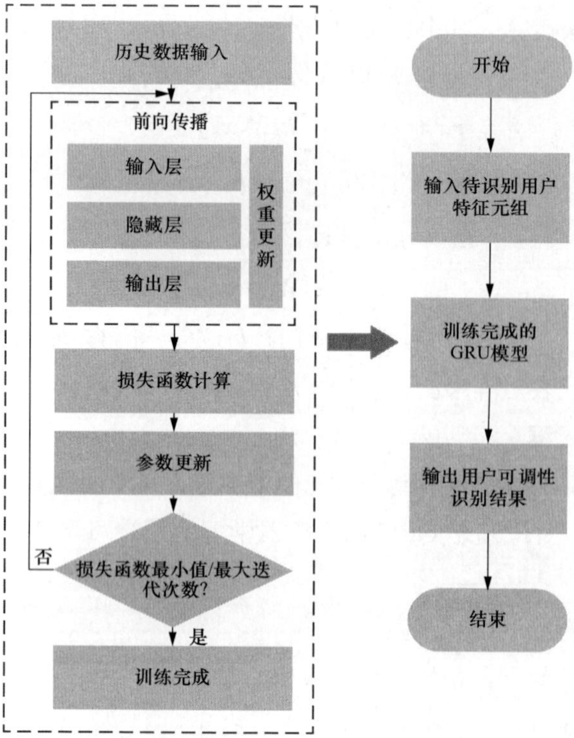

图 5-12　基于 GRU 深度机器学习的用户可调性识别模型

据此，单个样本的总损失为

$$E = \sum_{k=1}^{K} E_k \tag{5-68}$$

采用后向误差传播算法学习网络，有

$$\frac{\partial \boldsymbol{E}}{\partial \boldsymbol{W}_{\mathrm{o}}} = \boldsymbol{\delta}_{\mathrm{y},k}\boldsymbol{h}_k \tag{5-69}$$

$$\frac{\partial \boldsymbol{E}}{\partial \boldsymbol{W}_{\mathrm{zx}}} = \boldsymbol{\delta}_{\mathrm{z},k}\boldsymbol{x}_k \tag{5-70}$$

$$\frac{\partial \boldsymbol{E}}{\partial \boldsymbol{W}_{\mathrm{zh}}} = \boldsymbol{\delta}_{\mathrm{z},k}\boldsymbol{h}_{k-1} \tag{5-71}$$

$$\frac{\partial \boldsymbol{E}}{\partial \boldsymbol{W}_{\tilde{\mathrm{h}}\mathrm{x}}} = \boldsymbol{\delta}_k\boldsymbol{x}_k \tag{5-72}$$

$$\frac{\partial \boldsymbol{E}}{\partial \boldsymbol{W}_{\tilde{\mathrm{h}}\mathrm{h}}} = \boldsymbol{\delta}_k(\boldsymbol{r}_k \cdot \boldsymbol{h}_{k-1}) \tag{5-73}$$

$$\frac{\partial \boldsymbol{E}}{\partial \boldsymbol{W}_{\mathrm{rx}}} = \boldsymbol{\delta}_{\mathrm{r},k}\boldsymbol{x}_k \tag{5-74}$$

$$\frac{\partial \boldsymbol{E}}{\partial \boldsymbol{W}_{\mathrm{rh}}} = \boldsymbol{\delta}_{\mathrm{r},k}\boldsymbol{h}_{k-1} \tag{5-75}$$

式（5-69）～式（5-75）中：$\boldsymbol{\delta}_{\mathrm{y},k}$、$\boldsymbol{\delta}_{\mathrm{h},k}$、$\boldsymbol{\delta}_{\mathrm{z},k}$、$\boldsymbol{\delta}_k$、$\boldsymbol{\delta}_{\mathrm{r},k}$ 均为相关中间参数，其计算方式为

$$\boldsymbol{\delta}_{y,k} = (\boldsymbol{y}''_k - \boldsymbol{y}'_k) \cdot \sigma' \tag{5-76}$$

$$\boldsymbol{\delta}_{\mathrm{h},k} = \boldsymbol{\delta}_{\mathrm{y},k}\boldsymbol{W}_{\mathrm{o}} + \boldsymbol{\delta}_{\mathrm{z},k+1}\boldsymbol{W}_{\mathrm{zh}} + \boldsymbol{\delta}_{k+1}\boldsymbol{W}_{\tilde{\mathrm{h}}\mathrm{h}} \cdot \boldsymbol{r}_{k+1} + \boldsymbol{\delta}_{\mathrm{h},k+1}\boldsymbol{W}_{\mathrm{rh}} + \boldsymbol{\delta}_{h,k+1}(1 - \boldsymbol{z}_{k+1}) \tag{5-77}$$

$$\boldsymbol{\delta}_{\mathrm{z},k} = \boldsymbol{\delta}_{k,h} \cdot (\tilde{\boldsymbol{h}}_k - \boldsymbol{h}_{k-1}) \cdot \sigma' \tag{5-78}$$

$$\boldsymbol{\delta}_k = \boldsymbol{\delta}_{\mathrm{h},k} \cdot \boldsymbol{z}_k \cdot \phi' \tag{5-79}$$

$$\boldsymbol{\delta}_{r,k} = \boldsymbol{h}_{k-1} \cdot (\boldsymbol{\delta}_k\boldsymbol{W}_{\tilde{\mathrm{h}}\mathrm{h}}) \cdot \sigma' \tag{5-80}$$

据此计算各个参数的偏导，更新 W_{z}、W_{r}、W_{h} 以及 W_{o}。

（4）不断更新参数，直至损失函数式（5-68）达到最小值，或者达到最大迭代次数。

（5）训练完成后，输入需要识别的电动汽车用户数据，即可输出识别结果 $\hat{\boldsymbol{y}}_k$，其计算方式为

$$\boldsymbol{h}_k = GRU(\boldsymbol{x}_{k-1}, \boldsymbol{x}_{k-1}, \boldsymbol{x}_{k-2}, \cdots, \boldsymbol{x}_{k-w}) \tag{5-81}$$

$$\hat{\boldsymbol{y}}_k = f(\boldsymbol{W} \cdot \boldsymbol{h}_k) \tag{5-82}$$

5.3.4 可调性识别模型适用性分析

针对考虑用户响应意愿的电动汽车可调性识别场景，本文拟用 BP 模型、CNN 模型与 GRU 三个模型对考虑用户响应意愿的可调性电动汽车识别过程进行对比验证。本节对三种模型电动汽车可调性识别场景的适用性进行分析。

1. BP 模型

BP 神经网络通过误差反向传播实现网络参数的训练，在电动汽车用户可调性识别过程中，能够基于电动汽车用户特征元组及其对应可调性结果数据集进行训练，继而形成稳定的电动汽车可调性识别网络，在应用过程中可以通过输入电动汽车用户特征元组来获得用户的可调性识别结果。因此，BP 模型对于本文电动汽车可调性识别场景具有适用性。

2. CNN 模型

CNN 模型通过多层卷积结构实现数据的特征表达，通过电动汽车用户特征元组及其对应可调性结果数据集的循环训练求得网络卷积核和偏置项，进而能够构建稳定的卷积网络，在输入电动汽车用户特征元组后即可输出电动汽车用户可调性识别结果。CNN 的较强的大数据和高维数据处理能力也更进一步提升了模型对于本文中电动汽车可调性识别场景的适用性。

3. GRU 模型

GRU 模型通过引入长期记忆和门结构，有效处理了时序信息，在电动汽车用户可调性识别过程中更有效地处理了用户特征数据。它通过电动汽车用户特征元组及其对应可调性结果数据集的有记忆训练，确定循环神经网络参数，从而构建稳定的电动汽车可调性识别网络。相对于其他神经网络算法，GRU 能够充分处理用户特征元组中的语义信息和时序信息，相对于长短时记忆网络（Long Short Term Memory，LSTM）等循环网络算法则具有更简单的结构、更好的鲁棒性、更强的寻优能力和更快的计算速度。因此，GRU 模型对于本文电动汽车可调性识别场景具有适用性。

5.4 基于 TD3 的充电负荷聚合调控优化模型

电动汽车参与优化调度的执行需要负荷聚合商统筹系统的基本负荷情况和市场经济情况来进行设计。具体来说，负荷聚合商需要综合考虑电动汽车用户参与调度的能力和意愿、大规模电动汽车优化调度方法设计以及聚合优化调度效果等多方面的内容。本节基于第 2 节充电负荷优化调度场景的分析和第 3 节用户可调性负荷识别的研究，深入研究聚合商的大规模电动汽车调控策略模型。

5.4.1 充电负荷聚合商优化调控场景构建

聚合商在聚合电动汽车参与充电负荷调控的过程中需要确认优化调控的环境，主要包括两个方面：一是确认聚合充电负荷基本情况以及电动汽车用户的个体情况；二是确认充电负荷聚合调控的成本效益情况。

5.4.1.1 充电负荷聚合调控的物理场景

聚合商聚合大规模充电负荷参与调度，能够在保证电动汽车出行需求的同时创造聚合调度的增值收益，实现电动汽车用户、聚合商以及电网的三方共赢。

在聚合调度过程中，聚合商具有的聚合负荷规模为

$$Q_{E,t}=Q_{u,t}+Q_{c,t} \tag{5-83}$$

$$Q_{u,t}=\sum_{s\in M}E_{s,u,t} \tag{5-84}$$

$$Q_{c,t}=\sum_{s\in N}E_{s,c,t} \tag{5-85}$$

式（5-83）～式（5-85）中：$Q_{E,t}$为t时刻电动汽车的负荷总额；$Q_{u,t}$为t时刻不可调电动汽车的负荷总额；$Q_{c,t}$为t时刻可调电动汽车的负荷总额；$E_{s,u,t}$为t时刻第s辆不可调电动汽车的负荷总额；M为不可调电动汽车集合；$E_{s,c,t}$为t时刻第s辆可调电动汽车的负荷总额；N为可调电动汽车集合。

在聚合调度过程中，调度过程不应影响电动汽车用户的正常出行。因此对于不可调电动汽车，有式（5-86）的约束条件；对于可调电动汽车，有式（5-87）～式（5-91）的约束条件。其中，式（5-86）保证不可调电动汽车在接入时间内尽快充电，不存在调控过程；式（5-87）保证充电可调电动汽车的功率范围；式（5-88）保证充放电可调电动汽车功率范围；式（5-89）和式（5-90）保证电动汽车不发生过充；式（5-91）保证电动汽车不发生过放。

$$E_{s,u,t}=p_{\text{fast},s}\cdot d_{s,u,t} \tag{5-86}$$

$$0\leqslant p_{s,c,t}\leqslant p_{\text{fast},s} \tag{5-87}$$

$$p_{\text{dis},s}\leqslant p_{s,c,t}\leqslant p_{\text{fast},s} \tag{5-88}$$

$$G_{s,c,t}\leqslant C_s \tag{5-89}$$

$$G_{s,c,t}=\text{SOC}_s\cdot C_s+\sum_{r\in[T_{\text{in},s},t]}E_{s,c,r} \tag{5-90}$$

$$\forall G_{s,c,t}\leqslant 0.2C_s \quad p_{s,c,t}\geqslant 0 \tag{5-91}$$

式（5-86）～式（5-91）中：$p_{\text{fast},s}$为第s辆不可调电动汽车的充电功率；$d_{s,u,t}$为t时段第s辆不可调电动汽车的充电时长；$p_{s,c,t}$为t时段第s辆不可调电动汽车的充电功率；$p_{\text{dis},s}$为第s辆可调电动汽车的最大放电功率；$T_{\text{in},s}$为第s辆电动汽车的接入时间；$T_{\text{out},s}$为第s辆电动汽车的离网时间；$G_{s,c,t}$为t时段第s辆不可调电动汽车的充电功率；C_s为第s辆电动汽车的容量。

5.4.1.2 聚合负荷充放电成本效益场景

在负荷聚合参与优化调度的过程中，聚合收益主要体现为参与需求侧电力市场的增量收益和优化调度过程中产生的成本节约。其中，参与需求侧电力市场包括调峰辅助市场、需求响应市场、绿电交易市场、带曲线中长期交易和现货市场等。在辅助服务市场、需求响应市场和绿电交易市场中，充电负荷聚合

商通过响应不同的主体（辅助服务求购市场主体、需求响应市场主体和新能源发电厂商）发出的价格型号以获得收益，该过程的收益可以体现为分时段响应电量的服务价格。在带曲线中长期交易和现货市场中，充电负荷聚合商通过调整不同时段的负荷值，获得成本节约收益，该过程的收益则可以体现为分时段电价下的电量调整。

据此，有聚合充放电负荷的收益计算方式及相关参数为

$$W_{\mathrm{eva}}=\Big\{\sum_{t=1}^{96}\Big[\Big(Q_{\mathrm{u},t}+\sum_{s\in N}E_{s,c,t}\Big)\cdot P_{1,t}\Big]-\sum_{t=1}^{96}(Q_{\mathrm{tar},t}\cdot P_{1,t})\Big\}-\Big\{\sum_{t=1}^{96}\Big[\Big(Q_{\mathrm{u},t}+\sum_{p\in \mathrm{N}}E_{s,c,t}\Big)\cdot P_{\mathrm{a},t}\Big]-\sum_{t=1}^{96}(Q_{\mathrm{tar},t}\cdot P_{\mathrm{a},t})\Big\} \tag{5-92}$$

$$Q_{\mathrm{tar},t}=Q_{\mathrm{u},t}+Q_{\mathrm{c},t}^{0} \tag{5-93}$$

$$P_{1,t}=P_{\mathrm{au},t}+P_{\mathrm{new},t}+P_{\mathrm{res},t} \tag{5-94}$$

式（5-92）～式（5-94）中：$Q_{\mathrm{tar},t}$为在无优化调度条件下t时刻的聚合总负荷；$P_{\mathrm{a},t}$为t时段的分时段电价；$P_{1,t}$为t时段聚合电动汽车调度的价值；$P_{\mathrm{au},t}$为t时段辅助服务市场价格；$P_{\mathrm{new},t}$为t时段绿电交易价格；$P_{\mathrm{res},t}$为t时段需求响应价格；$Q_{\mathrm{c},t}^{0}$为可调度电动汽车不进行优化调度时的t时段总负荷。

聚合成本主要包括充放电成本和营销成本，其中，充放电成本由不同时间段的充电电能决定，营销成本根据企业发展阶段和营销策略有所差异，也不具备分摊至每个用户的物理条件，因此暂不在充放电成本中加以考虑。除此之外，若电动汽车储能仅采用充电模式，则优化调度过程对电动汽车的电池循环次数无增量影响；若电动汽车储能采用充放电模式，则优化调度过程对电动汽车的电池循环次数有反向的影响，会造成储能寿命的折损，具有一定的储能使用增量成本。

聚合商充放电负荷成本、电动汽车储能损耗成本以及相关参数的计算方式分别为

$$C_{\mathrm{eva}}=\sum_{t=1}^{96}(Q_{\mathrm{tar},t}\cdot P_{\mathrm{a},t}) \tag{5-95}$$

$$C_{\mathrm{ba},s,t}=\frac{Co_s}{L_{\mathrm{eye},D_{s,t}}}-\frac{Co_s}{L_{\mathrm{eye},D_{s,t-1}}} \tag{5-96}$$

$$D_{s,t}=1-\frac{G_{s,c,t}}{C_s} \tag{5-97}$$

$$\alpha_{s,t}=\begin{cases}0,p_{s,c,t}\geqslant 0\\1,p_{s,c,t}<0\end{cases} \tag{5-98}$$

其中，C_{eva}为聚合充电负荷的单日购电成本；$C_{ba,s,t}$为 t 时段第 s 辆放电调节电动汽车电池的单次放电损耗；Co_s 为第 s 辆电动汽车的电池重置成本；$L_{eye,D_{s,t}}$为 t 时段第 s 辆电动汽车在放电深度为 $D_{s,t}$时的电池寿命；$\alpha_{s,t}$为放电乘子，代表 t 时段第 s 辆电动汽车是否存在放电行为。

5.4.2 考虑多样化调度需求的充电负荷聚合调控优化模型

负荷聚合商聚合充电负荷，一方面是为了方便大规模电动汽车的内部协调与管理，另一方面是为了创造增值收益。聚合大规模充电负荷后形成的较大规模的可调节负荷能够构成虚拟储能，通过参与各类型电力市场，为配电网供需平衡和电力系统的稳定提供调节服务，也为聚合商和用户创造增值收益。基于不同的优化调度目标，构建不同聚合调控模型如下。

5.4.2.1 基于平抑负荷波动的聚合调控模型

充电负荷聚合后可以作为需求侧储能资源，为电力系统的供需平衡提供调节功能。充电负荷聚合商处于优化调度的目标，基于现有负荷基线（待优化外部总负荷与不可调负荷的和），为电动汽车设计最小化负荷波动的电动汽车充电方案。据此，有基于负荷波动的优化调控目标函数为

$$\min \frac{\sum_{t=1}^{96}\left(Q_{u,t}+Q_{load,t}+\sum_{s\in N}E_{s,c,t}-Q_{ave}\right)^2}{Q_{ave}^2} \tag{5-99}$$

式中：$Q_{load,t}$为 t 时段待优化外部总负荷；Q_{ave}为 t 时段的总负荷均值，其计算方式为

$$Q_{ave}=\frac{\sum_{t=1}^{96}(Q_{u,t}+Q_{load,t}+Q_{c,t})}{96} \tag{5-100}$$

同时，为不影响电动汽车出行需求，模型具有式（5-83）～式（5-91）的约束条件。在该情景下，充电聚合商需要充分考虑现有负荷基线的形状、可调负荷分布和可调范围以及最小化负荷波动的目标，在最优化调控目标的同时，为每一辆电动汽车设置最优化的调度方案。

模型显示优化调度策略的意义在于，对于每一辆可调电动汽车车辆在 t 时段的充电负荷 $E_{s,c,t}$，是基于当时所有不可调负荷的状况（包括不可调电动汽车 $Q_{u,t}$、外部总负荷 $Q_{load,t}$规模）和电动汽车充电行为的约束（式（5-83）～式（5-91）），以及当日负荷的整体分布情况（96 个时点的数据，并考虑负荷均值 Q_{ave}）进行优

化设计。此时，要求求解模型既能够完成对当日未来时点负荷值的基本情况预测，以合理把握优化调度目标，又能够优化求解可调电动汽车在接入时段内的负荷分布。

5.4.2.2 考虑市场交易效益的优化调度模型

充电负荷聚合商作为独立的需求侧市场主体，具备参与多类型电力市场的资格和能力。在参与电力市场的过程中，负荷聚合商可以选择多种类型的电力市场参与，其中最具代表性的包括调峰辅助服务市场、需求响应市场以及绿电交易市场。依据第节章和上一小节的分析，有基于市场效益的优化调控的目标函数为

$$\max W_{\text{eva}} - C_{\text{eva}} - C_{\text{ba},s,t} \tag{5-101}$$

同样，模型具有式（5-83）～式（5-91）的约束条件以保证优化调度结果满足用户出行需求。相应的参数计算公式详见式（5-95）～式（5-98）。

模型所显示的优化调度策略的意义在于，对于每一辆可调电动汽车，在 t 时段的充电负荷 $E_{s,c,t}$，需要基于当时所有可调负荷的原始分布（$Q^0_{c,t}$ 曲线）、分时段电力市场价格（包括辅助服务 $P_{\text{au},t}$、需求响应 $P_{\text{res},t}$、绿电交易 $P_{\text{new},t}$、中长期及现货市场 $P_{\text{a},t}$）、电动汽车充电行为的约束［式（5-83）～式（5-91）］、当日负荷的整体分布情况（96 个时点的数据），还有该辆电动汽车的放电成本（$C_{\text{ba},s,t}$）进行优化设计。此时，依旧要求求解模型既能够完成对当日未来时点负荷值的基本情况预测，以整体把握优化调度目标，也能够优化求解可调电动汽车在接入时段内的负荷分布，以满足电动汽车出行需求。

5.4.3 基于 TD3 的充电负荷聚合调控优化求解模型

深度强化学习（Deep Reinforcement Learning，DRL）是一种具有的多层神经网络结构的智能学习算法，相较于传统的算法重复高复杂度的计算，它能够通过拟合大数据基本情况而在未知全局的情况下对电动汽车的负荷进行合理规划，减少对大规模充电负荷实时数据的依赖性，同时提高了算法的稳定性和计算效率。因此，深度强化学习是求解 5.2 节所提优化求解问题最合适的算法，而 TD3 则以其更为优秀的拟合性能和计算效率作为本文求解算法。

5.4.3.1 TD3 算法结构

双延迟深度确定性策略梯度算法（Twin Delayed Deep Deterministic Policy Gradient Algorithm，TD3）是一种基于动作—策略（Actor-Critic，AC）架构

的面向连续动作空间的深度强化学习算法。它在 PPO、DDPG 的基础上通过引入两套评价网络、加入延迟和高斯算子等操作解决了过估计问题，并提高了算法的收敛性能和计算速度；相较于其他类型的深度强化学习网络，它也具有更强的稳定性和更迅速的学习能力。其整体结构如图 5-13 所示。

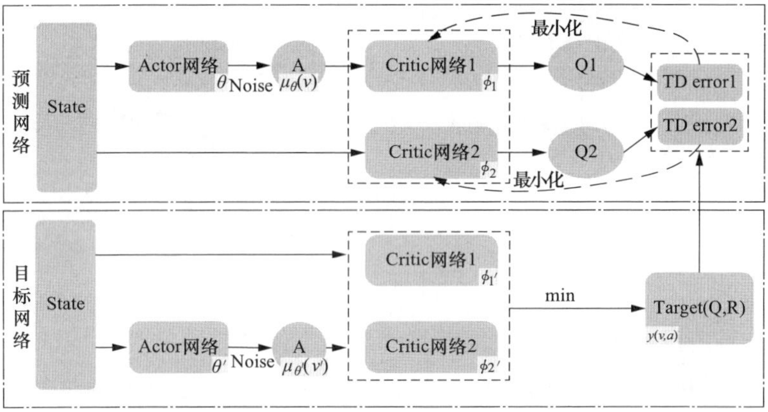

图 5-13　TD3 深度强化学习网络结构

其主要包含有目标网络（Target 网络）和预测网络（Predict 网络），每个网络又分别包含两个估值网络（Critic 网络）和一个策略网络（Actor 网络），共 6 套网络。同时，通过梯度更新、Q 值计算、损失函数计算、梯度误差（TD error 优化）等操作过程逐步完成策略寻优工作，实现最优化的目标函数求解。

从预测网络与目标网络角度，不同网络之间的流程关系如图 5-14 所示。

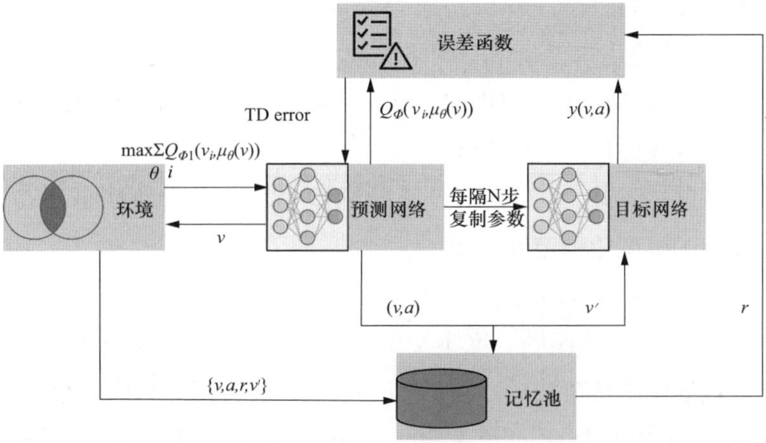

图 5-14　TD3 整体网络关系

5.4.3.2 TD3 网络定义

Critic 网络与 Actor 网络作为 TD3 算法的主要功能网络，在参数迭代和更新过程中具有重要的作用。预测网络与目标网络的 Critic 网络与 Actor 网络有如图 5-15 所示的关系。

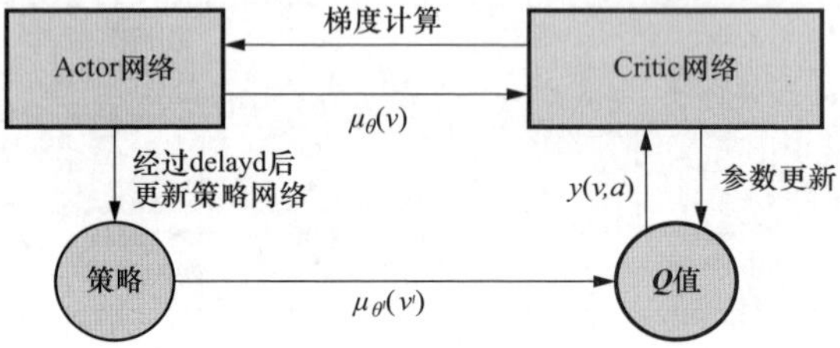

图 5-15　TD3 中 Critic 网络与 Actor 网络关系

Actor 预测网络根据状态空间 v 选择动作空间 a 并通过与环境的交互产生新的状态空间 v' 和奖励（reward）r，同时负责策略网络参数 θ 的更新；Actor 目标网络则从样本池（batch）中采样新的状态空间 v' 和动作空间 a' 并更新另一策略网络参数 θ'。

策略网络定义为

$$\mu_{\theta'}(v') = clip[\mu_{\theta'}(v') + clip(\varepsilon, -c, c), a_{\text{low}}, a_{\text{high}}], \varepsilon \in N(0, \sigma) \quad (5\text{-}102)$$

式中：θ' 为目标网络中的对应参数；v' 为目标网络中的状态空间，对于第 i 辆电动汽车来说即为式（5-83）～式（5-91）的约束条件；ε 为高斯噪声（random noise），服从 N（0，σ）的随机分布；c 为 $clip$ 操作的参数；a_{high} 和 a_{low} 分别为动作空间的上限和下限。

Critic 预测网络用户更新部分网络参数并且计算 Q 值；Critic 目标网络则计算目标 Q 值。为解决学习过程中的过估计问题，Target 网络和 Predict 网络内部的两张 Critic 网络具有相互独立性。

Q 值网络定义详见式（5-103），通过对 Q 值取小的计算降低了 Q 值分布的方差从而提高了模型的稳定性，即

$$y(v,a) = r(v,a) + \gamma \min\{Q_{\phi_1'}[v', \mu_{\theta'}(v')], Q_{\phi_2'}[v', \mu_{\theta'}(v')]\} \quad (5\text{-}103)$$

式中：r（v，a）为奖励函数，在本文聚合调控优化过程中，即代表电动汽车参与优化调度过程中的负荷波动水平或市场效益；γ 为折扣因子；$Q_{\phi_1'}$ 和 $Q_{\phi_2'}$ 分别代表 Target 网络中根据第一套 Critic 网络 ϕ_1' 和第二套 Critic 网络 ϕ_2' 计算的 Q 值。

5.4.3.3 TD3 迭代策略

策略网络更新时有目标函数

$$\max_{\theta}\sum_{i} Q_{\phi_1}[v_i,\mu_\theta(v)] \tag{5-104}$$

基于梯度上升策略，有策略网络的迭代公式

$$\theta \leftarrow \theta+\beta\sum_{i}\frac{\mathrm{d}Q_{\phi_1}(v_i,a)}{\mathrm{d}a}\frac{\mathrm{d}\mu_\theta(v_i)}{\mathrm{d}\theta} \tag{5-105}$$

式中：“←”为赋值符号，与“＝”意义相似。

对于 Q 值网络 ϕ_1 和 ϕ_2，其具有统一目标函数 y（v，a），且分别具有更新目标函数

$$\min_{\phi_1}\frac{1}{2}\sum_{i}\ \|Q_{\phi_1}(v_i,a_i)-y(v_i,a_i)\|^2 \tag{5-106}$$

$$\min_{\phi_2}\frac{1}{2}\sum_{i}\ \|Q_{\phi_1}(v_i,a_i)-y(v_i,a_i)\|^2 \tag{5-107}$$

基于梯度上升策略，有 Q 值网络的迭代公式

$$\phi_1 \leftarrow \phi_1-\alpha\sum_{i}\frac{\mathrm{d}Q_{\phi_1}(v_i,a_i)}{\mathrm{d}\phi_1}[Q_{\phi_1}(v_i,a_i)-y(v_i,a_i)] \tag{5-108}$$

$$\phi_2 \leftarrow \phi_2-\alpha\sum_{i}\frac{\mathrm{d}Q_{\phi_2}(v_i,a_i)}{\mathrm{d}\phi_2}[Q_{\phi_2}(v_i,a_i)-y(v_i,a_i)] \tag{5-109}$$

5.4.3.4 基于 TD3 的优化调控求解流程

基于充电负荷聚合优化调控过程，有以下优化调控模型的求解流程。

（1）初始化网络。同时有

$$\phi_{1'} \leftarrow \phi_1 \tag{5-110}$$

$$\phi_{2'} \leftarrow \phi_2 \tag{5-111}$$

$$\theta' \leftarrow \theta \tag{5-112}$$

（2）通过策略网络 μ_θ（v）采集策略样本｛v，a，r，v'｝，并将其加入回放池 buffer B，初始化步数 n，即

$$n \leftarrow 0 \tag{5-113}$$

（3）从 B 中采集样本｛v_i，a_i，r_i，v_i'｝，更新 n，即

$$n \leftarrow n+1 \tag{5-114}$$

（4）利用式（5-103）计算目标值 y（v，a）。

（5）利用式（5-106）～式（5-109）更新 Q 网络。

（6）判断是否完成 N 步数的搜索，是则进入步骤（7），否则进入步骤（3）。

（7）依据式（5-104）～式（5-105）更新策略网络。

（8）根据式（5-115）～式（5-117）更新 $\phi_{1'}$、$\phi_{2'}$ 和 θ'。

$$\phi_{1'} \leftarrow \rho\phi_{1'} + (1-\rho)\phi_1 \tag{5-115}$$

$$\phi_{2'} \leftarrow \rho\phi_{2'} + (1-\rho)\phi_2 \tag{5-116}$$

$$\theta' \leftarrow \rho\theta' + (1-\rho)\theta \tag{5-117}$$

（9）返回步骤（2）直至所有网络收敛。

其计算流程图如图 5-16 所示。

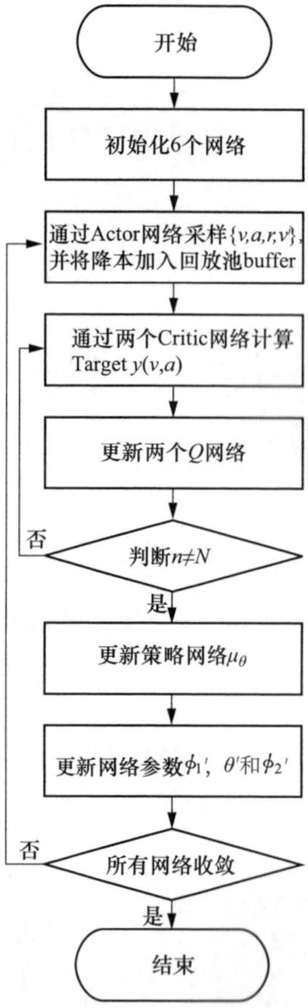

图 5-16　TD3 深度强化学习网络结构

5.4.4　优化调控求解模型适用性分析

考虑到求解大规模电动汽车优化调控策略的过程中，有其他类型的强化学习也具备求解该问题的能力。为对比分析不同模型对该问题的收敛性能、优化能力和稳定性，拟采用 PG、DDPG、TD3 三个模型对本文优化调控的求解过程进行对比验证，本节从三种模型对优化调控场景的适用性进行分析。

1. PG 模型

PG 算法通过概率调整的方式实现动作与环境之间的交互，若电动汽车负荷调控方案能够提高聚合调控效益（或者平抑负荷），则会有较高的回报率，进而提高该动作出现的概率，通过不断地迭代直至选取到最合适的动作（即最合适的电动汽车优化调控方案）。因此，PG 算法能够通过动作环境交互与更新寻求最优的电动汽车优化调控方案，是适用于本文聚合充电负荷调控方案求解的模型。

2. DDPG 模型

DDPG 结合了策略网络、神经网络特征并采用确定性动作完成网络学习训练，能够实现连续动作的持续有效学习。针对聚合充电负荷的优化调度问题，它结合大规模电动汽车负荷数据以及聚合调控的评估结果完成动作、状态与环境的交互和更新，直至实现最优聚合优化调控效果。最终形成的 DDPG 网络能够迅速完成大规模电动汽车充放电计划的优化设计，实现大规模可调负荷的实时调控。因此，DDPG 是适用于本文充电负荷聚合优化调控场景的强化学习算法。

3. TD3 模型

TD3 算法在 DDPG 的基础上通过增加两个评价网络以抑制过估计，通过增加高斯噪声以提高策略网络的稳定性，通过使用延迟学习以抑制误差叠加，加快收敛。基于 TD3 的优化调度求解模型具有优秀的学习和适应能力，它在技术上可以通过云端控制、边缘处理等多类型技术实现聚合负荷的实时优化调控，在应用上通过一定的数据完成模型训练后即可实现大规模电动汽车负荷优化调控策略的实时优化设计，因此不仅能够在理论上解决大规模充电负荷的实时调控问题，同时也具备实践的基础，是适用于本文充电负荷聚合优化调控场景的强化学习算法。

5.5　考虑用户可调性的充电负荷聚合优化调控仿真

本章在第 2 节充电负荷聚合调控场景分析的基础上，采用第 3 节构建的考虑用户响应意愿的电动汽车可调性识别模型和第 4 节构建的基于深度强化学习的充电负荷聚合调控优化模型，依托 A 市电动汽车运行基本情况进行仿真测算。仿真测算从大规模电动汽车优化调控的具体场景出发，对本文所提模型进行对比验证，并对大规模电动汽车参与负荷调控的聚合优化调控结果进行深入分析。

5.5.1　优化调度场景构建

本文依托 A 市电动汽车运行基本情况，收集整理了约 531 条典型日电动汽车充电数据，数据包括交易电量、电动汽车充电开始时间、电动汽车充电结束时间、充电结束原因、峰电量、谷电量、平电量等；对数据进行初步处理后，有关关键数据信息见表 5-1。电动汽车整体聚合负荷规模约为 448kW，设置电动汽车充电功率不超过 30kW、放电功率不超过 5kW，电池购置成本为 2 万元。在满足充放电条件的基础上，由于用户偏好数据暂不完善，同时考虑在国家和企业各方支持下用户参与优化调控的积极性较高，暂设用户响应意愿特征元组为（1，1，1，1），即具备物理可调条件的即为可调电动汽车负荷。电动汽车用户的期望离网荷电状态为 1，考虑用户对放电过程的接受程度，设定满足物理充放电可调条件的电动汽车中有 30%的用户接受放电调度。依据优化调控常用环境，设置优化调控场景中的外部总负荷状态，如图 5-17 所示。依据 A 市电力市场基本环境，设定峰时段为 10：00—15：00 和 18：00—21：00，平时段为 7：00—10：00、15：00—18：00 以及 21：00—23：00，谷时段为 23：00—次日 7：00，峰谷平分时段电价分别为 1.293 元/kWh、0.2939 元/kWh、0.7673 元/kWh；其他电力市场以辅助服务市场为例进行仿真测算，设定聚合商聚合充电负荷参与调峰辅助服务，其交易时段为 00：30—7：00 和 12：30—16：00，辅助服务价格计 0.2 元/kWh，聚合商参与辅助服务市场的负荷基线如图 5-18 所示。

表 5-1　电动汽车充电数据

序号	交易电量（kWh）	充电开始时间	充电结束时间	交易结束原因	用户入网时长	峰电量（kWh）	平电量（kWh）	谷电量（kWh）
1	24.24	2020-08-31 22：11：08	2020-08-31 23：07：18	电动汽车充满	2：45：10	23.73	0.00	0.51
2	19.02	2020-08-31 21：05：57	2020-08-31 22：10：07	电动汽车充满	5：11：12	19.02	0.00	0.00
3	9.12	2020-08-31 20：11：28	2020-08-31 20：59：07	电动汽车充满	3：47：19	9.12	0.00	0.00
4	25.66	2020-08-31 18：46：32	2020-08-31 19：54：07	电动汽车充满	4：09：11	25.66	0.00	0.00
5	50.07	2020-08-15 01：02：22	2020-08-15 03：11：15	电动汽车充满	6：15：17	0.00	0.00	50.07
…	…	…	…	…	…	…	…	…
524	23.00	2020-08-14 23：23：39	2020-08-15 00：33：59	电动汽车充满	7：30：01	0.00	0.00	23.00
525	12.03	2020-08-14 22：08：50	2020-08-14 23：10：27	电动汽车充满	1：01：20	11.11	0.00	0.92
526	20.75	2020-08-14 21：26：02	2020-08-14 21：56：22	预充金额用完	0：30：20	20.75	0.00	0.00
527	35.52	2020-08-30 04：40：35	2020-08-30 05：57：03	电动汽车充满	4：16：30	10.25	25.27	0.00
528	9.66	2020-08-30 04：32：49	2020-08-30 04：38：56	用户在充电桩终止	0：06：07	0.00	9.66	0.00
529	20.66	2020-08-30 02：56：07	2020-08-30 04：31：27	用户在充电桩终止	1：35：20	0.00	20.66	0.00
530	37.26	2020-08-30 01：33：11	2020-08-30 02：51：27	用户远端（手机、网站）终止	1：18：16	0.00	37.26	0.00
531	17.61	2020-08-30 00：10：55	2020-08-30 01：31：40	用户在充电桩终止	1：20：45	0.00	17.61	0.00

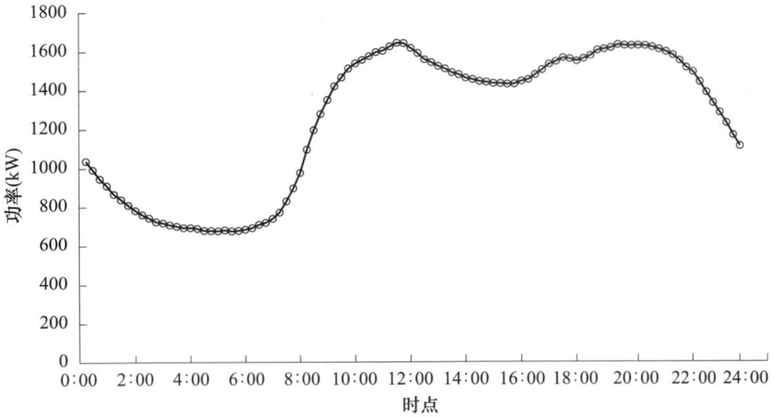

图 5-17 聚合调控的外部总负荷曲线

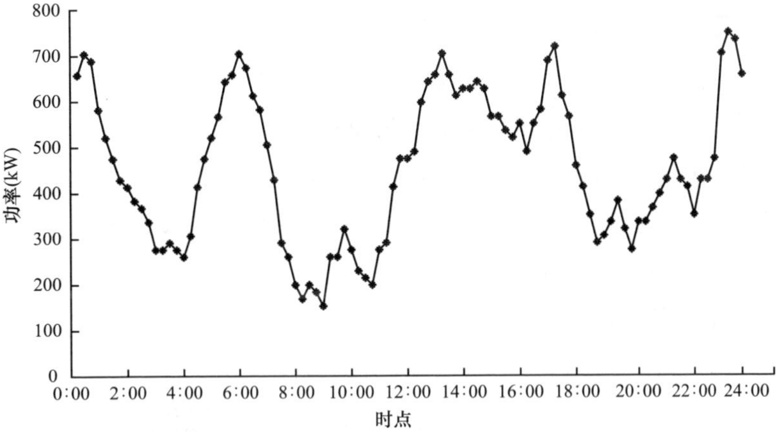

图 5-18 聚合商参与辅助服务市场的负荷基线

同时，在考虑用户可调性识别的聚合充电负荷调控优化仿真验证过程中，用户可调性识别模型设置网络层数为 4、隐含层神经元为 64、激活函数为 sigmoid 函数、测试集与训练集的数据比为 9∶1；优化调控求解模型参数设置详见表 5-2。计算过程基于 Python TensorFlow 2.0 实现，实验设备为四核 2.60-GHz 英特尔 Core i7-6700HQ 处理器。

表 5-2 充电负荷聚合调控优化模型参数

模型参数	TD3	DDPG	PG
评价学习率	0.002	0.002	无
评价网络调整	无	$10^{-2}\|\theta\|^2$	无

续表

模型参数	TD3	DDPG	PG
动作学习率	0.001	0.0001	0.001
动作网络调整	无	无	无
优化器	Adam	Adam	Adam
软更新率	0.01	0.01	无
回放池大小	10000	10000	无
步长	1	1	1
折扣因子	0.9	0.9	无
最大迭代次数	1500	1500	1500
噪声	N（0，1）	0.01	无

5.5.2 电动汽车用户可调性识别结果

基于 GRU 深度学习，进行电动汽车用户的可调性识别可以获得用户可调性识别结果，本节对可调负荷和不可调负荷进行特征分析，并对不同模型的可调性识别效果进行对比，进而证明 GRU 模型的相对优势。

5.5.2.1 可调负荷特征情况

用户可调性识别完成后，形成可调负荷 261 组、不可调负荷 270 组，将电动汽车用户的 96 点负荷曲线按照可调和不可调类型进行累加，得出对应可调负荷与不可调负荷的规模和分布情况，如图 5-19 所示。

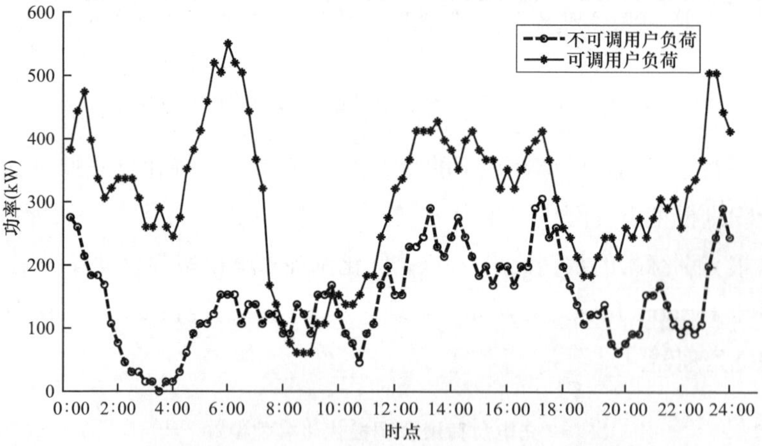

图 5-19　可调电动汽车用户负荷和不可调电动汽车用户负荷分布

由图 5-19 可知，可调电动汽车的整体负荷规模大于不可调用户的整体负荷规模。同时，可调用户与不可调用户在负荷波动上具有类似的趋势，即每日5：00—7：00、12：00—18：00、23：00—次日1：00为充电高峰时段。夜间的可调负荷相对较多，20：00—次日7：00间可调用户负荷规模约占可调负荷的64%、占全部电动汽车用户负荷规模的36%。更多的可调电动汽车用户提供了更多的电动汽车负荷容量调节区间，为下一步充电负荷聚合调控提供了基础。

不同可调性能的电动汽车用户具有不同的特征。为分析可调用户和不可调用户在充电特征元素上的异同，对不同类型用户的特征数据进行整理。对用户特征元素进行归纳整理，有如图5-20所示的可调电动汽车用户和不可调电动汽车用户的入网时间分布特征、如图5-21所示的可调电动汽车用户和不可调电动汽车用户的离网时间分布特征、如图5-22所示的可调电动汽车用户和不可调电动汽车用户的充电需求特征。图中，柱形图为对应特征对应数值下的电动汽车用户数目统计量，曲线为特征数目的正态分布拟合情况，圆心点为特征序列的均值点。据此，分析具备同种可调性能的电动汽车用户的特征相似性和具备不同可调性能的电动汽车用户的特征差异性。

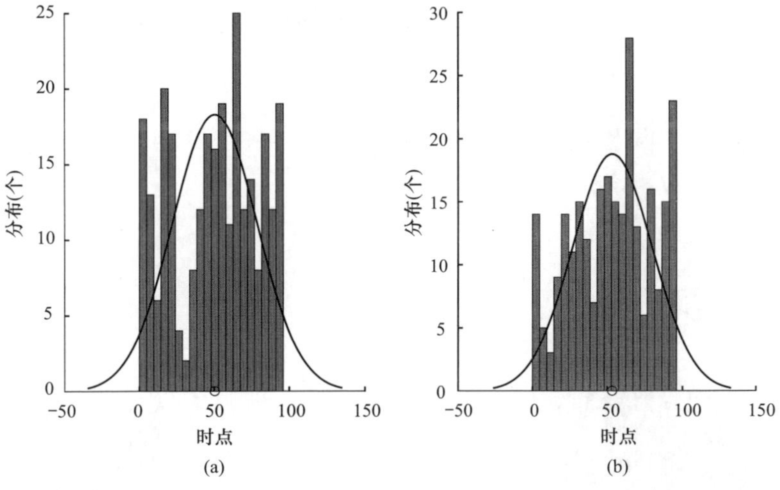

图5-20 可调电动汽车用户和不可调电动汽车用户的入网时间特征

（a）可调；（b）不可调

由图5-20可知，可调电动汽车用户与不可调电动汽车用户的入网时间差异不大，负荷分布相对分散，入网时间趋势均与负荷曲线有一定的耦合性，即大多分布于午间（11：00—15：00）和凌晨（23：00—次日1：00，5：00—7：00）。通过两种类型用户统计数据对比发现，可调电动汽车在4：00—8：00入网的车

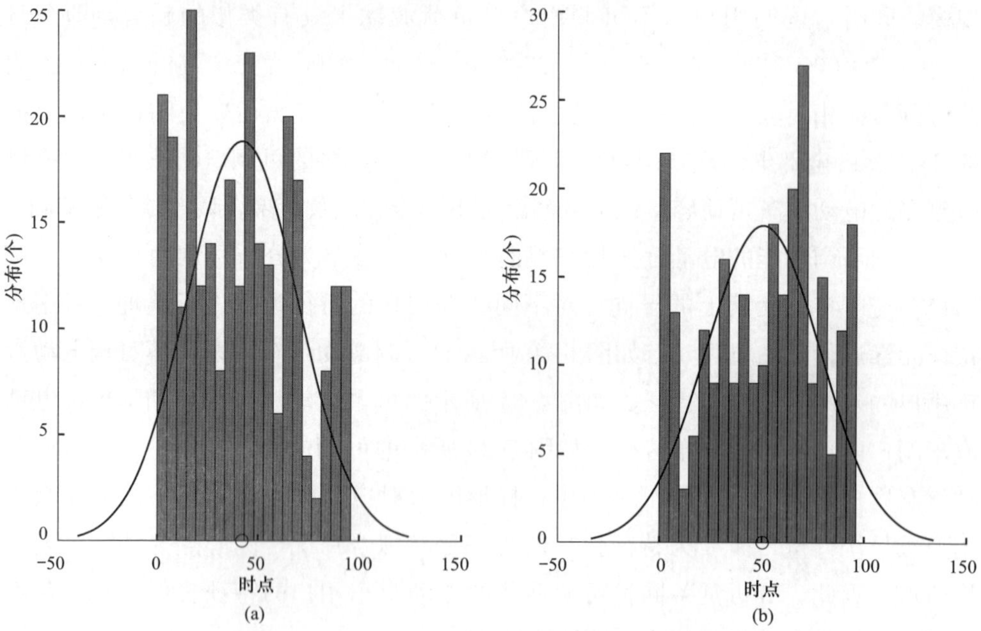

图 5-21　可调电动汽车用户和不可调电动汽车用户的离网时间特征

（a）可调；（b）不可调

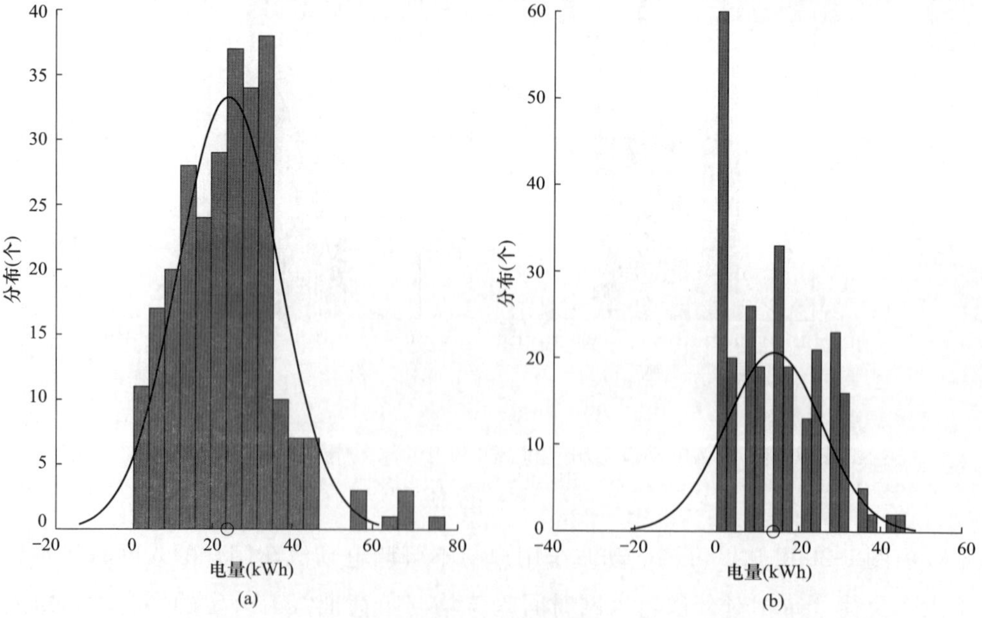

图 5-22　可调电动汽车用户和不可调电动汽车用户的充电需求特征

（a）可调；（b）不可调

辆较少，数目约为 14 个，不可调电动汽车为 38 个；可调电动汽车入网时间均值为 13：15，不可调电动汽车的入网时间均值为 12：30。

由图 5-21 可知，可调电动汽车与不可调电动汽车的离网时间有一定差异，具体来说，可调电动汽车的离网时间偏向凌晨，其时间均值为 10：30；不可调电动汽车的离网时间偏向午后，其时间均值为 12：35。在入网时间分布差异性不大的情况下，可调用户和不可调用户的离网时间差异在一定程度上说明了可调电动汽车用户的接入时间更长，这方便了聚合商优化调控工作的开展。

由图 5-22 可知，可调电动汽车与不可调电动汽车在充电电量上具有明显差异，可调电动汽车充电电量相对较高且分布区域更广，其充电电量均值为 27.17kWh，不可调电动汽车的充电电量均值为 15.8kWh。可见，可调电动汽车由于其具有更多的预期充电电量和更多的预期充电时间，因而具有更稳定的充电需求、更高参与聚合调控的响应意愿和更多的调控空间。

总的来说，可调电动汽车用户与不可调电动汽车用户负荷存在一定程度上的相似性，但是电动汽车可调负荷具有入网时长相对长、充电电量相对多的特征，在入网时间上暂未发现显著差异。

5.5.2.2 可调性识别模型对比分析

本章采用 BP、CNN 和 GRU 三种模型对电动汽车可调用户进行识别。针对三种模型识别情况，本节从准确率、精准率、召回率三个方面对可调性识别效果进行评价，根据收敛情况对模型的计算效率进行评价。其中，判定结果有四种情况，将可调用户判定为可调、将可调用户判定为不可调、将不可调用户判定为不可调、将不可调用户判定为可调，将四种情况分别记作 TP、TN、FN、FP。则有下列关键指标计算方法，即

$$Z_{\mathrm{a}} \frac{TP+TN}{TP+FP+FN+TN} \tag{5-118}$$

$$Z_{\mathrm{p}} \frac{TP}{TP+FP} \tag{5-119}$$

$$Z_{\mathrm{r}} \frac{TP}{TP+FN} \tag{5-120}$$

式中：Z_{a}、Z_{p} 和 Z_{r} 分别为准确率、精确率和召回率。

计算得到三个模型的识别效果见表 5-3。三个模型的训练收敛情况如图 5-23 所示。

通过对比表 5-3 中的各项指标，不难看出 GRU 在准确率、精准率和召回率

三个指标上均优于 BP 和 CNN。通过对比图 5-23 所示三个模型的收敛情况，不难看出 GRU 相对于 BP 和 CNN 具有更快的收敛速度和计算精确率。

表 5-3　　BP、CNN 和 GRU 的准确率、精准率、召回率对比

模型	GRU	CNN	BP
准确率（%）	95.98	93.11	90.95
精准率（%）	93.48	93.06	88.32
召回率（%）	91.98	89.22	87.00

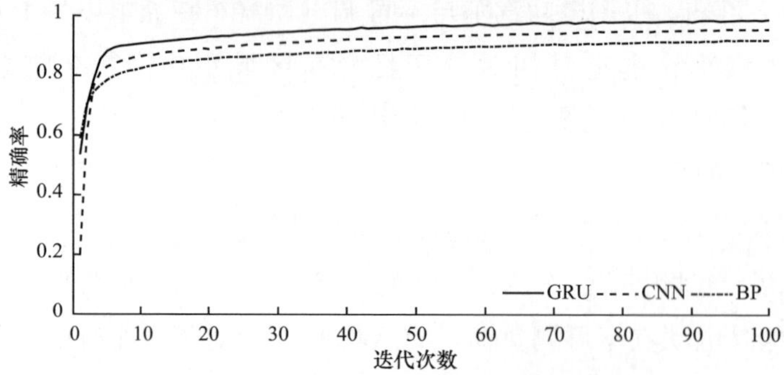

图 5-23　BP、CNN 和 GRU 收敛情况

5.5.3　聚合充电负荷调控优化结果

基于 TD3 深度强化学习的大规模电动汽车充电负荷聚合优化调控方案能够在平抑负荷波动和提高市场效益两个方面带来有益效果。本节从基于平抑负荷的聚合负荷调控优化结果和基于市场效益提升的聚合负荷优化调控结果两方面展开调控优化效果讨论，并对基于 TD3 的充电负荷聚合调控优化模型的优化效果进行对比分析。

5.5.3.1　基于平抑负荷波动的调控优化结果

首先，为对本文所求解调控优化方案的效果进行综合分析，本节定义负荷波动率、负荷率、最大峰谷差、收益大小四个指标进行定量分析。其中，负荷波动率为方案求解负荷曲线波动情况的定量描述；负荷率为当日平均负荷与最大负荷的比值；收益大小为 W_{eva}，根据式（5-92）进行测算；最大峰谷差为当日最高负荷与最低负荷之间的差值。上述指标的计算方法为

$$\eta \frac{\sum_{q}^{Y}|L_q - L|}{Y}\times 100\% \tag{5-121}$$

$$\lambda \frac{\overline{L}}{L_{\max}} \tag{5-122}$$

$$c = L_{\max} - L_{\min} \tag{5-123}$$

式（5-121）～式（5-123）中：η 为负荷波动率；λ 为负荷率；c 为最大峰谷差；L_q 为数组元素，即各时点的负荷；Y 为数组元素总数，即时点总数 96；$\overline{L}$ 为数组均值，即当日平均负荷；$L_{\max}$ 为数组最大值，即当日最大负荷；$L_{\min}$ 为数组最小值，即当日最小负荷。

在基于平抑负荷波动的优化调控过程中，有如图 5-24 所示的优化调控结果。

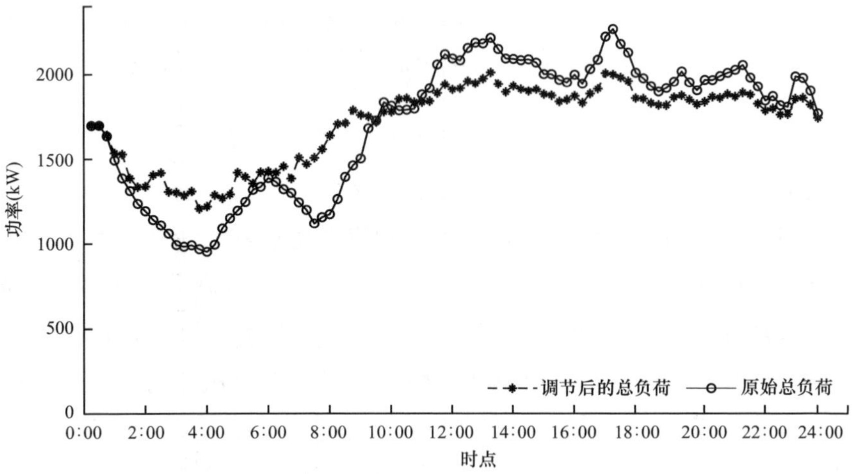

图 5-24　基于平抑负荷波动的优化调控结果

不难看出，本文所提出的优化调控方案有效降低了系统总负荷波动，提升了 2：00—10：00 的谷段负荷和平段负荷，降低了 12：00—18：00 的峰段负荷和平段负荷。根据峰谷平时段划分与市场价格之间的联动性，该负荷调控方案可预见地为电动汽车用户带来了成本节约效益。具体来说，该方案的负荷波动率为 13.3%，相对原始负荷波动率 44.85%降低了 70.35%；该方案的负荷率为 85.22%，相对原始负荷率 75.45%提升了 12.95%；该方案针对当日 531 条充电数据，实现了增量收益 963.55 元，实现了单辆可调电动汽车单次响应增量收益均值 3.69 元；该方案实现了最大峰谷差 801.89kW，相对原有 1313.34kW 的峰谷差降低了 511.46kW，降幅达 38.94%。

进一步分析内部可调负荷优化调控情况，有如图 5-25 所示的可调充电负荷变化情况。

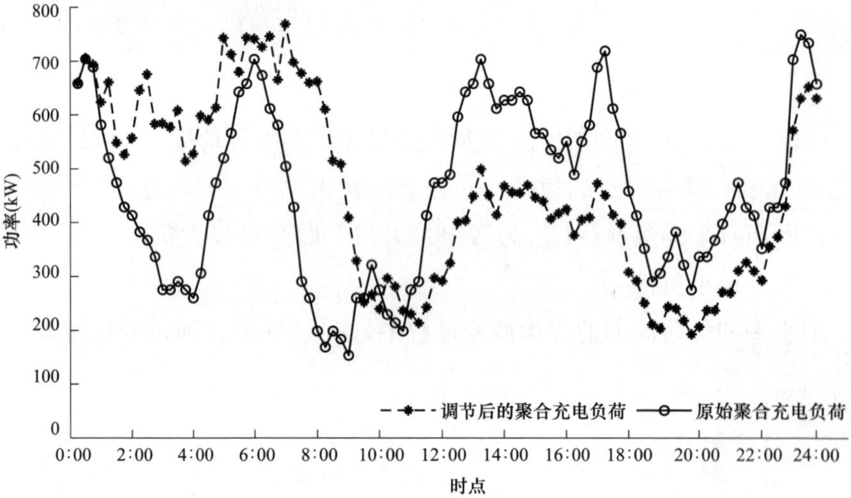

图 5-25　优化调控前后的可调充电负荷变化

由图 5-25 可知，大规模电动汽车调控过程中，通过聚合优化调控提升了电动汽车夜间和上午的负荷水平，降低了电动汽车午后和下午的负荷水平，完成了当日聚合电动汽车负荷容量调节 3637.84kWh，从而抑制了由外部负荷造成的高峰谷差以及聚合充电负荷的强随机性，有效缓解了总负荷的负荷波动。

同时，针对充电调节和充放电调节两种模式，本节从负荷分布和车辆调控情况两个角度展开讨论。图 5-26 所示展示了充电负荷调节情况和充放电负荷调节情况，主、次纵坐标轴分别为充放电可调负荷和充电可调负荷水平；针对该过程中单辆电动汽车的充电调节情况，以及针对 a、b 两个充电可调用户的典型充电负荷变化情况和 c、d 两个充放电可调用户的典型充放电负荷变化，有两组用户优化调控后的负荷曲线，分别如图 5-27 和图 5-28 所示。

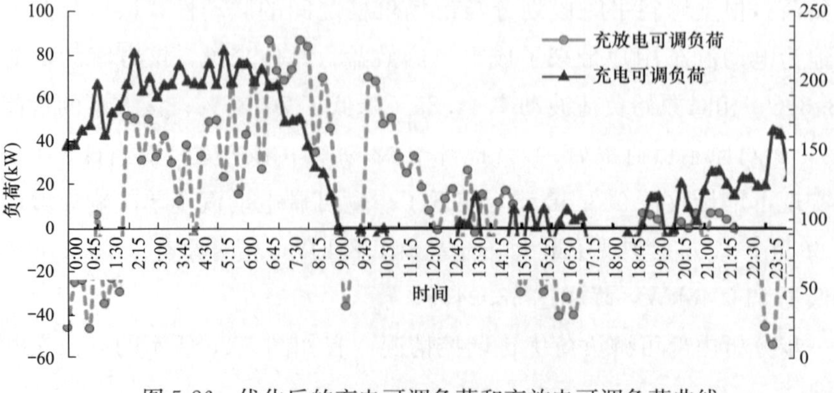

图 5-26　优化后的充电可调负荷和充放电可调负荷曲线

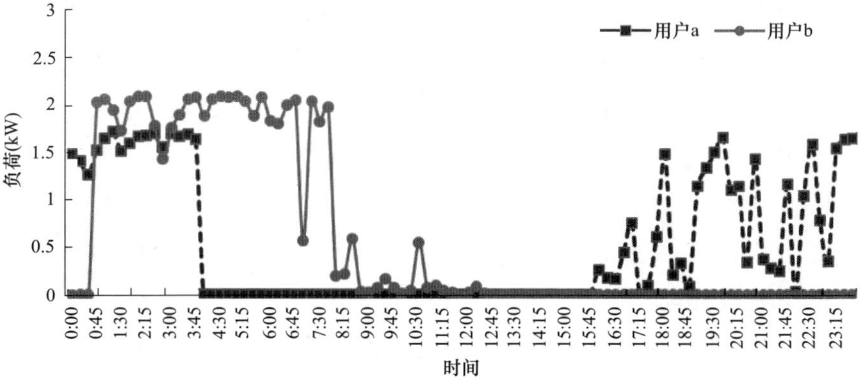

图 5-27 a、b 两个充电可调用户的充电负荷曲线

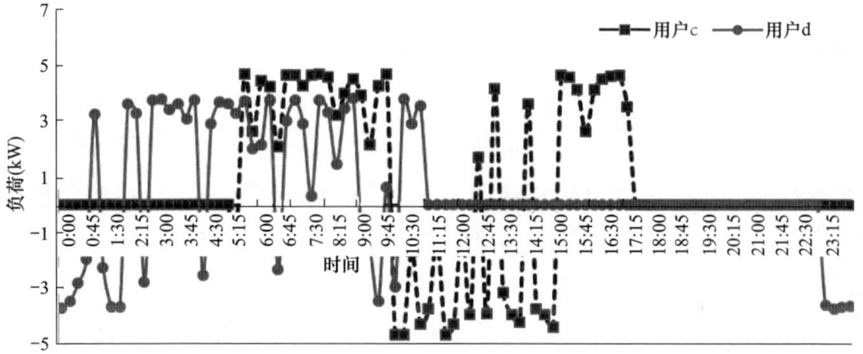

图 5-28 c、d 两个充放电可调用户的充电负荷曲线

考虑到充放电过程和单辆电动汽车的分析对于整体优化调控效果的意义有限，因此仅在本节作一定分析。由图 5-26 可知，充电可调节负荷规模显著高于充放电可调节负荷的负荷规模，其原因包括放电调节导致的成本增加和人们对放电调控过程的心理排斥（本章通过设置分类概率体现）。同时，通过对调控优化后的负荷分布情况进行分析，无论是充电可调负荷还是充放电可调负荷，均倾向于将负荷分布集中于夜间，因为该时段的总负荷显著低于总负荷均值并且是导致负荷波动较大的主要原因。分析充电可调负荷的变化情况，发现用户 a 的接入时段为 15：45—次日 3：45，用户 b 的接入时段为 0：30—12：15，对比发现用户 a 将更多负荷从当日下午转移至夜间和凌晨，用户 b 则无明显变化。这是由于用户 a 的初始接入时段处于负荷高峰时期，而其接入时长和容量需求满足优化调控条件，因此转移了部分负荷；而

用户 b 正处于负荷低谷时期进行充电，其接入时段又不具备其他需要转移负荷的时段，因此未开展明显的负荷调控，其波动主要来自其他电动汽车充电负荷的影响和随机性。分析充放电可调用户的负荷变化情况，发现用户 c 的接入时段为 5：00—17：15，用户 d 的接入时段为 22：30—次日 11：15，用户 c 和用户 d 的优化调控过程结果存在一定的随机性，这是由于在与其他车辆进行协调调控的过程中，需要互相配合充放电进程，合理选择高峰时段放电、低谷时段充电。

总而言之，本文所提及的优化调控模型能够显著实现平抑负荷波动的效果，并实现一定的效益提升；合理的负荷调控和转移为电网、聚合商和电动汽车用户三方都带来了增量效益；针对充放电调节过程，放电过程的成本损耗导致了用户对该过程的接受度较低，但是能够更有效地实现负荷调节。

5.5.3.2 基于市场效益提升的调控优化结果

在基于市场效益提升的调控优化过程中，聚合商在参与各类型电力市场的过程中，获得电力的同时也提供了服务。本节主要考虑基于聚合用电需求的峰谷平价格响应调控优化（市场效益 W_{eva} 仅来自购电成本节约）和兼顾辅助服务市场的调控优化（市场效益 W_{eva} 来自购电成本节约和其他服务收入），基于市场效益的其他调控过程与这两种典型模式类似。

优化调控后有如图 5-29 所示的基于峰谷平价格响应的调控优化结果和如图 5-30 所示的分时段电价兼顾辅助服务市场的调控优化结果。

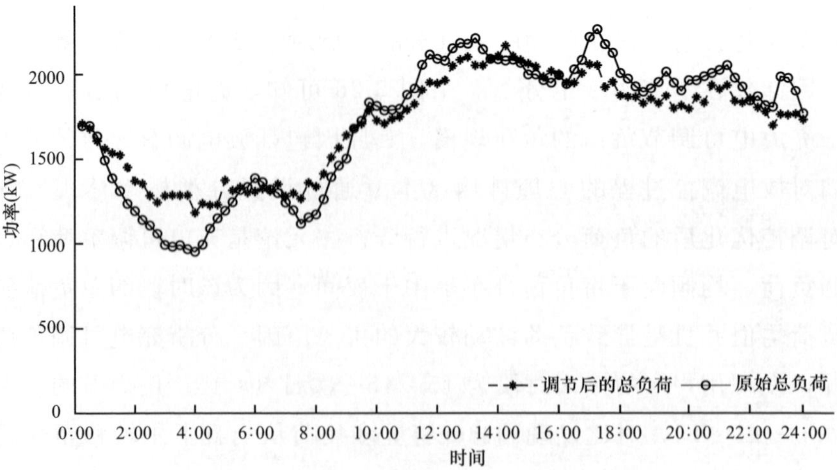

图 5-29　基于峰谷平价格响应的调控优化结果

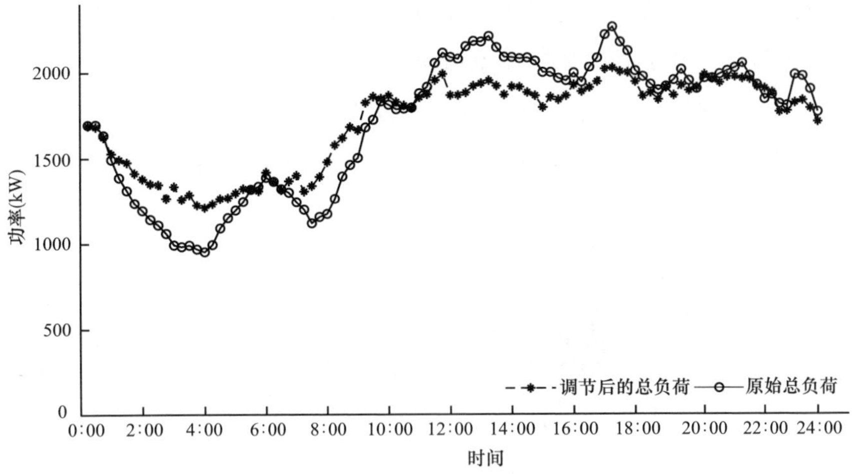

图 5-30 分时段电价兼顾辅助服务市场的调控优化结果

不难发现，两种调控优化方案都在一定程度上降低了系统总负荷波动，显著提升了 1：00—10：00 的谷段和平段负荷，降低了 11：00—14：00 的峰段负荷和 16：00—18：00 的平段负荷。根据峰谷平时段划分与市场价格之间的联动性，两种负荷调控方案都可预见地为电动汽车用户带来成本节约效益，同时实现了降低峰谷差、平抑负荷波动的优化调控效果。具体来说，基于峰谷平价格响应的调控优化方案的负荷波动率为 37.95%，相对原始负荷波动率 44.85%降低了 15.39%；该方案的负荷率为 78.61%，相对原始负荷率 75.45%提升了 4.19%；该方案针对当日 531 条充电数据实现了增量收益 747.06 元，实现了单辆可调电动汽车单次响应增量收益均值 2.86 元；该方案实现了最大峰谷差 986.04kW，相对原有 1313.34kW 的峰谷差降低了 327.31kW，降幅达 24.92%。兼顾辅助服务市场的调控优化方案的负荷波动率为 36.66%，相对原始负荷波动率 44.85%降低了 18.27%；该方案的负荷率为 84.4%，相对原始负荷率 75.45%提升了 11.86%；该方案针对当日 531 条充电数据，实现了增量收益 1061.15 元，实现了单辆可调电动汽车单次响应增量收益均值 4.07 元；该方案实现了最大峰谷差 813.53kW，相对原有 1313.34kW 的峰谷差降低了 499.81kW，降幅达 38.06%。

针对该优化调控效果，对比 5.5.1 节中的优化调控效果可知，基于平抑负荷波动的优化调控方案能够实现最小化负荷波动；考虑市场效益下的优化调控方案也能够实现一定程度的平抑负荷波动，但是其抑制效果取决于价格水平，在价格激励不充分的情况下，其负荷平抑效果并不明显，实现的增量收益也比较有限，这也是基于峰谷平响应的优化调控方案的负荷调节规模显著小于兼顾辅助服务市场的优化调控方案的负荷调节规模的原因。

进一步整理聚合充电负荷调控优化后的充电负荷变化，如图 5-31 所示。结合图 5-32 所示的分时段充电负荷市场价值图，可以得出基于效益的优化调控过程的负荷调控结果。

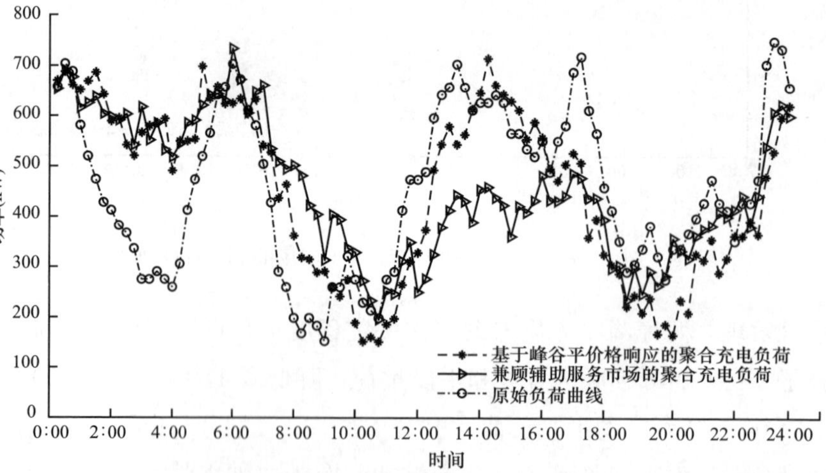

图 5-31　基于市场效益的聚合充电负荷曲线

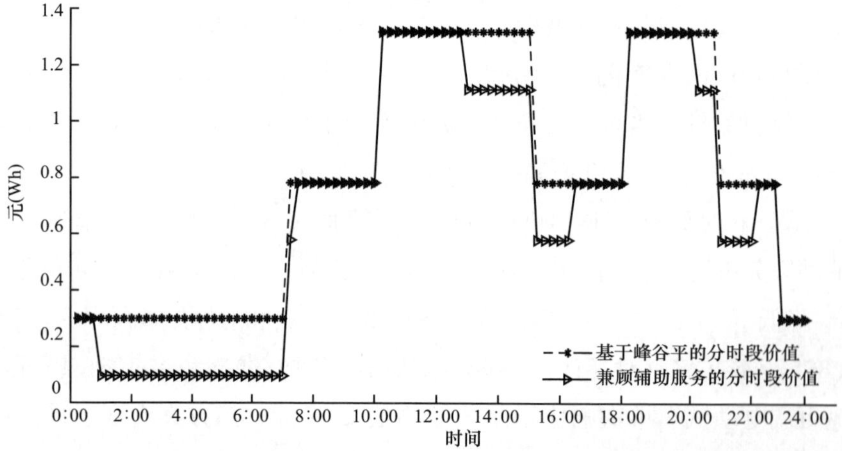

图 5-32　分时段充电负荷市场价值图示

对比图 5-31 和图 5-32 可知，无论是基于峰谷平价格响应的负荷调控还是基于兼顾辅助服务市场的负荷调控，其可调节负荷的优化调控趋势与价格变化趋势一致。例如，在兼顾辅助服务市场的优化调控过程中，在电量价值峰段，即

10：00—12：00 以及 18：00—20：00，其聚合充电负荷有显著的下降；而在电量价值谷段，即 1：00—7：00，其聚合充电负荷有显著提升。在基于峰谷平响应的优化调控过程中，在电量价值谷段，即 23：00—次日 7：00，其聚合充电负荷有显著的提升。

总而言之，基于市场效益提升的优化调控模型的仿真结果表明，所提出的方案能够有效提升电动汽车用户的市场收益并降低聚合负荷曲线的波动；同时，电力电量的价值属性使得负荷高峰具有较高的分时段价格、负荷低谷具有较低的分时段价格，因此优化调控的最终结果与价格曲线有一定的耦合性。

5.5.3.3 调控优化模型对比分析

本节针对 PG、DDPG 和 TD3 三种模型在聚合充电负荷调控模型优化求解过程中的应用，为对比三种模型的求解效果并验证本文所提到 TD3 模型的优化性能，选取三种模型的收敛波动性、模型训练时间、模型测试时间和收敛速度四个指标，对求解过程进行评价，其中模型的收敛波动性为模型达到收敛状态之后的稳定性，其计算方式与式（5-123）一致；模型训练时间为完成训练过程的每轮迭代平均用时；模型测试时间为单个电动汽车调控优化方案的计算时间；收敛速度则通过达到收敛的迭代次数进行反映。模型测试时间的计算方法为

$$\rho \frac{T_{\text{test}}}{Z} \tag{5-124}$$

式中：ρ 为模型测试时间；T_{test} 为模型训练总用时；Z 为迭代总次数，本节仿真算例中为 1500 次。

首先，针对仿真情景中三种模型的调控求解过程，三种不同调控模型求解过程中分别有如图 5-33～图 5-35 所示的优化模型收敛图。

在图 5-33 中，TD3 模型相对于 DDPG 模型和 PG 模型，具有更快收敛、更强鲁棒性、更优目标方案的优点；DDPG 模型的收敛速度、鲁棒性和目标优化效果次之；PG 模型最次，在其优化求解过程中存在阶段性的策略跳跃，得到的最终优化方案波动性较大。

在图 5-34 和图 5-35 中，对比 TD3、DDPG 和 PG 三个模型的收敛曲线，发现 TD3 具有最好的收敛性、鲁棒性和优化效果，DDPG 次之，最后是 PG 模型。结合图 5-33 可见，TD3 的优化性能显著优于其他两种算法，且对任意的优化调控场景具有适用性。具体对不同模型的求解性能进行评价，基于平抑负荷波动的模型收敛情况见表 5-4，基于峰谷平分时段市场效益的模型收敛情况见表 5-5，

兼顾辅助服务市场效益的模型收敛情况见表 5-6。

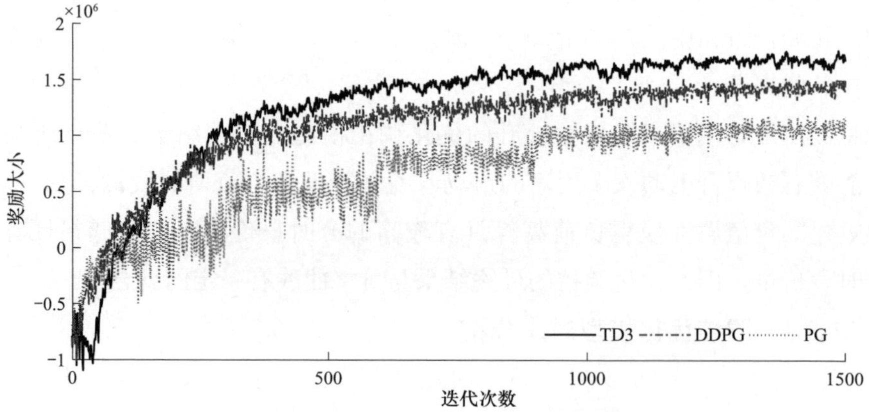

图 5-33　基于平抑负荷波动调控优化过程的收敛图

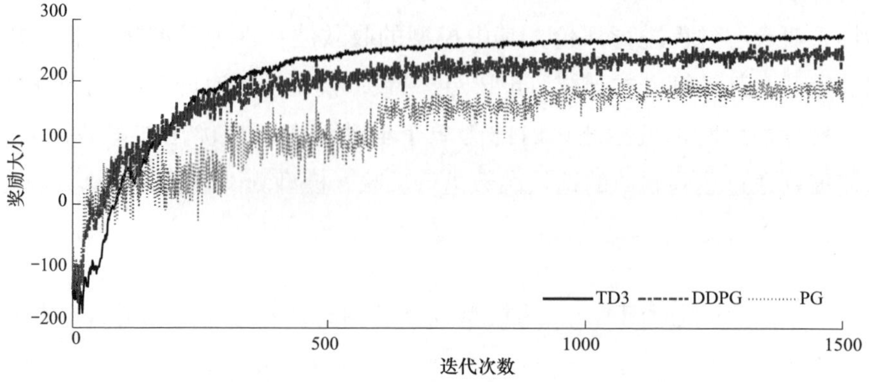

图 5-34　基于分时段电价的调控优化收敛图

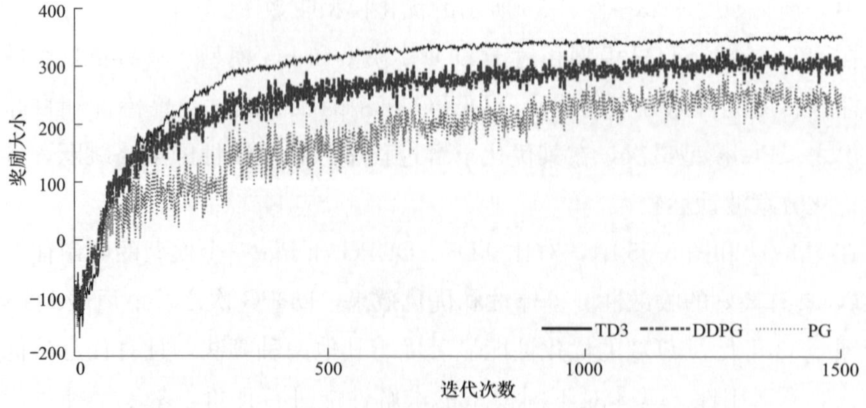

图 5-35　分时段电价兼顾辅助服务市场的调控优化收敛图

表 5-4　基于平抑负荷波动的模型收敛情况

收敛情况	TD3	DDPG	PG
收敛波动性（%）	3.58	4.68	9.28
模型训练时间（轮/s）	30	34	21
模型测试时间（轮/s）	0.33	0.35	0.45
收敛速度（回合）	1001	1077	1025

表 5-5　基于峰谷平分时段市场效益的模型收敛情况

收敛情况	TD3	DDPG	PG
收敛波动性（%）	1.64	4.04	7.16
模型训练时间（轮/s）	36	39	27
模型测试时间（轮/s）	0.44	0.48	0.51
收敛速度（回合）	712	847	933

表 5-6　兼顾辅助服务市场效益的模型收敛情况

收敛情况	TD3	DDPG	PG
收敛波动性（%）	1.36	3.87	7.53
模型训练时间（轮/s）	33	38	24
模型测试时间（轮/s）	0.29	0.37	0.43
收敛速度（回合）	892	962	1063

根据表 5-4、表 5-5 和表 5-6 的模型收敛情况分析，不难发现三种情景中 TD3 模型在收敛波动性、测试时间和收敛速度方面都具有明显优势；PG 模型尽管能够在较短的时间内完成训练，但是考虑到大规模电动汽车数据的模型训练时间原本就较长，且训练速度并不会对应用过程产生影响，因此 PG 模型的训练时间优势并不具有显著的算法优势。因此，TD3 模型的优化求解优势在三个方面得以体现。

在收敛波动性方面，平抑负荷波动情景下，TD3 模型的收敛波动性低于 DDPG 模型 1.1%，低于 PG 模型 5.7%，降幅分别为 23.55%和 61.42%；在基于峰谷平分时段市场效益情景下，TD3 模型的收敛波动性低于 DDPG 模型 2.93%，低于 PG 模型 5.51%，降幅分别为 59.34%和 77.06%；在兼顾辅助服务的情景下，TD3 模型的收敛波动性低于 DDPG 模型 2.51%，低于 PG 模型 6.17%，降幅分别为 64.86%和 81.93%。

在模型测试时间方面，平抑负荷波动情景下，TD3 模型的测试时间低于 DDPG 模型 0.02s，低于 PG 模型 0.12s，降幅分别为 5.71%和 26.67%；在基于峰谷平分时段市场效益情景下，TD3 模型的测试时间低于 DDPG 模型 0.04s，低于 PG 模型 0.07s，降幅分别为 8.33%和 13.73%；在兼顾辅助服务的情景下，TD3 模型的测试时间低于 DDPG 模型 0.08s，低于 PG 模型 0.14s，降幅分别为 7.28%和 16.09%。

在收敛速度方面，TD3 模型的计算回合低于 DDPG 模型 76 回合，低于 PG 模型 24 回合，降幅分别为 7.06%和 2.34%；在基于峰谷平分时段市场效益情景下，TD3 模型的计算回合低于 DDPG 模型 135 回合，低于 PG 模型 221 回合，降幅分别为 15.94%和 23.69%；在兼顾辅助服务的情景下，TD3 模型的计算回合低于 DDPG 模型 70 回合，低于 PG 模型 171 回合，降幅分别为 7.28%和 16.09%。

总而言之，TD3 模型相对于其他模型，如 DDPG 模型、PG 模型等强化学习等，在本文大规模电动汽车充电负荷调控优化求解过程中具有明显的计算优势，能够实现更优目标函数求解，且具有快速优化调度的能力和强鲁棒性，是适用于本文调控优化场景的模型方法。

第6章

电动汽车负荷聚合商多市场主体购电策略

电动汽车负荷聚合商接入市场后，面临和多种市场主体交易和竞争，本章研究包括考虑政府、传统火电发电商、可再生能源发电商、电动汽车负荷聚合商共同参与市场的优化购电策略。

6.1　多主体市场策略行为博弈机理

本章的研究包括四个主体：政府、传统火电发电商、可再生能源发电商、电动汽车负荷聚合商。其相互作用如图 6-1 所示。

政府结合可再生能源发展规划，科学合理设计的配额制涉及的制度参数和规则约束，主要包括配额目标、交易成本、未完成配额目标的单位罚金等。政府对电能量市场、绿证市场进行动态监管，通过对市场信息的反馈、配额目标的落实，调整制度准参数和规则约束。

区域内的可再生能源发电商、常规能源发电商、电动汽车负荷聚合商在政府制定的规则参数下，决策其电能量市场和绿证市场的参与策略。电动汽车负荷聚合商作为配额义务承担主体，消费的电能中必须包含最低比例的可再生能源电。根据历史电能量市场上可再生能源的成交电价、常规能源的成交电价和绿色证书市场上绿色证书的价格，以用电成本和配额完成成本最小化为目标，动态决策其可再生能源电量与常规能源电量、绿证的购买量以及接受惩罚的比例。可再生能源发电商决策其在电能量市场上的售电量，同时售电量也决定了其在配额市场上绿证可提供量的上限，通过决策可再生能源电和绿色证书市场的供给，影响绿电和绿色证书的价格，达到售电收益和绿证收益的最大化。常规能源发电商接受市场价格信息，当绿证市场价格较低，可再生能源电价格较高时，可购买一定绿证，赋予电能绿色属性，捆绑出售给电动汽车负荷聚合商。

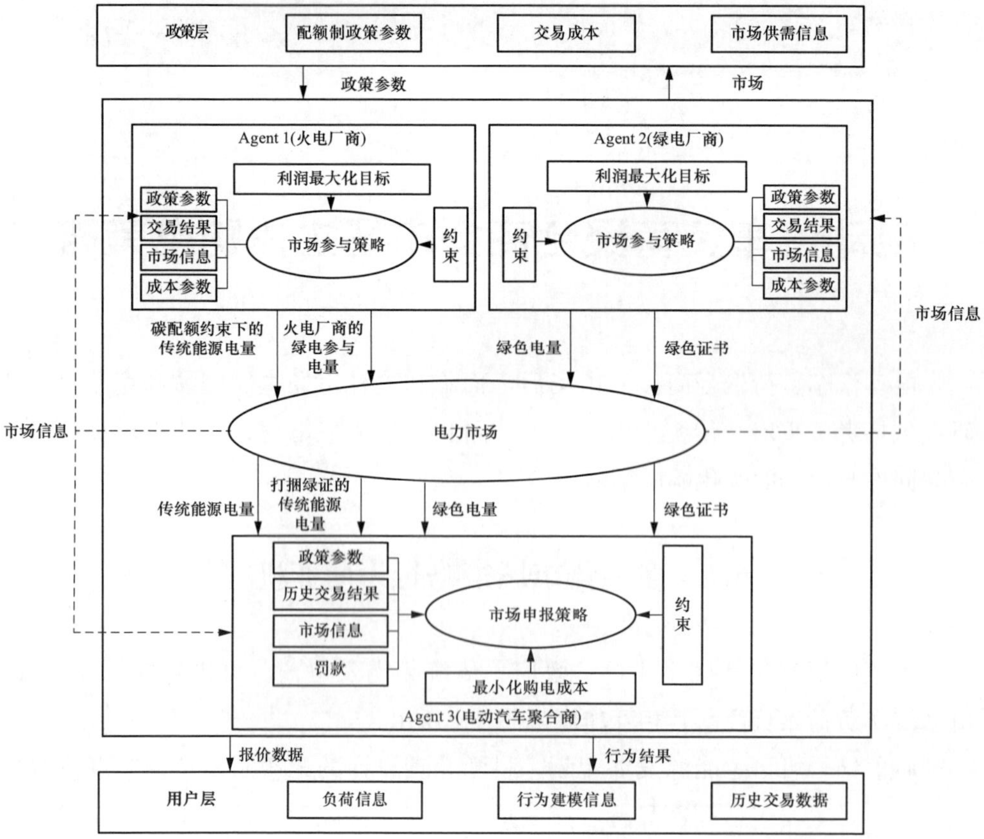

图 6-1　多智能体博弈机理图

长期过程中，市场主体在利润最大化目标的驱动下会动态调整其策略行为，根据市场形势不断地分散决策，可再生能源厂商和常规能源厂商收益差会逐渐减少，最终实现可再生能源电与火电同台竞价。电动汽车负荷聚合商通过对市场信息和观察竞争对手利益的分析，可以逐渐转嫁之前完全施加于用户侧的配额考核压力，从而争取自身利益。

6.2　多智能体电动汽车负荷聚合商电力中长期市场非合作博弈模型

6.2.1　市场主体博弈模型目标

1. 可再生能源发电商收益

市场主体在整体交易流程中通过决策售电量 Q_i^r 和绿证交易量 q_i^r，使其收益

π^{re}达到最大，即

$$\max\pi^{re}=\sum_{i=1}^{12}[Q_i^r(p_i^r-c_r)+q_i^r p_i^g-\partial\lambda q_i^r p_i^g] \tag{6-1}$$

式中：p_i^r 为第 i 月可再生能源成交电价；p_i^g 为第 i 月绿色证书售出价格；λ 为交易成本的收取费率；c_r 为可再生能源发电成本；∂ 为交易成本分摊系数。

2. 常规能源厂商收益

常规能源厂商在第 i 轮博弈环节通过决策售电量 Q_i^f 和绿色证书购买量 q_i^f，使其效益 π^f 最大化，即

$$\max\pi^f=\sum_{i=1}^{12}[Q_i^f(p_i^f-c_f)-q_i^f p_i^g-\partial\lambda q_i^f p_i^g] \tag{6-2}$$

式中：p_i^f 为第 i 月常规能源电的成交电价；p_i^f 为第 i 月绿色证书价格购入价格；c_f 为常规能源发电成本。

3. 电动汽车负荷聚合商购电成本

电动汽车负荷聚合商在第 i 轮博弈环节通过决策可再生能源购电量 Q_i^r、常规能源购电量 Q_i^f 和绿色证书购买量 q_i^u，使其用电成本 C^u 最小化，即

$$\begin{aligned}\min C^u=&\sum_{i=1}^{12}(Q_i^r p_i^r+Q_i^f p_i^f+p_i^u q_i^u+\partial\lambda p_i^u q_i^u)\\&+\chi\left\{\gamma\left[\sum_{i=1}^{12}(Q_i^r+Q_i^f)\right]-\sum_{i=1}^{12}(Q_i^r+q_i^u)\right\}p_p\end{aligned} \tag{6-3}$$

式中：γ 为配额目标；p_p 为单位罚金；χ 为0—1决策变量，当 $\gamma\left[\sum_{i=1}^{12}(Q_i^r+Q_i^f)\right]-\sum_{i=1}^{12}(Q_i^r+q_i^u)\geqslant 0$ 时，$\chi=1$，否则 $\chi=0$。

6.2.2 市场参与策略模型假设

假设1：参与的交易主体均为有限信息和有限理性。由于市场主无法在同一个交易时间段观察到所有的市场信息和对手的交易策略，致使每个交易主体都只能观测到局部信息，无法达到完全理性的交易行为。

假设2：交易双方均选择交易绿证时，交易成本由交易双方共同承担，成本分摊系数为50。为简化交易过程，设单次成交数额与单位成交过程费用的乘积构成总的交易成本。

假设3：本文中的博弈方式主要考虑以多方竞价的方式进行，博弈主体在市场交易中拥有充分的自由交易权。

假设 4：绿证交易和电量交易仅在区域范围内进行，交易主体之间的交易数据采用模拟的方式生成，以验证算法的可行性。

假设 5：火电厂商和可再生能源厂商之间不存在发电品质的差异，同台参与电力市场交易的竞争。

模拟场景涉及的符号设定与解释见表 6-1。

表 6-1　符号设定与解释

变量	符号解释
p_p	设定的单位罚金
γ	政府规定需要完成的配额目标
p^g	单位电量价格
p^f	单位常规能源电量价格
p^r	单位常可再生能源电量价格
λ	单位交易成本
c_f	单位常规能源发电成本
c_r	单位可再生能源发电成本
π^f	常规能源厂商不同决策下的收益
C^u	受考核电动汽车负荷聚合商不同决策下的成本
π^{re}	可再生能源厂商不同决策下的收益

6.2.3　市场出清模型约束

（1）绿证的交易量不能超过绿证的拥有量，即

$$0 \leqslant q_i^r \leqslant Q^r \tag{6-4}$$

（2）可再生能源厂商售电量应该在机组最大可发电量内，即

$$Q_i^r \leqslant Q_{\max}^r \tag{6-5}$$

式中：$Q_{\max}^r$为机组发电量的最大值。

（3）由于绿证有效期为一年，因此常规能源厂商购买绿证的总量不超过其售电量，即

$$\sum_{i=1}^{12} q_i^f \leqslant \sum_{i=1}^{12} Q_i^f \tag{6-6}$$

（4）常规能源厂商售电量应该在机组最大可发电量内，即

$$Q_i^f \leqslant Q_{\max}^f \tag{6-7}$$

式中：$Q_{\max}^f$为机组发电量的最大值。

（5）绿色证书博弈市场上绿证的交易量与购买量等同，即

$$\sum_{i=1}^{12} q_i^r = \sum_{i=1}^{12} (q_i^f + q_i^u) \tag{6-8}$$

（6）电力市场中电能量出售量等于购买量，即

$$Q_i^r + Q_i^f = Q^u \tag{6-9}$$

（7）电动汽车负荷聚合商市场购电量应至少满足各月购电需求量，即

$$\sum_{i=1}^{12} (Q_i^r + Q_i^f) \geqslant \sum_{i=1}^{12} L_i^e \tag{6-10}$$

式中：L_i^e 为预测各月电动汽车负荷聚合商的用电需求量。

（8）配额数量约束为

$$\sum_{j=1}^{3} \sum_{i=1}^{12} (\tau\alpha_i Q_i^r + e_{i,j}^b G_i^b - e_{i,j}^s G_i^s) = \tau \sum_{i=1}^{12} \gamma Q_i^r \tag{6-11}$$

$$\sum_{j=1}^{3} \sum_{i=1}^{12} (e_{i,j}^b + e_{i,j}^s) \leqslant 1 \tag{6-12}$$

式（6-11）和式（6-12）中：τ 为生产单位绿色电能所获得的碳配额数量，取 $\tau=1$ 本/（MWh）；α_t 为第 i 月消纳可再生电能的比例；G_i^b、G_i^s 分别为第 i 月购买、售出的碳配额数量；$e_{i,j}^b$、$e_{i,j}^s$分别为第 i 个月第 j 个市场主体购买和出售证书的状态变量。对第 j 个市场主体，$e_{i,j}^b=0$，$e_{i,j}^s=1$ 表示第 i 个月售出的碳配额，$e_{i,j}^b=1$，$e_{i,j}^s=0$ 表示第 i 个月购买的碳配额，$e_{i,j}^b=0$，$e_{i,j}^s=0$ 表示第 i 个月没有碳配额交易。

（9）碳配额的出售量应该不大于碳配额的持有量，即

$$0 \leqslant G_i^s \leqslant G_i^{\max} \tag{6-13}$$

式中：$G_i^{\max}$ 为第 i 个月发电企业持有的碳配额最大数量。

（10）碳配额交易市场中各市场成员的碳配额总出售量应等于总购买量，即

$$\sum_{j=1}^{3} \sum_{i=1}^{12} G_i^s = \sum_{j=1}^{3} \sum_{i=1}^{12} G_i^b \tag{6-14}$$

（11）为了保障博弈的合理性与加速模型收敛，火电厂商与绿电厂商的报价约束在市场历史各月平均价报价的 0.5～1.5 倍，即

$$0.5 p_{i,\text{avg}}^f \leqslant p_i^f \leqslant 1.5 p_{i,\text{avg}}^f \tag{6-15}$$

$$0.5 p_{i,\text{avg}}^r \leqslant p_i^r \leqslant 1.5 p_{i,\text{avg}}^r \tag{6-16}$$

式中：p_i^f，p_i^r 为火电厂商、绿电厂商各月的博弈实际报价；$p_{i,\text{avg}}^f$，$p_{i,\text{avg}}^r$ 为火电厂商、绿电厂商历史各月的平均价格。

6.3 算 例 分 析

本文将在不计水电的条件下研究火电与绿电的多智能体博弈与电动汽车负

荷聚合商的最终购电结果。根据历史数据预测结果，可得到电动汽车负荷聚合商各月预测需用电量，并以预测的电动汽车负荷聚合商购电需求为基础，对火电厂商和绿电厂商进行场景的模拟设定，详见表 6-2。以冀北地区实际电动汽车负荷聚合商实际购电需求为基础，对火电厂商和绿电厂商的各月可供电量做出模拟估计，从而进行博弈。综合考虑各省区情况，算例中将非水可再生能源配额考核比例模拟设定为 14.8%。考虑到对未完成配额考核的惩罚性训练需求，约定未完成配额带来的间接性损失为绿证交易结果的 1.5 倍。交易成本约定为绿证价格的 10%左右。以上参数作为 MADDPG 算法的博弈基准环境参数。

表 6-2　　仿真模拟博弈数据　　(单位：GWh)

市场主体类型	1 月	2 月	3 月	4 月	5 月	6 月
火电厂商	391.7	388.9	389.4	397.9	413.5	432.3
绿电厂商	38.7	38.6	56.1	49.9	52.9	44.8
电动汽车负荷聚合商	333.7	359.2	394.2	403.4	382.2	472.3
市场主体类型	7 月	8 月	9 月	10 月	11 月	12 月
火电厂商	460.0	509.0	422.3	399.1	470.1	464.6
绿电厂商	40.5	40.7	38.8	46.7	47.8	51.4
电动汽车负荷聚合商	370.7	410.2	371.9	420.6	493.3	477.8

博弈三方基于以市场的供给需求数据，各自成本参数与公开的政策信息进行多智能体博弈，以各自收益最大化为目标函数。博弈结果将作为算法的购电量数据进行迭代训练。

实验中的强化学习模型采用 Python TensorFlow 2.0 实现。公式中的约束采用 Gurobi 中的 Python 接口计算。实验计算机型号为四核 2.60-GHz 英特尔 Core i7-6700HQ 处理器，内存为 16GB。为加速模型收敛，MADDPG 算法采用我国现行的政策参数进行了 10000 轮博弈的预训练。

6.3.1　算法收敛效用对比

为了验证所提 MADDPG 算法的有效性，算例共进行了 30000 轮博弈仿真模拟。仿真环境中，以 12 个月为一个博弈周期。博弈三方各自制定定价或购电策略，并统计在不同政策参数下每个博弈周期的成交情况与各自的收益结果。

第一组研究立意于研究本文所提及的基于多智能体博弈下的分层强化学习 MADDPG 算法对比基于有限理性群体演化博弈下的强化学习 TD3 算法和传统

粒子群神经网络 BPPSO 算法的政策效果。TD3/BPPSO 算法通过接收相应政策参数下的收敛策略解计算的 reward/loss 值同样进行 30000 轮的政策参数迭代。

图 6-2 和表 6-3 展现了不同算法下的政策效益收敛趋势和不同训练轮次间的收益平均值 μ 及方差 σ 和训练时长 t（h）。如图 6-2 所示，不同算法下政策效益随着训练轮次均稳定上升，波动性均稳定下降。三种算法均可以有效提升政策参数制定的合理性。但本文研究的 MADDPG 算法获得了最高的政策效益。由表 6-3 可以得出，训练结束后 MADDPG 的平均政策效益比 TD3 算法提升了 38.7%，比不采用强化学习算法的传统 BPPSO 算法提升了 65.7%。虽然本文所介绍的算法的波动性对比其余两种算法较大，但在 95%置信区间下，仍优于其余两种算法 95%置信区间下的最优结果。为了计算更准确的政策效果，MADDPG 算法共计耗时约 3 天，是其余两种算法的 1.42 与 2.09 倍。由于政策参数一经制定短时间内不会修改，所以政策参数长时间尺度的辐射影响需要更精确化的计算去决定最合适解，对算法的实时运算速度没有太高的要求。

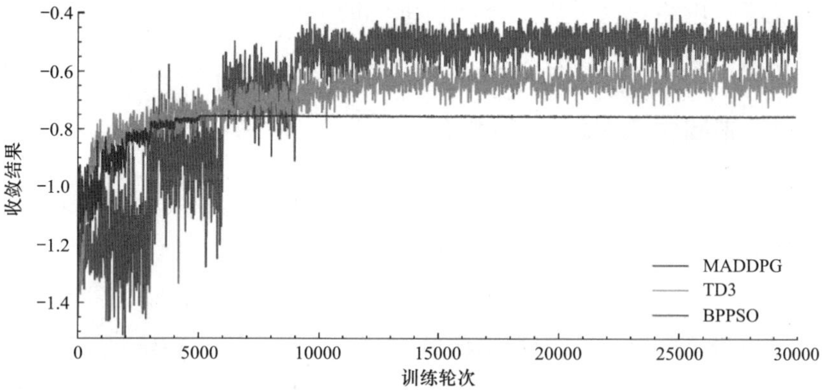

图 6-2　不同算法收敛效果对比图

表 6-3　　不同算法收敛时间与训练轮次中均值和方差对比

算法及参数		训练次数					
		5000	10000	15000	20000	25000	30000
MADDPG	μ	−1.0799	−0.6897	−0.5132	−0.4592	−0.4566	−0.4562
	σ	0.1908	0.1534	0.0486	0.0413	0.04312	0.0389
	t（h）	12.3256	24.3578	35.9542	47.8652	60.1023	71.3654
TD3	μ	−0.8335	−0.7071	−0.6402	−0.6367	−0.6334	−0.6327
	σ	0.1281	0.0415	0.0341	0.0290	0.0297	0.0287
	t（h）	8.5321	16.8563	25.6987	34.1236	42.3654	50.1236

续表

算法及参数		训练次数					
		5000	10000	15000	20000	25000	30000
BPPSO	μ	−0.8639	−0.7560	−0.7560	−0.7560	−0.7560	−0.7560
	σ	0.1049	0.0016	0.0010	0.0010	0.0009	0.0009
	t (h)	5.7589	11.6985	17.1036	21.0365	28.1236	33.8521

同时两种其余两种代替多智能体强化学习作为博弈的算法虽然运算、收敛速度与波动性均优于 MADDPG 算法，但由于算法的策略收敛高速度与低波动性来源于其收敛仅为策略宏观方向上的收敛，无法实现对以月为单位的细分环境的精细化整体决策优化，所以达到的政策效益上限的能力较差。采用 TD3 强化学习作为既定政策参数下优化的模型效果又优于传统的 BPPSO 神经网络优化算法，TD3 强化学习算法通过探索机制与多个策略、动作网络的组合优化，在以可接受范围内的波动性与收敛速度作为牺牲的前提下，提高了对策略空间的探索。同时 MADDPG 算法以多智能体强化学习博弈结果代替了单主体策略趋势演变，为强化学习网络提供了更准确与精细化的 reward，进一步提高了算法求解的上限，获得了最优的算法效果。

6.3.2 不同主体博弈收益对比

本节在考虑可再生能源消纳责任权重制度下在算法训练过程中的电动汽车负荷聚合商成本变化与不同发电厂商的度电收益变化。如图 6-3 所示，在博弈的前 5000 轮中电动汽车负荷聚合商成本大幅降低后又快速回升，最后稳定在成本降低 10%；火电的度电收益大幅降低后回升，在之后稳定在降低 35%左右，而同时火电与绿电间的度电收益差在前 10000 轮中稳定减小，后续训练中度电收益差在 10%左右上下波动，绿电在政策帮助下提升了获利能力。

同时由双方度电收益变化图可以看出，在训练过程中火电厂商前期利润损失波动较大，最低时度电收益降低到了 0，而对应的绿电厂商前期利润上升较多，最多时超过了 0.2 元/kWh，是火电配额制政策前度电收益的 3 倍左右。而电动汽车负荷聚合商受到火电厂商降价的正向激励，前期成本降低效用明显，而在后期各方对政策迭代适应后，电动汽车负荷聚合商也可以稳定降低 10%左右的成本。不同训练轮次间电动汽车负荷聚合商、火电厂商和绿电厂商度电收益的均值和方差的变化详见表 6-4。由此可以看出电动汽车负荷聚合商成本降低的均值在 5000 轮后快速收敛到约 11%，火电和绿电的度电收益逐渐收敛至

0.069 与 0.065 元，绿电厂商的收益均值略低于火电厂商，但因为有绿证政策的收益补贴，所以绿电厂商的收益标准差为火电厂商的 4.5 倍。可以看出，政策参数算法的训练过程中，维持了市场竞争的健康性，同时避免了任何一方因为过大的政策影响获得较高的额外收益或遭受政策损失，维持了市场的稳定运行。

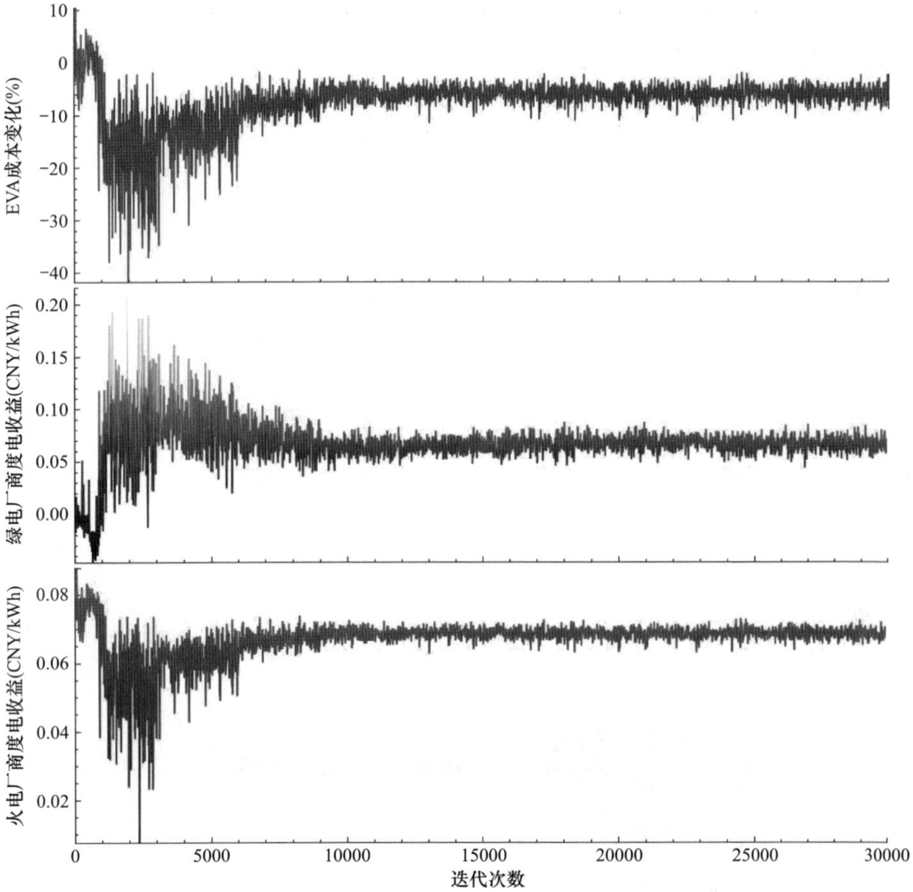

图 6-3　MADDPG 算法下不同主体成本和收益变化

表 6-4　　MADDPG 算法下不同主体成本和收益的均值和方差变化

不同主体参数		训练次数					
		5000	**10000**	**15000**	**20000**	**25000**	**30000**
火电厂商	μ	0.06604	0.07117	0.06732	0.06663	0.06658	0.06448
	σ	0.04898	0.01631	0.00704	0.00685	0.00656	0.00638
绿电厂商	μ	0.06131	0.06626	0.06869	0.06856	0.06853	0.06858
	σ	0.01142	0.00371	0.00148	0.00146	0.0015	0.00142

续表

不同主体参数		训练次数					
		5000	10000	15000	20000	25000	30000
电动汽车负荷聚合商	μ	−0.2156	−0.1256	−0.1156	−0.1153	−0.1156	−0.1159
	σ	0.1569	0.0758	0.0653	0.0621	0.0611	0.0603

由此可见，该算法下，在训练过程中，电动汽车负荷聚合商始终可以保障购电成本的降低，并趋于绿电与火电公平竞争的博弈结果，同时此政策参数也尽可能达到了市场效益的维稳目的，保障了各方受益的合理性，体现了博弈结果的合理性。

6.3.3 交易结果分析

在每一轮不同政策参数的影响下，博弈结果如图 6-4 所示。博弈后电动汽车负荷聚合商、火电厂商与绿电厂商的成交比例与报价的均值、方差见表 6-5。

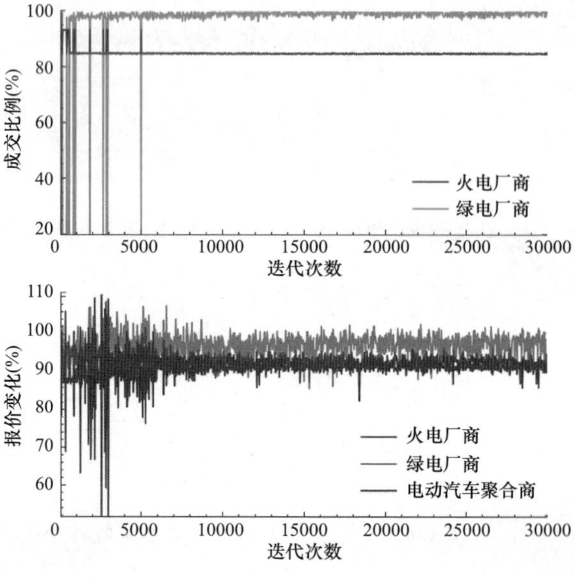

图 6-4　MADDPG 算法下发电厂商成交比例与各主体报价变化

表 6-5　　MADDPG 算法下发电厂商出力与各主体报价均值和方差变化

不同主体参数		训练次数					
		5000	10000	15000	20000	25000	30000
火电厂商出力（%）	μ	85.842	84.7197	84.6241	84.619	84.6266	84.6202
	σ	2.8462	0.5974	0.083	0.0785	0.0845	0.0793

续表

不同主体参数		训练次数					
		5000	10000	15000	20000	25000	30000
绿电厂商出力（%）	μ	87.474	98.0228	98.9212	98.9696	98.8981	98.9582
	σ	26.7527	5.6147	0.7803	0.7381	0.7941	0.7455
火电厂商报价（%）	μ	90.3983	91.9072	92.6651	92.6727	92.65	92.6002
	σ	7.5056	3.1307	1.5812	1.4937	1.3863	1.4793
绿电厂商报价（%）	μ	96.7546	97.0988	96.9536	97.1511	97.3194	97.612
	σ	3.7776	3.2774	2.4178	2.8435	2.506	2.4816
电动汽车负荷聚合商报价（%）	μ	92.155	92.0014	91.4652	91.5528	91.5091	91.4735
	σ	4.6599	2.1412	0.8887	0.8445	0.8352	0.7309

由于绿电厂商体量较小，在前期政策参数较大波动时，绿电厂商的成交比例在20%～100%大幅波动，幅度是火电厂商的9.4倍。火电厂商由于体量较大，配额的剧烈波动使火电的波动幅度控制在10%之内，并快速收敛。最终在合理的配额设置下，绿电厂商的发电量可以近乎100%地消纳，火电厂商的成交比例从初始的90%左右稳步下降了5%。

在定价上，火电厂商为积极应对政策影响，在前5000轮博弈中不断试探报出了不同程度的低价，平均价格降低了10%。之后随着政策参数的稳定，其报价有一定的回升，最终稳定在了基准电价的92.6%。

绿电厂商的电量报价策略虽波动性比火电厂商稍大，但报价的平均值较为稳定。绿电的价格为应对火电的降价稍降了3%。

电动汽车负荷聚合商则在前期报价中涨跌波动10%左右不定，在后期稳定降低了原始报价的90%左右。如表6-6所示，多智能体市场的博弈过程并未影响绿证的消纳。在最新的政策参数下，配额指标达到了100%的完成率，每轮训练中最大罚金额从最初5000轮间的2.65亿元人民币下降至0。

表6-6　　可再生能源消纳责任权重完成情况表

指标	迭代次数					
	5000	10000	15000	20000	25000	30000
可再生能源消纳完成百分比（%）	89.1	94.52	96.347	98.26	99.808	100
最大罚金（万CNY）	265.822	98.632	25.635	10.152	1.652	0
电动汽车负荷聚合商贡献度（%）	81.635	87.702	91.609	93.197	94.08	94.666
火电厂商贡献度（%）	18.365	12.298	8.391	6.803	5.92	5.334

如图 6-5 所示，绿证购买的来源上，随着博弈的进行，用户越发倾向于通过自己购买绿证而不是通过火电厂商间接获得绿证，以避免高额的罚金。在表 6-6 中显示，用户对绿证市场的贡献比从最初的 81.6%上升至 94.7%，提升了 16.1%，火电厂商的贡献比则从 18.4%下降至 5.3%，降低了 71.2%。

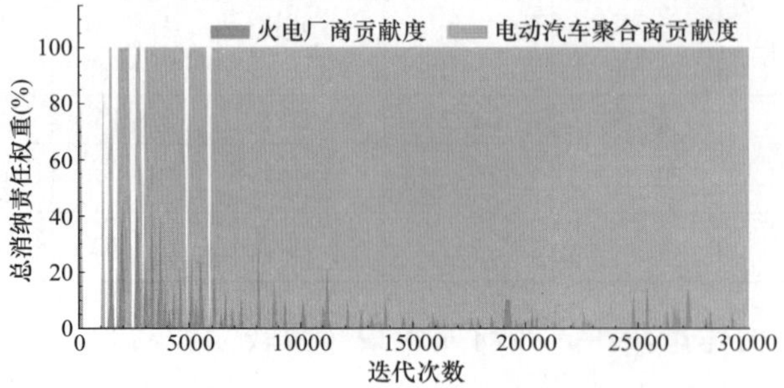

图 6-5　火电厂商和电动汽车负荷聚合商对消纳责任权重贡献度对比

6.3.4　最优月度竞价成交结果分析

采取最后 5000 轮训练中参数解的平均值作为博弈的政策输入，并观察多智能体博弈多方主体的分月决策情况。不同月份累计完成的 RPS 指标与平均对应指标需求详见表 6-7，图 6-6 所示为不同发电厂商的分月报价决策与交易结果。

表 6-7　　电动汽车负荷聚合商不同月份累计完成配额指标图

指标	月份					
	1	2	3	4	5	6
消纳责任权重完成比例（%）	10.067	18.111	31.88	43.073	56.843	61.049
月平均需完成比例	8.333	16.666	25	33.333	41.666	50
指标	月份					
	7	8	9	10	11	12
消纳责任权重完成比例（%）	68.353	74.118	80.588	88.629	94.011	100.95
月平均需完成比例	58.333	66.666	75	83.333	91.666	100

如表 6-7 所示，用户倾向于在一年的中保障较高的配额完成率，从而为避免罚金提升容错。可再生能源消纳责任权重完成率始终超过月平均配额比例分配，并且最高超过了线性月比例分配的 15%。其中在一年的年初与年终时段，绿电

的交易最为积极。

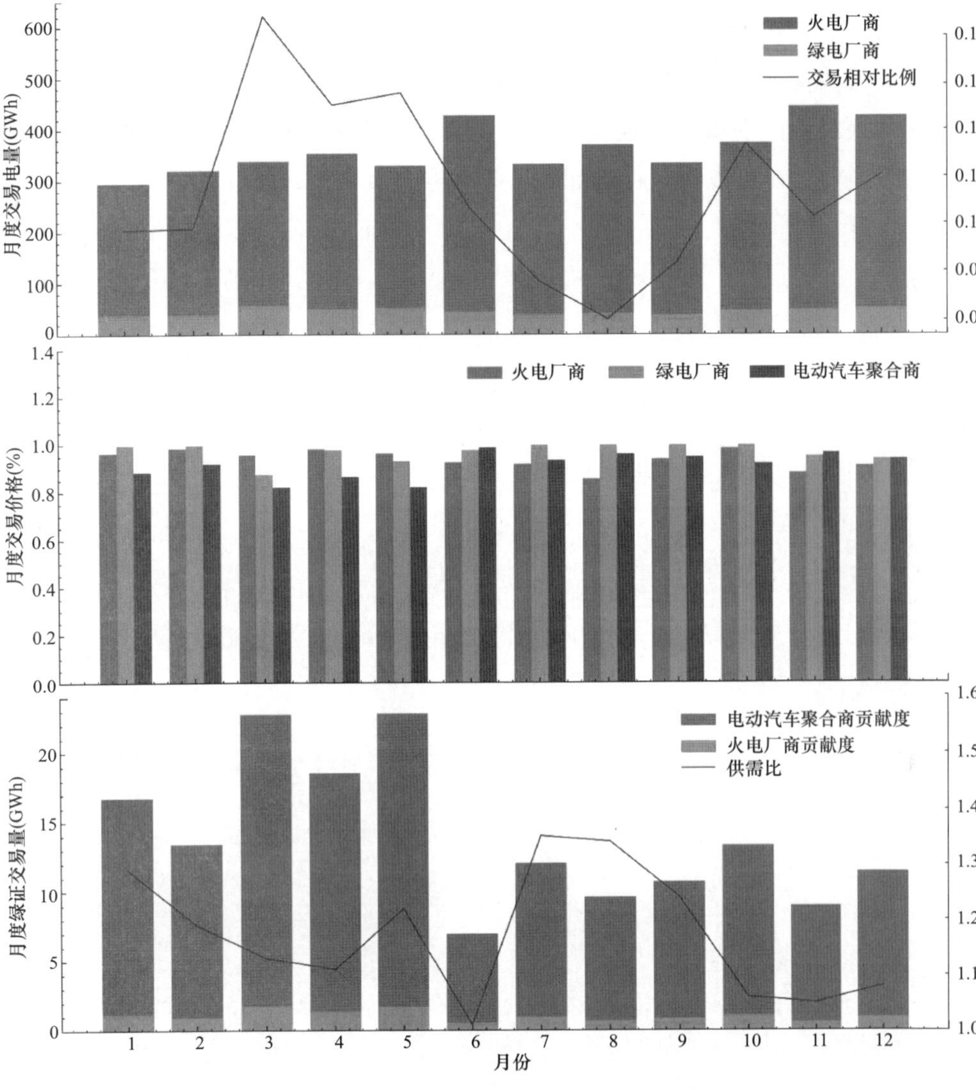

图 6-6 不同主体月度交易情况

如图 6-6 所示，在电动汽车负荷聚合商交易结果中，绿电在一年中前 5 个月的最高中标量可以达到火电中标量的 14%，平均中标量是后 7 个月的 1.07 倍。绿证前 5 个月总交易量超出后 7 个月总和的 27%。绿电厂商采取的策略为前 5 个月采取较低的绿电价格保证基本收益，在后 7 个月中将绿电价格平均抬升了 2%。而火电的交易策略则相反，在年中之后进行适当的降价。绿电成交量与火电占比在年中之后逐步下降，而在靠近年底临近配额指标考核时，用户为弥补指标不足，成交量占比又有了一定幅度的提升。

可以看出，在既定的政策参数下，电动汽车负荷聚合商在指标与罚金的推动下拥有较为强烈的完成配额意愿，在年初和年末进行了较为充分的绿电交易，避免了年底绿色证书市场低成交量情况的发生，保障了绿电的消纳和绿电厂商的合理度电收益，可以有效促进绿电厂商在电力市场上的公平竞争力。

第 7 章

电动汽车参与辅助市场策略

本章基于第 4 章介绍的充电负荷聚合商代理交易中电动汽车参与辅助服务市场的机制，对电动汽车参与辅助服务市场策略进一步设计，以此激励电动汽车参与车网互动。

7.1 电动汽车充电负荷聚合商参与辅助服务市场收益模型

电动汽车参与辅助服务市场策略围绕成本—效益模型展开，本章节将以华北地区为例。

根据华北能源监管局发布的《第三方独立主体参与华北电力调峰辅助服务试点市场规则（2019 年修订版）》文件，市场预出清是由调度机构编制省网（控制区）日前发电预计划。第三方独立主体将在出清价格最高时段被安排提供调峰服务，形成其全天 96 点充放电曲线。调度机构再由此编制省网（控制区）火电机组日前发电预计划。

调度服务费用以每 15 分钟为时段清算并且每日统计一次，而电动汽车充电负荷聚合商参与辅助服务市场调峰服务费用的结算周期为按月结算。此时，电力公司按其在调峰辅助服务市场获得的相关费用进行交付。每 15 分钟一次结算的费用为市场系数、调峰贡献率、充电电量、市场出清价格的乘积，即

$$F^{i,t}=K^{t}\times\min\left\{\frac{P^{i,t}}{P^{i,t}_{\text{基准}}},1\right\}\times\min\{P^{i,t},P^{i,t}_{\text{基准}}\}\times t_{\text{出清,省网}}\times A^{t}_{\text{出清,省网}} \tag{7-1}$$

式中：$F^{i,t}$为 t 时段市场主体 i 获得的总调峰服务费用，元；K^t 为 t 时段市场系数，取 $\delta^{t}_{\text{省网平均}}$ 的倒数；$P^{i,t}$为 t 时段市场主体 i 的实际充电功率或聚合充电功率，MW；$P^{i,t}_{\text{基准}}$ 基准为 t 时段市场主体 i 的基准充电功率或基准聚合充电功率，MW；

$\min\left\{\frac{P^{i,t}}{P^{i,t}_{基准}},1\right\}$为调峰贡献率；$\min\{P^{i,t},P^{i,t}_{基准}\}$为充电电力；$t_{出清,省网}$是省网市场出清时段，取 0.25h；$A^{t}_{出清,省网}$为 t 时段省网市场调峰服务。

7.1.1 日前辅助服务市场结算费用最大化函数构建

考虑到电动汽车通过 V2G（Vehicle to Grid）双向充电技术接入电网时，在参与电力辅助服务时作为充电电源，而其余时刻作为用电负荷。因此，式（7.1）中t时段市场主体i的实际充电功率或聚合充电功率$P^{i,t}$应表示为该时段充电负荷预测值P^{t}扣除在该时段电动汽车的平均充电功率$P^{t}_{基础}$，即

$$F^{t}=K^{t}\times\min\left\{\frac{P^{t}-P^{t}_{基础}}{P^{i,t}_{基准}},1\right\}\times\min\{P^{t}-P^{t}_{基础},P^{t}_{基准}\}\times t_{出清,省网}\times A^{t}_{出清,省网} \tag{7-2}$$

式中：$P^{t}_{基础}=\text{Average}\left(P^{t}_{历史7-15日负荷数据}\right)$为该时刻电动汽车历史平均充电负荷；$P^{t}$为$t$时段电动汽车充电负荷预测值，MW。

电动汽车充电负荷聚合商参与电力辅助服务市场日结算费用最大化函数（日前时间段为 24h，即 96 个时段）为

$$\max F_{结算}=\max\left(\sum_{t=1}^{96}F^{t}\right) \tag{7-3}$$

即

$$\max\left(\sum_{t=1}^{96}F^{t}\right)=\begin{cases}\sum K^{t}\times\dfrac{P^{t}-P^{t}_{基础}}{P^{i,t}_{申报基准}}\times(P^{t}-P^{t}_{基础})\times t_{出清,省网}\times A^{t}_{出清,省网}, & P^{t}-P^{t}_{基础}<P^{t}_{申报基准}\\ \sum K^{t}\times P^{t}_{申报基准}\times t_{出清,省网}\times A^{t}_{出清,省网}, & P^{t}-P^{t}_{基础}\geqslant P^{t}_{申报基准}\end{cases}$$

将预测值P^{t}，A^{t}，K^{t}，$P^{t}_{基础}$作为已知量，则可化简得

$$\max\left(\sum_{t=1}^{96}F^{t}\right)=\begin{cases}\sum\left(0.25\times K^{t}_{预测}\times(P^{t}_{预测}-P^{t}_{基础})^{2}\times A^{t}_{出清,省网}\right)\times\dfrac{1}{P^{t}_{申报基准}}, & P^{t}-P^{t}_{基础}<P^{t}_{申报基准}\\ \sum\left(0.25\times K^{t}_{预测}\times A^{t}_{出清,省网}\right)\times P^{t}_{申报基准}, & P^{t}-P^{t}_{基础}\geqslant P^{t}_{申报基准}\end{cases}$$

由此可知，该时段结算费用计算公式的选取将按照该时段申报负荷基准值$P^{t}_{申请基准}$与实际聚合充电功率$P^{t}-p^{t}_{基础}$的大小确定。若该时段实际聚合功率小于申报负荷基准功率，则结算费用与申报负荷基准是反比例关系；若该时段实际聚合功率不小于申报负荷基准功率，则结算费用与申报负荷基准呈正比例关系。

根据《第三方独立主体参与华北电力调峰辅助服务试点市场规则（2019 年修订版)》文件中“非电网原因造成第三方独立主体实际电力曲线偏离下发的电

力曲线，某15分钟时段充电电量少于电力曲线对应充电电量超过30%时，该15分钟时段调峰费用不予结算”的规则，需要对申报基准负荷量进行约束，即

$$(P^t_{预测} - P^t_{基础}) \geqslant 0.7 \times P^t_{申报基准} \tag{7-4}$$

基于试行市场规则，第三方独立主体需要申报具体基准负荷量。即使该时段电动汽车充电负荷聚合商不参与电力辅助服务市场，也需要零申报作为基准负荷。

$$P^t_{申报基准} \geqslant 0 \tag{7-5}$$

同时根据申报负荷值与该时刻预测EV可响应负荷的大小，可分为两个约束条件用分段函数进行表示，即

$$P^t_{预测} - P^t_{基础} < P^t_{申报基准} \tag{7-6}$$

$$P^t_{预测} - P^t_{基础} \geqslant P^t_{申报基准} \tag{7-7}$$

7.1.2 考虑运营成本的日前结算收益最大化函数构建

实际情况中，电动汽车充电负荷聚合商需要进行成本效益分析，即考虑电动汽车充电负荷聚合商对电动汽车用户的激励成本和其他固定成本。其中日内电动汽车用户激励成本 $C_{EV用户激励成本}$ 为主要考虑成本，指负荷聚合商对电动汽车用户参与调度的激励金额；其他固定成本 $C_{其他成本}$ 是指电动汽车充电负荷聚合商对于双向充电设备、充电场所日均运营所考虑的成本，需根据具体场景进行确定。因此，较为复杂的日前策略优化目标函数应为电动汽车充电负荷聚合商参与电力辅助服务市场的日结算收益最大化（日前时间段为24h，即96个时段）与用户激励成本、其他成本之差，即

$$\max F_{聚合商收益} = \max(F_{EV} - C_{EV用户激励成本} - C_{其他成本}) \tag{7-8}$$

EV调度平均成本 $C_{EV调度平均成本}$ 是EV聚合商聚合用户的激励成本，由四个时段内每15分钟的EV聚合商激励成本进行累加，即

$$\begin{aligned} C_{EV用户激励成本} = {} & C_{1-8}(P^t_{申报基准}) + C_{9-20}(P^t_{申报基准}) + C_{21-28}(P^t_{申报基准}) + \\ & C_{49-64}(P^t_{申报基准}) \end{aligned} \tag{7-9}$$

其中，每15分钟的EV聚合商激励成本函数为

$$C^t_{EV激励成本} = t_{出清,省网} \times \min\{(P^t_{预测} - P^t_{基础}), P^{i,t}_{申报基准}\} \times C_{激励EV用户单价} \tag{7-10}$$

电动汽车充电负荷聚合商激励用户单位价格 $C_{激励EV用户单价}$ 按照该时段70%省网出清价格为基准，激励单价调节系数 $K_{激励单价}$ 根据市场运行情况进行优化选取。有

$$C_{激励EV用户单价} = 0.7 \times K_{激励单价} \times A^t_{出清,省网} \tag{7-11}$$

由于电动汽车 V2G 服务处于试运行阶段，激励 EV 用户单价浮动计价方案暂未形成，暂设激励单价取调节系数 $K_{激励单价}$ 为 1 并依据后续项目进展进行调节。以 0—2 时段为例，此时段 EV 用户激励成本可表示为

$$C_{1-8}(P^t_{申报基准}) = \sum_{t=1}^{8}[0.25 \times \min\{(P^t_{预测} - P^t_{基础}), P^{i,t}_{申报基准}\} \times 0.7 \times K_{激励单价} \times A^t_{出清,省网}] \tag{7-12}$$

7.2 电动汽车充电负荷聚合商参与华北电力辅助服务市场日前分时段负荷申报与决策建模

7.2.1 申报负荷和决策方案流程

电动汽车负荷聚合商参与华北电力辅助服务市场日前申报负荷与决策流程如图 7-1 所示。参与分为两个步骤：第一步，根据电动汽车负荷聚合商按日前负荷预测曲线 $P^t_{预测}$、市场系数预测值 $K^t_{预测}$、省网出清预测值 $A^t_{出清,省网}$ 分别计算参与调峰市场四个时间段内每时刻结算费用最大化的申报负荷，即确定 $P^t_{平均基准}$；第二步，计算电动汽车用户激励成本和其他成本，并整合计算收益进行决策，若该时段聚集成本的收益大于零，则申报该时段计算得出的申报基准负荷 $P^t_{申报基准}$；反之，则说明该时段电动汽车充电负荷聚合商无法盈利，需做出不参与该时段电力辅助服务市场交易的决定并申报基准负荷为零。

7.2.2 目标函数与约束条件

总目标函数为

$$\max F_{EV聚合商收益} = \max(F_{EV} - C_{EV调度平均成本} - C_{其他成本}) \tag{7-13}$$

其中，电动汽车充电负荷聚合商参与电力辅助交易市场日结算费用 F_{EV} 的表达式为

$$F_{EV} = F_{1-8}(P^t_{申报基准}) + F_{9-20}(P^t_{申报基准}) + F_{21-28}(P^t_{申报基准}) + F_{49-64}(P^t_{申报基准}) \tag{7-14}$$

具体展开式为

$$F_{t时段} = \begin{cases} \sum(0.25 \times K^t_{预测} \times (P^t_{预测} - P^t_{基础})^2 \times A^t_{出清,省网}) \times \dfrac{1}{P^t_{申报基准}}, & P^t - P^t_{基础} < P^t_{申报基准} \\ \sum(0.25 \times K^t_{预测} \times A^t_{出清,省网}) \times P^t_{申报基准}, & P^t - P^t_{基础} \geq P^t_{申报基准} \end{cases} \tag{7-15}$$

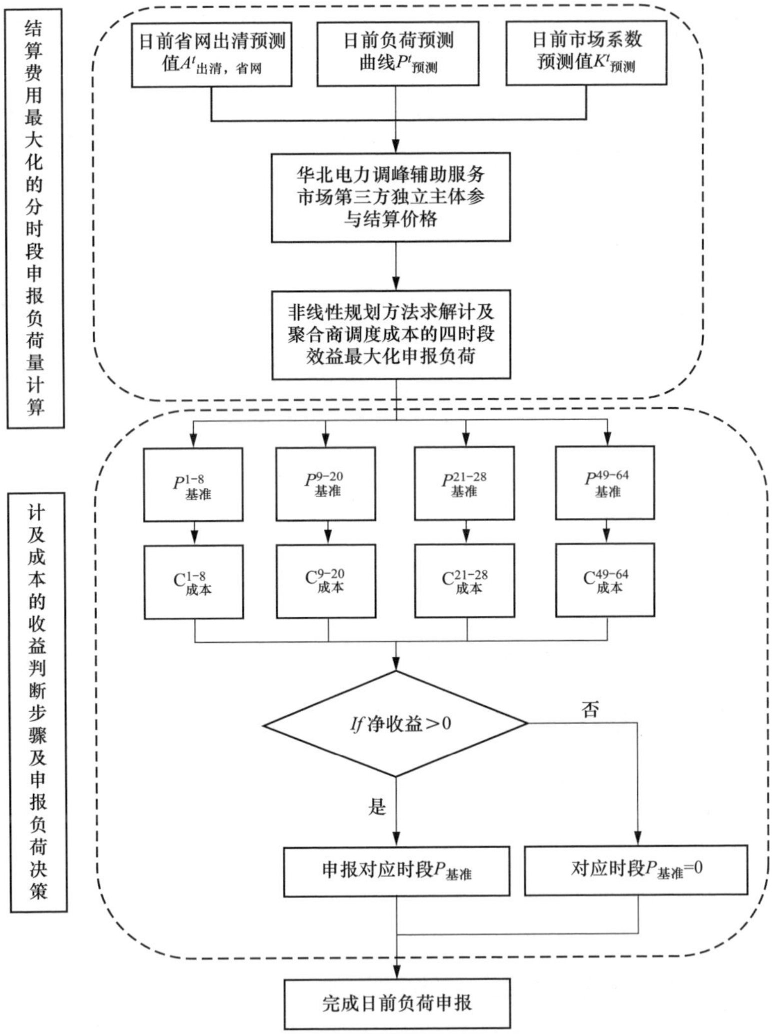

图 7-1　电动汽车负荷聚合商参与华北电力辅助服务市场日前负荷申报与决策流程

电动汽车用户激励成本 $C_{EV用户激励成本}$ 的表达式为

$$C_{EV调度平均成本} = C_{1-8}(P^t_{申报基准}) + C_{9-20}(P^t_{申报基准}) + C_{21-28}(P^t_{申报基准}) + C_{49-64}(P^t_{申报基准}) \quad (7-16)$$

具体展开式为

$$C_{t时段} = \sum[0.25 \times \min\{(P^t_{预测} - P^t_{基础}), P^{i,t}_{申报基准}\} \times 0.7 \times A^t_{出清,省网}] \quad (7-17)$$

为简化计算，按分段结算收入函数构建两个目标函数与约束条件。通过比较两个目标函数求解的最大值作为电动汽车充电负荷聚合商的最大收益，从而构建具体的目标函数与约束条件为如下。

（1）当预测响应负荷小于申报负荷基准时，即 $P^t-P^t_{基础}<P^t_{申报基准}$ 时，有

$$\max F_{EV聚合商收益}=[0.25\times K^t_{预测}\times(P^t_{预测}-P^t_{基础})^2\times A^t_{出清,省网}]\times\frac{1}{P^t_{申报基准}}-0.25\times(P^t_{预测}-P^t_{基础})\times 0.7\times A^t_{出清,省网} \tag{7-18}$$

$$(P^t_{预测}-P^t_{基础})<P^t_{申报基准}\leqslant\frac{10}{7}\times(P^t_{预测}-P^t_{基础}),t=1,2,3,\cdots,96;$$

$$P^t_{申报基准}\geqslant 0,t=1,2,3,\cdots 96。$$

（2）当预测响应负荷大于等于申报负荷基准时，即 $P^t-P^t_{基础}\geqslant P^t_{申报基准}$ 时，有

$$\max F_{EV聚合商收益}=(0.25\times K^t_{预测}\times A^t_{出清,省网})\times P^t_{申报基准}-0.25\times P^t_{申报基准}\times 0.7\times A^t_{出清,省网} \tag{7-19}$$

$$P^t_{申报基准}\leqslant(P^t_{预测}-P^t_{基础}),t=1,2,3,\cdots,96;$$

$$P^t_{申报基准}\geqslant 0,t=1,2,3,\cdots,96。$$

7.2.3 目标函数建模求解方法

由于电动汽车充电负荷聚合商可根据负荷预测技术和市场出清技术预测日前 96 个时段时的 $K^t_{预测}$，$P^t_{预测}$，$P^t_{基础}$，$A^t_{出清,省网}$ 参数值，此时各时段结算费用函数 F^t 已由分段函数确定。因此，可按照四个时段的每 15 分钟费为一个时间点用进行建模计算。建模步骤如下。

（1）预测参数表格文件数据读取与预处理。

（2）通过比较两个分段目标函数收益取值的大小，确定每时段申报负荷基准。

（3）根据预测响应负荷进行决策申报。

（4）计算日前预测收益曲线和日最大收益金额。

（5）绘制每时刻申报基准曲线、收益曲线图并导出表格进行数据存储。

7.3 算 例 分 析

基于日前预测数据的算例，选取 2019 年 12 月 12 日至 2020 年 2 月 1 日期间京津唐地区电动汽车充电负荷数据及华北电力交易中心的省网出清价格和市场系数价格数据曲线，将其作为电动汽车充电负荷聚合商参与华北电力辅助服务

市场调峰结算费用的日前预测输入数据进行算例分析。

7.3.1 日前预测数据曲线特征描述

1. 日前电动汽车负荷预测数据

（1）假设 2019 年 12 月 27 日电动汽车负荷数据为日期预测数据 $P^t_{预测}$，并选取 2019 年 12 月 12—26 日的历史数据平均值作为 15 天历史负荷均值 $P^t_{基础}$。其曲线如图 7-2 所示。

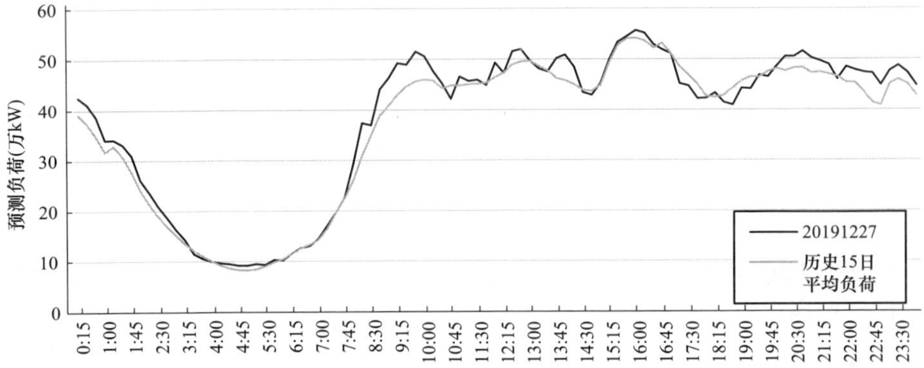

图 7-2　2019 年 12 月 27 日（96 个时间点）电动汽车负荷曲线与历史 15 日平均负荷曲线

（2）15 天历史基础负荷与实际负荷的差值如图 7-3 所示。

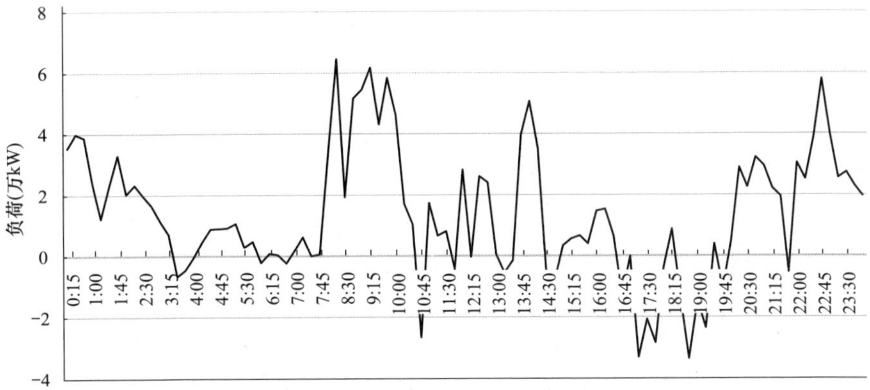

图 7-3　15 天历史基础负荷与实际负荷的差值曲线

按照 0—2 时段、2—4 时段、5—7 时段及 12—16 时段电动汽车充电负荷参与华北电力调峰辅助服务市场计，将其余时段置零。此外，若差值为负数则说明该时段可能没有可用于参与电力辅助服务市场的电动汽车充电负荷，因此也需要将其置零。从而分时间段的日前可响应负荷曲线如图 7-4 所示。

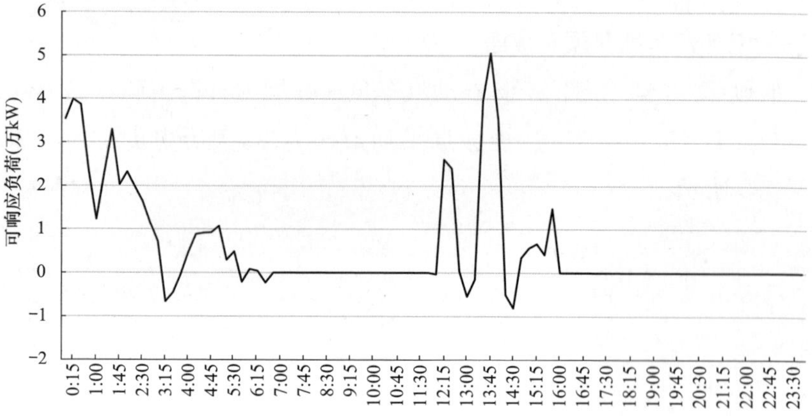

图 7-4　分时段参与电力辅助服务市场的可响应负荷曲线

2. 华北市场省网出清价格 $A^{t}_{出清,省网}$

预测数据如图 7-5 所示。

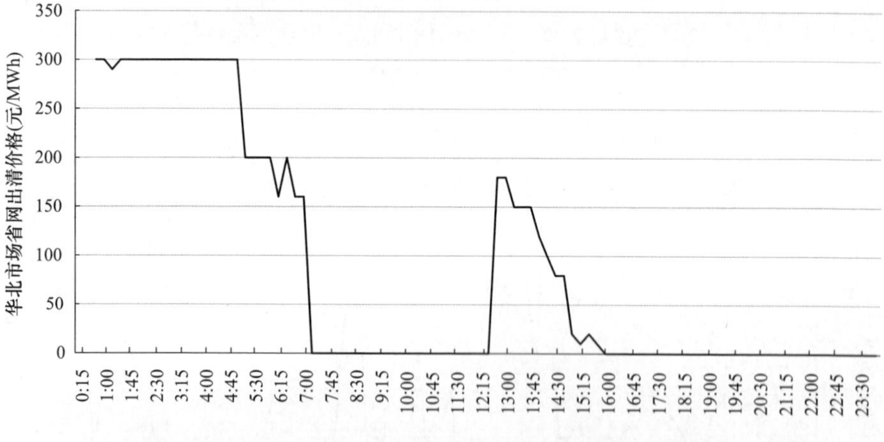

图 7-5　2019 年 12 月 27 日华北市场省网出清价格曲线

另选取 2019 年 12 月 28 日和 12 月 29 日华北市场省网出清数据进行比较，如图 7-6 所示。由此可得，在这三日中华北市场省网在 0：30—5：15 平均出清价格较高，而其余时段随市场波动较大。

3. 预测曲线

华北市场系数 $K^{t}_{预测}$ 预测曲线如图 7-7 所示。

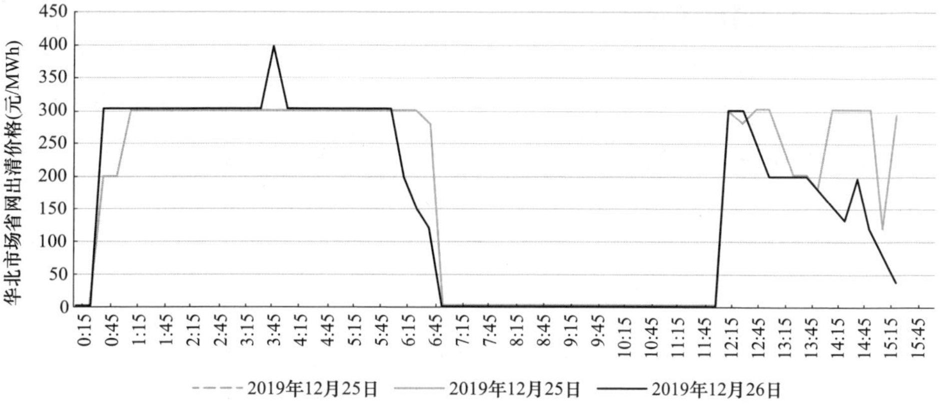

图 7-6　三日（96 时间点）出清价格曲线图

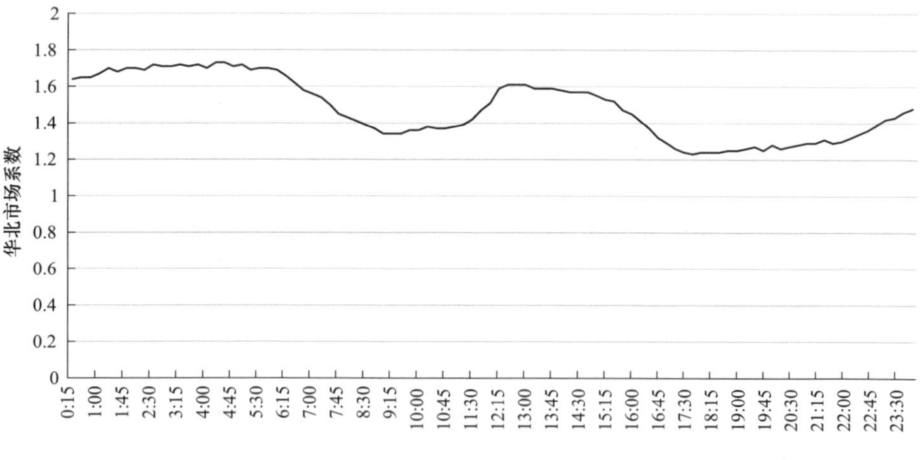

图 7-7　2019 年 12 月 27 日华北市场系数曲线

7.3.2　建模求解结果分析

1. 最大化收益条件下的申报基准负荷 $P^t_{申报基准}$

通过分段收益函数可知，影响收益的因素在于申报基准负荷与预测响应负荷的大小关系。因此，本小节以申报基准负荷 $P^t_{申报基准}$ 为自变量，电动汽车充电负荷聚合商收益为因变量，进行建模并绘制曲线图。选取 2019 年 12 月 27 日作为预测日期并以 0：45 时刻为例，其关系如图 7-8 所示。

由图 7-8 可知，当申报基准负荷小等于预测响应负荷时，收益与申报基准负荷呈正比例关系；当申报基准负荷大于预测响应负荷时，收益与申报基准负荷呈反比例关系；并且根据市场规则约束，当申报基准负荷大于预测响应负荷的

10/7 倍时不能得到市场调峰结算费用，因此曲线截止。由此易知，当申报基准负荷等于预测可响应负荷 38.68 万 kW 时，收益曲线有最大值 2756.02 元且最大值唯一。同时，选取 2019 年 12 月 27 日 5：00 时，与 2019 年 12 月 28 日 0：45 时的数据作为对照，也可以验证此结论，如图 7-9 和图 7-10 所示。

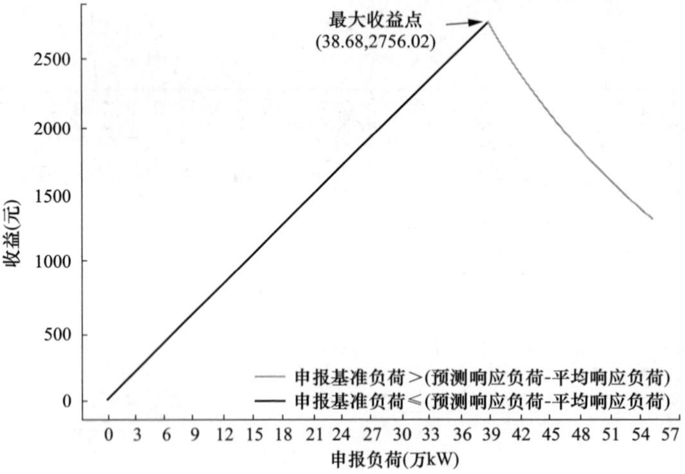

图 7-8　2019 年 12 月 27 日 0：45 时刻 申报基准负荷与收益曲线

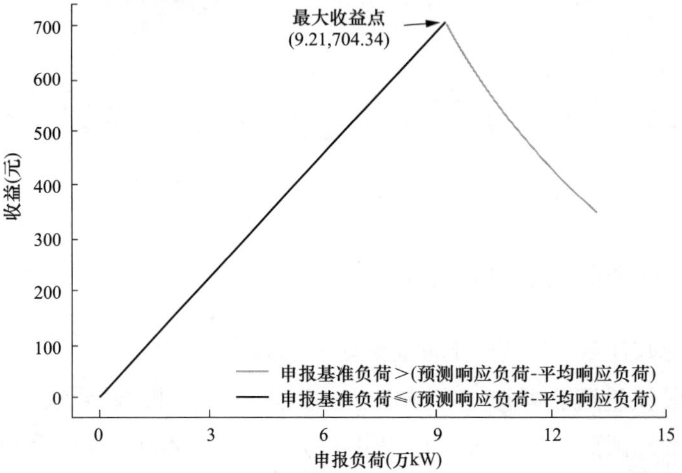

图 7-9　2019 年 12 月 27 日 5：00 时刻 申报基准负荷与收益曲线

2. 日前申报基准负荷曲线与数值列表

由于每个时刻电动汽车充电负荷聚合商收益最大化条件下的申报基准负荷已经确定，因此可以绘制日前申报基准负荷曲线。选取 2019 年 12 月 27 日作为预测日期并以 0：45 时刻为例，可以看出存在预测响应负荷为负值的情况。在该时刻日前充电负荷预测值和 15 日历史平均负荷之差小于零，说明在此时刻电动汽车充电负荷聚合商调控电动汽车负荷响应华北电力辅助服务市场的可能性较低。2019 年 12 月 27 日 电动汽车充电负荷聚合商日前最大收益申报负荷曲线（原始）如图 7-11 所示。

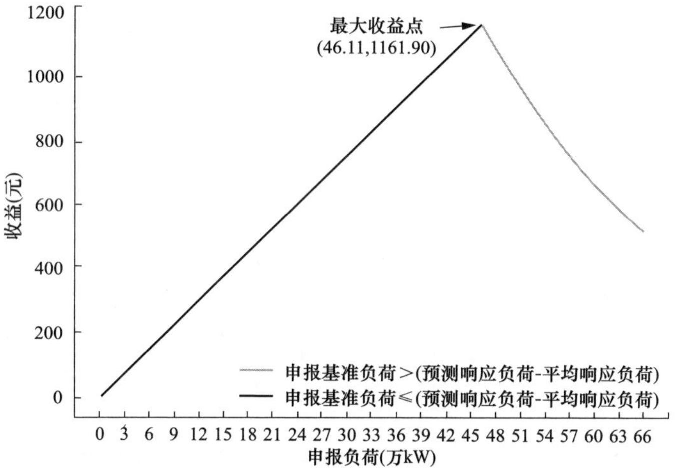

图 7-10　2019 年 12 月 28 日 0：45 时刻申报基准负荷与收益曲线

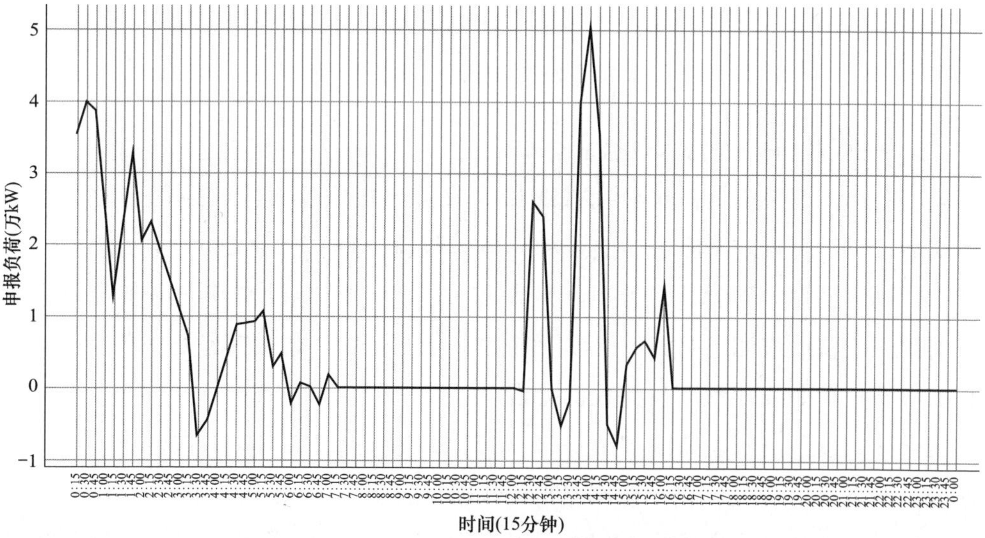

图 7-11　2019 年 12 月 27 日电动汽车充电负荷聚合商日前最大收益申报负荷曲线（原始）

如果在此时刻进行负荷申报，可能会出现无法达到响应标准的情况。因此，电动汽车充电负荷聚合商应考虑此种情况下选择较低风险的申报方案，即在预测响应负荷量为负值时选择不参与华北电力调峰辅助服务市场并申报基准负荷为零。申报决策后的电动汽车充电负荷聚合商日前最大收益申报负荷曲线如图 7-12 所示。

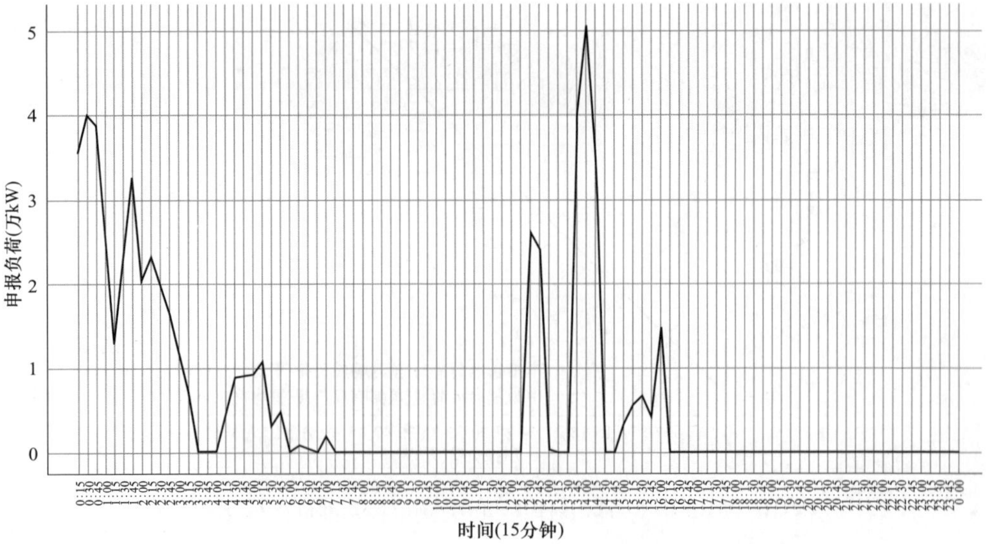

图 7-12　2019 年 12 月 27 日电动汽车充电负荷聚合商日前最大收益申报负荷曲线

3. 预测收益曲线与最大收益金额

当电动汽车充电负荷聚合商按照最大收益申报负荷曲线申报每个时刻基准负荷后，可计算日前预测收益曲线和日最大收益金额。选取 2019 年 12 月 27 日和 12 月 28 日作为预测日期为例，2019 年 12 月 27 日 电动汽车充电负荷聚合商日前预测收益曲线如图 7-13 所示。2019 年 12 月 27 日 电动汽车充电负荷聚合商日前申报负荷曲线和预测收益数据见表 7-1。2019 年 12 月 28 日电动汽车充电负荷聚合商日前预测收益曲线如图 7-14 所示。2019 年 12 月 28 日 电动汽车充电负荷聚合商日前申报负荷曲线和预测收益数据见表 7-2。

此时，将各时段市场收益相加，得 2019 年 12 月 27 日和 12 月 28 日预测最大收益金额分别为 24915.09 元、16380.61 元。可以得出结论：在 0∶30—3∶30 时段可响应负荷量较大并且省网市场出清价格高，此时段的电动汽车充电负荷

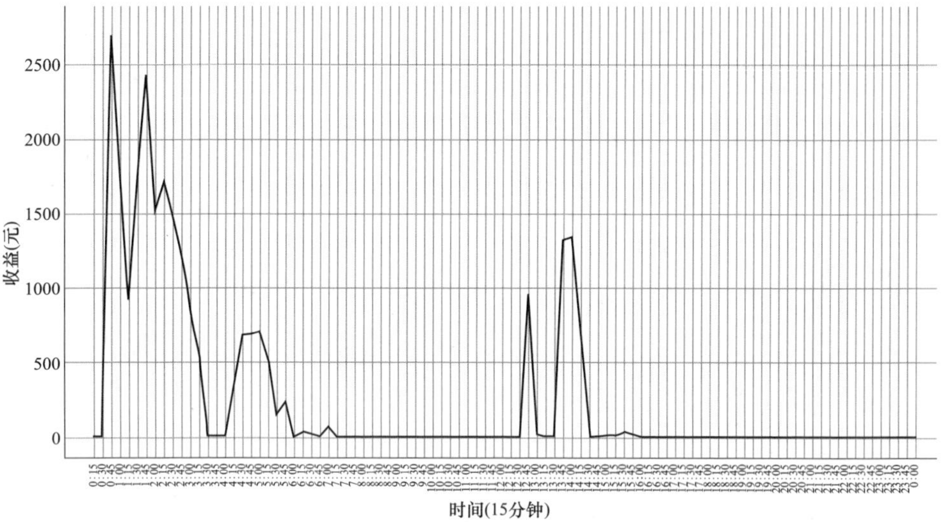

图 7-13　2019 年 12 月 27 日电动汽车充电负荷聚合商日前预测收益曲线

表 7-1　　2019 年 12 月 27 日电动汽车充电负荷聚合商日前申报负荷曲线和预测收益数据

时间	0∶15	0∶30	0∶45	1∶00	1∶15	1∶30	1∶45	2∶00
申报负荷基准（万 kW）	3.537	3.992	3.868	2.361	1.235	2.299	3.295	2.027
当日每时刻收益（元）	0	0	2755.95	1717.385	895.133	1690.01	2471	1520
时间	2∶15	2∶30	2∶45	3∶00	3∶15	3∶30	3∶45	4∶00
申报负荷基准（万 kW）	2.321	1.983	1.655	1.152	0.719	0	0	0
当日每时刻收益（元）	1723.59	1516.74	1253.915	872.64	549.78	0	0	0
时间	4∶15	4∶30	4∶45	5∶00	5∶15	5∶30	5∶45	6∶00
申报负荷基准（万 kW）	0.465	0.884	0.909	0.921	1.068	0.292	0.482	0
当日每时刻收益（元）	359.47	682.89	688.82	704.31	528.66	146	241	0
时间	6∶15	6∶30	6∶45	7∶00	7∶15	7∶30	7∶45	8∶00
申报负荷基准（万 kW）	0.081	0.04	0	0.189	0	0	0	0
当日每时刻收益（元）	31.232	18.4	0	64.901	0	0	0	0
时间	12∶15	12∶30	12∶45	13∶00	13∶15	13∶30	13∶45	14∶00
申报负荷基准（万 kW）	0	2.606	2.403	0.035	0	0	3.957	5.061
当日每时刻收益（元）	0	0	984.165	14.469	0	0	1320.76	1336.016
时间	14∶15	14∶30	14∶45	15∶00	15∶15	15∶30	15∶45	16∶00
申报负荷基准（万 kW）	3.523	0	0	0.343	0.569	0.667	0.411	1.477
当日每时刻收益（元）	766.18	0	0	14.592	11.8	27.361	7.918	0
总申报负荷（万 kW）	56.828			总收益（元）		24915.087		

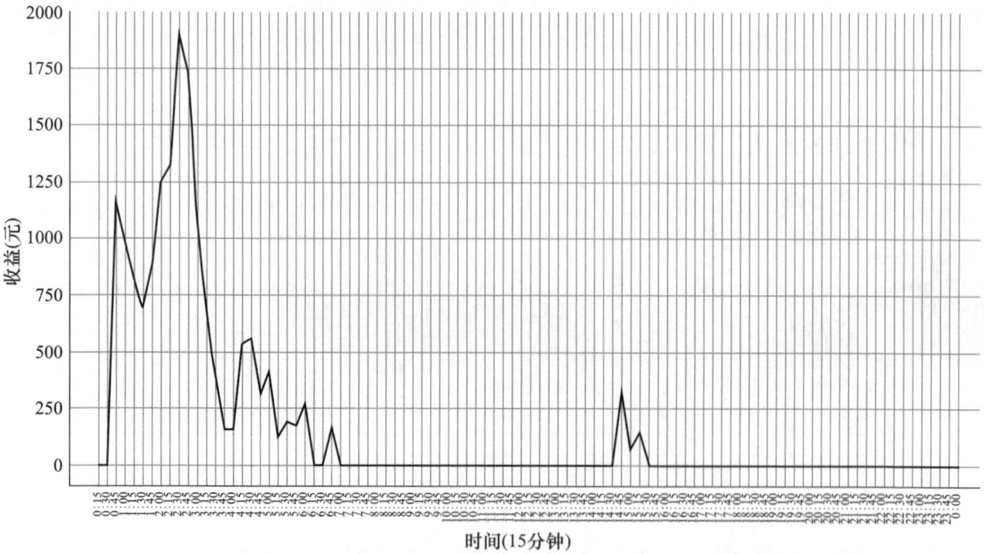

图 7-14　2019 年 12 月 28 日电动汽车充电负荷聚合商日前预测收益曲线

表 7-2　　2019 年 12 月 28 日电动汽车充电负荷聚合商日前申报负荷曲线和预测收益数据

时间	0：15	0：30	0：45	1：00	1：15	1：30	1：45	2：00
申报负荷基准（万 kW）	2.75	4.828	4.611	3.907	2.578	1.784	2.244	2.883
当日每时刻收益（元）	0	0	1161.888	984.648	812.07	690.408	878.526	1254.25
时间	2：15	2：30	2：45	3：00	3：15	3：30	3：45	4：00
申报负荷基准（万 kW）	3.046	2.991	2.631	2.304	1.493	0.828	0.361	0.354
当日每时刻收益（元）	1325.01	1908.045	1716.945	1036.8	656.773	364.32	158.987	155.76
时间	4：15	4：30	4：45	5：00	5：15	5：30	5：45	6：00
申报负荷基准（万 kW）	0.825	0.865	0.479	0.637	0.261	0.434	0.389	0.619
当日每时刻收益（元）	532.546	557.926	309.29	411.239	115.997	193.13	171.307	272.213
时间	6：15	6：30	6：45	7：00	7：15	7：30	7：45	8：00
申报负荷基准（万 kW）	0	0	0.672	0	0	0	0	0
当日每时刻收益（元）	0	0	167.328	0	0	0	0	0
时间	12：15	12：30	12：45	13：00	13：15	13：30	13：45	14：00
申报负荷基准（万 kW）	0	0	0	0	0	0	0	0
当日每时刻收益（元）	0	0	0	0	0	0	0	0
时间	14：15	14：30	14：45	15：00	15：15	15：30	15：45	16：00
申报负荷基准（万 kW）	0	0	0.754	0.213	0.885	0	0	0
当日每时刻收益（元）	0	0	327.99	68.585	148.624	0	0	0
总申报负荷（万 kW）	46.626			总收益（元）		16380.606		

聚合商的收益最高。具体为，在 12 月 27 日的 0：30—3：15 时段内收益为 16966.143 元，占当日总收益的 68.10%；而在 28 日 0：30—3：30 时段内收益为 12789.68 元，占当日总收益的 78.08%。此外，根据对图 7-5 的分析可知，华北市场省网出清价格在 0：30—5：15 平均出清价格较高。同时在表 7-1 和表 7-2 中可以看到，在 0：15 和 0：30 时刻预测的可申报负荷较高，但由于华北省网出清市场在 0：15 和 0：30 时刻并未出具出清价格，因此可考虑将 0：00—0：30 时段的负荷向后平移以获得收益。因此，在可调节容量预测的工作中可首先考虑将电动汽车负荷聚合至 0：30—5：15 时间段（特别是 3：30—5：15 时段负荷明显降低但出清价格仍保持较高），而后可以进一步根据华北市场省网出清价格高峰时段和预测响应负荷进行动态调整，调整至当日收益最高点。

4. 电动汽车充电负荷聚合商激励用户成本系数大小对预测收益曲线的影响

由式 7-12 可知，激励成本系数 $K_{激励单价}$ 与成本呈正比例关系。选取 2019 年 12 月 27 日和 12 月 28 日预测数据，并约束激励成本系数 $K_{激励单价}$ 范围在区间［0，1.5］内且以 0.05 为取值步长，得到的预测收益曲线图和数据列表如图 7-15、图 7-16 和表 7-3 所示。

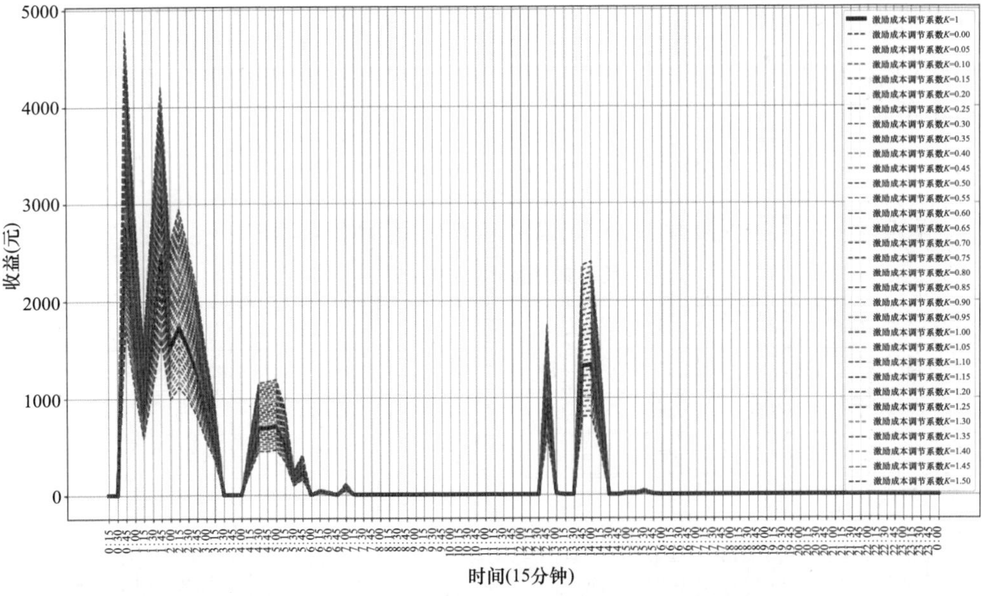

图 7-15　2019 年 12 月 27 日电动汽车用户激励成本调节系数大小对日前预测收益曲线的影响

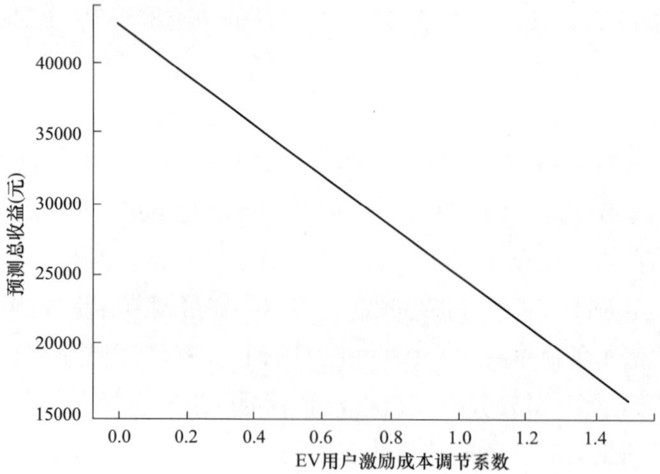

图 7-16　2019 年 12 月 27 日电动汽车用户激励成本调节系数大小对日前预测总收益曲线的影响

由此可以得出结论，日前预测总收益随用户激励成本调节系数的增加而减小。在 12 月 27 日激励成本系数 $K_{激励单价}=1.5$ 时电动汽车充电负荷聚合商尚能盈利且收益为 15939.89 元（见表 7-3），约为 $K_{激励单价}=1$ 时收益的 0.64 倍；而在 $K_{激励单价}=0$ 时电动汽车充电负荷集合商收益为 42865.49 元，为 $K_{激励单价}=1$ 时收益的 1.72 倍。此时可拟合出 27 日激励成本系数与预测总收益的大致函数（一次函数）为

$$F_{总收益}=-17950.4\times K_{激励单价}+42865.49 \tag{7-20}$$

表 7-3　2019 年 12 月 28 日电动汽车充电负荷聚合商日前申报负荷曲线和预测收益数据

调节系数 K	0	0.05	0.1	0.15	0.2	0.25	0.3
总收益（元）	42865.49	41967.97	41070.45	40172.93	39275.41	38377.89	37480.37
调节系数 K	0.3	0.35	0.4	0.45	0.5	0.55	0.6
总收益（元）	37480.37	36582.85	35685.33	34787.81	33890.29	32992.77	32095.25
调节系数 K	0.65	0.7	0.75	0.8	0.85	0.9	0.95
总收益（元）	31197.73	30300.21	29402.69	28505.17	27607.65	26710.13	25812.61
调节系数 K	1	1.05	1.1	1.15	1.2	1.25	1.3
总收益（元）	24915.09	24017.57	23120.05	22222.53	21325.01	20427.49	19529.97
调节系数 K	1.35	1.4	1.45	1.5	0	0	0
总收益（元）	18632.45	17734.93	16837.41	15939.89	0	0	0

由于激励成本系数 $K_{激励单价}$ 的大小受电动汽车充电负荷聚合商对电动汽车用户激励机制的影响。显然，激励成本系数 $K_{激励单价}$ 不应取值过小，因为若激励成本过小，虽然短时间段内电动汽车负荷聚合商能盈利，但长期来看电动汽车用户参与电动汽车 V2G 响应的意愿将随激励金额的减小而逐渐减弱；当激励成本系数 $K_{激励单价}$ 过大时，虽然电动汽车预测可响应负荷将增加，但电动汽车充电负荷聚合商的收益可能出现亏损。因此，激励成本系数 $K_{激励单价}$ 应在一个范围内小幅度浮动（如 0.8～1.2，对应收益浮动百分比－14.41％～14.41％），应考虑激励金额与激励用户响应的关系并根据上一小节所述在华北市场省网出清价格高的时间段设置较高激励的成本系数 $K_{激励单价}$，以鼓励电动汽车用户参与响应。

第8章

电动汽车负荷聚合商内部用户激励定价策略

对于电动汽车用户来说，参与市场获利固然是好事，但动力电池的衰减也是不得不考虑的原因，市场收入能否抵消充放电次数增加导致的动力电池寿命衰减也是很现实的问题。电动汽车负荷聚合商是电动汽车储能中间方，如何让电源电网、电动汽车用户、充电运营服务商等产业链条上的各个参与方获益，还需要进一步探索。

8.1 电动汽车的聚合运营模式市场各主体价值流向

电动汽车充电负荷聚合商作为一个独立的市场主体，代理自己服务范围内的用户负荷参与电力市场，对批发市场和用户调用进行双向决策。

电动汽车充电负荷聚合商与电动汽车用户签署合约，获得电动汽车的用电控制权限，并根据调度中心的任务对部分电动汽车进行功率调整或者启停控制。聚合商在这一过程中参与电动汽车的充放电决策、控制等行为，该模式下聚合商可以对电动汽车进行直接控制，能够对电网需求做出及时、有效的响应，从而实现充电负荷可量测、可调控的目标。

其中，对于用车需求要求较低、闲置时间较长的电动汽车私家车用户，或者用车时段较为集中的公交车可以考虑进行连续控制，必要时使用 V2G 技术对电网进行电能回馈，以获得更多的调度资源；对于用车需求较高、闲置时间较短而需要保持电池状态的电动汽车用户，不适于频繁调控，可考虑进行暂时减小充电功率或者中断充电控制。其中个人桩数量占一定比例，但其电量总量较小，且其响应行为具有较大的分散性和不确定性，难以被直接调度，可以通过改变电价使其自愿响应，以达到资源间接调度的目的，电动汽车的聚合运营模式下，市场各主体间的价值流动如图 8-1 所示。各主体间的金融结算关系如图 8-1 中的序号①～⑥所示。

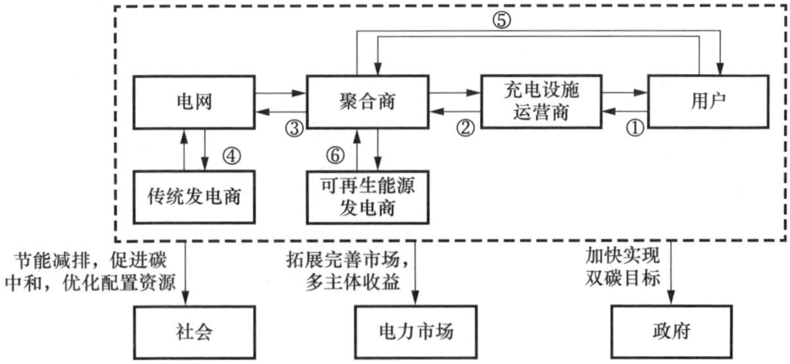

图 8-1　聚合运营模式市场各主体价值流向

（1）电动汽车用户根据自己的出行需求、电量状态及充电时间段偏好进行充电，用户充电费用支出与无聚合商参与的时候一致。电动汽车用户充电桩使用费＝充电功率×充电时间×充电服务费。

（2）充电设施运营商将电动汽车充电状况向电动汽车充电负荷聚合商反映，以便其制定与可再生能源发电商签订低价合同的电量需求，以及对电动汽车用户的功率调整或启停控制作出计划安排。充电设施运营商增值收益＝0.1×消纳富余新能源红利。

（3）电动汽车负荷聚合商向电网缴纳的费用＝用户总用电量×销售电价＝用户总用电量×（上网电价＋输配电价＋线损折价＋政府基金及附加）。聚合商通过调控电动汽车用户负荷，实现削峰填谷，减少电网的波动性。

（4）电网支付给发电企业以补偿发电企业电能生产成本。电网费用＝用户总用电量×上网电价。

（5）电动汽车充电负荷聚合商与电动汽车用户签署合约，确定补偿价格，该模式下聚合商可以对电动汽车进行直接控制，能够对电网需求做出及时、有效的响应，从而实现充电负荷的可量测、可调控。聚合商需对参与响应的电动汽车用户支付补偿费用。用户充电费用＝充电功率×充电时间×充电电费；用户增值收益＝响应补偿＋0.7×消纳富余新能源红利。

（6）负荷聚合商通过聚合分散电动汽车用户负荷资源参与市场时，可与可再生能源发电商签订低价合同进行套利，总红利空间＝参与用户需求侧响应电量×度电红利价差，度电红利价差为新能源目录电价与富余新能源参与市场交易电价之差，负荷聚合商对用户消纳新能源的电量进行分析，在结算周期后以折扣券、限时段免费的方式进行返利。根据公平合理原则，为引导更多用户参与调控，需传导给用户较多的红利，故本文中设定电动汽车响应调控过程中消纳富余新能源所获总红利按照聚合商∶充电设施运营商∶用户＝2∶1∶7进行分配。

现有电动汽车充电负荷聚合商的运营场景分为下列三种：①从电网角度，聚合商向电动汽车用户传递调控需求信息，引导用户响应，减小负荷波动性；②从聚合商角度，利用中间商优势，参与电动汽车充电决策，利用峰谷价差及富余新能源低价优势谋求收益最大化；③从用户角度，在满足出行需求的前提下提高用户满意度。

本节主要讨论第一种运营场景。

电动汽车充电负荷聚合商对具有不同符合特征的用户主体进行组合，利用各自负荷在日负荷率、日峰谷差率、日最大利用时间等特征值上的错峰互补效应，通过引入人工智能技术对负荷曲线进行聚类，可以在一定程度上形成平抑内部主体自身波动的充电负荷聚合商。

在终端设备数据获取、存储的基础上实现用户组合错峰效应包括两个关键步骤：一是要结合终端数据对不同类型柔性负荷的特征进行分析，采用统计学和计量经济学方法，识别其曲线特征，通过用曲线特征替代负荷曲线值，达到负荷曲线将为的目标，为开展进一步分析奠定基础；二是要构建适用于海量多源异构数据的聚类分析算法，通过对曲线特征指标进行聚类分析，在一定的聚类规则约束下，即可得到同类别的负荷曲线簇，进而通过分析其负荷特征值的相对性，得到具有错峰效应的用户组合集。

至此，该用户组合集已经初步具备平抑波动的功能。在用户组合错峰效应的基础之上，需要引入经济手段对用户行为进行影响，其最终展现形式为充电负荷聚合商与不同用户签订的差异化合约。

由经济学中的边际效应理论可知，只有当边际成本等于边际效用时，可实现资源最优配置。因此，差异化合约的签订需要依据不同类型用户的价格弹性，最大化经济杠杆效应。实现差异化合约制定的基础是用户用电行为的识别，同时对用户行为通过多维数据进行客户画像，建立用户行为标签库。其关键点在于用户行为及其弹性具有隐匿性，很难直接通过数据分析得出，这要求充电负荷聚合商基于实验经济学理论方法，构建用户行为识别及引导实验框架，通过改变差异化合约关键参数，从实际运营活动中获取数据，以此为基础进行用户弹性分析，进而指导差异化合约的制定。

8.2 电动汽车用户响应弹性分析

8.2.1 用户响应影响因素

电动汽车特性是影响电动汽车市场响应行为的关键因素，主要体现在电池成本和返利价格这两个方面。

1. 电池成本

参与 V2G 将导致电池寿命折损。显然，用户对于 V2G 的接受度也会因电池成本的变化而改变。当电池成本较高时，车辆参与电力系统储能的单位成本就会更高，用户的实际接受度就会很低；当电池成本明显下降时，V2G 的成本也会随之下降，用户的接受度也因此有所提高。

2. 返利价格

根据消费者心理学原理，价格对用户的刺激有一个最小可觉差（差别阈值），在这个差别阈值的范围内，用户基本上无响应或响应非常小，即不敏感期（相当于死区）；超过这个差别阈值的范围时，用户将有所响应，且与刺激程度有关，即正常响应期（相当于线性区）；用户对刺激也有一个饱和值时，超过这个数值时，用户就没有更进一步的响应了，即响应极限期（相当于饱和区）。

8.2.2 用户响应弹性量化分析

需求弹性矩阵是用户需求响应行为的典型表征和分析方法之一，由不同时段的自弹性系数和交叉弹性系数组成。

电价需求弹性是指需求对电价变化的敏感程度。需求随电价升高而降低，可用需求价格弹性模型（又称电量电价弹性模型）来表示电动汽车用户对充电价格的响应情况，如图 8-2 所示。图 8-2 中曲线的斜率即为电价需求弹性，可由式（8-1）得出，即

$$e_{k,t}=\frac{\partial q}{\partial p}=\frac{\Delta q_t/q_t^0}{\Delta p_t/p_t^0}=\frac{p_0}{q_0}\cdot\frac{\mathrm{d}q}{\mathrm{d}p} \tag{8-1}$$

式中：$e_{k,t}$为需求价格弹性；k 为用户 k；t 为时刻，$t=1，2，\cdots，n$；q_t^0 为需求响应实施前 t 时刻的用电负荷；p_t^0 为需求响应实施前 t 时刻的电价；Δq_t 为需求

响应实施后 t 时刻的负荷变动量；Δp_t 为需求响应实施后 t 时刻的价格变动量。

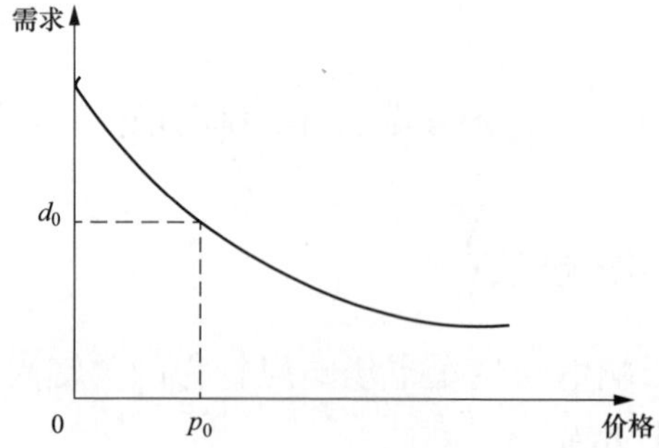

图 8-2　充电价格与需求关系曲线

8.3　考虑用户弹性的电动汽车聚合价格机制

8.3.1　电动汽车用户行为特性分析

用户的行为特征是影响电动汽车负荷聚合的核心因素，用户对电动汽车的使用习惯千差万别，不同的消费行为会产生不同的充电特性。影响负荷的用户行为因素主要体现在用户的充电习惯、驾驶习惯以及电动汽车的行驶里程上。不同的用户，因其驾驶的车辆类型不同而使得其行驶里程不同，出租车、公交车由于频繁在各地区之间行驶，其行驶里程相对于私家车、商务车较长，其所需电量的差别也会反映在充电频率和充电时间上。电动汽车用户的充电习惯往往也会影响着充电的频率、程度和时间等，如有的用户会未雨绸缪，习惯在遇到充电站的时候进行充电储存电量，这样充电频率较高，单次充电电量相对较小，时间相对较短，负荷曲线波动性较大；有的用户优先考虑经济因素，在充电电价低谷时期进行充电；还有的用户习惯在固定的时间进行充电，这样负荷曲线会相对稳定，波动性较小。电动汽车用户的驾驶习惯也会在不同程度上影响着负荷大小，部分用户习惯启动和停止汽车时大力使用油门和刹车，这样电动汽车的能耗会增加，充电电量需求会增大；还有的用户驾驶时习惯获取较大的加速度和频繁并线超车，这样也会增加汽车能耗，增大负荷需求。电动汽车的行驶里程直接关系到充电时间和频率。一般情况下，电动汽车行驶距离越长，其消耗电量越多，所需充电电量越大，反映在负荷曲线上的数值就越大。

8.3.2　电动汽车用户弹性分析方法

1. 灵活性电动汽车

A 类电动汽车主要是为了在电价高时向电网放电，在电价低时进行充电，从而既能赚取分时电价的差价，又能够降低充电费用。因此对于 A 类电动汽车来说，需求响应目标函数为

$$C_A = \sum_{t=T_b}^{T_d} P_c u_{ti} \rho_t + B_m - \sum_{t=T_b}^{T_d} P_d v_{ti} \rho_t \tag{8-2}$$

式中：ρ_t 为时段 t 的电价大小；u_{ti} 表示电动汽车时刻 t 是否在充电；v_{ti} 表示时刻 t 电汽车是否在进行放电；P_c 为充电功率；P_d 为放电功率；C_A 为总充电费用；B_m 为电池损耗费用。用 C_b 表示购买电池需要的成本，充电次数为 n_b，B_m 可以表示为

$$B_{\mathrm{m}} = \frac{C_b}{n_b} \tag{8-3}$$

在 A 类电动汽车车主结束一天行程后，假设接入电网时刻的电池电量为 $\mathrm{SOC_o}$，则需满足约束条件

$$t_d \leqslant \frac{\mathrm{SOC_o} - \mathrm{SOC}_{min}}{P_d} \tag{8-4}$$

式（8-4）表明电动汽车在放电之后，剩余的 SOC 必须要大于最小的 SOC 限制，另外 t_d 为放电总时长，SOC_{min} 为电池电量的最小阈值。同时，由于对电网反向馈电，因此 A 类用户会增加自己的充电需求量，其充电总时长也会相应延长，假设充电时长为 t_c，则需满足

$$P_c \cdot t_c = Q_0 (1 - \mathrm{SOC_o}) + P_d t_d \tag{8-5}$$

式中：Q_0 为电池总容量。

对于 A 类的电动汽车用户，需要保证放电带来的收益会大于电池的损耗。但是由于常规充电的电池循环损耗率和 V2G 技术的损耗率难以比较，同时不同初始电量参与 V2G 的损耗率问题比较复杂，因此这里统一假设放电带来的电池损耗费用和常规的充放电费用一致，同时也不受电池的初始电量影响。

2. 可削减性电动汽车

假设 T_b 和 T_d 分别为充电开始时刻和结束时刻，对于第 i 辆 B 类电动汽车来说，其充电总费用可以表示为

$$C_B = \sum_{t=T_b}^{T_d} P_{\mathrm{C}} u t \rho_t + B_m \tag{8-6}$$

式中：ρ_t 为时段 t 的电价大小；u_{ti} 表示电动汽车时刻 t 是否在充电。对 B 类汽车来说，参与需求响应的目的就是要减少总充电费用 C_B，由于要减少总充电费用，因此要将充电时刻选择在电价较低的谷时段。

3. 刚性电动汽车

C 类电动汽车用户在现实中主要包括两部分：一部分是不可控的负荷，这类负荷对充电有严格的限制和时效性要求；另一部分是一些不愿意改变用电方式参与到需求响应中来的用户。对于 C 类用户，假设电动汽车初始电量为 SOC_{co}，并且要一直到充满电量，假设接入电网的时刻为 T_{bc}，则充电时长 L_{c} 为

$$L_C = \frac{Q_0(1-\mathrm{SOC}_{CO})}{P_C} \tag{8-7}$$

C 类用户的充电总费用为

$$C_C = \sum_{t=T_{bc}}^{T_{bc}+T_c} P_C \cdot \rho_t + B_m \tag{8-8}$$

三类电动汽车用户构成的集合分别记为 D_1，D_2，D_3 集，在实际场景中，电动汽车并网时即需确定其所属集。判断所属集的流程为：用户可通过智能终端与聚合商互动自主确定；若用户未自主确定，对于授权聚合商读取历史并网信息的用户，聚集商读取其历史并网数据确定所属类型，对于未授权读取历史并网信息的用户，认为用户此次并网无刚性及不馈电的诉求，可完全响应聚集商调度，即默认为 A 类灵活性电动汽车。判断流程图如图 8-3 所示。

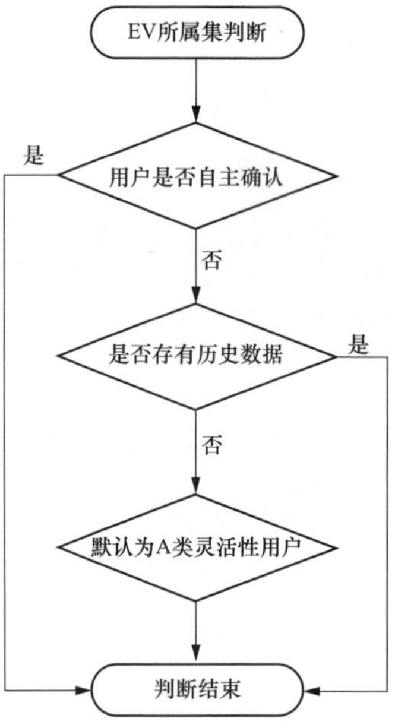

图 8-3　流程图

8.3.3　电动汽车聚合差异化价格机制

1. 电价激励

电动汽车价格机制问题存在充电和放电两个方面。在充电方面，当前电动汽车充电价格按目录电价执行，而目录电价普遍是基于传统的引导电力负荷本身用电特性的目的出发，难以适应当前新能源大规模并网以及未来海量电动汽

车可调资源的环境。随着电力市场化改革的推进，10kV及以上工商业用户进入了电力市场，但住宅及办公地点的电动汽车分散接入、电压等级较低，且非独立向电力公司报装的电动汽车用户缺少独立的电力市场身份，因此无法直接参与电力市场交易、辅助服务和需求响应，也面临因“转供电”导致的峰谷电价信号传导不畅问题。在放电方面，虽然目前部分V2G试点项目针对电动汽车在用电高峰时段放电设计了放电价格，但放电定价水平低于用电价格。考虑到目前V2G试点项目基本为本地电压台区就地平衡，放电基本不占用大电网输配电资源，较低的放电价格既不能充分反映V2G的实际价值，也无法有效引导用户的合理充放电行为。与此同时，用户认为放电会导致电池性能衰减，补偿的激励效用要低于电池退化。因此，放电更需要考虑心理因素与经济性。

通常，电价激励体现为价格型需求响应。负荷聚合商可以通过平台与用户签订固定合约，即用户承诺在固定时间内将负荷高峰时的充电需求转移至低谷时进行，平台依据充电时间、充电时长相应减少充电服务费，设置弹性服务费率，如分时充电服务费等，从而对用户进行价格激励。

在此情景下，基于前文中对电动汽车用户行为特性及户弹性的分析，私家车更适合进行弹性服务费率的价格激励。

另一种体现为激励型需求响应，当负荷聚合商同电动汽车用户签订激励协议后，电动汽车用户授权给负荷聚合商，负荷聚合商能够在一定限制条件内自由调度，授权电动汽车充放电，以实现其目标。激励即为负荷聚合商对电动汽车用户授权给负荷聚合商调度其电动汽车的奖励，其表现形式为负荷聚合商提供给电动汽车用户一定充电优惠的激励折扣。由于车型不同，电动汽车的需求响应意愿也不同，所以构建两种签约模式，即固定签约和灵活签约。固定签约策略即为负荷聚合商与固定电动汽车用户签订较长时间的协议。在此期间，不论电动汽车开始时刻以及离开时刻位于哪一时段，都授权负荷聚合商进行激励调度，而其余没有签订激励协议的电动汽车则进行有序充电或立即充电。灵活签约策略以电动汽车单次充电为一个调度周期，负荷聚合商并不会固定与哪些电动汽车用户签订协议，而是在电动汽车用户每次充电之前，提供充电方案，如立即充电、有序充电、激励调度等方案，由用户选择成本最低的充电调度方式进行充电，完成调度。灵活签约策略与固定签约策略的区别在于：灵活签约策略下负荷聚合商并不提供长期激励协议，而是以一次充电循环为周期，提供不同充电方案供电动汽车用户选择。

在此情景下，无论是物流车还是公交车都可以更大比例地纳入到 V2G 中，赋予更多的充电弹性。参与需求响应的电动汽车负荷与平日的负荷变化如图 8-4 所示。

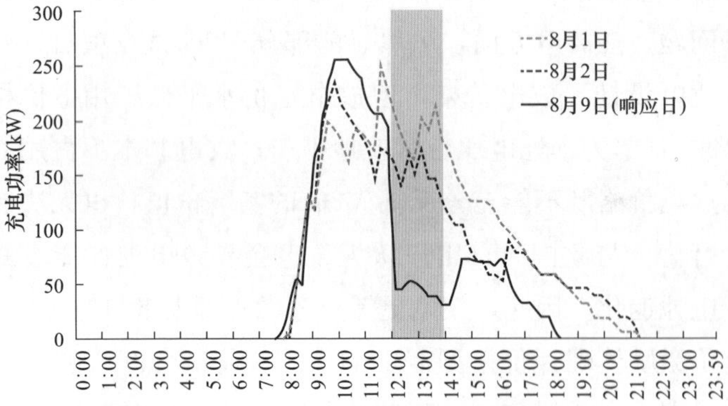

图 8-4　参与需求响应的电动汽车与平日的负荷变化

2. 电量激励

为了保持客户选择充电运营商的粘性，电量激励可以作为电价激励的补充，当用户与负荷聚合商签约时，可以选择接受电量激励还是电价激励，用户履约后，平台需要在用户平台进行记录。电量激励需要以电价激励的基础来衡量，这对于后期平衡偏差，调动用户充放电具有更显著的优势。

在此情景下，由于公交车对电量的需求更高，因此可以对其进行引导，错峰充电。

8.4　考虑电动汽车用户贡献度的价格激励机制

8.4.1　价值贡献度指标体系

电动汽车负荷聚合商内部成员涉及了各种电动汽车资源。负荷聚合商则扮演着这些资源聚合之后的电力管家角色，将这些分散的资源整合为单一的负荷聚合商运营商来参与电力市场中的电力交易，为电力系统提供调用备用容量、调峰、调频等辅助服务。因此，负荷聚合商需要构建一套衡量各聚合资源价值贡献度的指标体系，依据各聚合资源最后的价值贡献度来合理地分配收益。对于负荷聚合商内部的聚合资源而言，其价值贡献度主要可以分为经济方面、安全方面和风险方面三个维度，以此进行分析和构建衡量指标体系，详见表 8-1。

表 8-1　　价值贡献度的综合评价指标体系

一级指标	二级指标	三级指标	测算方法
价值贡献度	经济方面	平均贡献电量	每月统计测算
		平均贡献容量	每月统计测算
		可控容量	每月统计测算
		边际贡献值	按（3-1）统计测算
		环保投入费用	每月统计测算
	安全方面	供电稳定性	每月统计测算
		响应及时性	每月统计测算
		电量合格率	每月统计测算
		有功曲线合格率	每月统计测算
		计划完成率	按式统计测算
	风险方面	违约率	每月统计测算
		设备故障率	每月统计测算
		数据传输情况	专家打分

1. 经济方面

（1）平均贡献电量在分布式电源方面指该分布式电源的平均发电量，在储能系统方面指储能系统所储存的能量转换成电能后的等效发电量，在需求侧响应方面指参与调度的调节电量。该指标的测算将通过月度测算的方式实现。

（2）平均贡献容量在分布式电源方面指该分布式电源的平均调用容量，在储能系统方面指该储能系统的平均调用容量，在需求侧响应方面指需求侧用户参与调度的容量。该指标的测算也将通过月度测算的方式实现。

（3）可控容量在分布式电源方面指该分布式电源发电机组的可控容量，在储能系统方面指储能电池的容量，在需求侧响应方面指可控的用电负荷。该指标的测算将通过月度测算的方式实现。

（4）边际贡献值作为合作博弈中的一个指标，可以有效地反映各聚合资源对负荷聚合商的效用，计算公式为

$$MC_i = \frac{V(N) - V(N - \{i\})}{V(N)} \tag{8-9}$$

式中：$V(N)$为负荷聚合商的收益；$V(N-\{i\})$为负荷聚合商中除去聚合资源 i

所得的收益。边际贡献值的取值范围为 0～1，且边际贡献值越大，代表该聚合资源对负荷聚合商的效用越大，其在负荷聚合商中所起到的作用也越大。

（5）环保处理费用指在各聚合资源为环保所投入的资金费用。该指标的测算将通过月度测算的方式实现。

2. 安全方面

（1）供电稳定性在分布式电源方面和储能系统方面指分布式电源和储能设备非计划停运次数，在需求侧响应方面指需求侧用电负荷未及时响应的次数。该指标的测算将通过月度测算的方式实现。

（2）响应及时性是指分布式电源、储能系统、需求侧响应三者在调度信息发出后直至做出响应的时间差，它反映了负荷聚合商内部聚合资源面对调度各自响应速度的快慢。该指标的测算将通过月度测算的方式实现。

（3）电量合格率在分布式电源方面和储能系统方面指分布式电源和储能设备发电电量的偏差率，在需求侧响应方面指需求侧响应中用电负荷响应的偏差率。该指标的测算将通过月度测算的方式实现。

（4）有功曲线合格率在分布式电源方面和储能系统方面指分布式电源、储能设备的有功曲线合格率。该指标的测算将通过月度测算的方式实现。

（5）计划完成率是指发电机组发电完成情况或者可控负荷响应计划完成情况，其计算公式为

$$e_i = \frac{|P_i - P_0|}{P_0} \tag{8-10}$$

式中：P_i 为聚合资源的每月实际发电量或者负荷用户参与响应的计划响应电量；P_0 为每月计划发电量或者负荷用户参与响应的时间响应电量。

3. 风险方面

（1）违约率指各聚合资源面对调度指令的违约次数占参与辅助服务的次数之比。该指标的测算将通过月度测算的方式实现。

（2）设备故障率指各聚合资源的设备出现故障的次数占该聚合资源设备启动运行的总次数之比。该指标的测算将通过月度测算的方式实现。

（3）数据传输情况指负荷聚合商内部各聚合资源向负荷聚合商运营商提供信息的及时性和准确性，该指标由于属于定性指标，故采用专家打分法来进行相关的打分评价。

8.4.2 价值贡献度的计算

为了对多个量化指标进行综合评价，本文选取了带权重的 TOPSIS 综合评价模型。

指标矩阵的正向化处理就是把所有的极小型指标转化为极大型指标。假设共有 $i=m$ 个评价单位，共有 $j=n$ 个指标进行计算评价，那么通过搜集各个评价单位的数据可以构成一个初始的评价矩阵 $\boldsymbol{X}=(x_{ij})_{m\times n}, i=1,2,\cdots,m; j=1,2,\cdots,n$。

$$\boldsymbol{X}=\begin{bmatrix} x_{11} & \cdots & x_{1n} \\ \vdots & \ddots & \vdots \\ x_{m1} & \cdots & x_{mn} \end{bmatrix} \tag{8-11}$$

假设第 j 个指标是极小型指标，那么就有此列数据由极小型指标转换为极大型指标的公式，即

$$x_{ij}^{1}=\max\left\{\sum_{i=1}^{m} x_{ij}\right\}-x_{ij} \tag{8-12}$$

由此可以得到正向化后的矩阵 $\boldsymbol{X}_1$。

（1）正向化矩阵标准化。为了消去不同量纲的影响，需要对已经正向化的矩阵 $\boldsymbol{X}_1$ 进行标准化处理，将其进行标准化处理后的矩阵记为 $\boldsymbol{Z}$，对 $\boldsymbol{Z}$ 中的每一个元素，有

$$z_{ij}=\frac{x_{ij}}{\sqrt{\sum_{i=1}^{m} x_{ij}^{2}}} \tag{8-13}$$

（2）运用熵权法确定指标权重。熵权法是一种客观赋权方法，其依据的原理是指标的变异程度越小，所反映的信息量也越少，其对应的权值也应该越低。运用熵权法计算各个指标的权重就是通过计算各个指标的信息熵来确定权重。计算标准化后的评价指标 p_{ij}（第 j 项指标下第 i 个项目占该方案指标值的比重）为

$$p_{ij}=\frac{z_{ij}}{\sum_{i=1}^{n} z_{ij}} \tag{8-14}$$

那么对第 j 个指标而言，其信息熵为

$$e_j=-\frac{1}{\ln m}\sum_{i=1}^{m} p_{ij}\ln(p_{ij}) \tag{8-15}$$

由信息熵可得每个指标的信息效用值为

$$d_j = 1 - e_j \tag{8-16}$$

最后，通过将信息效用值归一化，可以得到每个指标的熵权为

$$W_j = \frac{d_j}{\sum_{j=1}^{n} d_j} \tag{8-17}$$

（1）确定最优解和最劣解。在标准化矩阵 $\boldsymbol{Z}$ 中定义最优解矩阵 $\boldsymbol{Z}^+$ 的公式为

$$\boldsymbol{Z}^+ = (\max\{z_{11}, z_{21}, \cdots, z_{m1}\}, \max\{z_{12}, z_{22}, \cdots, z_{m2}\}, \cdots, \max\{z_{1n}, z_{2n}, \cdots, z_{mn}\}) \tag{8-18}$$

同时，在标准化矩阵 $\boldsymbol{Z}$ 中定义最劣解矩阵 $\boldsymbol{Z}^-$ 的公式为

$$\boldsymbol{Z}^- = (\min\{z_{11}, z_{21}, \cdots, z_{m1}\}, \min\{z_{12}, z_{22}, \cdots, z_{m2}\}, \cdots, \min\{z_{1n}, z_{2n}, \cdots, z_{mn}\}) \tag{8-19}$$

（2）确定各个评价对象与最优解和最劣解的欧氏距离。在标准化矩阵 $\boldsymbol{Z}$ 中定义第 $i(i=1,2,\cdots,m)$ 个评价对象与最优解的距离 D_i^+ 的公式为

$$D_i^+ = \sqrt{\sum_{j=1}^{n} W_j (\boldsymbol{Z}_j^+ - z_{ij})^2} \tag{8-20}$$

同时，定义第 i（$i=1$，2，…，m）个评价对象与最劣解的距离 D_i^- 的公式为

$$D_i^- = \sqrt{\sum_{j=1}^{n} W_j (\boldsymbol{Z}_j^- - z_{ij})^2} \tag{8-21}$$

8.4.3 计算价值贡献度

通过运用每个评价对象与最优解和最劣解的欧氏距离，可以计算得出第 i 个评价对象的相对贴进度 S_i 为

$$S_i = \frac{D_i^-}{D_i^- + D_i^+} \tag{8-22}$$

相对贴进度 S_i 反映了评价对象与最劣解的接近程度，显然，$0 \leqslant S_i \leqslant 1$，且 S_i 越大 D_i^+ 就越小，即评价结果越接近最优解，因此将每个评价对象最终的相对贴进度作为每个评价对象的价值贡献度。

第9章

电动汽车参与市场可持续发展评价

9.1　电动汽车行业可持续发展分析

随着能源技术和信息技术的不断发展，电动汽车行业逐渐取得了发展进步，我国各省市积极实践并取得了一定成果。电动汽车行业模式作为一种有可能改变现有的以传统化石能源为基础的发展模式，是为解决传统化石能源枯竭、全球环境污染、气候变暖等问题而建立的更加清洁、高效、安全与可持续发展的能源利用模式。电动汽车行业的创新活力、灵活快捷等特征引领了信息技术的发展，引发了全球经济社会生活的又一次颠覆性革命。我国也出台了一系列政策支持电动汽车行业的发展，未来能源会朝着更加清洁高效的方向发展。

我国现阶段能源消费结构不合理，煤炭消费占能源总消费的比重较大，能源总消费对煤炭的依赖程度依然较高。过度开采使用煤炭所引起的二氧化碳排放量增加、全球变暖、雾霾严重等问题也引起了各国政府的重视，另外在煤炭开采过程中也会引发地质灾害和水污染等问题，同时还有在煤炭运输过程中产生的交通压力问题。面对上述问题，要控制和减少煤炭的消费占比，一个重要举措就是发展新能源，发展电动汽车行业，以此逐渐代替煤炭等传统能源。近年来，随着能源转型步伐加快，我国的能源结构不断优化，根据国家统计局数据初步测算，2019 年能源生产结构中，水电、核电、风电和太阳能发电占全部发电量的 27.7%，占比较上年提高了 1.0%。2020 年，壮大清洁能源产业仍将是我国能源发展的主方向，据中电联预计，非化石能源发电装机占总装机容量的比重将上升至 43.6%，比 2019 年底提高 1.7%左右。

可再生能源是全球能源的发展方向，也是贯彻落实国家“四个革命、一个合作”能源安全新战略和促进生态文明建设的重要措施。但长期以来，我国能源的关注焦点过度集中在单一的能源成本方面，忽视了终端消费侧在推动能源绿色低碳转型方面的作用，可再生能源补贴拖欠、发放不及时等问题也给行业可持续发展和企业经营造成了一定阻力。财政部在 2019 年表示，对于存量项目拟通过下列措施来推动解决：拟放开目录管理，由电网企业确认符合补贴条件的项目，简化拨付流程；通过“绿证”交易和市场化交易等方式减少补贴需求；进一步加强可再生能源电价附加征收力度，增加补贴资金收入。全国政协委员、金风科技董事长武钢在 2020 年两会上提出建议：针对可再生能源补贴拖欠问题，建议国家发行可再生能源补贴特别国债，随着产业链不断为国家贡献税收，可再生能源发展基金缺口逐渐收窄甚至于盈余，以增量效益来偿还特别国债本息的方式不会给国家带来额外负担。

电动汽车行业的不断发展，可以用于能源互联网储能结构，参与能源互联网供需平衡调控，具有绿色共享、数据易于采集和监管调控等特点，是绿色能源发展和智慧园区构建的重要部分。国家电网采用大数据、云计算、物联网、移动互联网等新技术，建成了全球接入设备最多、技术水平最高的智慧车联网平台，实现了与车辆、充电桩、用户的高效互动、互联互通和深度融合，平台具有开放、智能、互动、高效的特点，可以为电动汽车用户和充电运营商提供信息服务、运维服务和金融服务。未来在车联网平台中可以实现分布式光伏、储能、电动汽车的快速接入和协调控制，利用车联网平台开展分布式可再生能源补贴的实时核算与发放是促进分布式光伏发展的有效途径，对于电动汽车行业的可持续发展具有重要意义。

9.2 电动汽车负荷聚合商运营成本效益分析

9.2.1 运营成本分析

1. 建设成本

负荷聚合商侧的投资主体为负荷聚合商运营商。初期，由于投资风险和经济性，考虑负荷聚合商运营商以聚合现有资源为主，不投资建设额外的储能设备、分布式电源等资源。在此情况下，负荷聚合商侧的投资建设成本主要包含负荷聚合商平台和终端设备的建设投资。

负荷聚合商平台以模拟常规电厂外特性为目标，对内实现对负荷聚合商内部资源的优化聚合、协同控制，管理与内部资源之间的代理协议，对外代替所属资源向交易平台、管理平台完成入市、注册等相关管理流程，作为一个市场主体参与市场交易。根据前期调研结果进行估算，负荷聚合商的信息化平台投资约为130万元。

终端设备的投资建设成本与所控制资源的类型有密切关系，主要包含通信设备和控制设备。对于楼宇型调节资源，根据前期调研结果进行估算，相关终端设备的投资为10万～30万元/栋商业楼。

根据以上调研数据，构建一个典型的负荷聚合商模型，该负荷聚合商的主要调节资源为25栋商业楼宇，项目总投资约为420万元，其中负荷聚合商信息化平台建设130万元，电厂侧终端设备建设项目250万元。该负荷聚合商的调节能力大约为10MW，后续的效益测算均以该负荷聚合商模型为基础，负荷聚合投资估算见表9-1。

表9-1　负荷聚合投资估算表

序号	工程和费用名称	单位	数量	费用估算（万元）	占平台建设投资的比例（%）
1	**负荷聚合商信息化平台建设**	套	1	**130.00**	**34**
1.1	负荷聚合商运控平台监控模块	套	1	55.00	14
1.2	负荷聚合商运控平台交易模块	套	1	25.00	7
1.3	负荷聚合商运控平台运营模块	套	1	25.00	7
1.4	与负荷聚合商管理系统接口	套	1	25.00	7
2	**电厂侧终端设备建设**	套	1	**250.00**	**66**
2.1	商业楼宇通信设备	套	25	125.00	33
2.2	商业楼宇控制设备	套	25	125.00	33
3	**建设期利息**			**5.47**	
4	**流动资金**			**35.00**	
合计（1+2+3+4）				420.47	

2. 运营成本

负荷聚合商的运营成本主要包含设备运维成本、工资及福利、调节成本等方面。其中，设备运维成本暂按照总投资费用的10%进行估计，工资及福利等内容比较难以估计，暂不考虑。本节主要讨论负荷聚合商进行电网调节的调节成本。不同类型负荷聚合商的主要调节资源不同，其调节成本也不同。

对于楼宇型的负荷聚合商，其主要调节手段为控制空调、电梯、照明等用户负荷。楼宇型的负荷聚合商向上调节的成本为用电成本，单位成本为调节时段的用户电价，假设其主要在低谷时段参与调峰，则其调节成本计算公式为

调节成本＝预计规模×调节时长×谷时电价

楼宇型的负荷聚合商向下调节为柔性控制，不中断用户负荷，因此成本为0。

对于能源站型的负荷聚合商，主要调节手段为控制各类发电资源的出力。能源站型的负荷聚合商向上调节的成本为发电成本，计算公式为

调节成本＝预计规模×调节时长×单位发电成本

能源站型的负荷聚合商向下调节的成本为损失的机会成本，即发电收益。其计算公式为

调节成本＝预计规模×调节时长×度电收益

其中

度电收益＝上网电价－单位发电成本

9.2.2 经济效益分析

本节考虑负荷聚合商参与本项目设计的中长期备用交易、中长期调峰交易、短期新能源发电曲线调节交易、短期替代调峰交易等四个交易品种。

中长期备用交易的收益分为两部分：一部分是容量补偿，按照交易成交的容量和备用时间进行固定补偿，资金来源为“两个细则”备用补偿费用，单位补偿价格为10元/MWh。若备用容量发生实际调用，则负荷聚合商就能获得第二部分收入，即调用补偿，资金来源为政府需求响应补贴，交易申报价格上限为3元/kWh。

中长期调峰交易的收益分为两部分：一部分为交易收益，取决于日前调峰市场的成交价格，平均价格水平为0.2元/kWh，调峰困难时段可达0.6元/kWh，这一部分收益由调峰辅助服务费用的承担主体进行分摊；另一部分收益来源于政府的需求响应补贴，交易申报价格上限为1.2元/kWh。

短期替代调峰交易中，负荷聚合商帮助火电厂获得额外的深度调峰能力，在调峰市场中获得更多的份额和收益。增加的收益由火电企业和负荷聚合商分摊。本节考虑双方的收益分成比例为1∶1，则负荷聚合商单位收益的平均价格水平为0.1元/kWh（调峰困难时期为0.3元/kWh）

短期新能源发电曲线调节交易中，负荷聚合商帮助新能源企业减少发电曲线偏差考核费用，所增加的收益由新能源和负荷聚合商分摊，本节考虑双方的收益分成比例为1∶1，则负荷聚合商单位收益的平均价格水平为0.3元/kWh（新能源考核价格为机组批复上网电价，大约为0.61元/kWh）。

综上所述，各交易品种对应的单位电量收益见表9-2。

表9-2 各交易品种对应的单位电量收益

交易品种	交易收益（元/kWh）	政府补贴（元/kWh）	综合收益（元/kWh）
中长期调峰交易	平均价格水平为0.2（调峰困难时期为0.6）	1.2	1.4（1.8）
中长期备用交易	容量收益0.01（两个细则规定）	3	3.01
替代调峰交易	收益分成比例为1∶1，则平均价格水平为0.1（调峰困难时期为0.3）	0	0.1（0.3）
新能源发电曲线调节交易	收益分成比例为1∶1，则价格水平为0.3	0	0.3

9.3 电动汽车负荷聚合商参与华中电网辅助服务经济性测算

本节以电动汽车公司为河南电网提供调峰辅助服务场景为例进行经济测算。当河南电网出现低谷、腰荷调峰困难时，电动汽车公司湖北、湖南、江西三省分公司可通过华中电力调峰市场为河南省提供调峰辅助服务，电动汽车公司河南分公司可通过河南调峰市场参与河南电网进行调节。

9.3.1 经济性测算（2020年）

1. 2020年河南省低谷调峰市场需求分析

河南省由于午后光伏大发，调峰形势由以往的“后夜困难”演变为“一日两难”，低谷调峰困难时段为1∶00—5∶00，腰荷时段为12∶00—16∶00。2020年1—4月，河南省内实际调峰市场共启动113天，深调电量约17.9亿kWh，各月份情况见表9-3。

表9-3 2020年1—4月河南省内调峰市场启动情况

月份	1月	2月	3月	4月
市场启动天数（天）	29	27	28	29
深调电量（亿kWh）	3.01	7.53	3.82	3.50

参考近年河南省内调峰市场启动状况，保守预计2020年河南省内调峰市

场将在1—5月、10—11月连续开启，考虑年初疫情影响，本次预测以3月、4月市场启动天数、深调电量平均值为基础，预测2020年河南省内调峰市场将启动200天，占全年天数的54.8%，调峰电量需求约25.76亿kWh，远大于湖南、湖北、河南、江西四省全社会充电量，电动汽车调控潜力有充分利用空间。

2. 电动汽车参与华中电力调峰市场经济测算

（1）有效充电量。2020年，电动汽车公司湖南、湖北、江西分公司自营充电桩充电量约为20823.5万kWh，可代理三省社会运营商充电负荷的35%，代理社会运营商充电量=三省全社会充电量×35%−电动汽车公司充电量，约为14229.5万kWh。理想状态下2020年电动汽车公司参与市场充电量可达35053.0万kWh，其中调控型占比30%，为10515.9万kWh，引导型占70%、为24537.1万kWh。

电动汽车公司参与华中调峰市场有效充电桩分为两部分：一是调控型充电桩，有效充电量为参与市场的全部充电量；二是引导型充电桩，有效充电量为参与市场的全部充电量与基准充电量的差值。2020年电动汽车公司调控型/引导型充电桩参与华中调峰市场的有效充电量=理想状态下调控型/引导型充电量×省间市场启动天数占比×省间市场日开启小时数占比×可调控比例。

注意：市场启动天数占比为华中调峰市场启动天数全年占比，此次场景测算中取值为54.8%；省间市场日开启小时数占比为市场开启日实际小时数在全天的占比，此次场景测算中取值为1/3（8h/24h）；可调控比例为电动汽车公司在华中调峰市场开启时段的充电增量占比。

（2）参与市场收益。华中调峰市场收益=电动汽车公司参与华中调峰市场有效充电量×[0.35元/kWh−预期出清价格−输电费用及损耗（0.05元/kWh）]，其中0.35元/kWh为2019年华中各省电网企业平均购电成本。

依据电动汽车公司提供的数据，测算出电动汽车公司在不同调控比例与预期出清价格对应关系下2020年参与华中调峰市场的预期收益及消纳弃电量见表9-4。

结合河南省内调峰市场出清情况，当市场预期价格为0.2元/kWh（含相关输电费用及线损）时，2020年电动汽车公司可实际参与华中调峰市场充电量为1191.0万kWh，预期收益178.6万元，消纳河南弃电量1191.0万kWh。

表 9-4 2020 年电动汽车参与华中调峰市场经济测算

理想状态下全年可参与市场充电量	预期出清价格（含相关输电费用及线损）（元/kWh）	可调控比例（%）	市场收益（万元）	可消纳弃电量（万 kWh）
调控型（10515.9 万 kWh）	0.3	6	5.8	115.3
	0.27	12	18.4	230.5
	0.24	18	38.0	345.8
	0.2	27	77.8	518.6
	0.18	30	98.0	576.3
引导型（24537.1 万 kWh）	0.3	3	5.6	112.1
	0.27	5	17.9	224.1
	0.24	10	49.3	448.2
	0.2	15	100.8	672.3
	0.18	18	133.3	784.4

3. 电动汽车参与河南调峰市场经济测算

（1）有效充电量。2020 年，电动汽车公司河南分公司自营充电桩充电量约为 8424.3 万 kWh，可代理社会运营商充电量约为 1003.92 万 kWh。理想状态下 2020 年电动汽车公司参与河南调峰市场充电量可达 9428.2 万 kWh，其中调控型占比 30%，为 2828.5 万 kWh，引导型占 70%，为 6599.8 万 kWh。

2020 年，电动汽车公司调控型/引导型充电桩参与河南省调峰市场有效充电量＝理想状态下调控型/引导型充电量×省内市场启动天数占比×省内市场日开启小时数占比×可调控比例。

注意：此次场景测算中省内市场启动天数占比取值为 54.8%；省内市场日开启小时数占比取值为 1/3（8h/24h）；可调控比例为电动汽车公司参与河南调峰市场的充电增量占比。

（2）参与市场收益。河南调峰市场收益＝电动汽车公司参与河南调峰有效充电量×（0.35 元/kWh－市场预期出清价格），其中 0.35 元/kWh 为 2019 年河南电网企业平均购电成本。

依据电动汽车公司提供的数据，测算出电动汽车公司在不同调控比例与预期出清价格对应关系下 2020 年参与河南调峰市场的预期收益及消纳弃电量，详见表 9-5。

结合河南省内调峰市场出清情况，当市场预期价格为 0.15 元/kWh 时，2020 年电动汽车公司可实际参与河南调峰市场充电量为 456.4 万 kWh，预期收益 78.2 万元，消纳河南弃电量 401.3 万 kWh。

表 9-5　　2020 年电动汽车参与河南调峰市场经济测算

理想状态可参与市场充电量	预期出清价格（元/kWh）	可调控比例（%）	市场收益（万元）	可消纳弃电量（万 kWh）
调控型（2828.5 万 kWh）	0.25	18	9.3	93.0
	0.22	22	14.8	113.7
	0.19	28	23.1	144.7
	0.15	31	32.0	160.2
	0.13	33	37.5	170.5
引导型（6599.8 万 kWh）	0.25	10	12.1	120.6
	0.22	13	20.4	156.7
	0.19	17	32.8	204.9
	0.15	20	48.2	241.1
	0.13	24	63.7	289.3

4. 小结

参考河南省内调峰市场出清情况，2020 年电动汽车公司为河南电网提供调峰辅助服务预期收益 256.8 万元，可消纳河南弃电量 1592.3 万 kWh。其中参与华中电力调峰市场预期收益 178.6 万元，可消纳河南弃电量 1191.0 万 kWh，参与河南调峰市场预期收益 78.2 万元，消纳河南弃电量 401.3 万 kWh。

9.3.2　经济性测算（2025 年）

1. 电动汽车参与华中电力调峰市场经济测算

2025 年湖南、湖北、江西三省电动汽车公司自营充电桩充电量约为 278611.4 万 kWh，可代理三省社会运营商充电负荷的 70%参与市场，代理社会运营商充电量＝三省全社会充电量×70%－电动汽车公司充电量，约为 284281.0 万 kWh。因此理想状态下 2025 年电动汽车公司参与市场充电量可达 562892.4 万 kWh，其中调控型占比 30%，约 168867.7 万 kWh，引导型占 70%，约 394024.7 万 kWh。

考虑到电动汽车公司制定策略引导用户参与市场的实际情况，依据电动汽车公司提供的数据，测算出充电负荷参与市场比例与预期出清价格关系下电动汽车公司的预期收益及消纳弃电量，详见表 9-6。市场总收益测算方法同 2020 年测算方法。

结合河南省内调峰市场出清情况，当市场预期价格为 0.2 元/kWh（含相关输电费用及线损）时，2025 年电动汽车公司可实际参与市场充电量为 19124.8

万 kWh，预期收益 2868.7 万元，消纳河南弃电量 19124.8 万 kWh。

表 9-6　　　　2025 年电动汽车参与华中辅助服务市场预测

理想状态下全年可参与市场充电量	预期出清价格（含相关输电费用及线损）（元/kWh）	可调控比例（%）	市场收益（万元）	可消纳弃电量（万 kWh）
调控型（168867.7 万 kWh）	0.3	6	92.5	1850.8
	0.27	12	296.1	3701.6
	0.24	18	610.8	5552.4
	0.2	27	1249.3	8328.6
	0.18	30	1573.2	9253.9
引导型（394024.7 万 kWh）	0.3	3	90.0	1799.4
	0.27	5	287.9	3598.8
	0.24	10	791.7	7197.5
	0.2	15	1619.4	10796.3
	0.18	18	2141.3	12595.7

2. 电动汽车参与河南调峰市场经济测算

2025 年电动汽车公司河南分公司自营充电桩充电量约为 112714.3 万 kWh，可代理河南省社会运营商充电负荷的 70%参与市场，约为 46460.7 万 kWh。理想状态下 2025 年电动汽车公司参与市场充电量可达 159175 万 kWh，其中调控型占比 30%，约 47752.5 万 kWh，引导型占 70%，约 111422.5 万 kWh。

考虑到电动汽车公司制定策略引导用户参与市场的实际情况，依据电动汽车公司提供的数据，测算出充电负荷参与市场比例与预期出清价格关系下电动汽车公司的预期收益及消纳弃电量，详见表 9-7。

表 9-7　　　　2025 年电动汽车参与河南辅助服务市场预测

理想状态下全年可参与市场充电量	预期出清价格（元/kWh）	可调控比例（%）	市场收益（万元）	可消纳弃电量（万 kWh）
调控型（47752.5 万 kWh）	0.25	18	157.0	1570.1
	0.22	22	249.5	1919.0
	0.19	28	390.8	2442.4
	0.15	31	540.8	2704.1
	0.13	33	633.3	2878.5
引导型（111422.5 万 kWh）	0.25	10	203.5	2035.3
	0.22	13	344.0	2645.9
	0.19	17	553.6	3460.0
	0.15	20	814.1	4070.6
	0.13	24	1074.6	4884.8

结合河南省内调峰市场出清情况，当市场预期价格为 0.15 元/kWh 时，2025 年电动汽车公司参与河南调峰市场充电量为 6774.7 万 kW，预期收益 1354.9 万元，消纳河南弃电量 6774.7 万 kWh。

3. 小结

参考河南省调峰市场出清情况，2025 年电动汽车公司为河南电网提供调峰辅助服务预期收益 4223.6 万元，可消纳河南弃电量 25899.5 万 kWh。其中参与华中电力调峰市场预期收益 2868.7 万元，可消纳河南弃电量 19124.8 万 kWh，参与河南调峰市场预期收益 1354.9 万元，消纳河南弃电量 6774.7 万 kWh。

9.4 负荷聚合商运营社会效益分析

9.4.1 促进电网建设

1. 降低电厂建设投资

从近年来的电力持续负荷统计来看，我国部分省市 95%以上的高峰负荷年累计持续时间只有几十个小时，采用增加发电装机的方法来满足这部分高峰负荷的高昂成本，利用负荷聚合商削减这部分高峰负荷，可以有效降低峰荷装机容量的投资。其计算公式为

$$P_1 = Q_v \times C_g \tag{9-1}$$

式中：Q_v为负荷聚合商可以提供的发电能力；C_g 为常规火电机组装机成本，以 30 万～60 万 kW 火电机组的平均装机成本为依据，取 C_g 为 4500 元/kW。按此计算，新建一座 10MW 的负荷聚合商即可节约峰荷装机容量投资 4500 万元。

2. 降低输配电设施投资

通过建设电动汽车负荷聚合商，能够减少电网输配电设施扩建改造方面的投资，即可节约固定容量成本，可以根据少建或缓建的变电站、变压器、输电线路及其配套设备的平均造价确定，计算公式为

$$E_1 = A_f \eta P_{max} \tag{9-2}$$

式中：A_f 为电网侧的单位容量成本；η 为负荷聚合商的等效运行效率；P_{max}为负荷聚合商的额定功率。

根据某区域“十三五”“十四五”投资规模，550/220kV 及以上投资规模约为 500 亿～600 亿元，对应的负荷增量约为 3000 万 kV，单位负荷投资成本约为

0.2 万元/kW，可计算得到 E_1 为 2000 万元。

9.4.2　促进节能减排

负荷聚合商参与中长期调峰和备用交易时所降低的用电量以及减少的发电量，可通过碳排放系数换算为二氧化碳排放量，再通过当前碳市场价格将其货币化。减少化石能源消耗量的计算公式为

$$P_3 = C_h \times C_r \tag{9-3}$$

式中：C_h 为燃煤发电的减少电量，MWh；C_r 为常规火电机组的标准煤耗率，g/kWh。假设负荷聚合商每年的调节时间为 24h，那么一座 10MW 负荷聚合商可减少燃煤发电量为 240MWh，以标准煤耗率为 324g/kWh 来计算，预计每年可减少消耗化石能源 77.60 吨。

相应二氧化碳减排量的计算公式为

$$P_4 = C_c \times C_o \tag{9-4}$$

式中：C_c 为减少的标煤消耗量，t；C_o 为标煤与二氧化碳之间的转换系数。按照 1 吨标准煤能转换 2.62t 二氧化碳排放量来计算，预计每年可减少二氧化碳排放 203.7t。

9.4.3　节约社会资源

1. 减少用户停电损失费用

负荷聚合商可以降低高峰负荷，缩短用电高峰时段因拉闸限电导致的停电时间和缩小停电涉及范围，从而减少因停电而给电力用户带来的经济损失。

通过调研文献《城市电网用户停电损失估算及评价方法研究》，得到不同停电时间下的停电损失，详见表 9-8。

表 9-8　　综合用户停电损失函数

停电持续时间	1 分钟	30 分钟	1 小时	2 小时	4 小时	8 小时
停电损失元（kW）	6.29	23.24	49.63	110.91	282.5	524.45

本报告选取单位停电成本 110 元（按停电 2 小时成本计算）、年避免停电容量为 10MW 计算，可减少用户停电损失费用 110 万元。

2. 节约土地资源

负荷聚合商有利于延缓常规电厂投资建设，节约土地使用面积。相较于传统电厂，负荷聚合商依靠信息化手段对资源进行聚合，将节约大量土地资源。

其计算公式为

$$P_5 = Q_v \times A_g \tag{9-5}$$

式中：Q_v为负荷聚合商可以提供的发电能力，MW；A_g 为常规火电机组单位装机容量占地面积，公顷/MW。以火电机组的单位装机容量占地面积为依据，取 A_g 为 2 公顷/MW，按此计算，一座规模为 10MW 的负荷聚合商项目近期可节约土地面积 20 公顷。

3. 减少备用成本

由于负荷聚合商可以代替常规发电企业为电力系统提供同等的备用辅助服务，因此有利于优化机组启停计划安排，减少火电机组启停次数，从而减少相关备用成本。其计算公式为

$$P_6 = B_s \times C_s \tag{9-6}$$

式中：B_s 为负荷聚合商可以减少的年启停次数，暂按照 1 次进行计算；C_s 为常规火电机组的启停费用，10 万火电机组的启停费用为 18 万元，30 万火电机组的启停费用为 40 万元，100 万火电机组的启停费用为 60 万元。按此计算，一座规模为 10MW 的负荷聚合商项目每年可节约备用成本 18 万元。

9.4.4 促进产业转型

（1）促进售电公司向综合能源服务商转型。负荷聚合商对外广泛链接用户，将传统的单向能源传输链条进行双向化，有利于售电公司向综合能源转型，在降低用户平均电价的同时，可以向终端用户提供个性化的综合能源服务，孕育需求响应生态机制，提高城市能源管理的精细化水平。

（2）拉动相关产业发展，提高城市能源管理的精细化水平。负荷聚合商将互联网信息技术与电力领域进行深度融合，促进电力物联网建设，改变能源生产、消费方式，对分布式能源和信息产业发展具有显著的驱动作用，为大数据分析、机器学习和预测等技术的发展提供了广阔的应用空间，可促进数十亿乃至数百亿规模产业发展。

（3）缓解电力供需矛盾，减少社会冲突，促进社会和谐。负荷聚合商有利于提高电力企业的供电能力。过去，解决电力供需平衡的主要手段是拉闸限电，会对国民经济和居民生活造成一定的负面影响。在一定的电力资源环境下，负荷聚合商可以通过改进用电方式，实现科学用电、节约用电和有序用电，从而提高电力企业的供电能力，化解电力供需矛盾，减少社会冲突，促进社会和谐。

第10章

电动汽车绿色低碳发展展望

作为交通领域“电能替代”重要一环，电动汽车以其清洁、节能的特点，成为解决大气污染严重问题和缓解能源短缺紧张局面的有效途径。电动汽车行业已经成为我国战略性新兴发展产业，我国政府从政策规定、财务支持和技术研究等方面不断加大对电动汽车领域的投入，加速推动电动汽车产业的发展。近年来，通过高校、企业以及科研机构等的持续联合攻关，多个电动汽车运行试验示范区已经相继建立，这表明我国在电动汽车技术领域已经取得了重大突破，已经拥有了多项接近国际水平的技术。技术性能的提升与价格的下降将进一步提高电动汽车的市场竞争力，电动汽车正逐渐占据越来越多的市场份额，电动汽车市场也迎来了快速增长期。

对于电力系统来说，新能源渗透率不断提高是当前电力系统最显著的变化特征之一，随之而来的是更加频繁且剧烈的净负荷波动，给电网稳定带来了新的挑战。电力市场加速建设是解决构建新型电力系统过程中各类主体间利益矛盾的最佳手段，近日，国家发展改革委出台《关于加快建设全国统一电力市场体系的指导意见》，在全国统一电力市场体系顶层设计下有望全面提速，未来，电动汽车和电力市场的深度结合将为我国电力系统建设提供重要的商业模式和解决方案。电动汽车将作为用户直接参与市场，作为储能参与辅助服务市场等，为稳定电网发挥重要作用。

后续仍需在电动汽车及V2G技术大规模推广应用的背景下，继续开展电动汽车参与现货交易、辅助服务交易、需求侧响应机制、大规模绿电交易技术研究，推动电动汽车与电网深度融合，降低电动汽车用户使用成本，提升光伏、风电消纳率，优化我国能源结构。目前我国已开展了电动汽车绿电交易探索，未来仍需进一步扩大交易规模。

10.1 基于车联网的绿电交易示范工程

前面的章节对车联网绿电交易试点做了简要介绍，本章详细介绍重庆、北京、浙江、山西车联网绿电试点情况。

10.1.1 重庆车联网绿电交易市场

1. 建设背景及目标

国网重庆电力公司按照基于车联网的绿电交易示范工程工作要求，通过购买丰水期低谷川电，产生价差（0.2 元/kWh）补贴电动汽车充电，引导充电用户选择绿电和低谷充电，以达到清洁能源消纳、用户让利、移峰填谷的效果。

本项目于 2019 年 3 月启动，2019 年 8 月正式实施，由重庆电动汽车公司作为唯一聚合商代理实施，5 个月共计完成绿电充电量约 3000 万 kWh，占全市总充电量的 73%。从效果来看，由于制定了峰段无补贴、平段基准补贴、谷段双倍补贴的差异化补贴标准，移峰填谷效果较为显著，充电用户积极性高涨。高峰充电电量占比从 67%降至 27%（下降 40%），低谷充电电量占比从 13%升至 39%（上升 26%），累计向参与各方（含用户）疏导资金 396 万元。

2. 示范工程建设规模

2020 年国网重庆电力公司进一步深化推进绿电交易工作，首次纳入港口岸电设施（6 码头 12 泊位）、全覆盖国网重庆电力公司所属充电桩并引入需求侧市场用户。截至目前，共聚合了重庆地区 80%以上的充电负荷参与绿电交易。

截至目前，重庆绿电交易共消纳清洁能源 1.8 亿 kWh。

3. 示范工程建设关键市场机制

（1）交易模式：在 2019 年试点圆满收官的基础上，2020 年重庆绿电交易通过继续购买丰水期低谷川电、首次引入青海光伏绿电，产生价差（约 0.2 元/kWh）补贴充电及新纳入的需求侧市场用户。

（2）市场机制：绿电交易采用价差传导的方式传导收益，收益主要用于补偿充电用户（低谷时段按价差 60%补偿，平时段按价差 30%补偿，高峰时段不补偿），充电运营商、充电聚合商可获得一定补偿，但不得高于价差的 40%。

（3）管理模式创新点：一是丰富绿电获得途径，推动青海光伏首次进入重庆绿电市场，解决枯水期绿电的来源问题；二是拓展绿电交易市场范畴和规模，首次纳入港口岸电设施、全覆盖公司所属充电桩并引入需求侧市场用户；三是延长绿电交易时间至全年，对签约用户在今年合同签订前满足降价条件的交易订单进行追溯清算；四是将绿电交易清分结算时间节点调增到两次，即 2020 年 10 月完成 2020 年第一至第三季度绿电交易红利传导核查及清分结算，2021 年 1 月完成 2020 年第四季度绿电交易红利传导核查及清分结算。

（4）关键技术：结合 2019 年绿电交易数据核算中发现的问题，梳理制定 11 条数据接入规则并导入平台，针对不符合规则的订单进行自动预筛选，有效提升了平台订单数据的完整性、真实性和一致性，并通过第三方审计单位的专项审计。

（5）支撑平台建设：目前绿电交易主要依托于重庆市新能源汽车与充电设施监测平台进行。该平台建设于 2016 年 10 月，实现了对全市电动汽车和充电桩的实时监测，是全国首个车桩一体化监测平台，可依托平台开展产业发展趋势分析、补贴发放、站桩建设规划等工作。截至目前，全市共接入充电运营商 78 个，充电站接入数量为 1567 个，接入各类充电桩 16723 台，积累充电订单电量 2.49 亿 kWh，监测覆盖率达 96%。

4. 示范工程建设成效

（1）交易组织情况：截至目前，重庆绿电交易所共组织开展交易 5 次，成交电量 2.18 亿 kWh，其中，四川低谷水电落地电价为 0.16388 元/kWh，青海光伏电落地电价为 0.33549 元/kWh。

（2）效益分析：今年以来，重庆绿电交易成效显著。一是移峰填谷效果明显，高峰充电电量占比从 67%降至 22%（下降 45%），低谷充电电量占比从 13%升至 39%（上升 26%）。二是预计全年产生的社会经济效益共计 7180 万元，其中，向重庆绿电市场参与各方（含用户）疏导资金 2800 万元，提升清洁能源送出电厂及输电方收益 4380 万。

10.1.2 首都车联网绿电交易市场

1. 建设背景及目标

开展创新性试验，聚合电动汽车充电负荷，通过市场化方式购置风电、光伏等可再生能源电量，实现电动汽车使用绿电。在促进电动汽车充电设施运营主体绿色健康发展的同时，发挥聚合优势，改善北京电网峰谷运行特性，促进源网荷良性互动，在清洁能源应用领域发挥示范和带动作用。

2. 示范工程建设规模

（1）市场主体类型及规模。

1）主体类型：为了鼓励全市电动车充电桩运营商积极参与绿电交易试点，使用清洁能源，市场初期参与交易的主体为北京市公共领域电动汽车充电设施的运营商，参与交易的条件为充电设施具备法定计量设备或拥有经行业主管部门认定的商业运营有效订单。

2）数量、规模：因北京市政府主管部门并未正式出台关于电动车充电桩绿电交易工作的通知，2020 年未组织实际交易。

（2）主要性能指标。因北京市政府主管部门并未正式出台关于电动车充电桩绿电交易工作的通知，2020 年未组织实际交易。

3. 示范工程建设关键市场机制

（1）交易模式。由国网北京市电力公司代理北京市辖区内经行业主管部门认可的电动汽车充（换）电设施通过跨区跨省绿电交易外购清洁电力电量。考虑操作的可行性，暂由行业主管部门指定北京市社会公用充电基础设施管理服务平台（以下简称“北京充电管理公共平台”）聚合北京市电动汽车充电设施运营商汇集充（换）电设施用电量参与交易，并通过绿电损益分配引导终端用户调整充电时段，优化充电负荷曲线。

（2）市场机制。

1）市场准入：试点阶段，北京充电管理公共平台负责聚合北京市电动汽车充电设施运营商工作，委托国网北京市电力公司参与绿电交易，开展聚合电量、电价申报，交易差额核算和损益分配工作。行业主管部门对聚合用户及电量情况进行认定。条件成熟后，由各运营商自行聚合参与交易。

2）交易周期：试点阶段，以开展年度交易为主。

3）价格机制：市场化交易充电设施购电价格仅作为计算交易价差损益使用。运营商聚合体购电价格＝电厂侧直接交易价＋输配电价（含网损及交叉补贴）＋政府基金及附加。其中电厂侧直接交易价为国网北京市电力公司代理专项购电价格；输配电价按照充（换）电设施最近一级国网计量点对应的用电类别和电压等级进行选择。市场化交易后充（换）电设施购电价格与原政府批复不同用电类别销售电价之差为绿电交易价格差值。尖、峰、谷、平价格差值分别与当期经行业主管部门认定的有效充电订单对应实际充电量的乘积之和为绿电交易损益额度。

4）结算和考核机制：试点阶段，暂不执行偏差考核。随着条件成熟，电动汽车充（换）电设施运营商自行参与交易后，偏差考核执行《京津唐电网电力中长期交易偏差处理及考核管理暂行办法》（华北监能市场〔2018〕86 号）。考核结果计入交易损益差额。

（3）管理模式创新点。

一是创新红利传道方式。在原国网电动车公司聚合开展交易的基础上，应政府要求，拟定了由北京公共充电管理平台聚合交易的工作方案。外购绿电红利由通过充电费应收到账的方式改为财政批复、财务转资方式。

二是坚持绿色发展理念，实现源网荷协同共赢。初期由行业主管部门统一指挥、统一协调，对电动车充电电量进行统一认定、集中调控。通过对电动汽车充电量的拟合优化，改善北京电网峰谷运行特性。聚合电动汽车充电负荷通过市场化方式购置风电、光伏等可再生能源电量，实现电动汽车使用绿电。在促进电动汽车充电设施运营主体绿色健康发展的同时，发挥聚合优势，改善北京电网峰谷运行特性，促进源网荷良性互动，在清洁能源应用领域发挥示范和带动作用。

（4）关键技术。研究满足电动车充电设施等零散用户聚合参与的交易模式，支撑海量多元化市场主体接入，有效运行市场主体管理的系统功能。

（5）支撑平台建设。拟建立北京充电管理公共平台与电力交易平台的信息共享融合通道，依托两个平台的交互，实现清洁能源发电企业与电动汽车用户之间的上下游贯通，实现供应侧、需求侧的聚合优化和双向互动，促进清洁能源消纳。

4. 示范工程建设成效

因北京市政府主管部门并未正式出台关于电动车充电桩绿电交易工作的通知，2020 年未组织实际交易。

10.1.3　浙江车联网绿电交易市场

1. 建设背景及目标

随着浙江省经济的快速发展，人民生活水平不断提高，浙江全社会用电最高负荷节节攀升。从当前电网调峰情况来看，浙江省电网面临着巨大的调峰压力，用电峰谷差持续增大，省外来电与省内用电特性不完全匹配，以及新能源快速增长等叠加因素加剧了调峰困难。当前浙江能源结构逐步转型，可再生能源、电动汽车、储能等新兴主体快速发展，以传统火电、抽水蓄能为主的常规方法已不能满足电网调节要求，调峰的难度和成本日益增加。

随着电力市场建设的有序推进，为电网调峰提供了主体多元化、内容多样化、灵活性更强的选择。为推进浙江电网转型发展，贯彻落实国家电网有限公司建设中国特色国际领先能源互联网企业的战略，国网浙江省电力有限公司围绕“三个理念”，确立了构建海量资源被唤醒、源网荷储全交互、安全效率双提升的多元融合的高弹性电网建设战略目标。

浙江电力交易中心认真落实省公司多元融合的高弹性电网市场机制的决策部署，开展了多元融合高弹性电网市场机制建设，首创设计了多时序、多品种的负荷侧资源参与源网荷储互动交易新模式，建设了源网荷储互动交易子系统，开展了负荷响应市场化交易试点示范工程，实现了市场化需求侧响应机制。

2. 示范工程建设规模

（1）市场主体类型及规模。

1）市场主体类型：负荷聚合商。

2）数量：三家（省综合能源公司、省电动汽车公司、宁波综合能源公司）。

3）规模：省综合能源公司具备 20 万 kW 的负荷调节能力；省电动汽车公司具备 3.5 万 kW 的负荷调节能力；宁波综合能源公司具备 25 万 kW 的负荷调节能力。

（2）主要性能指标。2020 年，梳理优化多元融合高弹性电网建设相关政策，研究分析源网荷储参与市场交易的结算模式和价格机制，提出优化政策环境的建议，建设源网荷储互动交易子系统；适时开展源网荷储互动交易试点示范，开展三次负荷响应专项交易试点，试点交易规模约 52 万 kW，为企业节省用电成本支出 50 余万元。

3. 示范工程建设关键市场机制

（1）源网荷储互动交易模式。基于浙江电力市场发展环境和多元融合的高弹性电网建设需求，创新提出了“1234”负荷侧交易市场体系，包括“一类市场主体、两种资源类型、三大交易市场，四项交易品种”。以负荷聚合商为市场主体，聚合可中断负荷（毫秒级、秒级）和可调节负荷（分钟级、小时级）两种资源类型，覆盖中长期、现货和辅助服务三大交易市场，构建自动型、指令型、邀约型、自主型四项交易品种。市场体系为电网提供削峰、填谷、频率响应服务，实现市场化需求侧响应机制，丰富了浙江电力市场的内涵。

（2）源网荷储互动市场机制。源网荷储互动交易设计的自动型、指令型、邀约型、自主型四项交易品种介绍如下。

1）自动型响应交易：基于直流双极闭锁给电网带来的安全隐患，设计了自动型频率响应。

a. 市场准入。电力用户准入条件为：具有毫秒级响应速度的负荷侧资源；电压等级为 110kV 及以上或可调节容量在 10MW 以上的电力用户统称为“一类响应用户”；可调节容量在 200kW 及以上、10MW 以下的电力用户统称为“二类响应用户”，由负荷聚合商代理参与负荷响应交易；由负荷聚合商代理参与负荷响应交易的电力用户，应与负荷聚合商绑定代理关系，并由负荷聚合商在注册时提交代理协议；满足浙江电力市场交易的其他技术条件。

负荷聚合商准入条件为：代理具备毫秒级响应速度的负荷侧资源，且所代理用户应具备上述电力用户所有准入条件；聚合负荷侧资源的总调节能力应不低于 10MW，单次持续响应时间不低于 30 分钟；满足浙江电力市场交易的其他技术条件。

b. 交易周期：自动型响应交易按月（多月）开展。

c. 价格机制：自动型响应交易的结算价格包括交易出清价格和电能量价格。其中，交易出清价格即容量价格。现货市场未运行时，电能量价格按照固定价格执行，固定价格由市场运营机构参照浙江调频辅助服务市场调频里程平均补偿价提出，经能源监管机构和有关政府部门审批同意后执行；现货市场正式运行后，电能量价格采用实时市场负荷侧统一电价。

d. 结算机制：由交易中心负责出具直接参与交易的电力用户和负荷聚合商的结算依据，电网企业负责费用结算。交易采用“月清月结”的结算模式，以 30 分钟作为基本计算时段，以月度为周期发布正式结算依据。负荷聚合商依据双方签订的代理协议与其代理的电力用户进行费用结算。电力用户和负荷聚合商中标自动型响应交易后，在交易周期内没有调用的，结算费用仅包括容量费用；在交易周期发生调用的，结算费用包括容量费用、调节服务费用和考核费用。

e. 考核机制：按照用户当月中标容量未执行次数占被调用次数的比例，以及用户当月响应测试未成功次数占测试次数的比例，对补偿费用进行扣减考核。

2）指令型响应交易：基于电网长久以来存在的电力电量平衡、正负备用不足及突发性故障等问题，设计了指令型响应交易。

a. 市场准入。电力用户准入条件为：电压等级为 110kV 及以上或可调节容量在 10MW 以上的电力用户统称为“一类响应用户”；可调节容量在 200kW 及以上、10MW 以下的电力用户统称为“二类响应用户”，由负荷聚合商代理参与负荷响应交易；由负荷聚合商代理参与负荷响应交易的电力用户，应与负荷聚合商绑定代理关系，并由负荷聚合商在注册时提交代理协议；满足浙江电力市场交易的其他技术条件。

负荷聚合商准入条件为：代理至少一类具备毫秒级、秒级、分钟级或小时级响应速度的负荷侧资源，且所代理用户应具备上述电力用户所有准入条件；聚合负荷侧资源的总调节能力应不低于 10MW，单次持续响应时间不低于 30 分钟；满足浙江电力市场交易的其他技术条件。

b. 交易周期：指令型响应交易按月（多月）开展。

c. 价格机制：指令型响应交易的结算价格包括交易出清价格和电能量价格。其中，交易出清价格即容量价格。现货市场未运行时，电能量价格按照固定价格执行，固定价格由市场运营机构参照浙江调频辅助服务市场调频里程平均补偿价提出，经能源监管机构和有关政府部门审批同意后执行；现货市场正式运行后，电能量价格采用实时市场负荷侧统一电价。

d. 结算机制：由交易中心负责出具直接参与交易的电力用户和负荷聚合商的结算依据，电网企业负责费用结算。负荷响应交易采用“月清月结”的结算模式，以 30 分钟作为基本计算时段，以月度为周期发布正式结算依据。负荷聚合商依据双方签订的代理协议与其代理的电力用户进行费用结算。电力用户和负荷聚合商中标指令型响应交易后，在交易周期内没有调用的，结算费用仅包括容量费用；在交易周期发生调用的，结算费用包括容量费用、服务费用和考核费用。

e. 考核机制：当中标主体实际响应负荷低于中标容量的 20%时，视为未执行响应指令，并按照当月用户未执行时段占被调用时段的比例，对补偿费用进行扣减考核。

3）邀约型响应交易：基于新能源大发导致电网短时调峰能力不足等问题，设计了邀约型响应交易。

a. 市场准入。电力用户准入条件为：电压等级为 110kV 及以上或可调节容量在 10MW 以上的电力用户统称为“一类响应用户”；可调节容量在 200kW 及以上、10MW 以下的电力用户统称为“二类响应用户”，由负荷聚合商代理参与负荷响应交易；由负荷聚合商代理参与负荷响应交易的电力用户，应与负荷聚合商绑定代理关系，并由负荷聚合商在注册时提交代理协议；满足浙江电力市场交易的其他技术条件。

负荷聚合商准入条件为：代理至少一类具备毫秒级、秒级、分钟级或小时级响应速度的负荷侧资源，且所代理用户应具备上述电力用户所有准入条件；聚合负荷侧资源的总调节能力应不低于 10MW，单次持续响应时间不低于 30 分钟；满足浙江电力市场交易的其他技术条件。

b. 交易周期：邀约型响应交易按需开展。

c. 价格机制：邀约型响应交易的结算价格为电能量价格。其中，邀约型响应削峰交易的电能量价格为实时市场交易时段负荷侧统一电价与出清价格的较大值，现货市场未运行时，直接采用出清价格；邀约型响应填谷交易的电能量价格为出清价格。

d. 结算机制：由交易中心负责出具直接参与交易的电力用户和负荷聚合商的结算依据，电网企业负责费用结算。负荷响应交易采用“月清月结”的结算模式，以 30 分钟作为基本计算时段，以月度为周期发布正式结算依据。负荷聚合商依据双方签订的代理协议与其代理的电力用户进行费用结算。电力用户和负荷聚合商中标邀约型响应交易后，仅获得调节服务费用。

e. 考核机制：无。

4）自主型响应交易：随着浙江经济的发展，浙江用电负荷快速增长，电网峰谷差越来越大，给电网安全运行带来了新的挑战，基于此设计了自主型响应交易。

a. 市场准入。电力用户准入条件为：电压等级为 110kV 及以上或可调节容量在 10MW 以上的电力用户统称为“一类响应用户”；可调节容量在 200kW 及以上、10MW 以下的电力用户统称为“二类响应用户”，由负荷聚合商代理参与负荷响应交易；由负荷聚合商代理参与负荷响应交易的电力用户，应与负荷聚合商绑定代理关系，并由负荷聚合商在注册时提交代理协议；满足浙江电力市场交易的其他技术条件。

负荷聚合商准入条件为：代理至少一类具备毫秒级、秒级、分钟级或小时级响应速度的负荷侧资源，且所代理用户应具备上述电力用户所有准入条件；聚合负荷侧资源的总调节能力应不低于 10MW，单次持续响应时间不低于 30 分钟；满足浙江电力市场交易的其他技术条件。

b. 交易周期：自主型响应交易按月开展。

c. 价格机制：自主型响应交易的结算价格为电能量价格，即自主型响应交易的出清价格。

d. 结算机制：由交易中心负责出具直接参与交易的电力用户和负荷聚合商的结算依据，电网企业负责费用结算。负荷响应交易采用“月清月结”的结算模式，以 30 分钟作为基本计算时段，以月度为周期发布正式结算依据。负荷聚合商依据双方签订的代理协议与其代理的电力用户进行费用结算。电力用户和负荷聚合商中标自主型响应交易后，仅获得调节服务费用。

e. 考核机制：无。

4. 管理模式创新点

创新设计的“1234”负荷响应市场化交易机制，实现了市场化需求响应，相较于 2019 年的传统需求响应机制，具有明显的市场优势，主要体现在以下两方面。

（1）所设计的市场化需求响应交易与电力市场运行状态紧密联系，结算价格与电力市场紧密关联，削峰交易试运行出清价格合理，成交单价相比于同等削峰容量需求响应项目价格更低，可有效降低成本。同时，引入负荷聚合商参与市场化需求响应交易，探索负荷聚合商的商业模式，给用户侧参与市场提供了更多选择。

（2）建立市场化需求响应交易机制，按照“谁受益、谁承担”的原则进行分摊，通过市场机制疏导资金成本，未来可实现常态化运行，促进电网安全、效益双提升，而传统需求响应项目资金大多由跨区域省间富余可再生能源电力现货交易购电价差盈余部分支出，成本疏导难度大。

5. 关键技术

（1）能源互联网技术。能源互联网连接能源生产和能源消费，是源网荷储协同互动的基础平台。能源互联网以电为中心，以坚强智能电网为基础平台，将先进信息通信技术、控制技术与先进能源技术深度融合应用，支撑能源电力清洁低碳转型和多元主体灵活便捷接入。能源互联网能够有效推动电力、冷、热、气及可再生能源等不同形式的能源互联互动，推动不同能源间的协同优化、有效互补，实现各类主体友好互动。

（2）电网调节技术。在现有电源、电网协同运行的基础上，通过新的电网调节技术有效解决新能源大规模并网及分布式电源接入电网时的“不友好”问题，让新能源和常规电源一起参与电网调节，使新能源朝着具有友好调节能力和特性（即柔性电厂）的方向发展。

（3）互动调控技术。互动调控可促进削峰填谷，即通过源网协调、网荷互动、网储互动等形式，采用“实行峰谷分时电价”和“开发利用可中断负荷”等手段，以市场机制引导负荷侧的用电行为，在不影响用电体验的前提下给电网增加额外的平衡资源。这有利于减小电网峰谷差，尤其是可以解决电网短时尖峰负荷问题。

6. 支撑平台建设

优化电力交易技术支持系统。建设源网荷储互动交易子系统，完善适应需求侧的相应交易品种，建设全覆盖的电费结算系统，实现多时间尺度的市场主体结算管理，满足需求侧资源参与市场交易的衔接并轨。支撑海量市场主体高效接入和用户管理，支持负荷侧、输电侧、发电侧多类型市场主体在线注册和管理。2020 年，已实现市场化需求侧响应专项交易市场系统功能的模拟试运行；2021 年，将根据配套市场规则的完善进程，持续优化高弹性配套交易子系统功能，实现市场化需求侧响应专项交易市场系统功能的上线部署。

7. 示范工程建设成效

（1）交易组织情况。交易中心先后组织开展了三次负荷响应市场化交易试点。

第一次：邀约型负荷响应削峰填谷交易（模拟试运行）。

2020 年 7 月 20 日至 7 月 21 日浙江现货市场第三次结算试运行期间，成功组织了省综合能源公司、省电动汽车公司、宁波综合能源公司三家负荷聚合商参与基于现货市场的日前削峰填谷专项模拟交易试点，削峰和填谷交易分别成交 50MW 和 10MW 容量，成交价格分别为 800 元/MWh 和 250 元/MWh。

第二次：自动型负荷响应交易（模拟试运行）。

2020 年 9 月 24 日，成功组织开展了 2020 年高弹性电网市场机制自动型负荷侧响应第一次模拟交易，省综合能源公司、省电动汽车公司两家负荷聚合商在电力交易平台完成申报与交易出清，此次交易容量出清价格为：1000 元/MW/月，单次调节服务价格为 1000 元/MW。次日，可中断负荷毫秒级响应首次试验圆满完成，响应容量 2.2MW，为浙江负荷响应市场化交易的开展奠定了坚实的基础。

第三次：邀约型负荷响应填谷交易（结算试运行）。

2020 年 9 月 30 日，成功组织开展了国庆期间邀约型负荷侧填谷专项交易，省综合能源公司、宁波综合能源公司、省电动汽车公司三家负荷聚合商参与了交易申报并成功中标填谷电力 200MW，平均出清价格为 397 元/MWh，其代理用户在国庆期间负荷低谷时段成功完成了填谷响应。

（2）效益分析。负荷响应专项市场的建立为浙江省内可调节负荷、电动汽车、用户侧储能等市场主体提供了公平参与浙江电力市场的交易机会，充分释放了电力体制改革红利；将有效助推浙江电力体制改革和清洁能源示范省建设落地，并提升社会综合能效和绿色低碳指标，带动储能等新兴产业的健康快速发展，具有明显的经济效益和社会效益。

在经济效益方面，海量可调节负荷参与源网荷储互动交易：一是能有效降低电网侧投资规模，实现电网规划计划导则中电网侧配套规模按九五折考虑的目标，按电网储备 500 万 kW 的“负荷资源池”测算，折算成经济价值，相当于少建一座 500 万 kW 级的大型电站，节省投资 180 亿元以上；二是能减小电网峰谷差，提高电网运行可靠性，促进清洁能源消纳；三是用户通过调整生产方式，可以获取额外收益，变相降低了平均用电成本。2020 年负荷响应市场化交易试点期间，削峰响应补贴单价为 1.2 元/kWh，填谷响应补贴单价为 0.4 元/kWh，均低于浙江电力需求响应补贴单价（削峰补贴单价为 4 元/kWh，填谷补贴单价为 1.2 元/kWh）。按响应规模削峰 200 万 kW、填谷 100 万 kW，响应时长 3 小时测算，预计全年可节约成本约 1920 万元。

在社会效益方面，负荷响应专项市场的建立为电动汽车用户、用户侧储能用户等新型主体提供了多元化盈利模式，引入负荷聚合商参与电网调节，向用户传递市场红利，激发了负荷侧资源参与削峰填谷及频率响应的积极性和主动性，培育、提升了用户的市场意识，为浙江电力市场放开用户侧市场主体打下了良好基础。

10.1.4　山西车联网绿电交易市场

1. 建设背景及目标

自 2019 年以来，山西积极开展车联网绿电交易研究，与省能源局沟通汇报准许充电桩参与市场化交易工作。经充分研究，基本确定了需求侧资源在基础用电量参与中长期市场的基础上，扩展到其互动电量与新能源交易，形成“源荷互动”模式。当年，主要对新能源与电动汽车参与电力市场的机理、市场模式进行了研究，为需求侧资源参与市场提供了机制支撑。

2. 示范工程建设规模

（1）市场主体类型及规模。2020年12月10日，山西省能源局印发了《关于启动“新能源+电动汽车”协同互动智慧能源试点的通知》，确定第一批负荷聚合商2家、负荷运营商134户（对应50家充电桩企业），聚合容量37.56万kV·A，聚合的运营商年用电量约为2.88亿kWh。

（2）主要性能指标。根据山西省能源局《关于印发〈“新能源+电动汽车”协同互动智慧能源试点建设方案〉的通知》（晋能源电力发〔2020〕473号）的相关精神，对负荷聚合商、负荷运营商提出了具体的技术要求，负荷聚合商聚合容量不少于10万kW且响应容量不少于1万kW，技术上能够实现源网荷储实时互动响应并能够调节负荷功率，实时自动响应调度指令；负荷运营商满足15分钟分时计量采集条件，且用电容量在315kV·A及以上。根据企业申报和技术要求，山西第一批聚合商确定了两家具有售电资质的企业，聚合容量分别为：山西明锐星联能源有限公司12.72万kV·A、国网电动汽车（山西）服务有限公司24.84万kV·A。

3. 示范工程建设关键市场机制

（1）交易模式。车联网绿电交易主要分为互动电量交易和非互动电量交易，两种交易均由可控负荷聚合商在批发市场进行交易。其中非互动电量参照现行直接交易方式执行；互动电量按照“月前预挂牌出清价格与调用序列、日前确定次日互动响应电量、日内执行、日清分月结算”交易方式执行。

（2）市场机制。

1）在市场准入方面，发电企业、聚合商、运营商均执行准入制。发电企业为参与中长期交易和现货交易的风电、光伏等新能源发电企业。可控负荷聚合商，经企业自主申报，其参与聚合容量不少于10万kW且响应容量不少于1万kW，具有相应的技术支持系统，具备接入山西省充电设施政府监管平台条件，技术上能够实现源网荷储实时互动响应并能够调节负荷功率，实时自动响应调度指令，具有售电资质的企业。可控负荷运营商，通过可控负荷聚合商申报，满足15分钟分时计量采集条件，且用电容量在315kV·A及以上的充电设施运营商。由省能源局将可控负荷聚合商申报且电网企业核实符合条件的充电设施运营商列入准入目录。

2）在交易周期方面，非互动电量与月度直接交易一并组织，互动电量分为月度挂牌预出清价格和日前申报响应电量。

3）在价格机制方面，互动响应增发电量价格为互动交易价格。若负荷聚合商当月未进入中长期和现货市场，则其非互动用电量按照目录电价执行；若负荷聚合商当月进入了中长期市场（或现货市场），则其非互动用电量按照非现货模式/现货模式价格执行。

4）在结算机制方面，参与需求侧响应的可控负荷运营商，按照单独序列结算。非互动用电量参照山西省电力市场规则体系执行结算。发电企业需求侧响应所得电费＝当月所有需求侧响应时段增发电量×月度挂牌预出清价格；负荷运营商月度电费＝月用电量×零售电价，负荷运营商响应电量费用＝红利×返还比例；负荷聚合商响应交易单元基础用电费用＝该交易单元用电量×该交易单元加权均价，负荷聚合商响应单元的响应电费收入＝响应时段增用电量×（中长期批发市场价格－月度挂牌预出清价格加权均价）。

5）在考核机制方面，在响应时段内，负荷聚合商实际响应电量低于其申报响应量的70％时，该时段视为无效响应，不计入响应电量，不予结算需求侧响应电量电费。同时，为推进试点发展，明确了现货市场期间负荷聚合商参与的响应电量不承担各类分摊补偿。

（3）管理模式创新点。创新“源荷互动”双向调峰方式。突破原有车联网绿电交易的电量交易模式，形成新能源与电动汽车的绿色电力交易。充分利用电动汽车的充放电特性，依托电动汽车公司车联网平台优势，聚合省内电动汽车充换电站资源，形成规模效应，开展“新能源＋电动汽车”协同互动，改变传统“源随荷动”的单一调峰方式，实现“源荷互动”双向调峰。

（4）关键技术。建立“源荷互动”的市场化机制。按照“互动电量响应交易、基础用电量常规交易”原则，设计涵盖中长期市场、现货市场、辅助服务市场的“源荷互动”市场化机制，通过市场交易价格精准引导改变电动汽车的充电习惯，使得电动汽车用户享受低价优质绿电的同时，减缓电网调峰压力，进一步提升新能源消纳能力。

（5）支撑平台建设。建设“源荷互动”技术支持系统。依托公司智慧车联网、电力交易、用电信息采集、源网荷储互动平台系统，应用“大云物移智”技术，具备支撑互动交易、聚合商基准曲线计算、互动响应申报、执行结果计算认定、多元市场结算等功能，实现调度、交易、负荷聚合商、充电桩运营商、电动汽车之间的高效智慧联动。

4. 示范工程建设成效

（1）交易组织情况。山西省能源局印发《关于启动“新能源＋电动汽车”协同互动智慧能源试点的通知》后，交易中心于 2020 年 12 月 11 日组织“新能源＋电动汽车”互动电量预挂牌交易，交易合约时间段为 2020 年 12 月 14 日至 12 月 31 日，三家新能源企业挂牌（两家光伏、一家风电），两家负荷聚合商摘牌，预出清价格最低为 120 元/MWh、最高为 140 元/MWh。预计 2020 年 12 月下旬新能源大发时会出现短时弃限电需求，届时可直接响应。

（2）效益分析。通过新能源与电动汽车开展互动交易，负荷运营商度电成本可降低约 0.15 元，新能源企业度电增收 0.12 元。通过新能源与电动汽车协同互动，可为电网提供消纳空间 5 万 kW。

10.2 电动汽车碳资产开发及交易

随着我国电动汽车销量和保有量的快速增长，电动汽车产生的潜在碳资产总量巨大。对电动汽车碳资产进行开发和应用，是汽车行业利用市场机制进一步落实“双碳”目标的重要手段，是增强我国电动汽车发展的内生动力。

10.2.1 我国碳市场发展现状

碳交易是为促进全球温室气体减排所采用的市场机制。碳交易的基本原理是合同的一方通过支付另一方，获得温室气体减排额，买方可以将购得的减排额用于减缓温室效应，从而实现其减排的目标。

2008 年 11 月 5 日在北京举办了《中国碳平衡交易框架研究》研讨会，并发布了《中国碳平衡交易框架研究》报告，首次提出以“碳”这一可定量分析要素作为硬性指标，对经济活动加以监测、识别和调控，建议在我国以省级为单位推行“碳源—碳汇”交易制度。

2009 年 12 月 16 日，我国首家环境交易所——北京环境交易所，联合世界上最大的碳现货交易所——BlueNext 环境交易所正式发布我国首个自愿减排标准——熊猫标准 V1.0 版。该标准依据国际市场规则，从我国作为发展中国家的基本国情出发，致力于为我国碳减排项目提供一套完整的项目开发工具和规则体系，力争在未来几年内，成为一个得到国内和国际广泛认可的自愿减排标准。

2010 年 10 月 18 日，“十二五”规划中出现“碳交易”的新名词，引起了中外媒体的广泛关注。这是我国官方文件首次明确提出“碳交易”概念。规划中提出到2015年二氧化碳排放比2010年下降17%的目标，鼓励企业自愿参与到碳排放交易中，并强调要发挥市场机制，实现减排目标。

2011年11月，国家发展改革委发布了《关于开展碳排放权交易试点工作的通知》（下称《通知》），同意北京市、天津市、上海市、重庆市、广东省、湖北省、深圳市开展碳排放权交易试点。《通知》要求，各试点地区要研究制定碳排放权交易试点管理办法，明确试点的基本规则，测算并确定本地区温室气体排放总量控制目标，研究制定温室气体排放指标分配方案，建立本地区碳排放权交易监管体系和登记注册系统，培育和建设交易平台，建设碳排放权交易试点支撑体系。

2012年6月，国家发展改革委印发了《温室气体自愿减排交易管理暂行办法》，引导和规范了国内开展的自愿交易活动。

2013年6月18日，我国第一个正式运行的碳市场——深圳市碳排放权交易试点正式运行，此举标志着我国在碳市场建设上迈出了关键性的一步。紧接着，上海、北京、广东、天津、湖北、重庆等省市也相继开展了碳排放权交易试点。

自我国提出“碳达峰、碳中和”目标以来，碳排放权交易成为各方关注的焦点，如图10-1所示。

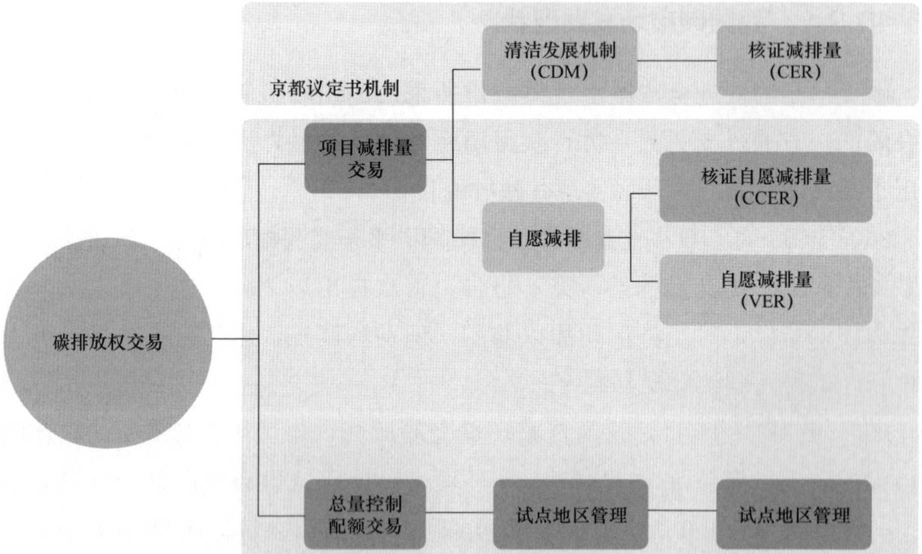

图10-1　碳排放权交易市场交易类型

2020 年 12 月中央经济工作会议提出，要加快建设全国碳排放权交易市场。生态环境部随即印发系列文件推进市场建设。2021 年 3 月“两会”上的《政府工作报告》再次将其列入年度重点工作，2021 年 7 月 16 日全国碳排放权交易市场正式启动上线交易。发电行业被率先纳入碳配额管理和全国碳排放权交易市场，将为能源电力发展带来深刻影响。2021 年 12 月 31 日，全国碳排放权交易市场第一个履约周期顺利结束。全国碳市场第一个履约周期共纳入发电行业重点排放单位 2162 家，年覆盖温室气体排放量约 45 亿吨二氧化碳。自 2021 年 7 月 16 日正式启动上线交易以来，全国碳市场累计运行 114 个交易日，碳排放配额累计成交量 1.79 亿吨，累计成交额 76.61 亿元。按履约量计，履约完成率为 99.5%。我国碳市场为第一个在发展中国家建立的国家级碳市场，首个履约周期内市场运行健康有序，促进企业减排温室气体和加快绿色低碳转型的作用初步显现。

我国碳市场中主要有两类碳资产：一类是由政府主管部门对纳入体系内的控排企业分配的碳排放配额，也是碳市场交易的主要标的物；另一类是我国核证自愿减排量（CCER），是指经备案并在国家注册登记系统中登记的温室气体自愿减排量，理论上对能源生产使用方式进行改进，使碳排放低于原来排放基准线的活动，包括可再生能源的开发、林业碳汇和甲烷利用等，都能开发出 CCER 资产。国内，电动汽车可以考虑开发成 CCER 等碳资产，进入碳市场进行交易。

1. 总体情况

（1）时间：全国碳市场于 2021 年 7 月 16 日 9 时 30 分正式启动上线交易，首个履约周期于 2021 年 12 月 31 日 17 时顺利结束。

（2）范围：首次将温室气体控排责任压实到企业，共纳入发电行业重点排放单位（简称控排单位）2162 家，覆盖除西藏、香港、澳门、台湾以外的全国 30 个省（自治区、直辖市）。

（3）规模：年覆盖温室气体排放量约 45 亿吨二氧化碳，是全球最大规模碳市场；碳排放配额累计成交量 1.79 亿吨，累计成交额 76.61 亿元，日均成交量超过 150 万吨。

（4）方式：交易产品为碳排放配额现货，采用挂牌协议交易和大宗协议交易两种方式。其中，挂牌协议交易成交量累计 0.31 亿吨，成交额 14.51 亿元；大宗协议交易成交量累计 1.48 亿吨，成交额 62.1 亿元。

2. 履约情况

按履约量计，全国碳市场首个履约周期履约完成率为99.5%，好于预期。

从区域分布看，控排单位数量过百的省区有7个，山东控排单位数量（338家）居全国第一。山东、江苏、内蒙古（含蒙西）、浙江、山西、新疆（含生产建设兵团）7个地区控排单位数量过百。南方电网经营区五省区控排单位共计199家，其中广东最多，为85家；海南仅7家，于2021年12月7日提前完成清缴，是首个完成履约的省份。

从重点企业看，五大发电集团等基本提前完成了配额清缴，并创新多种方式，提升碳资产管理水平；五大发电集团、“三桶油”等能源央企纷纷打造碳管理平台，开展碳资产运营管理；华能集团以部分盈余配额作为质押物，获得低成本信贷资金1000万元，在满足自身融资需求的同时有效盘活了碳资产；国家电投通过排放量申诉核减、CCER与配额置换抵消等方式降低了履约成本，具体详见表10-1。

表10-1 五大发电集团碳配额清缴及碳资产管理公司情况

企业名称	清缴完成时间	控排单位数量	碳资产管理公司情况
国家能源集团	2021年12月21日	149家	2008年8月27日 成立国家能源集团龙源碳资产公司
国家电投	2021年12月15日	78家	2021年10月22日 成立国家电投碳资产管理有限公司
中国华电	2021年12月14日	105家	2021年6月11日 成立中国华电碳资产运营有限公司
中国大唐	2021年12月14日	96家	2021年9月1日 成立中国大唐绿色低碳发展有限公司
华能集团	尚未公布	尚未公布	2010年7月9日 成立华能碳资产经营有限公司

从履约方式看，通过核证自愿减排量（CCER）抵消配额进行履约备受青睐。尽管CCER价格在履约期末持续上涨，但部分试点市场CCER价格仍低于碳市场配额价格。此背景下，上海近七成控排单位使用CCER抵消配额进行履约。国家电投通过配额与存量CCER置换抵消，为所属火电企业降本850万元，为新能源企业增收1800万元。

3. 交易情况

如图10-2所示，全国碳市场交易价格先跌后涨，总体保持在合理区间范围波动。全国碳价从48元/吨起步，首周实现快速上涨，短暂突破60元/吨至

61.07 元/吨；其后一个月跌至 38.50 元/吨，2021 年 9 月至 12 月初持续在低位徘徊，在 43 元/吨上下横盘；随着履约截止日期临近，12 月中旬再次升至首日开盘价上方，创下年度最高点 62.29 元/吨；2021 年 12 月 31 日收盘价为 54.22 元/吨，较 2021 年 7 月 16 日首日开盘价上涨了 13%。

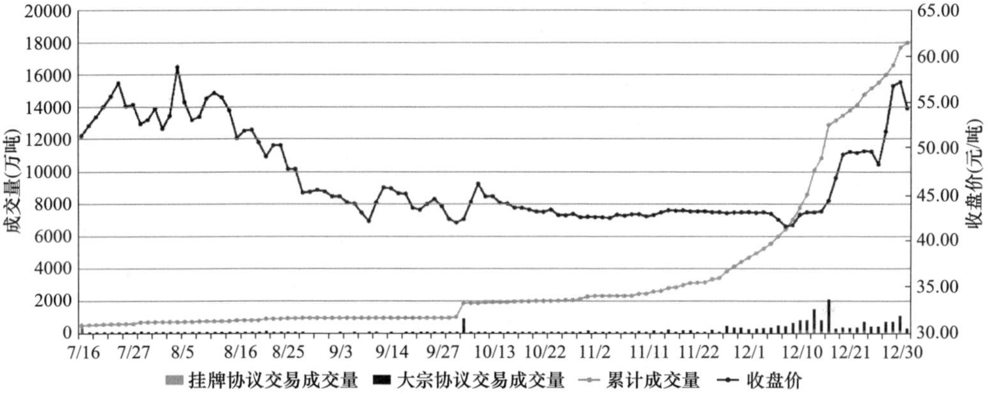

图 10-2 碳市场首个履约周期成交量及成交价格走势

随着履约截止日期临近，交易量井喷式增长，2021 年 12 月交易量占比高达 3/4。启动首日，成交量突破 410 万吨。随后步入低迷期，多个交易日成交量不足 50 吨。2021 年 11 月，随着配额核定工作完成，成交量持续走高，当月日均超 100 万吨。2021 年 12 月，随着履约截止日期临近，市场交易日趋活跃，当月总成交量为 1.36 亿吨，约占首个履约周期总成交量的 3/4，其中 16 日单日成交量达到创纪录的 2048.09 万吨。

碳市场交易以大宗协议交易为主。由于首批纳入的发电企业一般为大型国有发电集团及其子公司，因此特别是当集团为交易主体时，单笔交易量一般较大，具有较强的议价能力。在首个履约周期内，80%以上的碳排放权交易通过大宗协议形式完成，其均价低于挂牌协议交易价格，如表 10-2 所示。

表 10-2 碳市场首个履约周期交易情况明细

交易方式	成交量（亿吨）	成交额（亿元）	平均价（元/吨）	最高价（元/吨）	最低价（元/吨）	收盘价（元/吨）	
						7 月 16 日	12 月 31 日
挂牌协议交易	0.31	14.51	47.16	62.29	38.5	51.23	54.22
大宗协议交易	1.48	62.10	41.95	—			
合计	1.79	76.61	42.85				

展望未来，我国碳市场将呈现以下发展趋势。

趋势一：覆盖范围从单一发电行业逐步扩大到八大重点行业。预计“十四五”期间，石化、化工、建材、钢铁、有色、造纸、航空等高排放行业将逐步纳入。综合考虑减排潜力、数据基础、产业政策及欧盟碳关税影响等，建材（水泥）、有色（电解铝）、钢铁将较先纳入。

趋势二：在配额现货交易的基础上逐步发展碳金融。交易品种将从当前的以碳配额为主、CCER为补充，逐步引入期权、期货、远期、互换等碳金融衍生品，不断完善碳交易金融体系。

趋势三：引入投资机构和个人资本进入碳市场。未来，专业碳资产公司、金融机构和个人投资者有望参与全国碳市场，从而提高市场交易的流动性。

趋势四：碳排放配额总量或将逐步收紧。目前碳配额总体相对宽松，在一定程度上导致碳市场交易低迷。立足国情实际，我国或将借鉴欧盟经验，按照“稳中有降”的原则，适度降低配额上限，稳步提高碳排放基准线水平，利用拍卖机制进行配额分配，通过增加排放成本倒逼市场活跃度提升。

10.2.2 电动汽车作为碳资产参与碳交易

碳资产是指在强制碳排放权交易机制或者自愿碳排放权交易机制下，产生的可直接或间接影响组织温室气体排放的配额排放权、减排信用额及相关活动，包含碳配额资产、碳信用资产（CCER）两种。

由于汽车碳排放大部分来自汽车运行使用阶段消耗的汽柴油等化石能源，其产生的碳排放约占全国碳排放的7.5%，所以汽车是交通领域落实“双碳”目标的重点。中汽集团数据测算结果显示，2020年我国汽车使用环节碳排放高达7.2亿吨（暂不考虑电动汽车用电排放），而生产环节的年碳排放量仅0.6亿～0.7亿吨左右。2022年3月18日，工信部发布了今年的汽车标准化工作要点，其中明确指出，启动电动汽车行驶条件温室气体碳减排评估方法标准预研。

目前国内与电动汽车相关的碳配额资产主要集中在生产环节。在碳市场方面，我国先在部分省市批准成立了9个地方碳市场，于2021年正式启动全国的碳交易市场。在电动汽车参与碳交易方面，上海、深圳等地已将汽车制造企业纳入管理，这些企业所产生的碳配额可参与当地地方碳市场交易。此外，就碳资产相关的产品而言，2017年发布了用于管理汽车产品能耗水平的双积分政策。

碳信用资产方面，在全国碳市场中已有电动汽车碳资产核算相关的CCER

（国家核证自愿减排量）方法学，如《通过电动和混合动力汽车实现减排》（CMS-048-V01）、《电动汽车充电站及充电桩温室气体减排方法学》（CMS-098-V01），前者适用于客运和货运类车辆，后者则适用于充电站/充电桩运营单位，但目前暂无基于以上方法学开发的 CCER 项目。

为实现电动汽车使用阶段碳减排量的价值转化，许多汽车企业已经开始探索应用。吉利、比亚迪、蔚来等企业先后开展了电动汽车使用阶段碳资产的开发和应用尝试。

吉利：吉利旗下曹操出行在成立第一年，便开创性地设立了“曹操碳银行”，根据曹操出行碳减排公式（绿色 1 公里＝碳减排 142g）测算碳减排量。在曹操出行 APP 端，统计、折算并记录用户乘坐电动汽车产生的碳减排量，并将其转化为碳资产，储存于用户账户中。用户碳资产可在“曹操商城”中置换出行优惠权益。根据 2021 年 5 月曹操出行发布的《六周年绿色发展数据报告》，6 年来曹操出行行驶里程总数超 76.3 亿公里，累计碳减排量已经超过 108.35 万吨。

比亚迪：2018 年，比亚迪发布碳银行解决方案，通过自研的核算方法评估车辆的驾乘表现及碳排放量，为驾驶员提供碳积分奖励，同时联合光明、人保等保险企业在用户 APP 中提供优惠券等碳积分奖励。该解决方案可以提供必要的工具，构建基于唯链雷神区块链的生态系统，由 DNV GL 对整个流程和平台上的数据进行认证。

蔚来：2021 年，蔚来发布“Blue Point 蓝点计划”，帮助用户进行碳减排量的认证和交易。蔚来基于相关方法学，通过车辆的车机系统信息获取用户的总行驶里程、驾驶能耗等真实数据计算碳排放量，并结合同等级别燃油车的基准排放计算得出减排量。用户通过蔚来 APP 将碳减排量交由蔚来进行认证和交易，所得收入以发放积分的方式回馈用户。

吉利（曹操出行）、蔚来、比亚迪等企业初步进行了电动汽车使用阶段碳资产的相关尝试，通过 APP 记录出行数据计算减排量并转化为碳资产，形成企业与车主的良性互动，在营销和市场层面取得了较好的效果，但也存在下列问题：第一，电动汽车使用环节碳减排量核算方法不统一，科学性、合理性有待完善；第二，电动汽车使用环节碳资产缺乏外部认证及外部交易；第三，电动汽车使用环节碳资产应用场景尚不明确。

特斯拉：特斯拉在碳积分的开发应用上已初具规模，自 2010 年起，特斯拉通过向车企出售碳排放积分获利累计超过 40 亿美元，菲亚特克莱斯勒、通用、福特、本田、大众等传统车企都与特斯拉有过交易。根据2019年公布的新能源积分数据来看，特斯拉在我国出售一辆电动汽车就能获得约5个碳积分。特斯拉的可供交易碳积分取决于美国和欧盟对汽车产业严格的碳排放管理制度。美国加州零排放汽车（Zero Emission Vechile，ZEV）法案（简称加州ZEV法案）是一项要求车企达到一定零排放积分的法案，2009年于加州开始实施，后被其他11个州采纳。法案确定了车企每年的零排放汽车积分比例，与车厂的销售总量相乘，便可以计算出这一年该车厂应达到的零排放汽车积分，未达到积分的企业按照每积分5000美元进行处罚，而有多余积分的企业可将积分出售。企业可通过生产零排放汽车，或向其他企业购买积分来完成履约。这意味着，传统车企每生产一辆汽车，就要消耗积分，而特斯拉每生产一辆电动车会获得积分，长此以往便积攒了巨量积分。

为促进未来电动汽车碳资产开发利用，需要研究形成行业共识的碳减排量核算方法，构建行业统一的碳资产开发体系，提升电动汽车碳资产的价值。具体包括：一是制定电动汽车使用环节减排量核算行业标准，建立行业统一的碳减排量核算方法学；二是明确适用的电动汽车绿电消费量碳排放核减方法。三是制定电动汽车使用环节的碳资产收集、核算、认证、交易、核查方案，形成一套完整的碳资产开发闭环体系。

参 考 文 献

[1] SOVACOOL B K，NOEL L，AXSEN J，等. The neglected social dimensions to a vehicle-to-grid (V2G) transition：A critical and systematic review [Z]. 2018.

[2] ZHANG H，HU Z，XU Z，等. Evaluation of Achievable Vehicle-to-Grid Capacity Using Aggregate PEV Model [J/OL]. IEEE Transactions on Power Systems，2017. DOI：10.1109/TPWRS.2016.2561296.

[3] SUNDSTRÖM O，BINDING C. Flexible charging optimization for electric vehicles considering distribution grid constraints [J/OL]. IEEE Transactions on Smart Grid，2012. DOI：10.1109/TSG.2011.2168431.

[4] RECALDE MELO D F，TRIPPE A，GOOI H B，等. Robust electric vehicle aggregation for ancillary service provision considering battery aging [J/OL]. IEEE Transactions on Smart Grid，2018. DOI：10.1109/TSG.2016.2598851.

[5] VASANTHARATHNA S. Electric power systems [M] //Electric Renewable Energy Systems. 2016.

[6] POWER DIVISION. Power System Master Plan 2016：9780521544627 [R]. 2016.

[7] TOQUICA D，DE OLIVEIRA-DE JESUS P M，CADENA A I. Power market equilibrium considering an EV storage aggregator exposed to marginal prices - A bilevel optimization approach [J/OL]. Journal of Energy Storage，2020. DOI：10.1016/j.est.2020.101267.

[8] 张浩楠，申融容，张兴平，等. 中国碳中和目标内涵与实现路径综述 [J]. 气候变化研究进展：1-21.

[9] 钟佳桐. 绿证强制交易制度研究 [D/OL]. 华东政法大学，2021 [2022-03-19]. https：//kns.cnki.net/kcms/detail/detail.aspx? dbcode=CMFD&dbname=CMFDTEMP&filename=1022412423.nh&uniplatform=NZKPT&v=MLuT7BmHELJKIncYSIVGWfTBOEdzW7JCl5O6bs8l9KHUOylw-PHvy9-dejYdEwSS.

[10] BAGHER SADATI S M，MOSHTAGH J，SHAFIE-KHAH M，等. Operational scheduling of a smart distribution system considering electric vehicles parking lot：A bilevel approach [J/OL]. International Journal of Electrical Power and Energy Systems，2019. DOI：10.1016/j.ijepes.2018.08.021.

[11] LI Z，GUO Q，SUN H，等. A New Real-Time Smart-Charging Method Considering Expected Electric Vehicle Fleet Connections [J/OL]. Ieee Transactions on Power Sys-

tems，2014，29（6）：3114-3115.
DOI：10.1109/TPWRS.2014.2311954.

[12] WEI X，YANG L，CAO G，等. Recurrent MADDPG for object detection and assignment in combat tasks [J/OL]. IEEE Access，2020.
DOI：10.1109/ACCESS.2020.3022638.

[13] LIN J，FAN Z. Economic analysis of complying Renewable Portfolio Standard in the State of North Carolina [C/OL] //2015 North American Power Symposium，NAPS 2015. 2015. DOI：10.1109/NAPS.2015.7335088.

[14] WISER R，MAI T，MILLSTEIN D，等. Assessing the costs and benefits of US renewable portfolio standards [J/OL]. Environmental Research Letters，2017. DOI：10.1088/1748-9326/aa87bd.

[15] BARBOSE G，WISER R，HEETER J，等. A retrospective analysis of benefits and impacts of U. S. renewable portfolio standards [J/OL]. Energy Policy，2016. DOI：10.1016/j.enpol.2016.06.035.

[16] 董力通. 电力市场下我国实行可再生能源配额制的研究 [D/OL]. 北京：华北电力大学，2006 [2022-03-19].
https：//kns.cnki.net/kcms/detail/detail.aspx? dbcode = CMFD&dbname = CMFD0506&filename=2006065939.nh&uniplatform=NZKPT&v=ndUIiTwGmJRhXeBbJehEPjLLT60Nq6t6Dl5BqXlhH4jMZJtDKanEy0f7-AsMur7J.

[17] ROUHANI O M，NIEMEIER D，GAO H O，等. Cost-benefit analysis of various California renewable portfolio standard targets：Is a 33% RPS optimal? [Z/OL] //Renewable and Sustainable Energy Reviews. 2016. DOI：10.1016/j.rser.2016.05.049.

[18] BOWEN E，LACOMBE D J. Spatial dependence in state renewable policy：Effects of renewable portfolio standards on renewable generation within NERC regions [J/OL]. Energy Journal，2017.
DOI：10.5547/01956574.38.3.ebow.

[19] DONG Y，SHIMADA K. Evolution from the renewable portfolio standards to feed-in tariff for the deployment of renewable energy in Japan [J/OL]. Renewable Energy，2017.
DOI：10.1016/j.renene.2017.02.016.

[20] HYEONG KWON T. Is the renewable portfolio standard an effective energy policy?：Early evidence from South Korea [J/OL]. Utilities Policy，2015.
DOI：10.1016/j.jup.2015.09.002.

[21] YI B W，XU J H，FAN Y. Coordination of policy goals between renewable portfolio standards and carbon caps：A quantitative assessment in China [J/OL]. Applied Ener-

gy，2019.
DOI：10. 1016/j. apenergy. 2018. 12. 015.

[22] 王博. 基于市场机制的可再生能源发展政策的均衡分析 [D/OL]. 西北大学，2010 [2022-03-19].
https://kns. cnki. net/kcms/detail/detail. aspx?dbcode=CMFD&dbname=CMFD2010&filename=2010119020. nh&uniplatform=NZKPT&v=FIphvQitzLR2GJGFPwu7bdhcnqHGWCKJHVkfo1lHAqLQ4UIg-0eAdm5H7JB7qlwQ.

[23] 王飞. 基于可再生能源配额制下的电力交易效益评估研究 [J]. 智富时代，2017 (07)：80，82.

[24] YI H，LIN Q，CHEN M. Balancing Cost and Dissatisfaction in Online EV Charging under Real-time Pricing [C/OL] //Proceedings - IEEE INFOCOM. 2019.
DOI：10. 1109/INFOCOM. 2019. 8737558.

[25] LIU Z，WU Q，MA K，等. Two-Stage Optimal Scheduling of Electric Vehicle Charging Based on Transactive Control [J/OL]. IEEE Transactions on Smart Grid，2019.
DOI：10. 1109/TSG. 2018. 2815593.

[26] HASHEMI B，SHAHABI M，TEIMOURZADEH-BABOLI P. Stochastic-Based Optimal Charging Strategy for Plug-In Electric Vehicles Aggregator under Incentive and Regulatory Policies of DSO [J/OL]. IEEE Transactions on Vehicular Technology，2019.
DOI：10. 1109/TVT. 2019. 2900931.

[27] AGHAJANI G R，SHAYANFAR H A，SHAYEGHI H. Demand side management in a smart micro-grid in the presence of renewable generation and demand response [J/OL]. Energy，2017.
DOI：10. 1016/j. energy. 2017. 03. 051.

[28] SADATI S M B，MOSHTAGH J，SHAFIE-KHAH M，等. Smart distribution system operational scheduling considering electric vehicle parking lot and demand response programs [J/OL]. Electric Power Systems Research，2018.
DOI：10. 1016/j. epsr. 2018. 02. 019.

[29] GONG L，CAO W，LIU K，等. Optimal charging strategy for electric vehicles in residential charging station under dynamic spike pricing policy [J/OL]. Sustainable Cities and Society，2020.
DOI：10. 1016/j. scs. 2020. 102474.

[30] YI Z，XIN-GANG Z，YU-ZHUO Z，等. From feed-in tariff to renewable portfolio standards：An evolutionary game theory perspective [J/OL]. Journal of Cleaner Pro-

duction，2019.

DOI：10. 1016/j. jclepro. 2018. 12. 170.

［31］ BAO X，ZHAO W，WANG X，等. Impact of policy mix concerning renewable portfolio standards and emissions trading on electricity market ［J/OL］. Renewable Energy，2019.

DOI：10. 1016/j. renene. 2018. 12. 005.

［32］ ZHANG L，XUE L，ZHOU Y. How do low-carbon policies promote green diffusion among alliance-based firms in China? An evolutionary-game model of complex networks ［J/OL］. Journal of Cleaner Production，2019.

DOI：10. 1016/j. jclepro. 2018. 11. 028.

［33］ YANG L，ZHANG Y，CHIONG R，等. Using Evolutionary Game Theory to Study Behavioral Strategies of the Government and Carriers under Different Transshipment Modes ［J/OL］. IEEE Access，2020.

DOI：10. 1109/ACCESS. 2020. 2963964.

［34］ TIGUERCHA A，LADJICI A A，BOUDOUR M. Competitive co-evolutionary approach to stochastic modeling in deregulated electricity market ［C/OL］ //ENERGYCON 2014 - IEEE International Energy Conference. 2014.

DOI：10. 1109/ENERGYCON. 2014. 6850475.

［35］ VIJAYA KUMAR J，VINOD KUMAR D M，EDUKONDALU K. Strategic bidding using fuzzy adaptive gravitational search algorithm in a pool based electricity market ［J/OL］. Applied Soft Computing Journal，2013.

DOI：10. 1016/j. asoc. 2012. 12. 003.

［36］ LILLICRAP T P，HUNT J J，PRITZEL A，等. Continuous control with deep reinforcement learning ［C］ //4th International Conference on Learning Representations，ICLR 2016 - Conference Track Proceedings. 2016.

［37］ 杨思明，单征，丁煜，等. 深度强化学习研究综述 ［J/OL］. 计算机工程，2021，47 (12)：19-29.

DOI：10. 19678/j. issn. 1000-3428. 0061116.

［38］ DING Z，HUANG Y，YUAN H，等. Introduction to reinforcement learning ［M］ // Deep Reinforcement Learning：Fundamentals，Research and Applications. 2020.

［39］ LITTMAN M L. Reinforcement learning improves behaviour from evaluative feedback ［Z/OL］ //Nature. (2015).

DOI：10. 1038/nature14540.

［40］ BELLMAN R. DYNAMIC PROGRAMMING AND LAGRANGE MULTIPLIERS

[J/OL]. Proceedings of the National Academy of Sciences, 1956.
DOI: 10. 1073/pnas. 42. 10. 767.

[41] CLIFTON J, LABER E. Q-Learning: Theory and applications [Z/OL] //Annual Review of Statistics and Its Application. (2020).
DOI: 10. 1146/annurev-statistics-031219-041220.

[42] MNIH V, SILVER D, RIEDMILLER M. Playing Atari with Deep Neural Nets [J]. Advances in Neural Information Processing Systems, 2013.

[43] MNIH V, KAVUKCUOGLU K, SILVER D, 等. Human-level control through deep reinforcement learning [J/OL]. Nature, 2015.
DOI: 10. 1038/nature14236.

[44] HALINA M. Insightful artificial intelligence [J/OL]. Mind and Language, 2021.
DOI: 10. 1111/mila. 12321.

[45] MAIR M, BROOKER P, DUTTON W, 等. Just what are we doing when we' re describing AI? Harvey Sacks, the commentator machine, and the descriptive politics of the new artificial intelligence [J/OL]. Qualitative Research, 2021.
DOI: 10. 1177/1468794120975988.

[46] HE M, ZHANG B, LIU Q, 等. Multi-agent deep deterministic policy gradient algorithm via prioritized experience selected method [J/OL]. Kongzhi yu Juece/Control and Decision, 2021.
DOI: 10. 13195/j. kzyjc. 2019. 0834.

[47] SCIENCE C. John Schulman Thesis: Optimizing Expectations: From Deep Reinforcement Learning to Stochastic Computation Graphs [J]. Ph. D thesis, 2016.

[48] SCHULMAN J, WOLSKI F, DHARIWAL P, 等. Proximal Policy Optimization Algorithms [J/OL]. 2017 [2022-03-19]. https://arxiv. org/abs/1707. 06347v2.
DOI: 10. 48550/arXiv. 1707. 06347.

[49] DOSHI A, ANDREWS J G. Distributed Proximal Policy Optimization for Contention-Based Spectrum Access [J/OL]. arXiv: 2111. 09420 [cs, eess], 2021 [2022-03-19]. http://arxiv. org/abs/2111. 09420.

[50] WU K, ZENG X J. Group-Agent Reinforcement Learning with A Distributed Deep Solution [J/OL]. arXiv: 2202. 05135 [cs], 2022 [2022-03-19]. http://arxiv. org/abs/2202. 05135.

[51] ZHAO D B, SHAO K, ZHU Y H, 等. 深度强化学习综述：兼论计算机围棋的发展 [J]. Kongzhi Lilun Yu Yingyong/Control Theory and Applications, 2016.

[52] KIRAN B R, SOBH I, TALPAERT V, 等. Deep Reinforcement Learning for Auton-

omous Driving：A Survey [J/OL]. IEEE Transactions on Intelligent Transportation Systems，2021.
DOI：10. 1109/TITS. 2021. 3054625.

[53] SILVER D，SCHRITTWIESER J，SIMONYAN K，等. Mastering the game of Go without human knowledge [J/OL]. Nature，2017.
DOI：10. 1038/nature24270.

[54] 吕力. 市场环境下电动汽车的聚合模型及其参与电力系统辅助服务的策略研究 [D/OL]. 东南大学，2018 [2022-03-15]. https://kns. cnki. net/kcms/detail/detail. aspx? dbcode=CMFD&dbname=CMFD201901&filename=1019822282. nh&uniplatform=NZKPT&v=Gx0-nqbe-keLmd9czuPTF9NkyHEjg4tRKJVrvef-3i61ulobOei7LotMMnz3_Uhn.

[55] 陈永新. 售电市场环境下的电动汽车聚合商竞价与共享策略研究 [D/OL]. 湖南大学，2018 [2022-03-15]. https://kns. cnki. net/kcms/detail/detail. aspx? dbcode=CMFD&dbname=CMFD201901&filename=1018101596. nh&uniplatform=NZKPT&v=5japlSGj1hbEEZQahVeOllLTUNoEgTNFfdi9e1Q74fcXIEYS_bGt4S2AKmguCKm4.

[56] 李校莹. 基于主从博弈的能源服务商运营模式与能量管理 [D/OL]. 北京：华北电力大学，2018 [2022-03-15]. https://kns. cnki. net/kcms/detail/detail. aspx? dbcode=CMFD&dbname=CMFD201901&filename=1018241587. nh&uniplatform=NZKPT&v=uEDEi5IF7d5Og01gYVj0GEgZTYWm0ad08J541t_bPjev6_jZSrOiOl1rQ2PBa5g_.

[57] 谭锡崇. 考虑用户满意度的电动汽车负荷聚合商定价机制研究 [D/OL]. 华北电力大学，2020 [2022-03-15]. https://kns. cnki. net/kcms/detail/detail. aspx? dbcode=CMFD&dbname=CMFDTEMP&filename=1021502767. nh&uniplatform=NZKPT&v=zboMiBBsjGFgpkB-dOL-Y--dBWhqDCDEOM8xvUvXzLJHnhS9JjQo0CxKPjh5V8ul.

[58] WU Z，ZHOU M，ZHANG T，等. Imbalance settlement evaluation for China's balancing market design via an agent-based model with a multiple criteria decision analysis method [J/OL]. Energy Policy，2020，139：111297.
DOI：10. 1016/j. enpol. 2020. 111297.

[59] 邢通. 大规模风电参与电力市场交易机制及优化模型研究 [D/OL]. 北京：华北电力大学，2020 [2022-03-31]. https://kns. cnki. net/kcms/detail/detail. aspx? dbcode=CDFD&dbname=CDFDLAST2021&filename=1021010551. nh&uniplatform=NZKPT&v=4pgkB1mc2Vt_Z17o_TRKqQt7LAzVmRTiWb46l4uqHzPNEkz6nN9vLNj8t2qPKPHt.
DOI：10. 27140/d. cnki. ghbbu. 2020. 000044.

[60] CAO Y，WEI J，LI C，等. Optimal operating control strategy for biogas generation under electricity spot market [J/OL]. The Journal of Engineering，2019，2019 (18)：

5183-5186.

DOI：10. 1049/joe. 2018. 9311.

[61] ZHANG Q，LU J，YANG Z，等. A Deep Learning Based Real-time Load Forecasting Method in Electricity Spot Market [J/OL]. Journal of Physics Conference Series，2019，1176 (6)：062068.

DOI：10. 1088/1742-6596/1176/6/062068.

[62] GÜRTLER M，PAULSEN T. Forecasting performance of time series models on electricity spot markets [J/OL]. International Journal of Energy Sector Management，2018，12 (4)：617-640.

DOI：10. 1108/IJESM-12-2017-0006.

[63] LAILA A. M，SOHAIR M. A，MOHAMED A H，等. Value and limitations of polymerase chain reaction and diffrent serological markers in diagnosis of single and mixed acute viral hepatitis [M] //Assiut Med. J. 2003.

[64] Hajimiragha，C. A. Canizares，M. W，et al. Optimal Transition to Plug-In Hybrid Electric Vehicles in Ontario，Canada，Considering the Electricity-Grid Limitations [J]. IEEE Transactions on Industrial Electronics，2010，57 (2)：690-701.

[65] Kempton W and Letendre S E. Electric vehicles as a new power source for electric utilities Transport. Res [J]. Transportation Research Part D：Transport and Environment，1997，2 (3)：157-175.

[66] Peng M，Liu L and Jiang. A review on the economic dispatch and risk management of the large-scale plug-in electric vehicles (PHEVs) -penetrated power systems [J]. Renewable and Sustainable Energy Reviews，2012，16 (3)：1508-15.

[67] SHI，L.，Tong，L. V.. Vehicle-to-grid service development logic and management formulation [J]. Modern Power Systems and Clean Energy，2019，7 (4)：935-947.

[68] Kempton，W.；Tomic，J. Vehicle-to-grid power implementation：From stabilizing the grid to supporting large-scale renewable energy [J]. Power Sources，2005，144 (1)：280-294.

[69] Fitzgerald. Electric Vehicles Sell Power Back to the Grid The Wall Street Journal [EB/OL]. (2012-09-28). www. wsj. com/articles/electricvehicles-sell-power-back-to-the-grid-1411937796.

[70] Nissan Motor Asia Pacific Co. Ltd. Renault-Nissan Alliance Team 2013 Nissan LEAFs can now power the office，as well as the home Renault-Nissan [EB/OL]. (2013-08-26). http：//blog. alliance-renault-nissan. com/blog/nissanleafs-can-now-power-office-well-home.

[71] California Energy Commission. California Energy Storage Showcase：Air Force Vehicle-to-Grid Demonstration California Energy Commission [EB/OL]. (2018-10-11). www. energy. ca. gov/ research/energystorage/tour/af _ v2g/.

[72] Nissan Motor Asia Pacific Co. Ltd. Enel and Nuvve operate world's first fully commercial vehicle-to-grid hub in Denmark [EB/OL]. (2016-08-29). https://europe. nissannews. com/en-GB/releases/nissan-enel-and-nuvve-operate-world-s-first-fully-commercial-vehicle-to-grid-hub-in-denmark.

[73] Automotive world. Nissan and Enel launch groundbreaking vehicle-to-grid project in the UK [EB/OL]. (2016-05-10). https://www. automotiveworld. com/news-releases/nissan-enel-launch-groundbreaking-vehicle-grid-project-uk/.

[74] Zhuk A，Zeigarnik Yu，Buzoverov E，et al. Managing peak loads in energy grids：comparative economic analysis [J]. Energy Policy，2016 (88)：39-44.

[75] 赵艺涵. 国网冀北虚拟电厂示范工程投运传统电网实现能源互联三级跨越 [EB/OL]. (2019-12-12). http://www. sasac. gov. cn/n2588025/n2588139/c 13071472/content. html.

[76] 国家电网公司西北分部. 电动汽车首次参与西北电网清洁能源消纳 [EB/OL]. (2021-02-08). http://www. nw. sgcc. com. cn/info/1103/20890. htm.

[77] 国家能源局华中监管局. 华中能源监管局关于公开征求《新型主体参与华中电力调峰辅助服务市场规则（征求意见稿）》意见的公告 [Z]. 2021-08-18.

[78] 朱英. 山西启动“新能源＋电动汽车”智慧能源试点建设 [EB/OL]. (2020-07-03). http://www. gov. cn/xinwen/2020-07/03/content_5523857. htm.

[79] 苏南. 电动汽车储能参与电网优化调度价值初显 [EB/OL]. (2021-01-13). http://energy. people. com. cn/n1/2021/0113/c71661-31998262. html.

[80] 国家能源局山西监管办公室. 山西能源监管办印发《关于鼓励电储能参与山西省调峰调频辅助服务有关事项的通知》[Z]. 2017-11-06.

[81] 北极星售电网. 华北能监局印发《第三方独立主体参与华北电力调峰辅助服务市场规则（试行 2020 版）》[EB/OL]. (2020-12-11). https://shoudian. bjx. com. cn/html/20201211/1121684-2. shtml.

[82] 国家能源局浙江监管办公室. 浙江省第三方独立主体参与电力辅助服务市场交易规则（试行）（征求意见稿）[EB/OL]. (2021-05-20). http://www. chinaden. cn/meng_k/products_pic/file/20210521200149914991. pdf.

[83] 赖国书. 基于自回归求和滑动平均模型的居民区电动汽车负载特性分析 [J]. 科学技术与工程，2018，18 (34)：176-182.

[84] 郭帅. 负荷综合模型与仿真适应性研究 [D]. 沈阳工程学院，2017.

[85] 黄南天，刘德宝，蔡国伟，等. 基于多相关日场景生成的电动汽车充电负荷区间预测 [J]. 中国电机工程学报，2021，41 (23)：7980-7990.

[86] 刘文霞，龙日尚，徐晓波，等. 考虑数据新鲜度和交叉熵的电动汽车短期充电负荷预测模型 [J]. 电力系统自动化，2016，40 (12)：45-52.

[87] 代倩. 多能源复合型电动汽车充换储放电站的能量管理技术研究 [D]. 华中科技大学，2014.

[88] 张天培，王成亮，崔恒志，等. 基于 WNN 与 FCM 的电动汽车动态充电负荷预测方法 [J]. 电力工程技术，2021，40 (01)：167-174.

[89] 孙铨杰. 大规模电动汽车接入电网的负荷需求及其影响研究 [D]. 上海电力大学，2021.

[90] 黄松渝. 数据驱动的电动汽车充电行为和充电需求建模分析 [D]. 浙江大学，2020.

[91] 余涛. 电动汽车有序充放电策略与鲁棒优化调度 [D]. 湖南大学，2020.

[92] 吕国良. 基于用户出行行为的电动汽车充电负荷建模方法研究 [D]. 北京：华北电力大学，2019.

[93] 华远鹏，王圆圆，韩丁，等. 考虑有序充电的居民区电动汽车中长期充电负荷预测 [J]. 电力系统及其自动化学报，2021.
DOI：10.19635/j.cnki.csu-epsa.000918.

[94] 赵书强，周靖仁，李志伟，等. 基于出行链理论的电动汽车充电需求分析方法 [J]. 电力自动化设备，2017，37 (08)：105-112.

[95] 陈丽丹，聂涌泉，钟庆. 基于出行链的电动汽车充电负荷预测模型 [J]. 电工技术学报，2015，30 (04)：216-225.

[96] 李含玉，杜兆斌，陈丽丹，等. 基于出行模拟的电动汽车充电负荷预测模型及 V2G 评估 [J]. 电力系统自动化，2019，43 (21)：88-96.

[97] 龙雪梅，杨军，吴赋章，等. 考虑路网-电网交互和用户心理的电动汽车充电负荷预测 [J]. 电力系统自动化，2020，44 (14)：86-93.

[98] 李晓辉，李磊，刘伟东，等. 基于动态交通信息的电动汽车充电负荷时空分布预测 [J]. 电力系统保护与控制，2020，48 (01)：117-125.

[99] 宋雨浓，林舜江，唐智强，等. 基于动态车流的电动汽车充电负荷时空分布概率建模 [J]. 电力系统自动化，2020，44 (23)：47-56.

[100] 郭创新，刘洞宇，朱承治，等. 电动汽车居民区充电负荷建模分析 [J]. 电力自动化设备，2020，40 (01)：1-9.

[101] 贾雨龙，米增强，余洋，等. 计及不确定性的柔性负荷聚合商随机-鲁棒投标决策模型 [J]. 电工技术学报，2019，34 (19)：4096-4107.

[102] 陈娜，陈琛，周强. 基于电动汽车 V2G 的柔性直流供电系统灵活资源调控策略研究

［J］. 电力需求侧管理，2022，24（02）：41-47.

［103］ 王敏，吕林，向月. 计及 V2G 价格激励的电动汽车削峰协同调度策略［J/OL］. 电力自动化设备，2022.
DOI：10.16081/j. epae. 202201009.

［104］ Masoum AS，Deilami S，Moses PS，等. Smart load management of plug-in electric vehicles in distribution and residential networks with charging stations for peak shaving and loss minimization considering voltage regulation［J］. IET Gener Transm Distrib，2011，5（8）：877-888.

［105］ Sheikhi A，Bahrami S，Ranjbar AM，等. Strategic charging method for plugged in hybrid electric vehicles in smart grids：a game theoretic approach［J］. Electr Power Energy System. 2013，53：499-506.

［106］ Bahrami S，Wong VWS. A potential game framework for charging PHEVs in smart grid［A］. Proceedings of IEEE Pacific Rim conference on communications，computers and signal processing［C］，Victoria，Canada，2015：28-33.

［107］ Bahrami S，Parniani M. Game theoretic based charging strategy for plug-in hybrid electric vehicles［J］. IEEE Trans Smart Grid，2014，5（5）：2368-2375.

［108］ Han，M.. A V2G scheduling strategy based on the fruit fly optimization algorithm［A］. Journal of Physics：Conference Series［C］，2021，1952（4）.
DOI：http://dx. doi. org/10. 1088/1742-6596/1952/4/042063.

［109］ Vagropoulos S I，Balaskas G A，Bakirtzis A G. An Investigation of Plug-In Electric Vehicle Charging Impact on Power Systems Scheduling and Energy Costs［J］. IEEE Transactions on Power Systems，2017，32（3）：1902-1912.

［110］ Zhang H，Hu Z，Xu Z，等. Evaluation of Achievable Vehicle-to-Grid Capacity Using Aggregate PEV Model［J］. IEEE Transactions on Power Systems，2017，32（1）：784-794.

［111］ 陈丽娟，秦萌，顾少平，等. 计及电池损耗的电动公交车参与 V2G 的优化调度策略［J］. 电力系统自动化，2020，44（11）：52-60.

［112］ Liu，D. Cluster control for EVs participating in grid frequency regulation by using virtual synchronous machine with optimized parameters［J］. Applied Sciences，2019，9（9）.
DOI：http://dx. doi. org/10. 3390/app9091924.

［113］ 陈鹏. 弹性负荷资源聚合及调节潜力预测模型研究［D］. 北京：华北电力大学，2021.

［114］ 徐青山，刘梦佳，戴蔚莺，等. 计及用户响应不确定性的可中断负荷储蓄机制［J］. 电工技术学报，2019，34（15）：3198-3208.

［115］ 吴宛潞，韩帅，孙乐平，等．负荷聚合商多类型需求侧资源激励价格制定一般模型及应用［J］．电力建设，2021，42（01）：1-9.

［116］ 王均，黄琦．基于优惠券激励的需求响应双层优化机制［J］．电力系统保护与控制，2019，47（01）：108-114.

［117］ Yang，X.，Zhou，J.，Liu，J.，等．An evaluation framework for the adjustable capacity of electric vehicles' charge and discharge load based on capacity reliability［A］．Journal of Physics：Conference Series［C］，2021，1920（1）．DOI：http://dx.doi.org/10.1088/1742-6596/1920/1/012027.

［118］ 常青．宏光MINIEV累计销量超55万辆连续16个月蝉联中国新能源销冠［EB/OL］．（2022-01-11）．https://www.itdcw.com/news/qiye/01111260M2022.html.

［119］ Barosaurus．2021最全新能源汽车销量排名出炉：比亚迪真的做到“一个打十个”了吗？［EB/OL］．（2022-01-12）．https://libattery.ofweek.com/2022-01/ART-36008-8420-30545490.html.

［120］ 卢奇秀．中国汽车行驶工况来了［N］．中国能源报，2022-01-18.

［121］ 王秀萍．太原：成为全国首个纯电动出租车城市［N］．山西经济日报，2016-12-28.

［122］ 易东．一路风驰“电”掣 深圳新能源汽车保有量全国第一［N］．深圳特区报，2021-08-03.

［123］ 李秀枝．宇通近1.6万辆 比亚迪、中车进前三 2020新能源客车6.1万辆收官［EB/OL］．（2021-01-12）．http://www.cvworld.cn/news/Onedata/210112/189263.html.

［124］ 电车汇．2021年新能源客车市场复盘，中小型客车领域比亚迪强势崛起［EB/OL］．（2021-12-31）．https://mp.ofweek.com/nev/a756714986207.

［125］ 客车网［EB/OL］．https://www.chinabuses.com/.

［126］ 北京交通发展研究院《2021北京市交通发展年度报告》［EB/OL］．https://www.bjtrc.org.cn/List/index/cid/7.html.

［127］ 李亚芬，黄梅，张维戈．电动出租车日充电负荷估算方法［J］．电力系统自动化，2014，38（10）：55-60.

［128］ 彭飞．西安市纯电动公交客车运营测试分析研究［D］．西安：长安大学，2018.

［129］ 美国国家公路交通安全管理局［EB/OL］．https://nhts.ornl.gov/.

［130］ 郭建龙，文福拴．考虑削峰填谷的电动出租车充电负荷影响因素调节方法［J］．电力自动化设备，2017，37（08）：242-248.

［131］ 廖斌杰，杨俊，文福拴，等．电动出租车充电负荷的时空随机分布特性［J］．电力建设，2017，38（01）：8-16.

［132］ 端祝超．基于数据简化拟合的电动公交车充电负荷预测［J］．电工电气，2020（03）：23-27.

[133] 张亚朋，穆云飞，贾宏杰，等. 电动汽车虚拟电厂的多时间尺度响应能力评估模型[J]. 电力系统自动化，2019，43（12）：94-110.

[134] Emma Delmonte，Neale Kinnear，等. What do consumers think of smart charging? Perceptions among actual and potential plug-in electric vehicle adopters in the United Kingdom [J]. Energy Research & Social Science，2020，60（101318）.

[135] Elham Azadfar，Victor Sreeram，David Harries. The investigation of the major factors influencing plug-in electric vehicle driving patterns and charging behaviour [J]. Renewable and Sustainable Energy Reviews，2015，42：1065-1076.

[136] 胡继匀，杨镜非，傅长熠. 基于两阶段优化模型的电动汽车充电站放电策略 [J]. 智慧电力，2021，49（01）：83-89.

[137] 赵星宇，胡俊杰. 集群电动汽车充电行为的深度强化学习优化方法 [J]. 电网技术，2021，45（06）：2319-2327.

[138] Goebel and D. S. Callaway. Using ICT-controlled plug-in electric vehicles to supply grid regulation in California at different renewable integration levels [J]. IEEE Trans. Smart Grid，2013，4（2）：729-740.

[139] Sierzchula，W. Bakker，S. 等. The influence of financial incentives and other socio-economic factors on electric vehicle adoption [J]. Energy Policy，2014，68：183-194.

[140] 吴虎胜，张凤鸣，吴庐山. 一种新的群体智能算法——狼群算法 [J]. 系统工程与电子技术，2013，35（11）：2430-2438.